2024 최신판

혼공으로 빠르게 합격하는

직업상담사 2급
2차 실기
통합서

이론 + 기출문제 + 모범답안 + 암기노트

직업상담실무 직업상담학 | 직업심리학 | 직업정보론 | 노동시장론

혼JOB자격증연구소

10개년 기출족보로 구성한 필수이론
실전을 본따 온 문제지와 모범답안

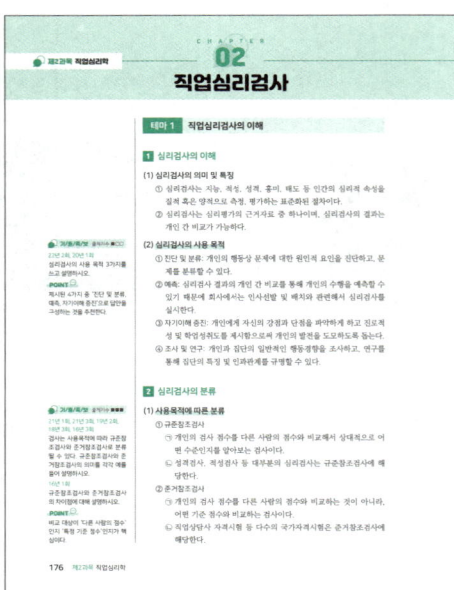

전 범위 이론

✓ 직업상담사 2급 2차 실기 과목인 '직업상담실무'를 편의상 1차 필기 과목에 맞추어, 직업상담학, 직업심리학, 직업정보론, 노동시장론으로 구분하고, 기출 내용을 바탕으로 이론을 정리하였습니다.

✓ 보조단의 기출족보에서는 해당 개념의 출제 빈도·난도에 따라 출제지수를 제시하고, 회차별 기출 발문을 수록한 뒤, 학습 포인트를 설명하였습니다.

대표 기출문제

✓ 각 CHAPTER가 끝날 때마다 곧바로 답안 작성을 연습해 볼 수 있도록 2014~2023년의 10개년 기출문제 중 대표문제를 엄선하여 수록하였습니다.

✓ 문제지 하단에는 합격답안, 답안 작성법, 문장 구성 키워드 등을 제시하여, 합격권의 답안 작성을 위한 실질적인 방법을 터득할 수 있도록 구성하였습니다.

✓ 합격답안 중 회색으로 연하게 표기된 부분은 추가 또는 대체하여 작성할 수 있는 내용을 의미합니다.

직업상담사 2급 2차 실기 통합서

실력점검 기출모의고사

✓ 전 범위 이론 학습과 대표 기출문제 답안 작성으로 기본기를 다진 뒤 최종적으로 자신의 실력을 점검해 볼 수 있도록 총 3회분의 기출모의고사를 수록하였습니다.

✓ 가장 최신 문제인 2023년 1~3회 기출문제로 모의고사를 꾸리고, 실제 시험지와 유사한 모양으로 문제지를 구성하여, 실전 감각을 극대화할 수 있습니다.

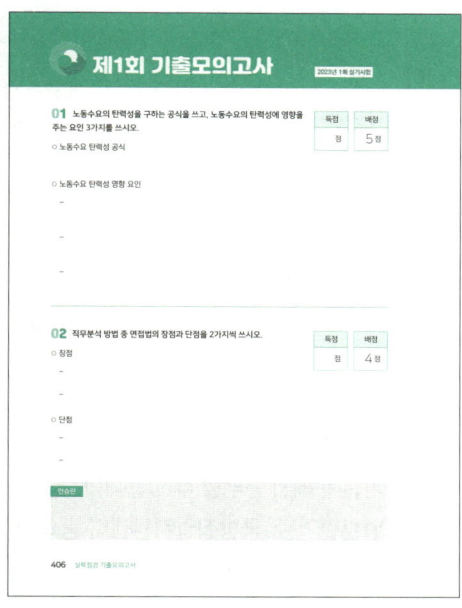

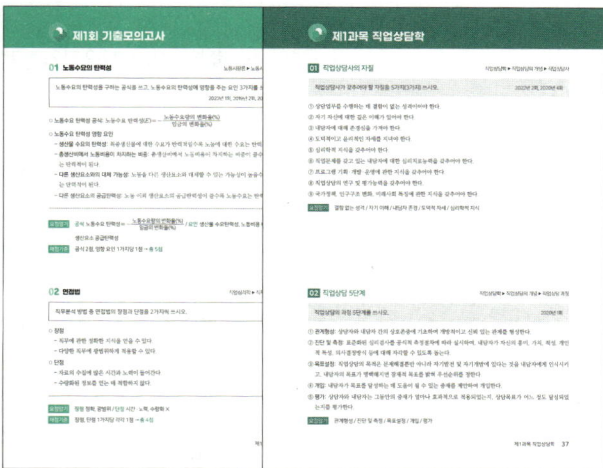

[별책] 기출모의고사 모범답안

✓ 기출모의고사의 모범답안을 별책으로 구성하여, 모의고사를 채점하는 데 사용할 뿐만 아니라, 마무리 복습 자료로도 활용할 수 있도록 구성하였습니다.

[별책] 빈출주제 암기노트

✓ 앞의 [기출모의고사 모범답안]에 나오지 않은 주제 중 시험에 자주 출제되는 주제 90개를 선별하여 기출 발문과 함께 이론을 정리하였습니다.

- 본 교재에 수록된 기출문제는 수험생의 후기를 토대로 복원한 것으로 실제 문제와는 차이가 있을 수 있습니다.
- 본 교재의 [대표 기출문제]와 [기출모의고사 모범답안]의 부분 점수 채점기준은 수험생의 편의를 위하여 임의로 설정한 것으로, 실제 채점기준과는 다를 수 있습니다.

직업상담사 수행 직무

- 직업의 종류, 전망, 취업 기회 등에 관한 자료를 수집하고 관리합니다.
- 구직자와 면담하거나 검사를 통하여 취미, 적성, 흥미, 능력, 성격 등의 요인을 조사합니다.
- 적성검사, 흥미검사 등 직업심리검사를 실시하여 구직자의 적성과 흥미에 알맞은 직업정보를 제공합니다.
- 구직자에게 적합한 취업정보를 제공하고 직업선택에 관해 조언합니다.
- 비디오, 슬라이드 등의 시청각장비를 사용하여 직업정보 및 직업윤리 등을 교육하기도 합니다.
- 청소년, 여성, 중고령자, 실업자 등을 위한 직업지도 프로그램 개발과 운영을 담당하기도 합니다.

출처: 한국직업사전

직업상담사 경력 개발

- 고용노동부, 지방자치단체, 대학, 기타 여성·청소년·군인·고령자 유관 기관 등에서 근무할 수 있습니다.
- 고용노동부 고용(복지플러스)센터, 시·군·구청 취업정보센터, 공공직업훈련기관, 국방취업지원센터 등의 공공 직업안정기관과 각 지자체가 운영하는 취업지원센터, 여성·청소년·노인 관련 단체, 대학교의 취업정보실 등에서 직업상담원을 공개채용 방식으로 채용하고 있습니다.
- 고용노동부 고용지원센터의 직업상담사는 9급에서부터 시작하여 근속연수 및 내부평가 등을 통해 승진이 이뤄집니다.

출처: 2021 한국직업전망

직업상담사 2급 시험 정보

구분	1차 필기	2차 실기
시험 과목	1. 직업상담학 2. 직업심리학 3. 직업정보론 4. 노동시장론 5. 노동관계법규	직업상담실무
시험 형태	객관식 4지 택일형	필답형
문항 수	과목당 20문항, 총 100문항	18문항 내외
시험 시간	2시간 30분	2시간 30분
합격 기준	100점을 만점으로 하여 과목당 40점 이상, 전 과목 평균 60점 이상	100점을 만점으로 하여 60점 이상

※ 2차 실기의 시험 과목은 '직업상담실무'이지만, 통상 1차 필기 과목 중 '직업상담학, 직업심리학, 직업정보론, 노동시장론'이 2차 실기의 시험 범위에 해당함

직업상담사 2급 검정 현황

연도	1차 필기			2차 실기		
	응시자 수	합격자 수	합격률	응시자 수	합격자 수	합격률
2023	16,060명	9,440명	58.8%	11,479명	5,187명	45.2%
2022	18,059명	8,778명	48.6%	13,011명	4,937명	37.9%
2021	24,155명	13,364명	55.3%	16,135명	7,731명	47.9%
2020	19,074명	11,827명	62.0%	15,701명	7,241명	46.1%
2019	22,283명	11,690명	52.5%	15,119명	6,648명	44.0%
2018	23,328명	12,235명	52.4%	14,504명	6,955명	48.0%

직업상담사 2급 2차 실기 Q&A

Q. 실기시험장에 가져가야 하는 준비물은 무엇인가요?

A 수험표, 신분증, 검정 볼펜, 수정 테이프, 계산기를 준비해 가시면 됩니다. 단, 계산기는 수험표에 적힌 지정된 모델만 사용할 수 있으며, 반드시 준비해야 하는 것은 아닙니다. 실기시험에 출제되는 계산 문제가 고난도의 계산을 요구하는 경우는 거의 없기 때문에 계산기 없이 수기 계산을 통해서도 충분히 정답을 도출하실 수 있습니다.

Q. 실기시험 문제지는 어떤 형식으로 구성되어 있나요?

A B4 정도 크기의 문제지 위쪽에 스테이플러가 찍혀 있어서 위로 넘기며 문제를 푸는 방식입니다. 맨 앞면에는 시험 시 알아야 하는 일반 사항과 채점 사항이 적혀 있으니, 문제지가 배부된 후 앞면을 찬찬히 읽어 보시기 바랍니다. 문제지 한 페이지에는 2개 내외의 문항이 배치되어 있으며 각 문항 오른쪽에는 득점칸과 배점칸이 자리하고 있고, 각 페이지 하단에는 연습란이 위치하고 있습니다.

Q. 답안 작성은 어떤 필기구로 해야 하나요? 수정 사항이 생기면 어떻게 하죠?

A 준비물 설명에서 언급하였듯이 답안은 반드시 검정 볼펜으로 작성하셔야 합니다. 그 외 연필류, 유색 필기구 등을 사용한 답항은 채점하지 않으며 0점 처리가 됩니다. 수정할 부분이 있을 경우에는 정정하고자 하는 단어에 두 줄(=)을 긋거나, 수정 테이프로 수정 후 다시 작성하시면 됩니다. 이때 수정액은 사용이 불가하며, 불완전한 수정 처리로 발생하는 불이익에 대한 책임은 수험자에게 있습니다.

Q. 실기시험은 각 문항마다 부분 점수가 있나요?

A 부분 점수 여부 등을 비롯한 채점기준은 「공공기관의 정보공개에 관한 법률」 제9조 제1항 제5호에 의해 공개되지 않습니다. 다만, 여러 정황들을 참고해 볼 때, 직업상담사 2급 2차 실기시험에는 문항별로 부분 점수가 있는 것으로 사료되고 있습니다. 본 교재에서는 이 점을 반영하여 수험생의 편의를 위해 임의로 부분 점수를 설정해 놓았으니, 채점 시 착오 없으시기 바랍니다.

# 차례

제1과목
직업상담학

CHAPTER 01 직업상담의 개념
- 테마 1 직업상담의 이해 … 012
- 테마 2 집단직업상담 … 015
- 테마 3 여러 가지 상담 … 018
- 테마 4 직업상담의 문제유형 … 019
- 대표 기출문제 … 022

CHAPTER 02 직업상담의 이론
- 테마 1 정신분석적 상담 … 032
- 테마 2 개인주의 상담 … 036
- 테마 3 실존주의 상담 … 039
- 테마 4 내담자중심 상담 … 040
- 테마 5 형태주의 상담 … 044
- 테마 6 교류분석적 상담 … 047
- 테마 7 행동주의 상담 … 050
- 테마 8 인지·정서·행동적 상담 … 056
- 테마 9 인지치료 … 059
- 대표 기출문제 … 062

CHAPTER 03 직업상담 접근방법
- 테마 1 특성-요인 직업상담 … 082
- 테마 2 내담자중심 직업상담 … 085
- 테마 3 정신역동적 직업상담 … 087
- 테마 4 발달적 직업상담 … 088
- 테마 5 행동주의 직업상담 … 090
- 테마 6 포괄적 직업상담 … 092
- 대표 기출문제 … 094

CHAPTER 04 직업상담의 기법
- 테마 1 초기면담 … 104
- 테마 2 직업상담의 기법 … 108
- 테마 3 구조화된 면담법 … 110
- 테마 4 내담자 사정 … 113
- 테마 5 목표설정 및 진로시간전망 … 117
- 테마 6 내담자의 인지적 명확성 사정 … 119
- 테마 7 내담자의 정보 및 행동에 대한 이해 … 121
- 테마 8 대안개발과 의사결정 … 123
- 대표 기출문제 … 126

제2과목
직업심리학

CHAPTER 01 직업발달이론
- 테마 1 특성-요인이론 ... 148
- 테마 2 홀랜드의 직업선택이론 ... 149
- 테마 3 데이비스와 롭퀴스트의 직업적응이론 ... 152
- 테마 4 발달적 이론 ... 155
- 테마 5 로의 욕구이론 ... 158
- 테마 6 크럼볼츠의 사회학습이론 ... 161
- 테마 7 새로운 진로발달이론 ... 162
- 대표 기출문제 ... 166

CHAPTER 02 직업심리검사
- 테마 1 직업심리검사의 이해 ... 176
- 테마 2 규준과 점수해석 ... 180
- 테마 3 신뢰도 ... 185
- 테마 4 타당도 ... 188
- 테마 5 심리검사의 개발과 실시 ... 191
- 테마 6 주요 심리검사 ... 195
- 대표 기출문제 ... 204

CHAPTER 03 직무분석
- 테마 1 직무분석의 이해 ... 224
- 테마 2 직무분석의 방법 ... 228
- 테마 3 직무평가 ... 232
- 대표 기출문제 ... 234

CHAPTER 04 경력개발
- 테마 1 경력개발의 이해 ... 242
- 테마 2 직업지도와 직업전환 ... 244
- 대표 기출문제 ... 246

CHAPTER 05 직업과 스트레스
- 테마 1 스트레스의 이해 ... 248
- 테마 2 직업 관련 스트레스 ... 251
- 테마 3 스트레스의 관리와 예방 ... 253
- 대표 기출문제 ... 256

제3과목 직업정보론

CHAPTER 01 직업정보의 제공
- 테마 1 직업정보의 이해 … 262
- 테마 2 한국직업사전 … 263
- 테마 3 한국직업전망 … 271
- 테마 4 직업훈련정보 … 273
- 대표 기출문제 … 274

CHAPTER 02 직업분류의 활용
- 테마 1 한국표준직업분류(KSCO) … 280
- 테마 2 한국고용직업분류(KECO) … 288
- 대표 기출문제 … 292

CHAPTER 03 산업분류의 활용
- 테마 1 한국표준산업분류(KSIC)의 이해 … 298
- 테마 2 한국표준산업분류 개요 … 299
- 대표 기출문제 … 306

CHAPTER 04 직업정보의 수집·분석
- 테마 1 직업정보의 처리 … 310
- 테마 2 고용정보 용어 … 312
- 대표 기출문제 … 316

제4과목 노동시장론

CHAPTER 01 노동시장의 이해
- 테마 1 노동의 수요 … 326
- 테마 2 노동의 공급 … 334
- 테마 3 노동시장의 균형 … 339
- 대표 기출문제 … 346

CHAPTER 02 임금의 이해
- 테마 1 임금의 의의 … 360
- 테마 2 임금제도 … 362
- 테마 3 임금체계 … 366
- 테마 4 임금형태 … 367
- 테마 5 임금격차 … 369
- 대표 기출문제 … 372

CHAPTER 03 실업의 이해
- 테마 1 실업의 개념 및 실업이론 … 378
- 테마 2 실업의 구분 및 형태 … 380
- 테마 3 실업의 원인과 대책 … 383
- 대표 기출문제 … 386

CHAPTER 04 노사관계이론
- 테마 1 노사관계 … 390
- 테마 2 노동조합 … 391
- 테마 3 파업의 경제적 분석 … 397
- 대표 기출문제 … 400

실력점검
기출모의고사

제1회 기출모의고사　　　　　　406

제2회 기출모의고사　　　　　　416

제3회 기출모의고사　　　　　　426

[별책] 모범답안 & 암기노트
기출모의고사 모범답안　　　　　02
빈출주제 암기노트　　　　　　　36

제1과목
직업상담학

- 직업상담학은 직업상담의 기본 개념을 이해한 뒤, 다양한 상담이론과 상담기법을 학습하는 과목입니다.
- 직업상담의 개념에서는 집단직업상담과 직업상담 문제유형의 출제 빈도가 높습니다.
- 직업상담의 이론 및 접근방법과 관련해서는 기본가정, 상담목표, 상담과정, 상담기법 등을 그 가짓수나 순서에 맞게 잘 외워 두시기 바랍니다.
- 직업상담의 기법에서는 생애진로사정, 흥미사정, 진로시간전망 등이 단골 출제 주제에 속하므로 이 부분에 좀 더 주의를 기울여 학습하시기 바랍니다.

직업상담사 2급 2차 실기 통합서

CHAPTER 01
직업상담의 개념

CHAPTER 02
직업상담의 이론

CHAPTER 03
직업상담 접근방법

CHAPTER 04
직업상담의 기법

직업상담의 개념

테마 1 직업상담의 이해

1 직업상담의 개념

(1) 직업상담의 정의
① 내담자가 생애발달 과정에서 진로 및 직업과 관련된 중요한 의사결정을 합리적으로 내릴 수 있도록 도와주는 상담이다.
② 구체적으로 직업선택, 취업처 결정, 직업전환, 직업적응, 실업위기, 은퇴 등의 과정에서 내담자의 개인적 특성을 평가하여 적합한 직업의 종류, 준비전략 등을 조언하고, 직업생활상의 문제를 예방하고 처치할 수 있도록 조력한다.

(2) 직업상담의 기본원리
① 진로발달이론에 근거하여, 인간의 성격특성과 재능에 대한 이해를 토대로 진행되어야 한다.
② 산업구조, 직업정보, 훈련정보 등 변화하는 직업세계에 대한 이해를 토대로 이루어져야 한다.
③ 상담윤리강령에 따라 윤리적인 범위 내에서 전개되어야 한다.
④ 각종 심리검사 결과를 기초로 합리적인 판단을 이끌어 낼 수 있어야 하지만, 심리검사에 과잉의존해서는 안 된다.
⑤ 내담자의 전 생애적 발달과정을 반영할 수 있어야 하며, 차별적인 진단과 처치의 자세를 견지해야 한다.
⑥ 진학, 직업선택, 직업적응에 초점을 맞추어 전개되어야 한다.
⑦ 가장 핵심적인 요소는 진로 혹은 직업의 결정이므로, 의사결정능력 증진이 매우 중요하다.

2 직업상담의 목적

(1) 일반적 목적
① 자신과 직업세계의 이해: 직업상담은 내담자가 자기 자신과 직업세계에 대해 알지 못했던 사실을 발견하도록 돕는 과정이다.
② 직업선택과 직업생활의 능동적 태도 함양: 직업상담은 직업선택과 직업생활에서의 능동적인 태도를 함양하는 과정이다.

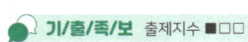

22년 1회
직업상담의 목적을 5가지 쓰시오.

POINT
직업상담의 목적은 일반적 목적과 기스버스(Gysbers)가 정리한 목적으로 구분된다. 문제에서 별도로 기스버스를 언급하지 않는 한 일반적 목적을 적는다.

③ 진로 의사결정능력의 증진: 직업상담은 내담자에게 진로 관련 의사결정 능력을 길러 주는 과정이다.
④ 직업계획과 직업선택의 확신·확인: 직업상담은 내담자가 이미 잠정적으로 결정한 직업계획과 직업선택을 확신·확인하는 과정이다.
⑤ 직업목표의 명확화: 직업상담은 개인의 직업적 목표를 명확히 해 주는 과정이다.

(2) 기스버스(Gysbers)의 직업상담의 목적
① 예언과 발달: 생애진로발달에 관심을 두고, 개인의 적성과 흥미를 탐색·확대하여 미래의 잠정적 진로를 예언하고 발달시킨다.
② 처치와 자극: 내담자의 진로발달이나 직업문제에 대해 처치해 주고, 직업에 필요한 지식과 기능을 습득하도록 자극한다.
③ 결함과 유능: 내담자가 결함보다는 유능에 초점을 두어서 결함을 극복하고 유능성을 더욱 개발하며, 문제를 효과적으로 다룰 수 있도록 돕는다.

3 직업상담사의 자질 및 역할

(1) 직업상담사의 일반적 자질
① 상담업무를 수행하는 데 결함이 없는 성격
② 자기 자신에 대한 깊은 이해
③ 내담자에 대한 존경심
④ 도덕적이고 윤리적인 자세
⑤ 심리학적 지식
⑥ 프로그램 기획·개발·운영에 관한 지식

(2) 직업상담자가 갖추어야 하는 지식 및 능력
① 직업문제를 갖고 있는 내담자에 대한 심리치료능력
② 직업상담의 연구 및 평가능력
③ 국가정책, 인구구조 변화, 미래사회 특징에 관한 지식

(3) 직업상담사에게 적합한 성격요건
① 지나치지 않은 동정심
② 순수한 이해심을 가진 신중한 태도
③ 건설적인 냉철함
④ 두려움이나 충격에 대한 공감적 이해력
⑤ 통일된 동일시
⑥ 도덕적 판단

기/출/족/보 출제지수 ■□□

22년 2회, 20년 4회
직업상담사가 갖추어야 할 자질을 5가지(3가지) 쓰시오.

POINT
이 문제는 반드시 직업상담사의 일반적 자질만을 쓸 필요는 없고, 지식 및 능력이나 성격요건으로 답안을 구성해도 무방하다.

(4) 직업상담사의 역할

① 상담자: 구인·구직, 직업적응, 경력개발, 직업전환, 은퇴 후 등의 직업상담을 하고, 내담자가 자신의 삶과 직업목표를 명료화하도록 돕는다.
② 해석자: 직업 관련 심리검사를 실시·해석하여, 내담자의 능력, 흥미 및 적성을 평가한다.
③ 처치자: 내담자의 직업적 문제를 진단하고 해결·지원하거나, 직업문제에 대한 심리치료를 진행하고, 직무스트레스, 직무상실 등을 겪은 내담자를 지지한다.
④ 조언자: 설정된 목표를 검토하고 내담자에게 적절한 조언을 할 수는 있으나, 직업에 대한 결정은 내담자 스스로 내리도록 한다.
⑤ 개발자: 직업상담 프로그램을 개발하고 운영한다.
⑥ 지원자: 직업상담 및 직업지도 프로그램을 실제로 적용해 보고, 결과평가를 통해 프로그램을 보완한다.
⑦ 정보분석자: 노동통계 등의 직업정보를 수집·분석하여 새로운 직업전망을 예견하여 미래의 취업정보를 제공한다.
⑧ 협의자: 직업정보 관련 기관·단체, 구인처 등과 유기적인 협의관계를 구축한다.
⑨ 관리자: 상담과정에서 일어나는 일련의 업무를 통제·관리하고, 직업상담실을 관리한다.
⑩ 연구 및 평가자: 직업과 관련된 사회변화를 주기적으로 조사·연구하고, 상담 프로그램 개발을 위한 연구 및 평가를 실시한다.

4 직업상담의 과정

(1) 직업상담 5단계: 유형 1

① 관계형성: 상담자와 내담자 간의 상호존중에 기초하여 개방적이고 신뢰 있는 관계를 형성한다.
② 진단 및 측정: 표준화된 심리검사를 공식적 측정절차에 따라 실시하여, 내담자가 자신의 흥미, 가치, 적성, 개인적 특성, 의사결정방식 등에 대해 자각할 수 있도록 돕는다.
③ 목표설정: 직업상담의 목적은 문제해결뿐만 아니라 자기발전 및 자기개발에 있다는 것을 내담자에게 인식시키고, 내담자의 목표가 명백해지면 잠재적 목표를 밝혀 우선순위를 정한다.
④ 개입: 내담자가 목표를 달성하는 데 도움이 될 수 있는 중재를 제안하여 개입한다.
⑤ 평가: 상담자와 내담자는 그동안의 중재가 얼마나 효과적으로 적용되었는지, 상담목표가 어느 정도 달성되었는지를 평가한다.

기/출/족/보 출제지수 ■□□

20년 1회
직업상담의 과정 5단계를 쓰시오.

POINT
필기시험에서는 직업상담의 5단계로 유형 1과 유형 2를 모두 제시하고 있으므로, 실기시험에서도 둘 중 하나를 자유롭게 골라서 작성하면 된다. 단, 유형 1이 유형 2보다는 좀 더 일반적인 단계에 해당한다.

(2) 직업상담 5단계: 유형 2

① 관계수립 및 문제의 평가: 상담자는 내담자에 대한 공감적 이해, 무조건적 수용, 친화감 형성 등을 통해 촉진적 상담관계를 수립하고, 진로 및 직업과 관련된 내담자의 문제를 평가한다.

② 상담목표의 설정: 진로 및 직업과 관련된 내담자의 문제가 규정된 경우, 상담자는 내담자와 협력하여 상담목표를 설정한다.

③ 문제해결을 위한 개입: 상담자는 직업정보 수집, 보유기술 파악, 의사결정 촉진, 과제물 부여 등의 방법을 통해 내담자의 문제해결 및 목표달성을 돕는다.

④ 훈습: 개입의 연장선으로, 내담자가 자기 이해를 공고히 하고 진로 및 직업과 관련된 목표행동이 효율적으로 실천되고 있는지 점검하도록 한다.

⑤ 종결 및 추수지도: 상담자와 내담자가 함께 합의했던 목표가 충분히 달성되었는지 확인하고, 이후 겪게 될 문제를 예측하고 대비한다. 추수지도에서는 상담종결 후 내담자가 진로선택 및 의사결정에 대해 만족하고 있는지 파악하고 필요한 조치를 취한다.

테마 2 집단직업상담

1 집단상담의 특성

(1) 집단상담의 정의
① 비슷한 문제에 처해 있는 여러 내담자를 대상으로 하는 상담이다.
② 내담자들이 집단의 구성원으로 소속됨으로써 역동적인 상호교류가 이루어지는 상담이다.

(2) 집단상담의 장점
① 경제성: 상담자들이 제한된 시간 내에 적은 비용으로 보다 많은 내담자들에게 접근하는 것을 가능하게 한다.
② 개인적 탐색을 통한 성장: 효과적인 집단에는 언제나 직접적인 대인적 교류가 있으며 이것이 개인적 탐색을 도와 개인의 성장과 발달을 촉진한다.
③ 풍부한 학습경험 제공: 다양한 지식과 성격을 가진 사람들과 소통하게 되므로 학습경험을 풍부히 할 수 있다.
④ 사회성 향상: 집단구성원들 간의 소통을 통해 대인관계를 위해서 필수적인 기술과 행동을 학습하여 내담자의 사회성과 대인관계 능력을 증진시킨다.

> **기/출/족/보** 출제지수 ■■■
> 23년 1회, 19년 1회, 17년 3회, 15년 1회
> 집단상담의 장점을 6가지(5가지, 3가지) 쓰시오.
>
> 20년 4회
> 집단상담의 장점과 단점을 각각 3가지씩 쓰시오.
>
> **POINT**
> 집단상담의 장점을 묻는 경우가 많지만, 단점도 3가지 정도는 외워 두는 것이 안전하다.

⑤ 소속감과 동료의식의 발달: 집단구성원들 간에 감정을 솔직히 이야기할 수 있기 때문에 소속감, 동료의식 등을 발달시킬 수 있다.
⑥ 현실검증의 기회 제공: 집단 내에서 실제 생활에 근접한 사회장면이 이루어지므로 개인에게 새로운 행동에 대하여 현실검증을 해 볼 수 있는 기회를 제공한다.

(3) 집단상담의 단점
① 모든 집단구성원에게 만족을 줄 수는 없다.
② 개인에게 집단적 압력이 가해지는 경우 개인의 개성이 상실될 우려가 있다.
③ 집단과정의 다양한 문제에 많은 시간을 사용하게 되어 내담자의 개인적인 문제를 등한시할 수 있다.
④ 구성원 각자의 사적인 경험을 구성원 모두가 공유할 수 있기 때문에 비밀유지가 어렵다.
⑤ 개인상담에 비해 상담자의 역할이 복잡해지고, 경험이 부족한 상담자는 집단구성원에게 끌려갈 수도 있다.

2 집단상담의 형태

(1) 지도집단
① 집단구성원들의 개인적 요구나 관심사에 따른 교육적·직업적·사회적 정보들을 제공하는 것을 목표로 한다.
② 집단의 방향이나 진행 내용 등이 사전에 계획되어 구조화된 형태를 띠며, 집단지도자가 강의·교수하는 방법으로 진행된다.

(2) 상담집단
① 일상생활에서 어려움을 경험하는 일반인들을 집단으로 구성하여, 자기이해 증진, 부적응행동 개선 등을 도와주는 형태로 진행된다.
② 지도집단과 달리 어떠한 주제나 문제보다는 사람에게 초점을 두며, 개인의 행동 변화를 도모한다.

(3) 치료집단
① 임상장면에서 정상적인 기능을 할 수 없는 사람들을 대상으로 장기적으로 심리치료를 적용하는 형태로 운영된다.
② 다른 집단상담에 비해 집단지도자에게 전문적인 훈련과 기술이 요구된다.
③ 대표적으로 알코올중독 치료집단, 약물남용 치료집단, 도박중독 치료집단 등이 있다.

기/출/족/보 출제지수 ■□□

19년 2회
집단상담은 그 형태와 접근 방식에 따라 여러 가지로 나눌 수 있다. 집단상담의 형태를 3가지 쓰고 각각 설명하시오.

POINT
사실 '지도, 상담, 치료, 자조'라는 명칭만 보아도 해당 집단의 특징이 무엇인지 쉽게 암기할 수 있다. 이 집단 외에도 감수성집단, T집단, 참만남집단 등이 있지만, 실기시험을 위해서는 제시된 4가지만 외워도 충분하다.

(4) 자조집단
① 공통의 문제나 관심을 가진 사람들이 자발적으로 모여 각자의 경험을 공유하는 형태의 집단상담이다.
② 자신에 대해 긍정적인 느낌을 갖고 생활양식을 변화시키며 문제를 해결하는 것을 목표로 한다.
③ 대표적으로 단주회, 암환자 가족모임, 정신장애인 가족모임 등이 있다.

3 부처(Butcher)의 집단직업상담 3단계 모델

(1) 탐색단계
① 자기개방
② 흥미와 적성에 대한 측정
③ 측정 결과에 대한 피드백
④ 내담자의 자아상과 피드백 간의 불일치 해결

(2) 전환단계
① 자기 지식과 직업세계의 연결
② 일과 삶의 가치에 대한 조사
③ 자신의 가치에 대한 피드백
④ 가치와 피드백 간의 불일치 해결

(3) 행동단계
① 목표설정과 행동계획의 개발
② 목표달성 촉진을 위한 자원의 탐색
③ 정보의 수집과 공유
④ 즉각적·장기적 의사결정을 위한 구체적 행동의 실천

4 톨버트(Tolbert)의 집단직업상담의 요소

① 목표: 진로발달의 기대수준과 일치하는 적응적이고 현실적인 직업적 자아개념을 확립한다.
② 과정: 탐색, 상호작용, 개인적 정보의 검토 및 목표의 연결, 직업적·교육적 정보의 획득 및 검토, 합리적인 의사결정의 5가지 활동 유형으로 이루어진다.
③ 비밀유지: 각 구성원들은 집단직업상담 과정에서 이루어진 토의내용에 대해 비밀을 유지해야 한다.
④ 집단구성: 6~10명 정도의 집단에서 구성원들 간의 상호작용과 피드백이 촉진된다.
⑤ 리더: 집단상담과 직업정보에 대해 잘 알고 있는 사람이어야 한다.
⑥ 일정: 가능한 한 모임의 횟수를 최소화한다.

기/출/족/보 출제지수 ■■■

22년 3회, 21년 1회, 21년 3회, 20년 2회, 17년 2회, 15년 2회, 14년 1회
부처의 집단직업상담을 위한 3단계 모델을 쓰고, 각 단계에 대해 설명하시오.

17년 1회
A 직업상담사는 고등학교 졸업을 앞둔 학생들을 대상으로 진로 및 직업에 관한 집단상담을 하려고 한다. A 직업상담사가 체계적 상담 진행을 위해 적용할 수 있는 부처의 집단직업상담 3단계를 설명하시오.

15년 3회
부처의 3단계 중 탐색과 행동단계에서 하는 것을 3가지씩 쓰시오.

POINT
우선 '탐색 → 전환 → 행동'이라는 순서를 외워 두는 것이 중요하다. 탐색단계의 내용은 '흥미와 적성', 전환단계의 내용은 '가치', 행동단계의 내용은 '목표'를 중심으로 이해하면 수월하다.

5 톨버트(Tolbert)의 집단직업상담 활동 유형

① 자기탐색: 수용적인 분위기 속에서 각 집단구성원들은 자신의 감정, 태도, 가치 등을 탐색한다.
② 상호작용: 각자 자신의 직업계획과 목표를 이야기하고 집단구성원들은 이에 대해 피드백한다.
③ 개인적 정보의 검토 및 목표와의 연결: 자기탐색과 상호작용을 통해 얻은 개인적 정보를 검토하고 이를 직업적 목표와 연결한다.
④ 직업적·교육적 정보의 획득 및 검토: 자신의 직업적 목표를 이루기 위한 직업정보 및 교육자료를 획득하고 이를 상세히 검토한다.
⑤ 합리적인 의사결정: 개인적 정보와 직업적·교육적 정보를 바탕으로 자신에게 적합한 직업에 대해 합리적인 의사결정을 내린다.

> **기/출/족/보** 출제지수 ■■□
> 19년 1회, 15년 2회, 14년 3회
> 톨버트가 제시한 집단상담 과정에서 나타나는 활동 유형 5가지(3가지)를 쓰시오.
> **POINT**
> '자기탐색, 상호작용, 개인정보, 직업정보, 의사결정'을 키워드로 암기해 두면 된다.

테마 3 여러 가지 상담

1 사이버 상담

(1) 사이버 상담의 필요성

① 인터넷 보급의 확대로 활용이 간편하고 저렴하다.
② 익명성이 보장되어 내담자가 솔직하게 자신의 생각과 감정을 표현할 수 있다.
③ 내담자가 글을 작성해 가면서 생각을 정리하고 감정을 정화할 수 있다.
④ 상담자의 질문에 대해 내담자가 시간적인 여유를 두고 생각을 정리한 후 반응하는 것이 가능하므로 자기성찰능력이 향상될 수 있다.
⑤ 내담자가 상담을 하는 도중에 문제해결에 도움이 되는 자료들을 쉽게 찾아볼 수 있다.
⑥ 상담을 하는 과정에서 자연스럽게 상담 내용이 기록되기 때문에 추후에 이를 활용할 수 있다.
⑦ 청소년 내담자는 특히 인터넷 사용에 익숙하기 때문에 대면상담이나 전화상담보다 사이버 상담에 더 친밀감을 느낀다.
⑧ 개인의 지위, 연령, 신분, 권력 등을 짐작할 수 있는 사회적 단서가 제공되지 않으므로 전달되는 내용 자체에 많은 주의를 기울이고 의미를 부여할 수 있다.
⑨ 내담자의 자발적 참여로 상담이 진행되는 경우가 대면상담에 비해 압도적으로 많으므로 내담자들이 문제해결에 대한 동기가 높다고 할 수 있다.

> **기/출/족/보** 출제지수 ■□□
> 22년 3회, 17년 2회
> 인터넷을 이용한 사이버 상담의 필요성을 6가지 쓰시오.
> **POINT**
> 사이버 상담과 관련해서는 주로 필요성, 즉 장점을 묻는 경우가 대부분이다. 제시된 내용 중 ⑧~⑩은 필기시험에서 사이버 상담의 장점에 해당하는 선택지로 등장한 것이다.

⑩ 상담자와 직접 얼굴을 마주하지 않기 때문에 자신의 행동이나 감정에 대한 즉각적인 판단이나 비판을 염려하지 않아도 된다.

(2) 사이버 상담의 단점
① 상담자와 내담자 간의 관계형성에 어려움이 있다.
② 주로 글을 통해 소통하기 때문에 비언어적 단서를 얻기 힘들다.
③ 내담자가 자신의 정보를 선택적으로 공개할 수 있으므로 상담자가 얻을 수 있는 정보가 제한된다.
④ 상담의 저항 같은 것에 영향을 받지 않아 상담을 쉽게 마무리할 수 있다.

(3) 사이버 직업상담의 기법
① 주요 진로논점 파악하기
② 핵심 진로논점 분석하기
③ 진로논점 유형 정하기
④ 답변내용 구상하기
⑤ 직업정보 가공하기
⑥ 답변 작성하기

2 전화상담
① 응급상황에 있는 내담자에게 도움이 된다.
② 익명성이 보장되어 신분노출을 꺼리는 내담자에게 적합하다.
③ 청소년의 성문제 같은 사적인 문제를 상담하는 데 좋다.
④ 내담자가 언제든지 상담을 그만둘 수 있어 상담관계가 불안정하다.

테마 4 직업상담의 문제유형

1 윌리암슨(Williamson)의 분류: 변별진단

(1) 직업 무선택(직업 미선택, 진로 무선택)
① 내담자가 직접 직업을 결정한 경험이 없어 직업을 선택하지 못하는 경우이다.
② 선호하는 몇 가지의 직업이 있음에도 불구하고 어느 것을 선택할지를 결정하지 못하는 경우이다.

> **기/출/족/보** 출제지수 ■■■
>
> 22년 2회, 18년 1회, 16년 2회
> 윌리암슨의 직업상담 문제유형의 4가지(3가지) 분류를 쓰고 설명하시오.
>
> 21년 3회, 20년 4회, 15년 1회, 14년 3회
> 윌리암슨의 특성-요인 직업상담에서 직업의사결정에서 나타나는 여러 가지 문제들에 대한 변별진단 결과를 분류하는 4가지

(3가지) 범주를 쓰고 각각에 대해 설명하시오.

POINT 윌리암슨의 직업상담 문제유형은 '특성-요인 직업상담'에서의 '변별진단'과 관련이 있다는 점을 알아 두자.

(2) 직업선택의 확신 부족(불확실한 선택, 진로선택 불확실)
① 직업을 선택하기는 하였으나 자신의 선택에 대해 자신감이 없는 경우이다.
② 자신의 직업선택에 대해 타인으로부터 자기가 성공하리라는 위안을 받고자 하는 경우이다.

(3) 흥미와 적성의 불일치(흥미와 적성의 차이, 흥미와 적성의 모순)
① 흥미를 느끼는 직업에 대해서 수행능력이 부족한 경우이다.
② 적성에 맞는 직업에 대해서 흥미를 느끼지 못하는 경우이다.

(4) 현명하지 못한 직업선택(어리석은 선택)
① 동기나 능력이 부족한 사람이 고도의 능력을 필요로 하는 직업을 선택하는 경우이다.
② 흥미가 없거나 자신의 성격과 맞지 않는 직업을 선택하는 경우이다.
③ 자신의 능력보다 훨씬 낮은 능력이 요구되는 직업을 선택하는 경우이다.
④ 지나치게 안정된 직업만을 추구하는 경우이다.

2 보딘(Bordin)의 분류: 심리적 원인

기/출/족/보 출제지수 ■■■
23년 2회, 21년 1회, 18년 3회, 15년 3회, 14년 1회, 14년 3회
보딘은 정신역동적 직업상담을 체계화하면서 직업문제의 진단에 관한 새로운 관점을 제시하였다. 그가 제시한 직업문제의 심리적 원인 5가지(3가지)를 쓰고 각각을 설명하시오.
19년 2회
정신역동적 직업상담의 보딘이 주장한 직업문제의 심리적 원인을 쓰시오.

POINT 윌리암슨의 문제유형이 '특성-요인 직업상담'에서의 '변별진단'과 관련된 것과 달리, 보딘의 문제유형은 '정신역동적 직업상담'의 '심리적 원인'과 관련이 있다.

(1) 의존성
개인의 진로문제를 스스로 책임지는 것이 어렵다고 느끼면서 타인에게 의존하는 경우이다.

(2) 정보의 부족
교육 기회의 결여 등으로 인하여 진로·직업 결정과 관련된 정보를 충분히 얻지 못하는 경우이다.

(3) 진로(직업)선택의 불안
한 개인이 어떤 일을 하고 싶은데 중요한 타인은 다른 일을 해 주기를 원하거나, 직업들과 관련된 긍정적 유인가와 부정적인 유인가 사이에서 내적 갈등을 경험하는 경우이다.

(4) 내적 갈등(자아 갈등)
서로 다른 자아 간의 갈등으로 인해 진로·직업을 결정하지 못하고 불안해하는 경우이다.

(5) 확신의 결여
진로·직업을 결정하기는 하였으나 확신이 없어서 타인으로부터 확신을 구하려는 경우이다.

3 크릿츠(Crites)의 분류: 흥미와 적성

(1) 적응성(적응 문제)
① 적응형: 흥미와 적성이 일치하는 분야를 찾은 유형이다.
② 부적응형: 흥미와 적성이 일치하는 분야를 찾지 못한 유형이다.

(2) 결정성(우유부단 문제)
① 다재다능형: 가능성(재능)이 많아서 흥미를 느끼는 분야와 적성에 맞는 분야 사이에서 결정을 내리지 못하는 유형이다.
② 우유부단형: 흥미나 적성과 상관없이 어떤 분야를 선택할지 결정하지 못하는 유형이다.

(3) 현실성(비현실성 문제)
① 비현실형: 흥미를 느끼는 분야는 있지만 그 분야에 필요한 적성을 가지고 있지 못하는 유형이다.
② 불충족형: 흥미를 느끼는 분야는 있지만 자신의 적성수준보다 낮은 적성을 요구하는 직업을 선택하는 유형이다.
③ 강압형: 적성에 따라 직업을 선택했지만 그 직업에 흥미를 느끼지 못하는 유형이다.

 기/출/족/보 출제지수 ■□□
16년 3회
크릿츠는 직업상담의 문제유형 분류에서 흥미와 적성을 3가지 변인들과 관련지어 분류했다. 이 3가지 변인을 쓰고 설명하시오.

POINT
적응성은 흥미와 적성의 일치 분야를 찾았는지 여부, 결정성은 진로를 결정하지 못한 이유, 현실성은 흥미 여부와 적성수준의 관계에 따른 분류라고 이해하면 된다.

4 필립스(Phillips)의 분류: 상담목표

(1) 자기탐색과 발견
내담자가 자기의 능력이 어느 정도인지, 어떤 분야의 직업을 원하는지, 왜 일하는 것이 싫은지 등의 고민을 가지고 있는 경우로, 자기탐색과 발견에 초점을 두어야 한다.

(2) 선택을 위한 준비
적성 및 성격과 직업 간의 관계, 관심 있는 직업에 관한 정보 등이 필요한 경우이다.

(3) 의사결정 과정
진로선택 및 직업결정 방법의 습득, 선택과 결정에의 장애요소 발견 등이 필요한 경우이다.

(4) 선택과 결정
진로를 선택해야 하는 상황에 직면한 경우로, 여러 여건을 고려하여 최선의 대안을 선택하고 만족할 만한 결정을 내리도록 돕는 것이 중요하다.

(5) 실천
선택과 결정에 대한 만족 여부 및 확신 정도를 확인하는 일이 중요하다.

대표 기출문제

제1과목 직업상담학
CHAPTER 01 직업상담의 개념

01 직업상담의 목적을 5가지 쓰시오.

2022년 1회

득점: 점
배점: 5 점
※ 목적 1가지당 1점

[합격답안]   직업상담의 이해 ▶ 직업상담의 목적

○ 직업상담은 내담자가 자기 자신과 직업세계에 대해 알지 못했던 사실을 발견하도록 돕는 과정이다.
○ 직업상담은 직업선택과 직업생활에서의 능동적인 태도를 함양하는 과정이다.
○ 직업상담은 내담자에게 진로 관련 의사결정능력을 길러 주는 과정이다.
○ 직업상담은 내담자가 이미 잠정적으로 결정한 직업계획과 직업선택을 확신·확인하는 과정이다.
○ 직업상담은 개인의 직업적 목표를 명확히 해 주는 과정이다.

[답안 작성법]
제시된 답안처럼 문장형으로 적는 것을 추천하지만, [문장 구성 키워드]처럼 단답형으로 적어도 좋다.

[문장 구성 키워드]
• 자신과 직업세계의 이해
• 직업선택과 직업생활의 능동적 태도 함양
• 진로 의사결정능력 증진
• 직업계획과 직업선택의 확신
• 직업목표 명확화

02 직업상담사가 갖추어야 할 자질을 5가지 쓰시오. 2022년 2회

득점	배점
점	5 점

※ 자질 1가지당 1점

○

○

○

○

○

합격답안 직업상담의 이해 ▶ 직업상담사의 자질 및 역할

○ 상담업무를 수행하는 데 결함이 없는 성격이어야 한다.
○ 자기 자신에 대한 깊은 이해가 있어야 한다.
○ 내담자에 대해 존경심을 가져야 한다.
○ 도덕적이고 윤리적인 자세를 지녀야 한다.
○ 심리학적 지식을 갖추어야 한다.
○ 직업문제를 갖고 있는 내담자에 대한 심리치료능력을 갖추어야 한다.
○ 프로그램 기획·개발·운영에 관한 지식을 갖추어야 한다.
○ 직업상담의 연구 및 평가능력을 갖추어야 한다.
○ 국가정책, 인구구조 변화, 미래사회 특징에 관한 지식을 갖추어야 한다.

답안 작성법

심리학, 심리치료, 프로그램 기획·개발·운영, 직업상담 연구, 정책 등 직업상담사가 갖추어야 하는 지식·능력에 관한 항목 5가지로 답안을 구성해도 무방하다.

문장 구성 키워드
• 결함 없는 성격
• 자신 이해
• 내담자 존경
• 도덕적 자세
• 심리학적 지식

03 직업상담의 과정 5단계를 쓰시오.

2020년 1회

득점	배점
점	5 점

※ 단계 1개당 1점

- ○
- ○
- ○
- ○
- ○

합격답안   　　　　　　　　　　　　　직업상담의 이해 ▶ 직업상담의 과정

- **관계형성**: 상담자와 내담자 간 상호존중에 기초하여 개방적이고 신뢰 있는 관계를 형성한다.
- **진단 및 측정**: 심리검사를 실시하여 내담자가 자신의 흥미, 가치, 적성, 개인적 특성, 의사결정방식 등에 대해 자각할 수 있도록 돕는다.
- **목표설정**: 내담자의 목표가 명백해지면 잠재적 목표를 밝혀 우선순위를 정한다.
- **개입**: 내담자가 목표를 달성하는 데 도움이 될 수 있는 중재를 제안하여 개입한다.
- **평가**: 상담자와 내담자는 중재가 얼마나 효과적으로 적용되었는지, 상담목표가 어느 정도 달성되었는지를 평가한다.

답안 작성법

문제에서 설명을 요구하고 있지 않으므로, '관계형성, 진단 및 측정, 목표설정, 개입, 평가'를 순서에 맞게 나열하기만 해도 된다.

문장 구성 키워드

- 개방, 신뢰, 관계
- 심리검사
- 목표, 우선순위
- 중재 제안
- 상담목표 달성

04 집단상담의 장점과 단점을 각각 3가지씩 쓰시오. 2020년 4회

○ 장점
 -
 -
 -

○ 단점
 -
 -
 -

득점 [ ]점 배점 6점
※ 장점·단점 1가지당 1점

합격답안 직업직업상담 ▶ 집단상담의 특성

○ 장점
 - 제한된 시간 내에 적은 비용으로 많은 내담자들에게 접근할 수 있어 경제적이다.
 - 직접적인 대인교류가 개인적 탐색을 도와 개인의 성장과 발달을 촉진할 수 있다.
 - 집단 내에서 실제 생활에 근접한 사회장면이 이루어지므로 새로운 행동에 대하여 현실검증해 볼 수 있다.
 - 다양한 지식과 성격을 가진 사람들과 소통하게 되므로 학습경험을 풍부히 할 수 있다.
 - 대인관계 기술을 학습하여 사회성을 증진시킬 수 있다.

○ 단점
 - 모든 집단구성원에게 만족을 줄 수는 없다.
 - 내담자의 개인적인 문제를 등한시할 수 있다.
 - 사적 경험을 집단구성원 모두가 공유하므로 비밀유지가 어렵다.
 - 집단적 압력이 가해지는 경우 개인의 개성이 상실될 수 있다.
 - 경험이 부족한 상담자는 집단구성원에게 끌려갈 수도 있다.

답안 작성법
장점에서 경제성, 단점에서 비밀유지 곤란에 관한 내용은 꼭 적어주는 것이 좋다. 이 외에 장점은 구성원 간 대인교류에 따른 이점, 단점은 개인의 소외 등을 중심으로 이해하면 된다.

문장 구성 키워드
• 장점
 - 경제적
 - 대인교류, 성장과 발달
 - 현실검증
• 단점
 - 모두 만족 불가능
 - 개인문제 등한시
 - 비밀유지 어려움

05 집단상담은 그 형태와 접근 방식에 따라 여러 가지로 나눌 수 있다. 집단상담의 형태를 3가지 쓰고 각각 설명하시오. 2019년 2회

득점	배점
점	6 점

※ 형태 1가지당 2점
  (설명 미작성 시 1점)

○

○

○

합격답안

집단직업상담 ▶ 집단상담의 형태

○ **지도집단**: 집단구성원들에게 교육적·직업적·사회적 정보를 제공하는 구조화된 형태의 집단상담이다. 주로 집단지도자가 강의·교수하는 방법으로 진행된다.
○ **상담집단**: 일상생활에서 어려움을 겪는 일반인들을 대상으로 자기이해 증진, 부적응행동 개선 등을 돕는 집단상담이다. 특정 문제보다는 사람에게 초점을 둔다.
○ **치료집단**: 정상적인 기능이 불가능한 사람들을 대상으로 장기적으로 심리치료를 적용하는 집단상담으로, 집단지도자에게 전문적인 기술이 요구된다. 대표적으로 알코올중독 치료집단, 약물남용 치료집단, 도박중독 치료집단 등이 있다.
○ **자조집단**: 공통의 문제나 관심을 가진 사람들이 자발적으로 모여 감정과 경험을 공유하는 집단상담이다. 지지체계를 형성하여 문제를 해결하는 것을 목표로 한다. 대표적으로 단주회, 암환자 가족모임, 정신장애인 가족모임 등이 있다.

답안 작성법

지도, 상담, 치료로 갈수록 내담자의 문제 수준이 높고 상담의 치료적 성격이 강해진다는 흐름을 파악해 두는 것이 좋다.

문장 구성 키워드

- 지도집단: 정보 제공, 구조화
- 상담집단: 일상 어려움 개선, 사람 초점
- 치료집단: 정상 기능 불가, 심리치료, 지도자 전문성

06 부처(Butcher)의 집단직업상담을 위한 3단계 모델을 쓰고, 각 단계에 대해 설명하시오.

2022년 3회, 2021년 1회, 2021년 3회, 2020년 2회, 2017년 2회, 2015년 2회, 2014년 1회

득점 점 / **배점** 6 점

※ 단계 1개당 2점 (설명 미작성 시 1점)

╋ 기출 플러스

17년 1회
A 직업상담사는 고등학교 졸업을 앞둔 학생들을 대상으로 진로 및 직업에 관한 집단상담을 하려고 한다. A 직업상담사가 체계적 상담 진행을 위해 적용할 수 있는 부처의 집단직업상담 3단계를 설명하시오.
KEY [합격답안]과 동일

15년 3회
부처의 3단계 중 탐색과 행동단계에서 하는 것을 3가지씩 쓰시오.
KEY [합격답안] 중 '탐색단계', '행동단계'와 동일

합격답안 — 집단직업상담 ▶ 부처의 집단직업상담 3단계 모델

○ **탐색단계**: 자기개방, 흥미와 적성에 대한 측정, 측정 결과에 대한 피드백, 내담자의 자아상과 피드백 간의 불일치 해결이 이루어지는 단계이다.
○ **전환단계**: 자기 지식과 직업세계의 연결, 일과 삶의 가치에 대한 조사, 자신의 가치에 대한 피드백, 가치와 피드백 간의 불일치 해결이 이루어지는 단계이다.
○ **행동단계**: 목표설정과 행동계획의 개발, 목표달성 촉진을 위한 자원의 탐색, 정보의 수집과 공유, 즉각적·장기적 의사결정을 위한 구체적 행동의 실천이 이루어지는 단계이다.

답안 작성법
문제에서 설명을 요구하고 있으므로 각 단계의 내용을 문장형으로 서술하는 것이 좋다. 또한 각 단계에서 이루어지는 내용들이 4가지씩 있는데, 이 중 적어도 3개씩은 작성하도록 하자.

문장 구성 키워드
- 탐색: 자기개방, 흥미·적성 측정, 피드백
- 전환: 연결, 가치 조사, 피드백
- 행동: 목표설정, 정보수집, 의사결정

07 톨버트(Tolbert)가 제시한 집단상담 과정에서 나타나는 활동 유형 5가지를 쓰시오.   2015년 2회, 2014년 3회

득점	배점
점	5 점

※ 유형 1가지당 1점

합격답안
집단직업상담 ▶ 톨버트의 집단직업상담 활동 유형

- **자기탐색**: 수용적인 분위기 속에서 자신의 감정, 태도, 가치 등을 탐색한다.
- **상호작용**: 자신의 직업계획과 목표를 이야기하고 집단구성원들로부터 피드백을 받는다.
- **개인적 정보의 검토 및 목표와의 연결**: 자기탐색과 상호작용을 통해 얻은 개인적 정보를 검토하고 이를 직업목표와 연결한다.
- **직업적·교육적 정보의 획득 및 검토**: 직업목표를 이루기 위한 직업정보 및 교육자료를 획득하고 검토한다.
- **합리적인 의사결정**: 개인적 정보와 직업적·교육적 정보를 바탕으로 자신에게 적합한 직업에 대해 합리적인 의사결정을 내린다.

답안 작성법
문제에서 설명을 요구하고 있지 않으므로 각 유형을 단답형으로만 제시해도 무방하다.

문장 구성 키워드
- 감정·태도·가치 탐색
- 직업계획 말하기, 피드백
- 개인적 정보, 직업목표, 연결
- 정보 획득·검토
- 의사결정

08 인터넷을 이용한 사이버 상담의 필요성을 6가지 쓰시오.

2022년 3회, 2017년 2회

득점 점 / 배점 6점

※ 필요성 1가지당 1점

합격답안　　　　　　　　　　　　　여러 가지 상담 ▶ 사이버 상담

○ 인터넷 보급의 확대로 활용이 간편하고 저렴하다.
○ 익명성이 보장되어 솔직한 생각과 감정 표현이 가능하다.
○ 상담자와 직접 대면하지 않기 때문에 심리적 부담이 적다.
○ 글을 작성해 가면서 생각을 정리하고 감정을 정화할 수 있다.
○ 상담 도중 문제해결에 도움이 되는 자료들을 찾아볼 수 있다.
○ 상담 내용이 기록되기 때문에 추후에 이를 활용할 수 있다.
○ 청소년 내담자는 인터넷 사용에 익숙하기 때문에 사이버 상담에 특히 더 친밀감을 느낀다.
○ 자발적 참여로 상담이 진행되는 경우가 많으므로 내담자들의 문제 해결 동기가 높다.
○ 개인의 사회적 단서가 제공되지 않으므로 전달되는 내용 자체에 많은 주의를 기울일 수 있다.

답안 작성법

간편함, 익명성, 비대면이 사이버 상담의 가장 큰 특징이기 때문에 이 내용들은 답안에 반드시 포함하여 작성하도록 한다.

문장 구성 키워드
- 간편, 저렴
- 익명성, 솔직
- 비대면, 부담 감소
- 글 작성, 생각 정리
- 자료 검색
- 내용 기록

09 윌리암슨(Williamson)의 특성-요인 직업상담에서 직업의사결정에서 나타나는 여러 가지 문제들에 대한 변별진단 결과를 분류하는 4가지 범주를 쓰고 각각에 대해 설명하시오.

2020년 4회, 2015년 1회, 2014년 3회

득점	배점
점	4 점

※ 범주 1가지당 1점
 (설명 미작성 시 0.5점)

+ 기출 플러스

22년 2회, 18년 1회
윌리암슨의 직업상담 문제유형의 4가지 분류를 쓰고 설명하시오.
KEY [합격답안]과 동일

○

○

○

○

합격답안   직업상담의 문제유형 ▶ 윌리암슨의 분류

○ **직업 무선택**: 직접 직업을 결정한 경험이 없거나 선호하는 몇 가지의 직업이 있음에도 불구하고 어느 것을 선택할지 몰라 결정하지 못하는 경우이다.
○ **직업선택의 확신 부족**: 직업을 선택하기는 하였으나 자신의 선택에 대해 자신감이 없거나 자신의 직업선택에 대해 타인으로부터 자기가 성공하리라는 위안을 받고자 하는 경우이다.
○ **흥미와 적성의 불일치**: 흥미를 느끼는 직업에 대해 수행능력이 부족하거나 적성에 맞는 직업에 대해 흥미를 느끼지 못하는 경우이다.
○ **현명하지 못한 직업선택**: 동기나 능력이 부족한 사람이 고도의 능력을 필요로 하는 직업을 선택하는 경우, 흥미가 없거나 자신의 성격과 맞지 않는 직업을 선택하는 경우, 자신의 능력보다 훨씬 낮은 능력이 요구되는 직업을 선택하는 경우, 지나치게 안정된 직업만을 추구하는 경우이다.

답안 작성법

'현명하지 못한 직업선택'에 해당하는 경우로 4가지가 있는데 이 중 적어도 2가지는 답안에 작성하는 것이 안정적이다.

문장 구성 키워드

• 직업 무선택: 결정 경험 없음, 선택 어려움
• 직업선택의 확신 부족: 자신감 없음, 위안 추구
• 흥미와 적성의 불일치: 흥미 있고 적성 없음, 적성 있고 흥미 없음
• 현명하지 못한 직업선택: 고도 능력 직업, 흥미 없는 직업, 낮은 능력 직업, 지나친 안정적 직업

10 보딘(Bordin)은 정신역동적 직업상담을 체계화하면서 직업문제의 진단에 관한 새로운 관점을 제시하였다. 그가 제시한 직업문제의 심리적 원인 3가지를 쓰고 각각을 설명하시오.

2021년 1회, 2018년 3회, 2014년 1회, 2015년 3회, 2014년 3회

득점	배점
점	6 점

※ 원인 1가지당 2점
 (설명 미작성 시 1점)

➕ 기출 플러스

16년 3회
크릿츠(Crites)는 직업상담의 문제유형 분류에서 흥미와 적성을 3가지 변인들과 관련지어 분류했다. 이 3가지 변인을 쓰고 설명하시오.
KEY 적응성, 결정성, 현실성

합격답안
직업상담의 문제유형 ▶ 보딘의 분류

○ 의존성: 개인의 진로문제를 스스로 책임지는 것이 어렵다고 느끼면서 타인에게 의존하는 경우이다.
○ 정보의 부족: 진로·직업 결정과 관련된 정보를 충분히 얻지 못하는 경우이다.
○ 진로(직업)선택의 불안: 한 개인이 어떤 일을 하고 싶은데 중요한 타인은 다른 일을 해 주기를 원하거나, 직업들과 관련된 긍정적 유인가와 부정적 유인가 사이에서 내적 갈등을 경험하는 경우이다.
○ 내적 갈등(자아 갈등): 서로 다른 자아 간의 갈등으로 인해 진로·직업을 결정하지 못하고 불안해하는 경우이다.
○ 확신의 결여: 진로·직업을 결정하기는 하였으나 확신이 없어서 타인으로부터 확신을 구하려는 경우이다.

답안 작성법
보딘이 분류한 문제유형 5가지 중 3가지를 골라 작성하면 된다.

문장 구성 키워드
• 의존성: 책임 회피, 의존
• 정보의 부족: 정보 획득 어려움
• 진로선택의 불안: 타인의 기대, 긍정/부정 유인가
• 내적 갈등: 자아 간 갈등
• 확신의 결여: 직업 결정, 확신 부족

CHAPTER 02 직업상담의 이론

테마 1 정신분석적 상담

1 정신분석적 상담의 이해

(1) 개요
① 프로이트(Freud)로부터 시작된 이론으로, 인생초기의 발달 과정을 중시한다.
② 성격은 생물학적 욕구 및 충동에 의해 결정된다고 본다.
③ 심리적 장애의 근원을 과거 경험에서 찾고자 한다.
④ 내담자의 유아기적 갈등과 감정을 중요하게 다룬다.
⑤ 심리적 문제는 무의식적 충동에 대처하기 위한 증상 형성이라고 본다.

(2) 특징
① 내담자의 무의식적 자료와 방어를 탐색하는 작업을 한다.
② 표준화된 자료보다는 직관적인 방법을 활용한다.
③ 상담자(분석가)는 익명성 및 중립성이 강조되는 '텅 빈 스크린'의 역할을 한다.
④ 분석가의 중립적 태도는 내담자의 전이를 촉진시키는 데 중요하다.

2 주요 개념

(1) 의식 수준
① 의식: 한 개인이 현재 각성하고 있는 모든 행위와 감정을 포함한다.
② 전의식: 조금만 노력하면 의식으로 떠올릴 수 있는 생각 또는 감정으로, 의식과 무의식을 연결한다.
③ 무의식: 자신이나 사회에 의하여 용납될 수 없는 감정, 생각, 충동들이 억압된 것으로, 이로 인해 왜곡된 증상이 출현하며, 인간 행동의 동기로 작용한다.

(2) 성격 구조
① 원초아(id): 쾌락의 원리에 따라 본능적 욕구를 만족시키고자 움직이는 정신적 에너지의 저장소이다.
② 자아(ego): 현실적 원리에 따라 원초아의 충동으로부터 야기되는 위협을 통제하는 심리적 구성요소이다.

③ 초자아(superego): 도덕적 원리에 따라 현실보다는 이상을, 쾌락보다는 완성을 위해 작용한다.

(3) 불안

① 현실적 불안: 자아(ego)가 현실적 근거가 있는 외부 위협을 지각함으로써 야기되는 불안으로, 실제적인 위협으로부터 개인을 보호하는 데 기여한다.

② 신경증적 불안: 자아(ego)가 원초아(id)를 통제하지 못할 경우 나타나는 불안으로, 특히 성적 충동이나 공격적 충동을 자아가 적절하게 조절할 수 없어서 벌을 받지 않을까 하는 불안을 말한다.

③ 도덕적 불안: 원초아(id)와 초자아(superego) 간의 갈등에 따른 불안으로, 초자아가 강한 사람이 도덕률에 위배되는 행동이나 생각만으로도 수치심이나 죄의식을 느끼는 양심에 대한 두려움을 말한다.

> **기/출/족/보** 출제지수 ■■□
> 21년 2회, 17년 1회
> 정신분석상담에서 필수적 개념인 불안의 3가지 유형을 쓰고, 각각에 대해 설명하시오.
>
> **POINT**
> 3가지 유형 각각 '자아-외부 위협', '자아-원초아', '원초아-초자아' 간의 갈등에 기인한다는 것을 이해해 두자.

(4) 방어기제

① 부정: 감당하기 힘든 어려운 고통이나 욕구를 무의식적으로 부인하는 것, 즉 인정하지 않는 것이다.
   예 아내가 사망하였으나 이를 인정하지 않고 아내가 여행을 떠났다고 주장하는 경우

② 투사: 스스로 받아들일 수 없는 충동이나 태도 등을 무의식적으로 타인이나 환경의 탓으로 돌리는 것이다.
   예 남자들에게 갖는 자신의 성적 감정을 인정하고 싶지 않은 여성이 모든 남자가 자신에게 성적 매력을 갖는다고 느끼는 경우

③ 동일시: 자기가 이상화하는 대상의 태도, 속성, 행동 등을 따라 함으로써 그 대상과 자기 자신을 동일하다고 인식하는 것이다.
   예 자신이 좋아하는 연예인의 옷차림을 따라 하는 경우

④ 합리화: 자기 보호와 체면 유지를 위해 자신의 행위나 자신이 놓여 있는 상황을 정당화하는 이유를 붙이는 것이다.
   예 공무원시험에 낙방한 수험생이 공무원이 되어 봤자 적성에 안 맞았을 것이라고 말하는 경우

⑤ 반동형성: 실제의 욕구나 충동과는 오히려 반대되는 행동을 함으로써 금지된 욕구나 충동의 표출로 갖게 될 불안으로부터 자신을 보호하는 것이다.
   예 남편에 대한 분노를 남편의 건강에 대한 지나친 염려로 표현하는 경우

⑥ 억압: 사회적·윤리적으로 용납될 수 없다고 생각되는 욕구, 충동, 사고 등을 자신의 무의식 속으로 숨겨 버리는 것이다.
   예 숙제가 하기 싫은 초등학생이 알림장을 잃어버리는 경우

> **기/출/족/보** 출제지수 ■■□
> 22년 1회, 17년 1회
> 정신분석적 상담은 내담자의 자각을 증진시키고 행동에 대한 지적 통찰을 얻도록 돕는다. 내담자는 직접적인 방법으로 불안을 통제할 수 없을 때 무의식적으로 방어기제를 사용하는데, 내담자가 사용하는 방어기제의 종류를 3가지 쓰고, 각각을 설명하시오.
>
> 21년 3회, 19년 2회
> 정신분석적 상담은 이성적이고 직접적인 방법으로 불안을 통제할 수 없을 때 무의식적으로 방어기제를 사용한다. 방어기제의 종류 5가지를 쓰시오.
>
> **POINT**
> 기출문제에서는 방어기제의 종류를 최대 5가지까지 물어봤기 때문에 6가지 정도는 외워 두어야 한다. 실제 시험에서 예시까지 작성할 필요는 없지만 예시를 통해 개념을 이해하는 것이 수월하기 때문에 예시를 함께 숙지해 두면 좋다.

⑦ 퇴행: 좌절을 경험하게 되면 보다 만족스러웠던 발달 초기 시절의 행동 양식을 나타내는 것이다.
> 예 대소변을 잘 가리던 아동이 동생이 태어나자 밤에 오줌을 싸는 경우

⑧ 전위(전치): 본능적 충동을 재조정해서 위협을 덜어 주는 상대로 대치하는 행동 기제이다.
> 예 동대문에서 뺨 맞고 서대문에서 화풀이하는 경우

⑨ 승화: 억압된 충동이나 욕구의 발산 방향을 사회적으로 인정받고 존경받는 가치 있는 목표로 옮기고 실현함으로써 그 충동이나 욕구를 만족시키는 행동 기제이다.
> 예 성적 충동을 조절하기 위해 운동을 열심히 하는 경우

(5) 역전이

① 의미: 내담자의 태도 및 행동에 대한 상담자의 비합리적인 무의식적 반응으로, 상담자가 과거에 다른 사람에게 가졌던 감정을 내담자에게 투사하는 현상이다.

② 해결책
  ㉠ 자기분석(self-analysis): 상담자는 자기탐색, 자기성찰, 자기점검 등을 통하여 과거의 경험이 현재 자신에게 영향을 미치는 원인을 찾는다.
  ㉡ 교육분석(training analysis): 상담자는 교육분석가들을 통해 자신에 대해 분석을 받고, 분석 결과 및 경험 내용을 축적한다.
  ㉢ 슈퍼비전(supervision): 상담자는 슈퍼바이저의 지도·감독을 통해 역전이를 알아차리고 도움을 받는다.

3 상담기법

(1) 자유연상
정신분석 상담에서 가장 기본적인 기술로, 내담자에게 마음속에 떠오르는 것이면 무엇이든지 이야기하도록 하는 방법이다.

(2) 저항의 분석
저항은 내담자가 무의식적 자료를 생산하지 못하도록 방해하는 생각, 태도, 감정, 행동 등으로, 내담자가 저항을 보이는 경우 저항에 대한 주의를 환기시킨 후에 저항의 의미와 이유를 분석해 주어야 한다.

(3) 전이의 분석
전이는 내담자가 과거의 중요한 인물에게서 느꼈던 감정이나 생각을 상담자에게 투사하는 현상으로, 전이는 내담자 무의식의 반영이므로 상담 과정에서 분석되어야 한다.

기/출/족/보 출제지수 ■□□

22년 1회
역전이의 의미와 해결책 3가지를 쓰시오.

POINT
역전이는 자주 출제되는 주제는 아니지만, 정신분석적 상담에서 매우 중요한 개념이다. 내담자가 상담자에게 갖는 전이와 상담자가 내담자에게 갖는 역전이를 혼동해서는 안 된다.

(4) 꿈의 분석
꿈은 억압된 소원들로 구성되어 있으며 무의식의 세계로 통하는 길로서, 상담자는 꿈의 내용이 갖는 상징들의 의미를 파악해야 한다.

(5) 해석
자유연상이나 꿈, 저항, 전이 등을 분석하여 그 의미를 설명해 주는 것으로, 자아가 무의식적인 자료를 의식화하는 것을 촉진하여, 내담자가 무의식적인 자료에 대한 통찰을 갖게 하는 것이다.

(6) 훈습
내담자의 갈등과 방어를 탐색하고 이를 해석해 나가는 과정으로, '내담자(환자)의 저항 → 상담자(분석자)의 저항에 대한 해석 → 내담자(환자)의 해석에 대한 반응'으로 진행된다.

4 정신분석적 상담의 계승

(1) 융(Jung)의 분석심리학
① 인간의 무의식적인 내용을 의식화하는 과정을 중시하는 이론으로, 프로이트(Freud)의 영향을 받았다.
② 프로이트가 무의식을 하나의 차원으로 본 것과 달리, 융은 무의식을 집단무의식과 개인무의식으로 구분하였다.
③ 상담 과정을 '고백 → 명료화 → 교육 → 변형'으로 제시하였다.

(2) 에릭슨(Erikson) 심리사회성 발달이론
① 프로이트(Freud)의 이론에 영향을 받았지만, 기존의 정신분석적 상담과 달리 인간에 대해 정상적인 측면에서 접근하였다.
② 삶의 각 단계가 자체적으로 심리사회적 과제와 해결해야 할 위기를 가지고 있다고 보았다.

(3) 힐리(Healy)의 자기인식과 자신감 증가의 원칙
① 다양한 범위의 행위를 경험하고 숙고할 때 자기인식과 자신감이 증가한다.
② 노력의 결과를 긍정적으로 강화하고 성공하는 법을 배울 때 자기인식과 자신감이 증가한다.
③ 기대되는 핵심 역량을 개발하고 독려할 때 자기인식과 자신감이 증가한다.
④ 타인을 가르치기 위해 정보를 얻고 조직화할 때 자기인식과 자신감이 증가한다.

> **기/출/족/보** 출제지수 ■□□
>
> **14년 1회**
> 힐리의 긍정적으로 자기를 인지하고 자신감을 높이기 위한 8가지 원칙 중 5가지를 기술하시오.
>
> **POINT**
> '경험, 노력, 역량, 가르침, 피드백'을 키워드로 파악해 두자.

⑤ 관찰된 피드백을 얻고 통합할 때 자기인식과 자신감이 증가한다.
⑥ 체계적인 목표와 목적을 가지고 적절한 프로그램을 계획할 때 자기인식과 자신감이 증가한다.
⑦ 삶을 의미 있게 관찰하고 숙고할 때 자기인식과 자신감이 증가한다.
⑧ 보조적인 수단이 줄어들고 기록과 성취가 검토될 때 자기인식과 자신감이 증가한다.

테마 2 개인주의 상담

1 개인주의 상담의 이해

(1) 개요
① 아들러(Adler)가 프로이트(Freud)의 생물학적이고 심리성적인 결정론에 반발하여 창시한 이론이다.
② 프로이트의 정신분석이 생물학적 토대를 두고 있는 반면, 아들러의 개인심리학은 사회심리학적 토대를 두고 사회적 관계를 강조한다.

(2) 특징
① 범인류적 유대감을 중시하며, 인간을 전체적 존재로 본다.
② 잘못된 사회적 가치를 바꾸도록 함으로써 건전한 사회적 관심을 갖도록 돕는다.
③ 행동 수정보다는 내담자의 동기와 잘못된 가치, 목표 수정에 초점을 둔다.
④ 열등감의 극복과 우월성의 추구가 개인의 목표라고 본다.
⑤ 상담과정에서 사건의 객관성보다는 주관적 지각과 해석을 중시한다.

2 주요 개념

(1) 초기기억
① 초기기억은 생후 6개월부터 9세까지의 기억들 중 선별된 중요한 기억으로, 내담자가 '마치 지금 일어나고 있는 것처럼' 기술할 수 있다.
② 초기기억은 삶, 자기, 타인에 대한 내담자의 현재 세계관과 일치하는 경향이 있으며, 초기기억을 통해 상담자는 내담자의 삶의 목표를 파악하는 데 도움을 받을 수 있다.

(2) 열등감

① 연습이나 훈련을 통해 열등감을 보상하려는 노력을 하면 훌륭한 기술이나 힘으로 발전할 수 있지만, 아무리 노력해도 극복되지 않을 경우 열등감 콤플렉스에 이를 수 있다.

② 열등감 콤플렉스의 주요 원인
　㉠ 기관열등감: 부모로부터 물려받은 신체나 외모의 불완전함에 따른 콤플렉스이다.
　㉡ 과잉보호: 부모의 과잉보호로 인한 자신감 부족에 따른 콤플렉스이다.
　㉢ 양육태만: 부모의 양육태만으로 인한 자존감 부족에 따른 콤플렉스이다.

(3) 우월성 추구

① 인간은 우월성을 추구하는 노력을 함으로써 심리적 건강을 회복하고, 자기완성과 자아실현을 이룰 수 있다.

② 우월에 대한 추구는 모든 사람에게 선천적인 것으로 출생 시에는 실재가 아닌 잠재력으로 존재하고 이러한 잠재력이 현실화되는 것은 각 개인에게 달려 있다.

(4) 생활양식

① 생활양식은 열등감을 극복하기 위해 노력하는 개인의 독특한 삶의 방식으로 인생에 대한 기본 태도를 말하며, 가족 경험에 의해 영향을 받는다.

② 생활양식의 유형
　㉠ 지배형: 사회적 관심은 적지만 활동수준이 높아, 독선적이고 공격적인 유형이다.
　㉡ 획득형(기생형): 기생적인 방법으로 외부세계와 관계를 맺으며, 다른 사람에게 의존하여 욕구를 충족하는 유형이다.
　㉢ 회피형(도피형): 사회적 관심도 적고 활동수준도 낮아, 인생의 문제를 회피함으로써 실패 가능성을 차단하는 유형이다.
　㉣ 사회형(사회적 유용형): 사회적 관심도 많고 활동수준도 높아, 자신의 욕구뿐만 아니라 타인의 복지를 위해서 협력하는 유형이다.

(5) 사회적 관심

① 사회적 관심은 개인이 이상적인 공동사회의 목표를 달성하기 위해 사회에 공헌하려는 성향을 말한다.

② 사회적 관심은 개인의 심리적 건강을 측정하는 척도 중 하나로, 선천적이지만 의식적으로 개발하는 것도 필요하다.

기/출/족/보 출제지수 ■□□

18년 1회
아들러의 개인주의 상담이론에서 열등감 콤플렉스의 원인 3가지를 쓰시오.

POINT
열등감 콤플렉스의 3가지 원인은 모두 부모와 관련이 있다고 이해하면 된다.

기/출/족/보 출제지수 ■□□

14년 1회
아들러 개인주의 상담의 생활양식 유형 4가지를 쓰시오.

POINT
생활양식 유형은 사회적 관심과 활동수준을 기준으로 4가지로 구분된다.

(6) 허구적 최종목적론
① 허구적 최종목적론은 인간의 행동을 유도하는 상상된 중심 목표를 설명하기 위한 것이다.
② 인간은 현실적으로 실현 불가능한 많은 가공적인 생각에 의해서 살아가고 있으며, 인간의 행동은 과거 경험에 의해 좌우되기보다는 미래에 대한 기대에 의해서 더 좌우된다는 가정에 근거한다.

3 상담목표

> **기/출/족/보** 출제지수 ■■■
> 22년 3회, 20년 1회, 18년 2회, 16년 1회
> 아들러의 개인주의 상담과정의 목표를 5가지(4가지, 3가지) 쓰시오.
>
> **POINT**
> 최근 들어 문제에서 요구하는 목표의 가짓수가 늘어나고 있다. '열등감, 생활양식, 사회적 관심, 가치, 목표, 동기' 등을 키워드로 암기해 두자.

① 패배감을 극복하고 열등감을 감소시킬 수 있도록 돕는다.
② 생활양식을 확인하고 바람직한 방향으로 생활양식을 바꾸도록 한다.
③ 사회적 관심을 갖도록 돕는다.
④ 잘못된 가치와 목표를 수정하도록 돕는다.
⑤ 잘못된 동기를 수정하도록 돕는다.
⑥ 사회의 구성원으로서 사회에 기여하도록 돕는다.

4 상담기법

(1) 단추(초인종) 누르기
내담자에게 행복단추와 우울단추를 머릿속에 상상하게 하여, 내담자가 자신이 감정을 통제할 수 있음을 인식하도록 하는 기법이다.

(2) 수프에 침 뱉기
내담자가 반복적으로 나타내는 자기패배적인 행동의 의도나 목적을 확인하고, 그것을 매력적이지 못한 것으로 만듦으로써 내담자가 그 행동을 주저하게 만드는 기법이다.

(3) 마치 ~인 것처럼 행동하기
내담자가 스스로 할 수 없다고 생각하는 것을 실제로 성취할 수 있는 것처럼 상상하거나 행동해 보도록 권장하는 기법이다.

(4) 격려하기
부정적 심리 상태에 있는 내담자를 존중하고 신뢰하면서 내담자의 내적 자원이 개발되도록 용기를 주는 기법이다.

(5) 타인을 즐겁게 하기
내담자에게 타인을 위해 좋은 일을 하도록 요구하여, 자기중심성에서 벗어나 사회적 관심과 공동체의식을 갖도록 돕는 기법이다.

테마 3 실존주의 상담

1 실존주의 상담의 이해

(1) 개요
① 실존주의 상담은 인간 존재의 의미에 관심을 두는 이론으로, 철학적인 면에 기초해 있다.
② 실존주의 상담의 대표적인 학자로 얄롬(Yalom), 메이(May), 프랭클(Frankl), 보스(Boss) 등이 있다.

(2) 특징
① 인간에게 자기지각(자기인식)의 능력이 있다고 가정한다.
② 자유와 책임의 양면성에 대한 지각을 중시한다.
③ 대면적 관계, 즉 '여기-지금'에서의 상담자와 내담자의 만남을 중시한다.
④ 정형화된 상담 모형과 상담자 훈련 프로그램이 마련되어 있지 않은 것이 한계점이다.

2 주요 개념

(1) 실존적 존재로서 인간의 궁극적 관심사
① 일반 실존주의 상담자들의 견해
  ㉠ 죽음과 비존재: 삶과 죽음은 분리될 수 없으며, 인간은 비존재에 대한 불안을 지닌다.
  ㉡ 자유와 책임: 인간은 자기결정적인 존재로서 선택을 할 수 있고, 그에 따른 책임을 져야 한다.
  ㉢ 삶의 의미성: 인간은 자신의 삶의 목적과 의미를 찾기 위해 노력한다.
  ㉣ 진실성: 인간은 개인의 실존을 회복하기 위한 진실성 있는 노력을 한다.
② 얄롬(Yalom)의 견해
  ㉠ 죽음: 죽음의 불가피성에 따른 삶의 유한성이 인생을 더욱 가치 있게 만든다.
  ㉡ 자유: 인간은 선택을 할 수 있는 자유를 가진 자기결정적인 존재이다.
  ㉢ 무의미성: 삶의 의미와 목적을 향한 노력은 인간의 독특한 특성이다.
  ㉣ 고립(소외): 인간은 실존적 고립, 즉 세상으로부터 근본적으로 분리된 상태에 직면함으로써 타인과 성숙한 관계를 맺을 수 있다.

기/출/족/보 출제지수 ■□□
23년 1회, 23년 2회, 20년 2회, 17년 2회
실존주의 상담자들이 내담자의 궁극적 관심사와 관련하여 중요하게 생각하는 주제 4가지(3가지)를 쓰고, 각각에 대해 설명하시오.

POINT
제시된 ①은 일반적인 실존주의 상담자들이 주장한 4가지 관심사이고, ②는 얄롬이라는 학자가 주장한 4가지 관심사이다. 둘 다 정답으로 인정될 수 있지만, 특별한 언급이 없는 한 ①을 기준으로 작성하는 것이 안전하다.

> **기/출/족/보** 출제지수 ■□□
> **19년 1회**
> 실존주의 상담의 양식세계 3가지를 쓰고 설명하시오.
>
> **POINT**
> 인간 개인의 외부와 관계된 세계(주변, 공존), 내면과 관계된 세계(고유, 영적)로 구분하면 이해가 수월하다.

(2) 양식세계
① 주변세계: 인간이 접하며 살아가는 주변 환경 혹은 생물학적 세계를 의미한다.
② 공존세계: 인간이 사회적 존재로서 대인관계를 맺으며 살아가는 공동체 세계를 의미한다.
③ 고유세계: 자신만의 고유한 세계로, 개인이 자기 자신과 맺는 관계에 근거한다.
④ 영적세계: 인간이 각자 갖는 믿음이나 신념의 세계로, 영적·종교적 가치와의 관계에 근거한다.

3 상담목표
① 스스로 삶의 의미와 목적을 발견하고, 삶을 주체적으로 선택하고 책임지도록 돕는다.
② 치료를 목표로 두지 않고, 자신의 현재 상태에 대해 인식하고, 피해자적 역할로부터 벗어날 수 있도록 돕는다.
③ 자신의 실존 상황에 초점을 맞추고, 능동적으로 자신의 삶을 주관할 수 있도록 돕는다.

> **기/출/족/보** 출제지수 ■□□
> **14년 2회**
> 실존주의 상담에서 내담자의 자기인식능력 향상을 위한 치료원리 3가지를 설명하시오.
>
> **POINT**
> 치료원리는 일반 실존주의 상담자들이 제시한 '실존적 존재로서 인간의 궁극적 관심사'와 연결 지어 암기할 수 있다.

4 자기인식능력 향상을 위한 치료원리
① 내담자가 죽음의 실존적 상황에 직면하도록 격려한다.
② 내담자가 삶에 대한 자유와 책임을 자각하도록 촉진한다.
③ 내담자가 삶의 의미를 발견하고 창조하도록 돕는다.
④ 내담자가 자신의 인간관계 양식을 점검하도록 돕는다.

테마 4 내담자중심 상담

1 내담자중심 상담의 이해

(1) 개요
① 로저스(Rogers)의 상담경험에서 비롯된 이론으로, 상담의 과정과 그 결과에 대한 연구조사를 통하여 개발되어 왔다.
② '인간중심 상담' 또는 '비지시적 상담'이라고도 한다.

(2) 특징
① 인간은 성장, 건강, 적응을 이루려는 기본적 충동을 가지고 있다고 본다.
② 인간은 자기실현 경향성을 갖고 있으며, 자기 자신의 일들을 스스로 결정하고 해결할 수 있다고 본다.
③ 인간의 개별성과 독자성을 존중한다.
④ 상담은 모든 건설적인 대인관계의 실제 사례 중 단지 하나에 불과하며, 치료적 관계 그 자체가 성장의 경험이라고 주장한다.
⑤ 상담자의 태도와 허용적인 분위기를 중요시하고, 상담자는 조력자의 역할을 하며 내담자가 상담을 주도적으로 이끈다.
⑥ 동일한 상담원리를 정상적인 상태에 있는 사람이나 정신적으로 부적응 상태에 있는 사람 모두에게 적용한다.

(3) 철학적 가정
① 인간은 가치를 지닌 독특하고 유일한 존재이다.
② 인간은 자기확충을 향한 적극적인 성장력을 지니고 있다.
③ 인간은 근본적으로 선하며, 이성적으로 믿을 수 있는 존재이다.
④ 인간을 알려면 개인의 주관적 생활에 초점을 맞춰야 한다.
⑤ 인간은 의사결정에 대한 선택권과 자신의 장래에 대한 선택권을 가지고 있다.
⑥ 인간은 계획하고, 결정하고, 훌륭한 사람이 되는 데 유용한 내적 자원을 가지고 있다.
⑦ 상담목표는 각 개인이 자기를 수용하고 자기통찰을 통해 전인적인 기능을 발휘하도록 하는 것에 있다.

> **기/출/족/보** 출제지수 ■□□
> 18년 3회, 14년 3회
> 로저스의 인간중심 상담의 기본 바탕이 되는 철학적 가정 5가지(4가지)를 쓰시오.
>
> **POINT**
> 인간중심 상담의 철학적 가정을 묻는 경우, 바로 앞에서 제시한 인간중심 상담의 특징으로 답안을 작성하기보다는 철학적 가정으로 제시된 7가지 내용 중에서 요구하는 개수대로 선택해 답안을 구성해야 한다.

2 주요 개념

(1) 자아
① 인간의 자아(self)는 현실적 자아, 이상적 자아, 타인이 본 자아의 3가지로 구분할 수 있다.
② 3가지 자아 간의 불일치 때문에 불안을 경험하고, 이것이 심리적 문제가 된다.

(2) 현상학적 장
① 경험적 세계 또는 주관적 경험으로, 여기-지금(here and now)에 개인이 지각하고 경험하는 모든 것을 뜻한다.

② 인간은 대상을 지각하고 경험하며 그 대상에 의미를 부여하기 때문에 유기체가 중요하다고 여기는 것은 사건의 실제가 아니라 현상학적인 장에서 개인이 지각하는 것이다.

(3) 가치조건화
① 가치조건화는 주요 타자로부터 긍정적 존중을 받기 위해 그들이 원하는 가치와 기준을 내면화하는 것이다.
② 내담자중심 상담에서는 부모의 가치조건을 강요하여 긍정적 존중의 욕구가 좌절되고, 부정적 자아개념이 형성되면서 심리적 어려움이 발생된다고 본다.

(4) 실현화 경향성
① 실현화 경향성은 자기를 보전·유지하고 향상시키고자 하는 선천적 성향으로, 유기체를 향상시키는 활동으로부터 도출된 기쁨과 만족을 강조한다.
② 사람이나 동물뿐만 아니라 살아 있는 모든 것에서 볼 수 있으며, 성숙의 단계에 포함된 성장의 모든 국면에 영향을 준다.

(5) 완전히 기능하는 사람
① 내담자중심 상담에서는 내담자들이 '완전히 기능하는 사람'이 될 수 있다고 보며 이를 강조한다.
② 완전히 기능하는 사람의 특성
  ㉠ 경험에 대해 개방적이다.
  ㉡ 실존적인 삶을 산다.
  ㉢ 창조적인 삶을 산다.
  ㉣ 자신의 유기체에 대해 신뢰한다.
  ㉤ 자유의식을 지니고 있다.

3 상담목표
① 기본목표는 개인이 일관된 자아개념을 가지고 자신의 기능을 최대로 발휘하는 사람이 되도록 도울 수 있는 환경을 제공하는 것이다.
② 내담자가 잠재적인 모든 개성을 발달시키는 데 주력한다.
③ 내담자의 내적 기준에 대한 신뢰를 증가시키도록 돕는다.
④ 경험에 보다 개방적이 되도록 돕는다.
⑤ 지속적인 성장 경향성을 촉진해 준다.

기/출/족/보 출제지수 ■□□

15년 3회
인간중심 치료에서 '완전히 기능하는 사람'의 특성 4가지를 쓰시오.

POINT
'개방, 실존, 창조, 신뢰, 자유'를 키워드로 외워 두자.

4 상담자의 태도

(1) 진실성(진솔성, 일치성)
① 상담자가 내담자에 대한 자신의 감정을 진실하게 표현함으로써 감정과 표현을 서로 일치시키는 것이다.
② 내담자로 하여금 개방적 자기탐색을 촉진하여 그가 여기-지금에서 경험하는 감정을 자각하도록 하는 요인이다.

(2) 공감적 이해
① 상담자 자신의 입장을 유지하면서 마치 내담자인 것처럼 내담자의 입장에서 내담자의 내적 감정을 느끼고 이해하는 것이다.
② 즉, 여기-지금에서의 내담자의 감정과 경험을 정확하게 이해하는 것이다.
③ 공감적 이해는 내담자의 자기탐색과 수용을 촉진하는 요인이다.

(3) 무조건적 수용(무조건적 긍정적 관심)
① 상담자가 아무런 가치조건도 부여하지 않고 내담자를 있는 그대로 존중하고 수용함으로써 내담자에게 부여된 가치조건들을 해제해 나가는 것이다.
② 내담자를 수용한다는 것은 내담자의 모든 감정과 생각, 욕구 자체를 수용한다는 의미이지 모든 행동을 인정하고 받아들인다는 의미는 아니다.

5 상담기법
① 내담자중심 상담에서는 특정 기법을 사용하기보다는 내담자와 상담자 간의 안전하고 허용적인 '나와 너'의 관계를 중시한다.
② 기본적인 상담기법으로 적극적 경청, 감정의 반영, 명료화, 공감적 이해 등이 이용된다.
③ 내담자 정보탐색, 조언, 설득, 가르치기 등의 지시적인 성격의 상담기법은 사용되지 않는다.

기/출/족/보 출제지수 ■■■

23년 3회, 16년 1회, 15년 3회
로저스는 내담자중심 상담을 성공적으로 이끄는 데 있어서 상담자의 능동적 성향을 강조하였으며, 패터슨도 내담자중심 직업상담에서 기법보다는 태도를 필수적으로 보았다. 내담자중심 접근법을 사용할 때 직업상담자가 갖추어야 할 3가지 기본 태도에 대해 설명하시오.

20년 1회, 15년 1회
내담자중심 상담기법에서 상담자의 태도 3가지를 쓰시오.

POINT
상담자의 태도는 내담자중심 상담에서 가장 자주 출제되는 부분이자 제일 중요한 내용이다. 3가지 명칭과 의미를 모두 정확히 암기해야 한다.

테마 5   형태주의 상담

1 형태주의 상담의 이해

(1) 개요
① 펄스(Perls)에 의해 발전된 상담이론으로, '게슈탈트(Gestalt) 상담'이라고도 한다.
② 지금-여기에서 무엇을 어떻게 경험하느냐와 각성을 중요시하며, 현재 상황에 대한 자각에 초점을 두고 있다.

(2) 특징
① 인간을 과거나 환경에 의해 결정되는 존재가 아니라, 현재의 사고, 감정, 행동의 전체성과 통합을 추구하는 존재로 본다.
② 인간은 신체, 정서, 사고, 감각, 지각 등 모든 부분이 서로 관련을 갖고 있는 전체로서 완성되려는 경향이 있다고 본다.
③ 인간의 행동은 행동이 일어난 상황과 관련해서 의미 있게 이해될 수 있다고 본다.
④ 개인이 자신의 내부와 주변에서 일어나는 일들을 충분히 자각할 수 있다면, 자신이 당면하는 삶의 문제들을 개인 스스로가 효과적으로 다룰 수 있다고 가정한다.
⑤ 개인의 발달초기에서의 문제들을 중요시한다는 점에서 정신분석적 상담과 유사하다.

2 주요 개념

(1) 게슈탈트(Gestalt)
① '전체, 형태, 모습' 등의 뜻을 지닌 독일어이다.
② 자신의 욕구나 감정을 하나의 의미 있는 전체로 조직화하여 지각한 것을 말한다.

(2) 전경과 배경
① 어떠한 대상이나 사건을 인식할 때 관심의 초점으로 부각되는 부분을 전경이라고 하고, 관심 밖으로 밀려나는 부분을 배경이라고 한다.
② 게슈탈트를 형성한다는 것은 어느 한 순간에 가장 중요한 욕구나 감정을 전경으로 떠올리는 것을 말한다.
③ 전경으로 떠올렸던 게슈탈트가 해소되면 그것은 배경으로 물러나고, 다시 새로운 게슈탈트가 형성되어 전경으로 떠오르고 해소되어 배경

으로 물러나는 과정이 되풀이되는 순환과정이 이루어진다.

(3) 미해결 과제
① 개체가 게슈탈트를 형성하지 못했거나 형성된 게슈탈트가 적절히 해소되지 못하여 배경으로 물러나지 못한 상태이다.
② 인간의 분노, 격분, 증오, 고통, 불안, 슬픔, 죄의식, 포기 등과 같은 표현되지 못한 감정을 포함하는 개념이다.

(4) 신경증의 층
① 피상층(허위층): 진실성 없이 형식적이고 의례적인 규범에 따라 피상적으로 행동하는 단계이다.
② 공포층(연기층): 환경 적응을 위해 자신의 욕구를 억압하고 주위에서 바라는 역할행동을 연기하는 단계이다.
③ 곤경층(교착층, 난국층): 역할연기를 그만두고 자립을 시도하지만, 허탈감, 무력감 등을 느끼게 되는 단계이다.
④ 내파층(내적 파열층): 그동안 억압해 온 자신의 욕구와 감정을 알아차리지만, 겉으로 나타내지 못하고 안으로 억제하는 단계이다.
⑤ 폭발층(외적 파열층): 자신의 진정한 욕구와 감정을 더 이상 억압하지 않고 외부로 표출하는 단계로, 강한 게슈탈트를 형성하고 미해결 문제를 해소한다.

(5) 접촉 – 경계 장애
① 내사(introjection): 신념, 행동양식, 감정 및 평가를 무비판적으로 수용하는 것으로, 부모나 사회의 영향을 받거나 스스로의 경험에 의해 형성된다.
② 투사(projection): 자신의 생각이나 욕구, 감정 등을 타인의 것으로 지각하는 것을 말한다.
③ 반전(retroflection): 다른 사람이나 환경에 대하여 하고 싶은 행동을 자기 자신에게 하는 것을 말한다.
④ 융합(confluence): 밀접한 관계에 있는 사람 간에 어떤 갈등이나 불일치도 용납하지 않는 의존적 관계로, 중요한 타인과 자신과의 경계를 짓지 못하고 의존적인 관계를 형성하는 것이다.
⑤ 편향(deflection): 감당하기 힘든 내적 갈등이나 환경 자극에 노출될 때, 이에 압도당하지 않으려고 자신의 감각을 둔화시켜서 환경과의 접촉을 피하거나 약화시키는 것이다.

> **기/출/족/보** 출제지수 ■□□
>
> **22년 2회**
> 형태주의 상담의 목표를 6가지 쓰시오.
>
> **17년 2회**
> 형태주의 상담의 목표를 3가지 쓰고 설명하시오.
>
> **POINT**
> 형태주의 상담의 목표로는 보통 3~5가지를 학습하는 것이 일반적이었는데, 2022년 2회 문제에서 6가지를 물어봄으로써 수험생들의 허를 찔렀다. 키워드 중심으로 6가지 전부를 암기해 두자.

3 상담목표

① 체험 확장: 내담자가 자신의 욕구나 감정을 억압하던 것을 해소하고 체험 영역을 확장할 수 있도록 돕는다.
② 인격 통합: 내담자의 분할되고 소외된 인격의 부분을 다시 접촉하고 체험하게 함으로써 인격을 통합할 수 있도록 돕는다.
③ 독립·자립: 내담자 스스로 자신의 내적 힘을 동원하여 독립·자립할 수 있도록 돕는다.
④ 책임감: 내담자가 자신을 행동을 자유롭게 선택하고 행동결과에 책임질 수 있도록 돕는다.
⑤ 변화와 성장: 내담자가 스스로 이상적인 상태로 변화하고 성장해 나갈 수 있도록 돕는다.
⑥ 실존적 삶: 내담자가 실존적인 삶을 살아가도록 돕는다.

4 상담기법

(1) 자각

① 욕구와 감정 자각: 내담자의 생각 속에 내재된 현재 상황에서의 욕구와 감정을 알아차리도록 돕는 기법이다.
② 신체 자각: 보기, 만지기, 듣기, 냄새 맡기, 말하기 등 신체의 감각을 통해 자신의 욕구와 감정을 알아차리도록 돕는 기법이다.
③ 환경 자각: 환경과의 접촉을 증진하여 주위 환경에서 체험하는 것을 자각하고 자신의 욕구와 감정을 명확히 하도록 돕는 기법이다.
④ 언어 자각: 내담자가 자신의 감정과 동기에 책임을 지는 문장으로 말하도록 돕는 기법이다.

> **기/출/족/보** 출제지수 ■■□
>
> **23년 2회**
> 형태주의 상담의 기법 4가지를 쓰시오.
>
> **19년 3회, 18년 2회, 15년 3회**
> 게슈탈트 상담의 상담기법 3가지를 쓰고 각각에 대해 설명하시오.
>
> **POINT**
> 형태주의(게슈탈트) 상담의 기법은 상당히 많은데, 이 중에서 '과장하기, 빈 의자 기법, 꿈 작업'이 자주 언급된다. 한편, 자각의 종류로 제시된 4가지는 개별 기법으로 취급되기도 한다. 예를 들어, 상담기법 3가지를 물었을 때, '욕구와 감정 자각, 신체 자각, 환경 자각'으로 작성할 수도 있다는 것이다.

(2) 과장하기

내담자가 무심코 또는 습관적으로 보여 주는 행동을 내담자에게 반복적으로 과장하여 표현하게 함으로써 행동 기저에 있는 감정을 명확히 자각하도록 돕는 기법이다.

(3) 반대로 하기(역전기법)

내담자에게 평소에 하는 행동과 정반대의 행동을 하게 하여, 이제까지 회피해 왔던 행동을 실천함으로써 오히려 문제를 극복할 수 있게 돕는 기법이다.

(4) 감정에 머무르기

내담자에게 미해결 감정을 회피하지 않고 감정을 견뎌 내도록 하여, 감정에 머무르면서 오히려 감정을 해소할 수 있도록 돕는 기법이다.

(5) 역할연기
내담자에게 과거 혹은 미래의 어떤 장면을 현재 벌어지는 장면으로 상상하여 실제 행동으로 연출하게 함으로써 미처 인식하지 못했던 감정과 행동패턴을 발견하도록 돕는 기법이다.

(6) 빈 의자 기법
내담자 앞에 빈 의자를 놓고 어떤 사람이 실제 앉아 있는 것처럼 상상하면서 이야기를 하게 함으로써 내담자가 자신의 감정을 자각하도록 돕는 기법으로, 역할을 바꾸어 대화함으로써 상대편의 감정도 이해할 수 있다.

(7) 자기 부분들과의 대화(상전과 하인)
내담자의 인격에서 분열된 부분들 간에 대화가 이루어지도록 하는 기법으로, 이성적 측면, 해야 하는 일 등은 '상전'으로, 비이성적 측면, 하고 싶은 일 등은 '하인'으로 두고 내면적 대화를 의식화함으로써 자신의 행동에 대한 이해를 돕는다.

(8) 꿈 작업
내담자의 꿈을 통해 나타나는 소외된 부분이나 갈등적인 부분을 일상으로 가지고 와서 꿈의 각 부분을 연기하게 함으로써 이를 성격으로 통합하도록 돕는 기법이다.

(9) 숙제
내담자에게 숙제를 내 주면서 자각을 증가시키고, 상담을 통해 배운 것들을 복습하는 동시에 현실검증을 할 수 있도록 돕는 기법이다.

테마 6 교류분석적 상담

1 교류분석적 상담의 이해

(1) 개요
① 정신과 의사인 에릭 번(Eric Bern)에 의해 창안된 인간관계의 교류를 분석하는 이론으로, '의사교류분석 상담'이라고도 한다.
② 대부분의 다른 상담이론과는 달리 계약적이고 의사결정적이다.

(2) 특징
① 새로운 결정을 내릴 수 있는 개인의 능력을 강조한다.

② 개인 간 그리고 개인 내부의 상호작용을 분석하기 위한 구조를 제공한다.
③ 성격에 대한 자아상태를 부모(P), 성인(A), 아동(C)으로 구분하여 타인들과의 상호작용을 통해 자아상태를 분석하는 상담 접근법이다.
④ 대본분석 평가항목이나 질문지를 사용하고, 구조분석, 교류분석, 라켓 및 게임분석, 각본분석, 가족모델링 등의 기법을 활용한다.

(3) 제한점
① 이론을 구성하는 주요 개념들이 인지적이기 때문에 지적 능력이 낮은 내담자에게는 부적절할 수 있다.
② 의사교류분석에서 사용하는 용어들은 그 양이 많고, 의미가 추상적이며, 설명이 다양하기 때문에 실제로 적용하는 데에는 어려움이 많다.
③ 이론을 구성하는 개념들에 대해 실증적 연구도 일부 있었지만 아직은 과학적인 증거가 제시되었다고 보기 어렵기 때문에 사용하는 데 주의가 요구된다.

2 주요 개념

(1) 자아상태
① 부모(어버이)자아(P: Parent ego)
  ㉠ 부모를 포함한 의미 있는 연장자들의 말이나 행동을 무비판적으로 받아들여 내면화한 것이다.
  ㉡ 비판적 부모자아(CP: Critical Parent)와 양육적 부모자아(NP: Nurturing Parent)로 구분할 수 있다.
② 성인(어른)자아(A: Adult ego)
  ㉠ 개인이 현실세계와 관련해서 기능하는 부분으로 성격의 합리적이고 객관적인 측면이다.
  ㉡ 부모자아와 아동자아의 갈등을 완화하는 역할을 한다.
③ 아동(어린이)자아(C: Child ego)
  ㉠ 인간 내에서 생득적으로 일어나는 모든 충동과 감정, 5세 이전에 경험한 외적 사태, 부모와의 관계에서 경험한 감정과 그에 대한 반응 양식이 내면화된 것이다.
  ㉡ 자유로운 아동자아(FC: Free Child)와 순응적 아동자아(AC: Adapted Child)로 구분할 수 있으며, 여기에 아동교수자아(LP: Little Professor)를 더해 삼분하기도 한다.

(2) 생활자세

① 자기부정, 타인긍정(I'm not OK, You're OK)
   ㉠ 자신을 무기력하고 희생당한 사람으로 본다.
   ㉡ 타인과 친밀한 관계를 맺기 어려우며, 열등감, 죄의식, 우울 등을 느낀다.
② 자기부정, 타인부정(I'm not OK, You're not OK)
   ㉠ 삶의 모든 흥미를 상실하고, 인생이 아무런 가망이 없다고 본다.
   ㉡ 자기파괴적이고 유아기적인 행동을 하며, 타인이나 자신에게 상해를 입히는 공격적 행동을 보이기도 한다.
③ 자기긍정, 타인부정(I'm OK, You're not OK)
   ㉠ 자신의 우월성을 강조하고, 타인의 열등성을 비난한다.
   ㉡ 자신의 문제를 타인에게 투사하고 타인을 비난한다.
④ 자기긍정, 타인긍정(I'm OK, You're OK)
   ㉠ 신뢰성, 개방성, 교환의 의지를 갖고, 타인을 있는 그대로 수용한다.
   ㉡ 심리적으로 가장 건강한 생활자세로서 건설적인 인생관을 지닌 사람이 된다.

> **기/출/족/보** 출제지수 ■□□
> **19년 1회**
> 교류분석상담(TA)에서 개인의 생활각본을 구성하는 주요 요소인 기본적인 생활자세를 4가지 쓰고 설명하시오.
>
> **POINT**
> 생활자세는 자기/타인, 긍정/부정의 조합에 따라 4가지로 구분된다.

3 분석유형

(1) 구조분석

① 내담자 자신의 부모자아, 성인자아, 아동자아의 내용이나 기능을 이해하는 방법이다.
② 내담자가 자아상태와 관련한 부적절한 내용을 변화시키며, 3가지 자아상태를 적절하게 활용할 수 있도록 돕는다.
③ 구조분석에서는 성격구조와 관련하여 오염이나 배제의 문제가 발생할 수 있다.
   ㉠ 오염(contamination): 특정 자아상태가 다른 자아상태의 경계를 침범함으로써 침범된 자아상태가 본연의 기능을 발휘하지 못하는 것이다.
   ㉡ 배제(exclusion): 3가지 자아상태 간의 경계가 지나치게 경직되어 일부 자아상태를 제대로 사용하지 못하는 것이다.

(2) 교류분석(의사교류분석)

① 두 사람 간의 의사소통 과정에서 나타나는 3가지 교류 유형을 파악하여 효율적인 교류가 이루어지도록 돕는 기법이다.

> **기/출/족/보** 출제지수 ■□□
> **18년 2회**
> 교류분석(TA)에서 내담자를 이해하기 위해 사용하는 분석유형 3가지를 설명하시오.
>
> **POINT**
> 교류분석의 유형 중 라켓 및 게임분석은 라켓분석, 게임분석으로 구분하여 작성해도 무방하다. 하지만 라켓과 게임의 개념은 서로 긴밀하게 관련되어 있으므로 묶어서 설명하는 것도 좋다.

② 3가지 교류 유형
- ㉠ 상보교류: 발신자가 기대하는 대로 수신자가 반응하는 것으로, 의사교류에서 상보교류가 가장 건강한 상태이다.
- ㉡ 교차교류: 두 사람 사이에 복수의 자아상태가 개입되어 서로 기대하는 발신과 수신이 이루어지지 않는다.
- ㉢ 이면교류: 현재적 교류와 잠재적 교류가 동시에 작용하는 것으로, 발신자와 수신자가 대화 속에 숨어 있는 의사를 교류하는 것이다.

(3) 라켓 및 게임분석
① 성인이 되어 삶 속에서 각본을 연출할 때, 부모가 허용했던 감정으로 진실한 감정을 계속 숨기게 되는데, 이러한 대치된 감정을 라켓감정(racket feelings)이라 하고, 라켓감정을 느끼게 하는 조작된 행동을 라켓(racket)이라고 한다.
② 게임(game)은 겉으로는 친밀한 것처럼 보이지만 결과적으로는 라켓감정을 유발하는 이면교류로, 사람들은 애정이나 인정 자극(스트로크)을 얻기 위해 게임을 하지만, 게임에 참가한 사람들은 대부분 나쁜 감정을 갖고 게임을 끝맺게 된다.
③ 상담자는 내담자가 라켓감정과 게임을 깨닫도록 하여 부정적 자아상태에서 긍정적 자아상태로 전환하도록 도와야 한다.

(4) 각본분석(생활각본분석)
① 각본(대본, script)은 어린 시절에 만들어져 부모에 의해 발달하고, 이후 삶의 체험들에 의해 강화·정당화·고정화되는 인생계획이다.
② 각본분석은 내담자가 여기-지금에서 따르는 각본신념을 확인해 주고, 자기제한적 각본신념을 변화시키는 것이다.
③ 각본분석을 통해 각본을 정당화하기 위해 사용하는 라켓감정과 게임도 밝힐 수 있다.

테마 7 행동주의 상담

1 행동주의 상담의 이해

(1) 개요
① 인간의 행동은 외부의 환경조건에 의해 좌우되며, 학습을 통해 변화가 가능하다고 보는 이론이다.

② 파블로프(Pavlov)의 고전적 조건형성, 스키너(Skinner)의 조작적 조건형성, 반두라(Bandura)의 사회학습이론으로 발전하였다.

(2) 특징
① 실험에 기초한 귀납적인 접근방법이며 실험적 방법을 상담과정에 적용한다.
② 내담자의 잘못된 가치를 수정하기보다는 잘못된 행동을 수정하는 데 초점을 둔다.
③ 내담자의 문제행동을 증가시켜 왔던 강화요인을 탐색하고 제거하는 것을 목표로 한다.
④ 상담자는 능동적이고 지시적인 역할을 하며, 내담자의 상황적 단서와 문제행동, 그 결과에 대한 정보를 얻기 위하여 노력한다.

2 주요 개념

(1) 고전적 조건형성
① 파블로프의 개 실험과 관련된 이론으로, 개에게 종소리를 들려준 뒤 먹이를 주자, 이후에는 종소리만 들려주어도 개가 침을 흘린 실험에서 비롯되었다.
② 무조건 자극과 조건 자극의 연합에 의해 학습이 일어나며, 자극이 반응보다 앞에 온다고 본다.
③ 자극과 반응
  ㉠ 무조건 자극(US): 경험이나 훈련 등의 학습과 무관하게 자동적·생득적 반응을 유발하는 자극을 말한다.
  ㉡ 무조건 반응(UR): 무조건 자극에 대한 자동적·생득적 반응을 말한다.
  ㉢ 조건 자극(CS): 무조건 자극과 여러 번 짝지어진 자극을 말한다.
  ㉣ 조건 반응(CR): 조건 자극에 대해 형성된 반응을 말한다.

(2) 조작적 조건형성
① 스키너의 스키너 상자 실험과 관련된 이론으로, 상자 속 쥐가 어떤 행동을 정확하게 수행하면 보상을 하고 그렇지 못할 경우 처벌을 가하는 실험을 수행하였다.
② 행동은 보상과 처벌에 의해 유지되거나 통제되고, 이를 통해 학습이 일어난다고 본다.
③ 강화와 처벌
  ㉠ 정적 강화: 바람직한 행동이 나타나면 유쾌자극을 제공하는 것이다.
  ㉡ 부적 강화: 바람직한 행동이 나타나면 불쾌자극을 없애는 것이다.

ⓒ 정적 처벌: 바람직하지 못한 행동이 나타나면 불쾌자극을 제공하는 것이다.
ⓔ 부적 처벌: 바람직하지 못한 행동이 나타나면 유쾌자극을 없애는 것이다.

(3) 사회학습
① 반두라의 보보인형 실험과 관련된 이론이다.
② 다른 사람들의 행동을 관찰하고 이를 모방함으로써 학습이 일어난다고 본다.
③ 사회학습의 주요 개념
  ㉠ 모델링: 모델이 되는 다른 사람을 관찰함으로써 새로운 행동을 습득하는 학습법이다.
  ㉡ 대리학습: 다른 사람들의 행동이 어떤 결과를 가져오는지 관찰함으로써 자신이 그러한 행동을 했을 경우 초래되는 결과를 예상하는 학습법이다.
  ㉢ 자기효능감: 자신이 어떤 행동을 성공적으로 수행할 수 있다는 신념이다.

3 상담기법

(1) 체계적 둔감법
① 불안이나 혐오를 유발하는 자극에 대해 위계목록을 작성한 후, 낮은 수준의 자극에서 높은 수준의 자극으로 단계를 높여 가며 불안과 혐오를 경감 또는 제거하는 기법이다.
② 고전적 조건형성 원리를 반영한 것으로, 주요 원리는 상호억제(상호제지)이다.
③ 행동주의적 접근의 상담기법 중 공포와 불안이 원인이 되는 부적응 행동이나 회피행동을 치료하는 데 가장 효과적인 기법으로, 이완법과 함께 쓰이곤 한다.
④ 체계적 둔감법의 단계
  ㉠ 근육이완훈련: 근육을 이완시켜 몸이 긴장 상태에서 벗어날 수 있도록 훈련한다.
  ㉡ 불안위계목록 작성: 불안 정도가 낮은 수준의 자극부터 높은 수준의 자극까지 불안위계목록을 작성한다.
  ㉢ 불안위계목록에 따른 둔감화: 불안 유발 상황을 단계적으로 상상하도록 유도하여 불안 반응을 점진적으로 경감 또는 제거한다.

21년 1회, 16년 2회
다음에 제시한 글을 읽고 면접에 대한 불안을 갖는 최 씨에게 체계적 둔감화를 사용하여 상담하는 절차를 설명하시오.

17년 3회
체계적 둔감화의 의미와 단계를 쓰고 설명하시오.

15년 1회
체계적 둔감법의 3단계를 쓰시오.

POINT
체계적 둔감법은 그 의미와 단계를 모두 숙지하고 있어야 한다. 불안위계목록에 따라 단계적으로 자극에 노출시킨다는 것이 핵심이다.

(2) 인지적 모델링
① 상담자가 모델링 장면에서 먼저 시범을 보이면서 무엇을 하고 어떻게 느낄지에 대해 내담자에게 설명해 주는 기법이다.
② 내담자는 상담자의 설명을 듣고 목표행동을 반복적으로 수행한다.

(3) 사고중지(사고정지)
① 내담자가 부정적인 인지를 억압하거나 제거함으로써 비생산적이고 자기패배적인 사고와 심상을 통제하도록 돕는 기법이다.
② 돌이킬 수 없는 과거 사건이나 발생할 것 같지 않은 사건에 대해 고심하는 내담자에게 적합하다.

(4) 스트레스 접종
① 예상되는 신체적, 정신적인 긴장을 약화시켜 내담자가 충분히 자신의 문제를 다룰 수 있도록 준비시키는 데 사용되는 인지적 행동주의 기법이다.
② 내담자에게 상대적으로 약한 자극을 주어 잘 견디게 한 이후 자극의 강도를 점차 높임으로써 스트레스에 대처할 수 있는 능력을 향상시키는 원리이다.

(5) 모델링
① 타인의 행동에 대한 관찰학습을 통해 새로운 행동을 습득하게 하거나 변화를 촉진하는 기법이다.
② 적응적 행동이 어떤 것인지 가르치고, 적응적 행동을 실제로 행하도록 촉진할 수 있으며, 내담자가 두려워하는 행동을 하는 모델을 관찰함으로써 불안이 감소될 수도 있다.

(6) 자기주장훈련
① 대인관계에 있어서의 불안과 공포를 해소할 수 있는 효과적인 기법이다.
② 불안을 역제지하는 방법으로, 내담자에게 불안 이외의 감정을 표현하게 하고 대인관계에서 자기주장을 하게 한다.
③ 자기주장훈련의 절차
   ㉠ 자기주장훈련에 대해 설명한다.
   ㉡ 자기주장의 구체적인 목표를 설정한다.
   ㉢ 설정된 목표에 맞춰 주장을 훈련할 수 있는 행동과제를 부여한다.
   ㉣ 감정이 담긴 대화를 주고받는 연습을 한다.
   ㉤ 요청을 하거나 거절을 하는 연습을 한다.
   ㉥ 역할연기를 통해 행동시연을 한다.

> **기/출/족/보** 출제지수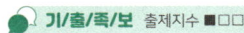
> **17년 1회**
> 외적 행동변화의 자기주장훈련 절차를 쓰시오.
>
> **POINT**
> 자기주장훈련의 절차는 제시된 대로 6개 단계로 구분하여 작성해야 한다. '훈련 설명, 목표 설정, 행동과제 부여, 대화 연습, 요청·거절 연습, 역할연기'로 압축해서 암기해 두자.

(7) 토큰법(상표제도)
① 직접적 강화물을 사용하여 강화하는 대신에 토큰으로 보상하였다가 후에 다양한 물건과 교환할 수 있도록 하는 기법이다.
② 토큰을 회수함으로써 바람직하지 못한 행동을 소거할 수도 있다.

(8) 역할연기
① 실제 생활에서 수행하기 어려운 역할행동 때문에 부적응적인 행동을 하는 내담자에게 적합한 기법이다.
② 내담자가 현실적인 장면이나 극적인 장면을 통해 역할행동을 반복적으로 시연하게 함으로써 부적응적 행동을 적응적 행동으로 바꿀 수 있도록 돕는다.

(9) 행동계약
① 행동목표를 달성했을 때 주어지는 강화에 대해 내담자와 상담자가 동의한 내용을 문서로 작성하는 기법이다.
② 행동계약서 작성 방법
  ㉠ 내담자가 수행해야 할 목표행동은 관찰과 측정이 가능하도록 구체적으로 정의한다.
  ㉡ 목표행동의 달성으로 볼 수 있는 행동의 수행 수준과 준거를 기록한다.
  ㉢ 강화의 전달 형태, 방법, 양을 구체적으로 기록한다.
  ㉣ 계약조건을 충족시킬 전체 기간을 기록한다.
  ㉤ 내담자와 상담자가 각각 서명한다.

(10) 자기관리 프로그램
① 상담자가 내담자와 지식을 공유하며 자기강화 기법을 적극적으로 활용하는 기법이다.
② 내담자가 자기지시적인 삶을 영위하고 상담자에게 의존하지 않도록 돕는다.

(11) 혐오치료
① 바람직하지 않은 행동에 대해 혐오자극을 제시함으로써 부적응 행동을 제거하는 기법이다.
② 알코올이나 약물 중독, 흡연, 성도착증, 도박 등과 같이 개인적·사회적으로 용납되기 어려운 이상행동을 치료대상으로 한다.

(12) 바이오피드백
① 체온, 심박수, 혈압, 근육긴장도 등의 생리적 변수를 부분적으로 조절하는 기법이다.

② '생체자기제어'라고도 부른다.

(13) 긴장이완법
① 심신의 긴장상태를 완화하여 근육이나 정서를 평온한 상태로 만들어 유지시키는 기법이다.
② 불안이나 공포를 감소 또는 제거하기 위해 사용하지만, 내담자의 저항을 다루는 기법으로 사용하기에는 적절하지 않다.

(14) 타임아웃
① 바람직하지 못한 행동을 했을 때 일정 기간 동안 강화물이 많은 장소에서 적은 장소로 격리해 놓는 기법이다.
② 내담자가 긍정적 강화를 받을 기회를 박탈시키는 원리이다.

(15) 조형법(행동조성)
① 행동을 여러 하위 단계로 나누어 세분화된 목표행동에 접근할 때마다 적절한 보상을 주어 점진적으로 특정 행동을 학습시키는 행동수정 기법이다.
② 이미 형성된 행동은 행동조성을 통해 강화하지 않도록 주의한다.

(16) 프리맥의 원리
① 높은 확률로 일어나는 행동을 강화물로 사용하여 일어날 확률이 적은 행동을 하도록 촉진하는 기법이다.
② 선호하는 행동이 덜 선호하는 행동을 강화하는 것으로, 강화의 상대성을 이용한 기법이다.

(17) 과잉교정
① 부적응 행동을 하였을 경우 즉각적으로 부적응 행동보다 더 많은 바람직한 행동을 하도록 요구하는 기법이다.
② 문제행동에 대한 대안행동이 거의 없거나 효과적인 강화 인자가 없을 때 유용한 기법으로, 파괴적이고 폭력적인 행동을 수정하는 데 효과적이다.

(18) 자기감찰(자기 모니터링)
① 객관적으로 자기를 관찰하고 기록하는 기법이다.
② 문제행동에 대한 기능적 분석을 위해 문제행동과 관련된 선행요인과 결과 간의 관계를 확인하는 데 사용할 수 있다.

4 내적·외적 행동변화 촉진기법

(1) 내적 행동변화 촉진기법
  ① 체계적 둔감법
  ② 근육이완훈련
  ③ 인지적 모델링
  ④ 사고중지(사고정지)
  ⑤ 스트레스 접종

(2) 외적 행동변화 촉진기법
  ① 모델링
  ② 자기주장훈련
  ③ 토큰법(상표제도)
  ④ 역할연기
  ⑤ 행동계약
  ⑥ 자기관리 프로그램
  ⑦ 혐오치료
  ⑧ 바이오피드백

테마 8 인지·정서·행동적 상담

1 인지·정서·행동적 상담의 이해

(1) 개요
  ① 엘리스(Ellis)가 고대 철학과 인지주의 심리학의 영향을 받아 정서적·행동적 문제와 장애를 해결하기 위해 개발한 이론이다.
  ② 이론 수립 초기에는 이성을 사용하는 것을 강조하기 위해 합리적 치료(RT: Rational Therapy)라고 하였지만, 이것이 정서의 측면을 소홀히 여기는 듯한 인상을 주었기 때문에 인지·정서적 치료(RET: Rational Emotive Therapy)로 명칭을 바꾸었고, 이후 행동의 중요성을 강조하기 위해 인지·정서·행동적 치료(REBT: Rational Emotive Behavior Therapy)로 다시 바꾸었다.

(2) 기본가정

① 인간은 합리적인 사고를 할 수 있는 동시에 비합리적인 사고의 가능성도 가지고 있는 존재이다.
② 내담자의 모든 정서적·행동적 문제는 경험적으로 타당성이 없는 비논리적이고 비합리적인 사고로 인해 발생한 것이다.
③ 내담자의 지속적인 노력을 통해 비합리적 신념은 변화될 수 있다.

(3) 기본원리

① 인간의 심리적 영역 중 인지가 가장 중요하다.
② 심리적 문제를 일으키는 사건보다 사건에 대한 사고의 분석이 중요하다.
③ 행동에 대한 과거의 영향보다 현재에 초점을 두어야 한다.
④ 인간은 합리적 존재이면서 동시에 비합리적 존재이다.
⑤ 내담자의 문제는 비합리적 사고와 신념에서 비롯된다.
⑥ 유전과 환경 등 다양한 요인이 비합리적 사고와 정신병리의 원인이 된다.
⑦ 인간의 비합리적 신념은 쉽지는 않지만 지속적인 노력을 통해 변화할 수 있다.

2 주요 개념

(1) ABCDEF 모형

① A(Activating event, 선행사건)
　㉠ 내담자에게 정서적 혼란을 야기하는 어떤 사건을 의미한다.
　㉡ 이러한 사건들은 기분을 나쁘게 하고 심하면 화를 내거나 자신을 비난하는 지경에 이르게 한다.
② B(Belief system, 비합리적 신념체계)
　㉠ 선행사건에 대한 내담자의 비합리적 신념체계나 사고체계를 의미한다.
　㉡ 생물학적 요인, 문화적 요인, 환경적 요인 등이 비합리적 신념체계가 형성되는 데 영향을 미친다.
③ C(Consequences, 결과)
　㉠ 비합리적 신념을 통해 선행사건을 해석함으로써 나타나는 정서적·행동적 결과를 의미한다.
　㉡ 불안, 초조, 우울, 열등감, 시기, 질투, 분노 등의 정서반응이나 행동반응이 있다.

기/출/족/보 출제지수 ■□□
23년 3회, 20년 4회
인지·정서 상담기법의 기본가정, 기본개념, 상담의 목표를 쓰시오.
POINT
인간의 문제는 비합리적 신념에 의해 발생됐다는 것이 핵심이다.

기/출/족/보 출제지수 ■□□
15년 2회
REBT의 기본원리 6가지를 쓰시오.
POINT
기본원리는 내용이 추상적이기도 하고 기본가정과 겹치기 때문에 암기하기가 어렵다. 키워드 중심으로 내용을 파악해 두자.

기/출/족/보 출제지수 ■■■
22년 1회
내담자의 호소문을 읽고 직업상담을 실시한다면 각 치료단계(5단계)마다 어떤 내용으로 상담을 진행해야 하는지 간략하게 가상적인 상담 내용을 쓰시오.
22년 2회, 21년 2회, 21년 3회, 20년 2회, 20년 3회, 18년 3회, 16년 2회
인지·정서·행동적(REBT) 상담의 기본개념인 ABCDEF 모델의 의미를 쓰고 설명하시오.
21년 1회, 18년 1회
김 씨는 정리해고로 인해 자신이 무가치한 존재라 여기고 자살을 시도하려고 한다. 엘리스 상담이론의 ABCDEF 기법을 사용하여 이를 설명하시오.
18년 3회
사례의 내담자를 상담할 때 적합한 상담목표를 쓰시오.

16년 3회
내담자의 정보 및 행동의 이해 기법에 근거 없는 신념(믿음) 확인하기가 있다. 근거 없는 신념 확인 과정을 ABCDEF 모형으로 설명하시오.

15년 1회
엘리스의 ABCDE 모형에 따라 우울증에 걸린 내담자의 상담단계를 쓰시오.

POINT
ABCDEF 모형은 경우에 따라서 마지막 F(느낌)를 생략하고 ABCDE 모형으로 표현하기도 한다. 알파벳 순서를 그대로 따르고 있기 때문에 암기가 한결 수월하다.

기/출/족/보 출제지수 ■□□

19년 3회
인지-정서적 상담이론에서 비합리적 신념의 뿌리를 이루고 있는 것으로 가정한 3가지 당위성을 쓰고, 각각 예를 들어 설명하시오.

18년 3회
다음 사례를 읽고 합리적 정서치료 관점에서 볼 때, 내담자가 혼란을 겪고 전직을 고려하게 된 이유를 쓰시오.

POINT
'자신, 타인, 세상'만 기억하고 있으면 쉽게 내용을 파악할 수 있다.

기/출/족/보 출제지수 ■□□

15년 3회
립탁이 제시한 자발적 실직을 경험한 내담자들에게서 나타나는 5가지 비합리적 신념을 쓰시오.

POINT
립탁이 제시한 자발적 실직 경험자들의 비합리적 신념은 시험에 자주 등장하는 내용은 아니지만 5가지를 모두 파악하고 있어야 한다.

④ D(Dispute, 논박)
  ㉠ 비합리적 신념을 합리적 신념으로 바꾸기 위해 반박하는 것을 의미한다.
  ㉡ 논리성, 실용성, 현실성 등에 근거하여 비합리적 신념이 사리에 맞는 것인지 검토해 볼 수 있다.
⑤ E(Effect, 효과)
  ㉠ 비합리적 신념을 논박한 결과를 의미한다.
  ㉡ 논박의 결과로 비합리적 신념의 결과가 해소되고 합리적 신념으로 전환된다.
⑥ F(Feeling, 느낌)
  ㉠ 합리적 신념에서 비롯된 수용적인 태도와 긍정적인 감정을 의미한다.
  ㉡ 비합리적인 신념이 합리적인 신념으로 변화하면서 감정에도 변화가 생기는 것이다.

(2) 비합리적 신념의 당위성
① 자신에 대한 당위성: 자신이 마땅히 뛰어난 성취를 거두고 인정을 받아야 한다는 비합리적인 당위성을 의미한다.
  예 나는 반드시 훌륭하게 일을 수행해야 하며, 타인들로부터 인정을 받아야 한다.
② 타인에 대한 당위성: 타인이 세상을 어떻게 살아가고 자신을 어떻게 대해야 하는지에 관한 비합리적인 당위성을 의미한다.
  예 타인은 반드시 나를 공정해야 대우해야 한다.
③ 세상에 대한 당위성: 세상의 상황과 조건들이 자신이 옳다고 여기는 방향으로 움직여야 한다는 비합리적인 당위성을 의미한다.
  예 세상은 반드시 내가 원하는 방향으로 돌아가야 한다.

(3) 립탁(Liptak)의 자발적 실직 경험자들의 비합리적 신념
① 직업을 구하기 위해 완전한 직업탐구가 이루어져야 한다는 신념
② 직업탐구가 더 이상 필요하지 않을 것이기 때문에 직업탐색기법을 습득할 필요가 없다는 신념
③ 진로상담자는 전문가이기 때문에 내담자에게 직업을 찾아 줄 것이라는 신념
④ 면접 후 거절당하는 것은 재앙과도 같다는 신념
⑤ 직업탐색과정에 대하여 신경을 써야만 하고 몰두해야 한다는 신념

3 상담기법

(1) 인지 기법
　① 비합리적 신념 논박하기
　② 내담자 언어 변화시키기
　③ 인지적 과제
　④ 독서 요법

(2) 정서 기법
　① 인지 · 정서 심상
　② 역할연기
　③ 수치공격 연습
　④ 무조건적 수용

(3) 행동 기법
　① 체계적 둔감법
　② 강화와 처벌
　③ 자기관리
　④ 자기표현훈련

테마 9　인지치료

1 인지치료의 의해

(1) 개요
　① 벡(Beck)이 인간의 사고와 행동이 서로 밀접하게 연관되어 있다는 가정에 기반하여 개발한 인지행동 상담이론이다.
　② 인간의 비합리적이고 부적응적인 사고방식이 심리적 문제로 이어진다고 본다.

(2) 특징
　① 왜곡된 사고체계나 신념체계를 가진 내담자에게 실시하면 효과적인 상담기법이다.
　② 상담자는 내담자의 비합리적 신념을 논박하고 합리적 신념으로 변화시키기 위하여 능동적이고 적극적 태도를 지닌다.

2 주요 개념

(1) 자동적 사고(automatic thoughts)
① 어떤 사건에 당면했을 때 자동적으로 떠오르는 생각이다.
② 논리적이고 심사숙고한 사고와는 달리 노력을 통해서 떠오르는 것이 아니라 자동적으로 내부에서 발생하기 때문에 아무 의심 없이 받아들이게 된다.
③ 자동적 사고가 부정적인 내용일 경우 심리적 문제로 이어진다.

(2) 인지적 오류
① 임의적 추론: 어떤 결론을 내리기에 충분한 근거가 없는데도 최종적인 결론을 성급하게 내려 버리는 오류이다.
   예 애인이 세 시간 동안 연락이 없자 자신을 떠난 것이라고 결론을 내리는 것
② 선택적 추상화: 특정 상황의 긍정적인 양상을 여과하는 데 초점이 맞추어져 있고 극단적으로 부정적인 세부 사항에 머무르는 오류이다.
   예 발표에 대한 학생들과 선생님의 주된 평가 내용은 무시하고 불평을 한 한 명의 평가에만 주의를 기울여 발표수업 전체를 잘하지 못했다고 생각하는 것
③ 과잉일반화: 한두 번의 사건에 근거하여 무관한 상황에까지 적용하여 일반화하는 오류이다.
   예 영어시험을 망쳤으니 이번 시험은 완전히 망칠 거라고 생각하는 것
④ 흑백논리(이분법적 사고): 사건의 의미를 이분법적인 범주의 둘 중 하나로 해석하는 오류이다.
   예 완벽하지 않으면 모든 것이 잘못되었다고 생각하는 것
⑤ 개인화: 자신과 관련시킬 근거가 없는 외부 사건을 자신과 관련시키는 성향으로, 실제로는 다른 것 때문에 생긴 일에 대해 자신이 원인이고 자신이 책임져야 할 것으로 받아들이는 오류이다.
   예 자신이 모처럼 영화를 보러 가려고 해서 길이 막힌다고 생각하는 것
⑥ 과대평가/과소평가: 어떤 사건이나 사람이 가진 한 특성의 중요성이나 의미를 지나치게 과장하거나 축소하는 오류이다.
   예 철수가 운동도 못하고 노래도 못하는데 공부는 무척 잘하는 경우, 사람들이 "철수는 다 잘해!"라고 이야기하는 것 / 평소 성적이 좋지 않던 학생이 반에서 1등을 했을 때, 사람들이 "어쩌다가 운이 좋아서 그렇게 됐겠지."라고 이야기하는 것

기/출/족/보 출제지수 ■■■

22년 2회
벡의 인지치료에서 인지적 오류의 유형을 4가지 쓰시오.

20년 1회, 14년 2회
벡의 인지적 상담에서 인지적 오류 3가지를 제시하고 각각에 대해 설명하시오.

18년 3회
벡은 주변의 사건이나 상황의 의미를 해석하는 정보처리 과정에서 범하는 체계적 잘못의 인지적 오류를 제시하였다. 벡이 제시한 인지적 오류 3가지를 쓰고 각각에 대해 설명하시오.

POINT
실제 문제에서 예시를 함께 제시하라고 요구하는 경우는 거의 없지만 예를 통해 내용을 파악하는 것이 수월하다.

3 상담기법

(1) 정서적 기법
① 정서 도식의 활성화를 통해 내담자의 자동적 사고를 끌어내는 기법이다.
② 최근의 정서 경험 이야기하기, 심상기법, 역할연기, 상담 중 정서 변화에 주목하기 등의 방법을 통해 내담자의 자동적 사고를 파악할 수 있다.

(2) 언어적 기법
① 소크라테스식 질문을 사용하여 내담자가 자신의 자동적 사고가 현실적으로 타당한지를 평가하게 하는 기법이다.
② 생각의 근거, 대안적 사고, 실제 그 일이 일어났을 경우의 정서·행동 등에 대해 질문할 수 있다.

(3) 행동적 기법
① 내담자가 가진 부정적 사고가 현실적으로 타당한지를 검증하기 위해 행동실험을 적용하는 기법이다.
② 행동실험은 상담 중에 이루어질 수도 있고, 과제로 부과될 수도 있다.

기/출/족/보 출제지수 ■□□

19년 2회
실직하고 나서 "나는 무능하다"라는 부정적인 자동적 사고가 떠올라 우울감에 빠진 내담자에게 벡의 인지행동적 상담을 한다고 하자. 이 내담자의 부정적인 사고를 반박하고 긍정적인 대안적인 사고를 찾게 하기 위해 사용할 수 있는 방법 3가지를 설명하시오.

POINT
인지행동적 상담기법에서는 '정서, 언어, 행동'을 세트로 외워야 한다.

대표 기출문제

제1과목 직업상담학
CHAPTER 02 직업상담의 이론

01 정신분석상담에서 필수적 개념인 불안의 3가지 유형을 쓰고, 각각에 대해 설명하시오.   2021년 2회, 2017년 1회

득점	배점
점	6 점

※ 유형 1가지당 2점
(설명 미작성 시 1점)

- ○
- ○
- ○

합격답안

정신분석적 상담 ▶ 불안

- 현실적 불안: 자아(ego)가 현실적 근거가 있는 외부 위협을 지각함으로써 야기되는 불안으로, 실제적인 위협으로부터 개인을 보호하는 데 기여한다.
- 신경증적 불안: 자아(ego)가 원초아(id)를 통제하지 못할 경우 나타나는 불안으로, 특히 성적 충동이나 공격적 충동을 자아가 적절하게 조절할 수 없어서 벌을 받지 않을까 하는 불안을 말한다.
- 도덕적 불안: 원초아(id)와 초자아(superego) 간의 갈등에 따른 불안으로, 초자아가 강한 사람이 도덕률에 위배되는 행동이나 생각만으로도 수치심이나 죄의식을 느끼는 양심에 대한 두려움을 말한다.

답안 작성법

'현실적 불안, 신경증적 불안, 도덕적 불안'이라는 명칭을 외우는 것이 가장 중요하고, 문제에서 작성 순서를 요구하지 않더라도 이 순서대로 작성하는 것이 안전하다.

문장 구성 키워드

- 현실적: 자아, 외부 위협
- 신경증적: 자아, 원초아
- 도덕적: 원초아, 초자아

02 정신분석적 상담은 내담자의 자각을 증진시키고 행동에 대한 지적 통찰을 얻도록 돕는다. 내담자는 직접적인 방법으로 불안을 통제할 수 없을 때 무의식적으로 방어기제를 사용하는데, 내담자가 사용하는 방어기제의 종류를 3가지 쓰고, 각각을 설명하시오.

2022년 1회, 2017년 1회

득점	배점
점	6 점

※ 종류 1가지당 2점
(설명 미작성 시 1점)

+ 기출 플러스

22년 1회
역전이의 의미와 해결책 3가지를 쓰시오.

KEY 상담자가 내담자에게 투사 / 자기분석, 교육분석, 슈퍼비전

합격답안   정신분석적 상담 ▶ 방어기제

- **부정**: 감당하기 힘든 어려운 고통이나 욕구를 무의식적으로 인정하지 않는 것이다.
- **투사**: 스스로 받아들일 수 없는 충동이나 태도 등을 무의식적으로 타인이나 환경의 탓으로 돌리는 것이다.
- **동일시**: 자기가 이상화하는 대상의 태도, 속성, 행동 등을 따라 함으로써 그 대상과 자기 자신을 동일하다고 인식하는 것이다.
- **억압**: 사회적·윤리적으로 용납될 수 없다고 생각되는 욕구, 충동, 사고 등을 자신의 무의식 속으로 숨겨 버리는 것이다.
- **퇴행**: 좌절을 경험하게 되면 보다 만족스러웠던 발달 초기 시절의 행동 양식을 나타내는 것이다.
- **승화**: 억압된 충동이나 욕구를 사회적으로 인정받는 가치 있는 형태로 실현하는 것이다.

답안 작성법

방어기제의 여러 가지 종류 중 개념을 확실하게 알고 있는 것 3가지를 골라 작성하면 된다. 방어기제가 모두 무의식적으로 사용되는 것이기는 하지만, 특히 '부정'과 '억압'을 설명할 때는 '무의식'이라는 키워드를 넣어 주는 것이 좋다.

문장 구성 키워드

- 부정: 인정하지 않음
- 투사: 타인의 탓
- 동일시: 이상화 대상

03 아들러(Adler)의 개인주의 상담이론에서 열등감 콤플렉스의 원인 3가지를 쓰시오. 2018년 1회

득점	배점
점	6 점

※ 원인 1가지당 2점

+ 기출 플러스

14년 1회
아들러 개인주의 상담의 생활양식 유형 4가지를 쓰시오.
KEY 지배형, 획득형, 회피형, 사회형

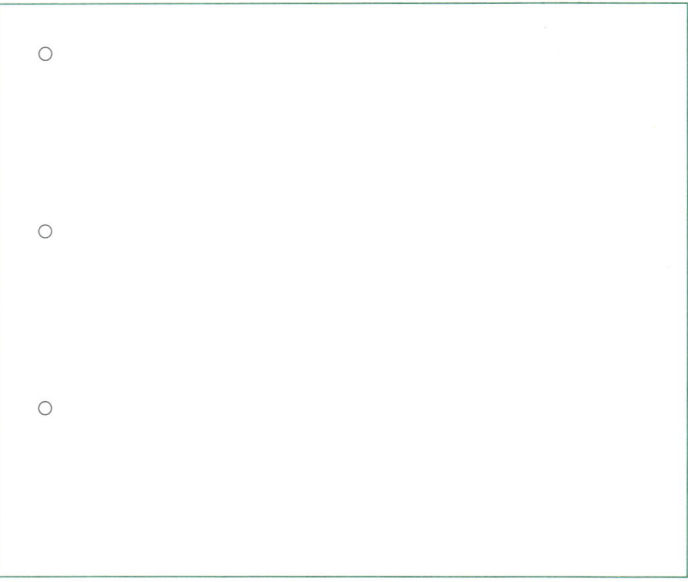

합격답안 개인주의 상담 ▶ 열등감

○ **기관열등감**: 부모로부터 물려받은 신체나 외모의 불완전함에 따른 콤플렉스이다.
○ **과잉보호**: 부모의 과잉보호로 인한 자신감 부족에 따른 콤플렉스이다.
○ **양육태만**: 부모의 양육태만으로 인한 자존감 부족에 따른 콤플렉스이다.

답안 작성법
문제에서 설명까지 요구하고 있지는 않기 때문에 '기관열등감, 과잉보호, 양육태만'이라고만 열거해도 점수를 받을 수 있다.

문장 구성 키워드
• 기관열등감: 외모 불완전
• 과잉보호: 자신감 부족
• 양육태만: 자존감 부족

04 아들러(Adler)의 개인주의 상담과정의 목표를 5가지 쓰시오.

2022년 3회

배점 5점

※ 목표 1가지당 1점

합격답안

개인주의 상담 ▶ 상담목표

○ 패배감을 극복하고 열등감을 감소시킬 수 있도록 돕는다.
○ 생활양식을 확인하고 바람직한 방향으로 생활양식을 바꾸도록 한다.
○ 사회적 관심을 갖도록 돕는다.
○ 잘못된 가치와 목표를 수정하도록 돕는다.
○ 잘못된 동기를 수정하도록 돕는다.
○ 사회의 구성원으로서 사회에 기여하도록 돕는다.

답안 작성법

개인주의 상담의 목표를 5가지까지 나열하기에는 내용이 다소 추상적으로 느껴질 수 있는데, 개념주의 상담의 주요 개념인 '열등감, 생활양식, 사회적 관심' 등과 연결하여 암기하고 작성해 보자.

문장 구성 키워드

- 열등감 감소
- 생활양식 바꿈
- 사회적 관심
- 가치와 목표 수정
- 동기 수정

05 실존주의 상담자들이 내담자의 궁극적 관심사와 관련하여 중요하게 생각하는 주제 4가지를 쓰고, 각각에 대해 설명하시오.

2017년 2회

득점	배점
점	4 점

※ 주제 1가지당 1점
(설명 미작성 시 0.5점)

○

○

○

○

합격답안

실존주의 상담 ▶ 실존적 존재로서 인간의 궁극적 관심사

일반 실존주의 상담자들의 견해
○ 죽음과 비존재: 삶과 죽음은 분리될 수 없으며, 인간은 비존재에 대한 불안을 지닌다.
○ 자유와 책임: 인간은 자기결정적인 존재로서 선택을 할 수 있고, 그에 따른 책임을 져야 한다.
○ 삶의 의미성: 인간은 자신의 삶의 목적과 의미를 찾기 위해 노력한다.
○ 진실성: 인간은 개인의 실존을 회복하기 위한 진실성 있는 노력을 한다.

얄롬(Yalom)의 견해
○ 죽음: 죽음의 불가피성에 따른 삶의 유한성이 인생을 더욱 가치 있게 만든다.
○ 자유: 인간은 선택할 수 있는 자유를 가진 자기결정적인 존재이다.
○ 무의미성: 삶의 의미와 목적을 향한 노력은 인간의 독특한 특성이다.
○ 고립(소외): 인간은 실존적 고립, 즉 세상으로부터 근본적으로 분리된 상태에 직면함으로써 타인과 성숙한 관계를 맺을 수 있다.

답안 작성법
얄롬의 견해 4가지를 적어도 정답으로 인정받을 수는 있지만, 되도록 일반 실존주의 상담자들의 견해로 작성하는 것을 추천한다.

문장 구성 키워드
• 죽음과 비존재: 분리 불가능, 비존재에 대한 불안
• 자유와 책임: 자기결정적, 선택, 책임
• 삶의 의미성: 목적과 의미
• 진실성: 실존 회복, 진실성 있는 노력

06 실존주의 상담의 양식세계 3가지를 쓰고 설명하시오.

2019년 1회

배점 6점

※ 양식세계 1가지당 2점
(설명 미작성 시 1점)

합격답안　　　　　　　　　　실존주의 상담 ▶ 양식세계

- **주변세계**: 인간이 접하며 살아가는 주변 환경 혹은 생물학적 세계를 의미한다.
- **공존세계**: 인간이 사회적 존재로서 대인관계를 맺으며 살아가는 공동체 세계를 의미한다.
- **고유세계**: 자신만의 고유한 세계로, 개인이 자기 자신과 맺는 관계에 근거한다.
- **영적세계**: 인간이 각자 갖는 믿음이나 신념의 세계로, 영적·종교적 가치와의 관계에 근거한다.

답안 작성법

주변세계, 공존세계, 영적세계는 그 용어만으로도 개념을 유추하여 작성할 수 있는데, 고유세계는 '자기 자신과 맺는 관계'에 근거한다는 점을 알아야 한다.

문장 구성 키워드
- 주변: 생물학적
- 공존: 대인관계
- 고유: 자신과의 관계
- 영적: 영적 가치와의 관계

07 로저스(Rogers)의 인간중심 상담의 기본바탕이 되는 철학적 가정 5가지를 쓰시오.

2018년 3회, 2014년 3회

득점	배점
점	5 점

※ 가정 1가지당 1점

합격답안　　　　　　내담자중심 상담 ▶ 철학적 가정

○ 인간은 가치를 지닌 독특하고 유일한 존재이다.
○ 인간은 자기확충을 향한 적극적인 성장력을 지니고 있다.
○ 인간은 근본적으로 선하며, 이성적으로 믿을 수 있는 존재이다.
○ 인간을 알려면 개인의 주관적 생활에 초점을 맞춰야 한다.
○ 인간은 의사결정과 자신의 장래에 대한 선택권을 가지고 있다.
○ 인간은 계획하고, 결정하고, 훌륭한 사람이 되는 데 유용한 내적 자원을 가지고 있다.
○ 상담목표는 각 개인이 자기를 수용하고 자기통찰을 통해 전인적인 기능을 발휘하도록 하는 것에 있다.

답안 작성법

제시된 7가지 중에서 암기하기 편한 내용 5가지를 골라 작성하면 된다. 7가지 내용 모두 인간의 주체적인 측면에 초점을 두고 있다.

문장 구성 키워드

• 가치, 독특, 유일
• 자기확충, 성장력
• 선함, 믿을 수 있음
• 주관적 생활
• 선택권

08 인간중심 치료에서 '완전히 기능하는 사람'의 특성 4가지를 쓰시오. 2015년 3회

득점	배점
점	4 점

※ 특성 1가지당 1점

○

○

○

○

답안 작성법

특성 자체를 길게 설명할 필요는 없고, 아래의 [문장 구성 키워드]에 맞춰 핵심만 간략하게 언급하도록 한다.

문장 구성 키워드

- 개방적
- 실존적
- 창조적
- 자기 신뢰
- 자유의식

합격답안

내담자중심 상담 ▶ 완전히 기능하는 사람

○ 경험에 대해 개방적이다.
○ 실존적인 삶을 산다.
○ 창조적인 삶을 산다.
○ 자신의 유기체에 대해 신뢰한다.
○ 자유의식을 지니고 있다.

09 로저스(Rogers)는 내담자중심 상담을 성공적으로 이끄는 데 있어서 상담자의 능동적 성향을 강조하였으며, 패터슨(Patterson)도 내담자중심 직업상담은 기법보다는 태도를 필수적으로 보았다. 내담자중심 접근법을 사용할 때 직업상담자가 갖추어야 할 3가지 기본 태도에 대해 설명하시오.   2016년 1회, 2015년 3회

득점	배점
점	6 점

※ 태도 1가지당 2점
(설명 미작성 시 1점)

＋기출 플러스
20년 1회, 15년 1회
내담자중심 상담기법에서 상담자의 태도 3가지를 쓰시오.
KEY [합격답안]과 동일

○
○
○

합격답안   내담자중심 상담 ▶ 상담자의 태도

○ 진실성(진솔성, 일치성): 상담자가 내담자에 대한 자신의 감정을 진실하게 표현함으로써 감정과 표현을 서로 일치시키는 것이다.
○ 공감적 이해: 상담자 자신의 입장을 유지하면서 마치 내담자인 것처럼 내담자의 입장에서 내담자의 내적 감정을 느끼고 이해하는 것이다.
○ 무조건적 수용(무조건적 긍정적 관심): 상담자가 아무런 가치조건도 부여하지 않고 내담자를 있는 그대로 존중하고 수용하는 것이다.

답안 작성법
내담자중심 상담의 상담자 기본 태도는 3가지로 명확하게 정해져 있는 것이기 때문에 이 3가지를 모두 정확히 작성해야 한다.

문장 구성 키워드
• 진실성: 진실한 표현, 감정과 표현의 일치
• 공감적 이해: 입장 유지, 내담자 감정 이해
• 무조건적 수용: 그대로 수용

10. 형태주의 상담의 목표를 6가지 쓰시오.

2022년 2회

득점 점 | **배점** 6점

※ 목표 1가지당 1점

+ 기출 플러스

17년 2회
형태주의 상담의 목표를 3가지 쓰고 설명하오.

KEY 자각에 의한 성숙과 통합, 자신에 대한 책임, 잠재력 실현에 따른 변화와 성장

답안 작성법

형태주의 상담의 목표를 3가지만 물을 때에는 보통 '통합, 책임, 성장'을 키워드로 작성해야 하지만, 6가지를 물을 때에는 제시된 답안으로 작성하면 된다.

문장 구성 키워드
- 체험 확장
- 인격 통합
- 독립·자립
- 책임
- 성장
- 실존적 삶

합격답안

형태주의 상담 ▶ 상담목표

○ 내담자가 체험 영역을 확장할 수 있도록 돕는다.
○ 내담자의 인격을 통합할 수 있도록 돕는다.
○ 내담자가 독립적·자립적으로 살아갈 수 있도록 돕는다.
○ 내담자가 행동결과에 책임질 수 있도록 돕는다.
○ 내담자가 스스로 이상적인 상태로 성장해 나갈 수 있도록 돕는다.
○ 내담자가 실존적인 삶을 살아가도록 돕는다.

11 게슈탈트 상담의 상담기법 3가지를 쓰고 각각에 대해 설명하시오.
2019년 3회, 2018년 2회, 2015년 3회

득점 점
배점 6점

※ 상담기법 1가지당 2점
 (설명 미작성 시 1점)

합격답안   형태주의 상담 ▶ 상담기법

○ **과장하기**: 내담자의 습관적인 행동을 반복적으로 과장하여 표현하게 함으로써 감정을 명확히 자각하도록 돕는 기법이다.
○ **빈 의자 기법**: 내담자 앞에 빈 의자를 놓고 어떤 사람이 실제 앉아 있는 것처럼 상상하며 이야기하게 함으로써 감정을 자각하도록 돕는 기법이다.
○ **꿈 작업**: 내담자의 꿈을 일상으로 가지고 와서 연기하게 함으로써 이를 성격으로 통합하도록 돕는 기법이다.
○ **역할연기**: 내담자에게 과거 혹은 미래의 장면을 상상하여 실제 행동으로 연출하게 함으로써 미처 인식하지 못했던 감정과 행동패턴을 발견하도록 돕는 기법이다.
○ **자기 부분들과의 대화(상전과 하인)**: 내담자의 인격에서 분열된 부분들 간에 대화가 이루어지도록 하는 기법이다.
○ **숙제**: 내담자에게 숙제를 내 주면서 자각을 증가시키고, 상담을 통해 배운 것들을 복습하는 동시에 현실검증을 할 수 있도록 돕는 기법이다.

답안 작성법

형태주의(게슈탈트) 상담의 기법은 매우 다양하다. 이 중 확실하게 알고 있는 3가지를 골라 작성하면 되는데, 답안에 제시되어 있지는 않지만 '자각'의 종류인 '욕구와 감정 자각, 신체 자각, 환경 자각, 언어 자각'만으로 답안을 작성해도 무방하다.

문장 구성 키워드

• 과장하기: 습관적 행동, 과장 표현
• 빈 의자 기법: 상상하여 이야기
• 꿈 작업: 꿈 연기

12 의사교류분석 상담의 제한점 3가지를 쓰시오.

2022년 1회, 2018년 1회, 2014년 1회

득점	배점
점	6점

※ 제한점 1가지당 2점

합격답안 교류분석적 상담 ▶ 제한점

○ 이론을 구성하는 주요 개념들이 인지적이기 때문에 지적 능력이 낮은 내담자에게는 부적절할 수 있다.
○ 의사교류분석에서 사용하는 용어들은 그 양이 많고, 의미가 추상적이기 때문에 실제로 적용하는 데 어려움이 많다.
○ 이론을 구성하는 개념들에 대한 과학적인 증거가 부족하기 때문에 사용하는 데 주의가 요구된다.

답안 작성법
의사교류분석은 실증적이지 않고 추상적이라는 점에 초점을 맞춰 3가지 제한점을 작성하면 된다.

문장 구성 키워드
- 인지적 → 지적 능력 낮은 경우 부적절
- 추상적 → 실제 적용 곤란
- 과학적 증거 미흡 → 사용상 주의 요구

13 의사교류분석 상담기법에서 주장하는 역동적 자아상태 3가지를 쓰시오.　　　　　　　　　　　　2020년 2회, 2016년 2회

득점	배점
점	3 점

※ 자아상태 1가지당 1점

+ 기출 플러스

19년 1회
교류분석상담(TA)에서 개인의 생활각본을 구성하는 주요 요소인 기본적인 생활자세를 4가지 쓰고 설명하시오.

KEY 자기부정 타인긍정, 자기부정 타인부정, 자기긍정 타인부정, 자기긍정 타인긍정

- ○
- ○
- ○

합격답안　　　　　　　　　교류분석적 상담 ▶ 자아상태

○ **부모(어버이)자아**: 부모의 말이나 행동을 무비판적으로 받아들여 내면화한 자아상태이다. 비판적 부모자아와 양육적 부모자아로 구분된다.
○ **성인(어른)자아**: 개인이 현실세계와 관련해서 기능하는 부분으로 성격의 합리적이고 객관적인 측면이다. 부모자아와 아동자아의 갈등을 완화하는 역할을 한다.
○ **아동(어린이)자아**: 생득적으로 일어나는 충동이나 어린 시절 경험한 감정을 표현하는 자아상태이다. 자유로운 아동자아와 순응적 아동자아로 구분할 수 있으며, 여기에 아동교수자아를 더해 삼분하기도 한다.

답안 작성법

문제에서 설명을 요구하고 있지 않으므로 '부모자아, 성인자아, 아동자아'를 나열하기만 해도 된다.

문장 구성 키워드
- 부모: 부모의 말과 행동
- 성인: 합리적, 객관적
- 아동: 어린 시절의 감정

14 교류분석(TA)에서 내담자를 이해하기 위해 사용하는 분석유형 3가지를 설명하시오.　2018년 2회

득점	배점
점	6 점

※ 분석유형 1가지당 2점
　(설명 미작성 시 1점)

○

○

○

합격답안

교류분석적 상담 ▶ 분석유형

○ **구조분석**: 내담자 자신의 부모자아, 성인자아, 아동자아의 내용이나 기능을 이해하고, 자아상태와 관련한 부적절한 내용을 변화시키는 기법이다.
○ **교류분석**: 두 사람 간의 의사소통 과정에서 나타나는 상보교류, 교차교류, 이면교류를 파악하여 효율적인 교류가 이루어지도록 돕는 기법이다.
○ **각본분석**: 여기-지금에서 따르는 각본신념을 확인해 주고, 자기제한적 각본신념을 변화시키는 기법이다.
○ **라켓 및 게임분석**: 부적절한 라켓감정과 이러한 라켓감정을 유발하는 게임을 파악하여 긍정적 자아상태로 전환되도록 돕는 기법이다.

답안 작성법

교류분석의 분석유형 중 라켓분석과 게임분석은 교재마다 그 내용이 조금씩 다르기 때문에 '구조, 교류, 각본'으로 답안을 구성하는 것을 추천한다. 라켓분석과 게임분석을 작성하고 싶다면 '라켓 및 게임분석'으로 묶어서 설명하는 것이 좋다.

문장 구성 키워드

• 구조: 자아상태
• 교류: 상보, 교차, 이면
• 각본: 여기-지금, 각본신념

15 다음에 제시한 글을 읽고 면접에 대한 불안을 갖는 최 씨에게 체계적 둔감화를 사용하여 상담하는 절차를 설명하시오.

2021년 1회, 2016년 2회

득점	배점
점	6 점

※ 절차 1단계당 2점
 (설명 미작성 시 1점)

> 구직 활동 중인 최 씨는 몇 차례 취업 기회에도 불구하고 취업 면접에서 지나친 불안으로 인해 실패를 거듭해 왔다. 상담자는 면접 상황에서 내담자인 최 씨의 불안을 완화시키지 않고서는 취업에 이르지 못할 것이라 판단하였다.

○

○

○

합격답안

행동주의 상담 ▶ 상담기법

- 근육이완훈련: 근육을 이완시켜 몸이 긴장 상태에서 벗어날 수 있도록 훈련한다.
- 불안위계목록 작성: 불안 정도가 낮은 수준의 자극부터 높은 수준의 자극까지 불안위계목록을 작성한다.
- 둔감화: 불안 유발 상황을 단계적으로 상상하도록 유도하여 불안 반응을 점진적으로 경감 또는 제거한다.

답안 작성법

이 문제에서는 절차를 묻고 있으므로 '근육이완훈련, 불안위계목록 작성, 둔감화'를 반드시 순서에 맞춰 작성해야 한다.

문장 구성 키워드

- 근육이완
- 낮은 수준부터 높을 수준으로 작성
- 단계적 상상

16 외적 행동변화의 자기주장훈련 절차를 쓰시오. 2017년 1회

배점 6점
※ 절차 1단계당 1점

합격답안

행동주의 상담 ▶ 상담기법

○ 자기주장훈련에 대해 설명한다.
○ 자기주장의 구체적인 목표를 설정한다.
○ 설정된 목표에 맞춰 주장을 훈련할 수 있는 행동과제를 부여한다.
○ 감정이 담긴 대화를 주고받는 연습을 한다.
○ 요청을 하거나 거절을 하는 연습을 한다.
○ 역할연기를 통해 행동시연을 한다.

답안 작성법

자기주장훈련의 절차는 6단계로 그 단계 수가 많기는 하지만, 아래 [문장 구성 키워드]에 따라 핵심만 간단히 적어 주면 된다.

문장 구성 키워드

- 훈련 설명
- 목표 설정
- 행동과제 부여
- 대화 연습
- 요청·거절 연습
- 역할연기

17 김 씨는 정리해고로 인해 자신이 무가치한 존재라 여기고 자살을 시도하려고 한다. 엘리스(Ellis) 상담이론의 ABCDEF 기법을 사용하여 이를 설명하시오.

2021년 1회, 2018년 1회

득점 [점] 배점 [6 점]

※ 기법 1가지당 1점

합격답안

인지·정서·행동적 상담 ▶ ABCDEF 모형

- **A(선행사건)**: 내담자에게 정서적 혼란을 야기하는 어떤 사건으로, 김 씨의 정리해고를 말한다.
- **B(비합리적 신념체계)**: 선행사건에 대한 내담자의 비합리적 신념체계나 사고체계로, 김 씨가 자신이 무가치한 존재라고 여기는 것이다.
- **C(결과)**: 비합리적 신념을 통해 선행사건을 해석함으로써 나타나는 정서적·행동적 결과로, 김 씨가 자살을 시도하는 것이다.
- **D(논박)**: 비합리적 신념을 합리적 신념으로 바꾸기 위해 반박하는 것으로, "정리해고가 자신이 무가치하다는 것을 의미하는 것은 아니다."라고 논박할 수 있다.
- **E(효과)**: 비합리적 신념을 논박한 결과로, 김 씨가 무가치감에서 벗어나는 것이다.
- **F(느낌)**: 합리적 신념에서 비롯된 수용적인 태도와 긍정적인 감정으로, 김 씨가 자신에 대해 긍정적인 감정을 갖는 것이다.

답안 작성법

문제에서 영어 단어를 요구하지 않는 이상 A를 'Activating event'라고까지 작성할 필요는 없지만, '선행사건'이라는 개념을 명시해주어야 한다. 또한 각 단계를 김 씨의 사례에 입각하여 작성하도록 한다.

문장 구성 키워드

- A: 정서 혼란 야기 사건
- B: 선행사건에 대한 비합리적 신념
- C: 비합리적 신념을 통한 선행사건 해석
- D: 비합리적 신념 반박
- E: 논박 결과
- F: 합리적 신념 결과

18 인지-정서적 상담이론에서 비합리적 신념의 뿌리를 이루고 있는 것으로 가정한 3가지 당위성을 쓰고, 각각 예를 들어 설명하시오.

2019년 3회

득점	배점
점	6 점

※ 당위성 1가지당 2점
  (예시 미작성 시 1점)

+ 기출 플러스

18년 3회
다음 사례를 읽고 합리적 정서치료 관점에서 볼 때, 내담자가 혼란을 겪고 전직을 고려하게 된 이유를 쓰시오.
KEY [합격답안]과 동일

합격답안   인지·정서·행동적 상담 ▶ 비합리적 신념의 당위성

○ **자신에 대한 당위성**: 자신이 반드시 어떠한 사람이어야 한다는 비합리적인 신념으로, 예를 들어, "나는 반드시 훌륭하게 일을 수행해야 한다."가 있다.
○ **타인에 대한 당위성**: 타인이 반드시 어떠한 사람이어야 한다는 비합리적인 신념으로, 예를 들어, "타인은 반드시 나를 공정해야 대우해야 한다."가 있다.
○ **세상에 대한 당위성**: 세상의 상황과 조건들이 반드시 어떻게 움직여야 한다는 비합리적인 신념으로, 예를 들어, "세상은 반드시 내가 원하는 방향으로 돌아가야 한다."가 있다.

답안 작성법

3가지 당위성에 관한 예시는 문장 형태로 반드시 암기해 두고, 문제에서 예를 요구하고 있으므로 답안에 '예를 들어'라고 명확히 언급하는 것이 좋다.

문장 구성 키워드
• 자신: 나는 반드시 ~해야 한다.
• 타인: 타인은 반드시 ~해야 한다.
• 세상: 세상은 반드시 ~해야 한다.

19 벡(Beck)은 주변의 사건이나 상황의 의미를 해석하는 정보처리 과정에서 범하는 체계적 잘못의 인지적 오류를 제시하였다. 벡이 제시한 인지적 오류 3가지를 쓰고 각각에 대해 설명하시오.

2018년 3회

득점	배점
점	6 점

※ 오류 1가지당 2점
(설명 미작성 시 1점)

- ○
- ○
- ○

합격답안

인지치료 ▶ 인지적 오류

- 임의적 추론: 충분한 근거가 없는데도 최종적인 결론을 성급하게 내려 버리는 오류이다.
- 선택적 추상화: 극단적으로 부정적인 세부 사항으로 전체를 보는 오류이다.
- 흑백논리: 사건의 의미를 이분법적인 범주의 둘 중 하나로 해석하는 오류이다.
- 과잉일반화: 한두 번의 사건을 무관한 상황에까지 적용하여 일반화하는 오류이다.
- 개인화: 자신과 관련 없는 외부 사건을 자신과 관련시키는 오류이다.
- 과대평가/과소평가: 어떤 사건이나 사람이 가진 한 특성의 중요성이나 의미를 지나치게 과장하거나 축소하는 오류이다.

답안 작성법

답안으로 제시된 6가지 중 개념을 확실하게 알고 있는 3가지를 골라 작성하면 된다.

문장 구성 키워드

- 임의적 추론: 근거 없음
- 선택적 추상화: 부정적 사항
- 흑백논리: 이분법

20 실직하고 나서 "나는 무능하다"라는 부정적인 자동적 사고가 떠올라 우울감에 빠진 내담자에게 벡(Beck)의 인지행동적 상담을 한다고 하자. 이 내담자의 부정적인 사고를 반박하고 긍정적인 대안적인 사고를 찾게 하기 위해 사용할 수 있는 방법 3가지를 설명하시오.

2019년 2회

득점	배점
점	6 점

※ 방법 1가지당 2점
 (설명 미작성 시 1점)

합격답안

인지치료 ▶ 상담기법

○ **정서적 기법**: 최근의 정서 경험 이야기하기, 심상기법, 역할연기 등을 통해 내담자의 자동적 사고를 파악하는 기법이다.
○ **언어적 기법**: 소크라테스식 질문을 통해 내담자가 자신의 자동적 사고가 현실적으로 타당한지를 평가하게 하는 기법이다.
○ **행동적 기법**: 내담자가 가진 부정적 사고가 현실적으로 타당한지를 검증하기 위해 행동실험을 적용하는 기법이다.

답안 작성법
'정서적 기법, 언어적 기법, 행동적 기법'은 되도록 이 순서대로 작성해 주는 것이 좋다.

문장 구성 키워드
• 정서: 자동적 사고 파악
• 언어: 자동적 사고 평가
• 행동: 행동실험

CHAPTER 03 직업상담 접근방법

테마 1 특성-요인 직업상담

1 특성-요인 직업상담의 이해

(1) 개요
① 미국의 직업지도 운동가였던 파슨스(Parsons)의 직업지도모델에 기초하여 윌리암슨(Williamson)이 발전시킨 이론으로, '이성적·지시적 상담'이라고도 한다.
② 특성(trait)은 개인의 흥미, 적성, 성격, 가치관 등 검사에 의해 측정 가능한 개인의 특징을 말하고, 요인(factor)은 책임감, 성실성, 직업성취도 등 직업수행을 위해 요구되는 특징을 말한다.
③ 고도로 개별적이고 과학적인 방법을 통해 개인과 직업을 연결하는 것이 핵심으로, 과학적이고 합리적인 문제해결 방법을 따른다.
④ 내담자에 대한 정서적 이해보다는 문제의 객관적 이해에 중점을 두며, 사례연구를 상담의 중요한 자료로 삼는다.
⑤ 내담자에게 정보를 제공하고 학습기술과 사회적 적응기술을 알려 주는 것을 중요시하는 상담자 중심의 상담방법이다.

(2) 파슨스(Parsons)의 직업지도모델 3요소
① 개인에 대한 이해: 면담, 심리검사 등을 통해 내담자의 특성을 객관적으로 분석한다.
② 직업에 대한 이해: 직업세계에 대해 체계적으로 분석한다.
③ 개인과 직업의 합리적 연결: 과학적 조언을 통해 내담자와 직업을 매칭한다.

(3) 클레인과 위너(Klein & Weiner)의 기본가정
① 각 개인은 신뢰할 만하고 타당하게 측정될 수 있는 고유한 특성을 지니고 있다.
② 다양한 특성을 지닌 개인들이 주어진 직무를 성공적으로 수행해 낸다 할지라도, 직업은 그 직업에서의 성공을 위한 매우 구체적인 특성을 지닐 것을 요구한다.
③ 직업선택은 직접적인 인지과정이기 때문에 개인의 특성과 직업의 특성을 연결하는 것이 가능하다.

기/출/족/보 출제지수 ■□□

18년 1회
이성적·지시적 상담인 특성-요인 직업상담의 3가지 기본원리를 설명하시오.

POINT
이 문제는 파슨스의 직업지도모델 3요소를 묻는 것인지, 클라인과 바이너 혹은 윌리암슨의 기본가정 중 3가지를 묻는 것인지 모호한 측면이 있다. 따라서 세 이론을 모두 파악해 두되, 파슨스의 3요소와 관련해서는 '개인, 직업, 연결'을 암기하자.

④ 개인의 특성과 직업의 요구사항이 서로 밀접하게 관련을 맺을수록 직업적 성공의 가능성은 커진다.

(4) 윌리암슨(Williamson)의 인간본성에 대한 기본가정

① 인간은 선과 악의 잠재력을 모두 지니고 있는 존재이다.
② 인간은 선을 실현하는 과정에서 타인의 도움을 필요로 하는 존재이다.
③ 인간의 선한 생활을 결정하는 것은 자기 자신이다.
④ 선의 본질은 자아의 완전한 실현이다.
⑤ 우주와 인간의 관계, 즉 세계관은 개인적인 것으로, 인간은 누구나 그 자신만의 독특한 세계관을 가진다.

> **기/출/족/보** 출제지수 ■□□
> 17년 2회
> 윌리암슨의 이성적·지시적(특성-요인) 이론 중 인간본성에 대한 기본가정을 3가지만 쓰시오.
> **POINT**
> 클라인과 바이너의 기본 가정과 헷갈리지 않도록 유의하자.

2 상담사의 특성 및 상담원칙

(1) 스트롱과 슈미트(Strong & Schmidt)의 상담사 특성

① 매력성
② 전문성
③ 신뢰성

(2) 달리(Darley)의 상담원칙

① 내담자에게 강의하려 하거나 거만한 자세로 말하지 않는다.
② 어떤 정보나 해답을 제공하기 전에 내담자가 정말로 그것을 알고 싶어 하는지 확인한다.
③ 간단한 어휘를 사용하며, 상담 초기에 내담자에게 제공하는 정보를 비교적 좁은 범위로 한정한다.
④ 자신이 내담자가 지니고 있는 여러 가지 태도를 제대로 파악하고 있는지 확인한다.

> **기/출/족/보** 출제지수 ■□□
> 16년 1회
> 달리가 제시한 특성-요인 직업상담에서 상담사가 지켜야 할 상담원칙을 3가지만 쓰시오.
> **POINT**
> 스트롱과 슈미트의 상담사 특성 3가지와 혼동하지 말자.

3 윌리암슨(Williamson)의 상담과정

(1) 분석

내담자에 대한 자료를 수집하고 분석하는 단계로, 표준화검사, 적성·흥미·동기 등의 요소들과 관련된 심리검사가 주로 사용된다.

(2) 종합

내담자의 성격, 장·단점, 욕구, 태도 등에 대한 이해를 얻기 위해 자료를 요약하고 종합하는 단계로, 다음 과정인 진단단계에서 활용하기 위한 일종의 배열작업이다.

> **기/출/족/보** 출제지수 ■■□
> 19년 2회
> 특성-요인 직업상담의 과정을 순서대로 쓰고, 각각 설명하시오.
> **POINT**
> 윌리암슨의 특성-요인 직업상담의 과정은 1차 필기시험의 단골 출제 주제이기 때문에 익숙할 것이다. 6개 단계 중 특히 2~4단계인 '종합, 진단, 예측'의 순서가 중요하다.

(3) 진단
문제의 원인들을 탐색하고, 변별진단을 통해 내담자의 문제를 해결할 수 있는 다양한 방법들을 검토하는 단계이다.

(4) 예측(예후, 처방)
진로문제를 해결할 수 있는 대안과 가능성을 탐구하는 단계로, 처치와 처방적 시도가 이루어진다.

(5) 상담(치료)
직업문제의 해결 및 바람직한 적응을 위해 무엇을 해야 하는지에 대해 내담자와 협동적·능동적으로 상의하는 단계로, 합리적이고 인지적인 모형을 반영한 상담기법을 활용한다.

(6) 추수지도(추후지도, 사후지도)
내담자가 상담에서 학습했던 것들을 일상생활에 적용할 수 있도록 지속적으로 도우며, 상담의 효율성을 평가하고 점검하는 단계이다.

4 윌리암슨(Williamson)의 검사 해석단계의 상담기법

(1) 직접 충고
① 검사 결과를 토대로 상담자가 자신의 견해를 내담자에게 직접적으로 솔직하게 전달하는 것이다.
② 내담자가 상담자에게 솔직한 견해를 요구할 때, 내담자가 실패와 좌절에 이를 수 있는 행동이나 선택을 하려고 할 때 이 방법을 사용할 수 있다.

(2) 설득
① 상담자가 내담자에게 합리적이고 논리적인 방법으로 검사자료를 제시하는 것이다.
② 상담자는 내담자에게 검사 결과가 암시하는 바를 이해시킴으로써 내담자가 자신의 문제를 해결할 수 있도록 설득한다.

(3) 설명
① 상담자가 검사자료 및 정보들을 설명하여 내담자의 진로선택을 돕는 것이다.
② 상담자는 내담자에게 선택 가능한 대안들과 예상되는 결과들에 대해 이해시킨다.

기/출/족/보 출제지수 ■■□

17년 1회, 15년 3회
윌리암슨의 심리검사 해석 시 사용하는 상담기법 3가지를 쓰고 설명하시오.

POINT
이 문제를 제2과목의 직업심리검사 영역에 해당하는 내용이라고 오인하고, 일반적인 심리검사 해석 시 유의사항을 떠올려서는 안 된다. '윌리암슨'에 초점을 맞춰 '직접 충고, 설득, 설명'을 외워두자.

5 브레이필드(Brayfield)의 직업정보의 기능

(1) 정보적 기능
정보 제공을 통해 내담자의 모호한 의사결정을 돕고 직업선택에 관한 지식을 증가시킨다.

(2) 재조정 기능
내담자가 비현실적이고 부적당한 직업선택을 한 것은 아닌지 점검해 보는 기초를 마련해 준다.

(3) 동기화 기능
내담자가 진로의사결정 과정에 책임감을 가지고 적극적으로 참여할 수 있도록 동기화한다.

> 기/출/족/보 출제지수 ■■■
> 22년 1회, 19년 2회, 17년 3회, 15년 1회
> 브레이필드가 제시한 직업정보의 기능 3가지를 쓰고 각각에 대해 설명하시오.
>
> **POINT**
> 시험에 자주 출제되는 부분으로, 문제에서는 항상 3가지 모두에 대해 설명까지 요구하고 있으니 확실하게 암기해 두자.

테마 2 내담자중심 직업상담

1 내담자중심 직업상담의 이해

(1) 개요
① 내담자중심 직업상담은 로저스(Rogers)의 내담자중심 상담이론에 기반하고 있지만, 로저스는 직업과 관련된 의사결정에 대해 구체적으로 언급하지 않았다.
② 몇몇 내담자중심 상담자들은 일반적 적응과 직업적 적응 사이에 관련성이 크지 않다고 보았지만, 패터슨(Patterson) 등은 일반문제와 직업문제를 구분하는 것이 적절하다고 보았다.
③ 주관적이고 정서적인 이해를 내담자에 대한 자아 명료화의 근거로 삼는다.

(2) 특성-요인 직업상담과의 비교
① 특성-요인 직업상담은 상담자를 중요시하지만, 내담자중심 직업상담은 내담자를 중요시한다.
② 특성-요인 직업상담은 과거 경험을 중요시하지만, 내담자중심 직업상담은 현재 상태를 중요시한다.
③ 특성-요인 직업상담은 문제의 객관적 이해를 중요시하지만, 내담자중심 직업상담은 개인의 정서적 이해를 중요시한다.
④ 특성-요인 직업상담은 검사와 진단을 중요시하지만, 내담자중심 직업상담은 검사 사용에 부정적이고 진단이 불필요하다는 의견이 있다.

> 기/출/족/보 출제지수 ■□□
> 14년 2회
> 내담자중심 직업상담과 특성-요인 직업상담의 차이를 2가지 이상 설명하시오.
>
> **POINT**
> 특성-요인 직업상담은 객관적이고 합리적으로 문제를 진단하는 것에 초점을 두는 반면, 내담자중심 직업상담은 주관적이고 정서적으로 내담자를 이해하는 것에 중점을 둔다는 점에서 다르다.

2 스나이더(Snyder)의 반응범주화

(1) 안내를 수반하는 범주

면접의 방향을 결정짓는 범주로서, 내담자가 무엇을 이야기해야 하는지에 대해 상담자가 제시해 주는 것이다.

(2) 감정에 대한 비지시적 상담범주

상담자가 해석, 충고, 비평, 제안 등을 하지 않고 내담자가 표현하는 감정을 재진술하는 범주이다.

(3) 감정에 대한 준지시적 상담범주

내담자의 감정에 대해 해석하는 범주로서, 내담자의 정서나 반응에 대한 상담자의 의미부여 또는 해석 등의 반응이 포함된다.

(4) 지시적 상담범주

상담자가 내담자의 생각을 변화시키려 시도하거나 내담자의 생각에 상담자의 가치를 주입하는 범주이다.

3 검사와 직업정보

(1) 내담자중심 직업상담과 검사

① 로저스(Rogers)는 내담자의 방어적 태도를 증가시키고, 자기수용과 책임을 감소시키며, 상담자에 대한 의존성을 높인다는 이유를 들어 상담 시 검사의 사용을 반대하였다.

② 패터슨(Patterson)을 비롯한 몇몇 내담자중심 상담자들은 내담자의 자기 명료화를 위해 경우에 따라서는 검사를 사용할 수 있다고 보았다.

(2) 패터슨(Patterson)의 직업정보 활용의 원리

① 직업정보는 내담자의 입장에서 필요할 때 상담과정에 도입한다.

② 직업정보를 내담자에게 영향을 주거나 내담자를 조작하기 위해 사용하지 않는다.

③ 직업정보를 평가적인 방법으로 활용하지 않는다.

④ 내담자가 자발성과 책임감을 가지고 스스로 직업정보를 얻도록 격려한다.

⑤ 직업과 일에 대한 내담자의 감정과 태도가 자유롭게 표현되어야 한다.

테마 3 정신역동적 직업상담

1 정신역동적 직업상담의 이해

(1) 개요
① 정신역동적 직업상담은 정신분석학에 토대를 두고, 특성-요인 직업상담과 내담자중심 직업상담의 개념과 기법을 통합한 접근법이다.
② 정신역동적 직업상담의 대표 학자로 보딘(Bordin)을 들 수 있다.

(2) 특징
① 직업선택에 미치는 내적 요인의 영향을 강조한다.
② 특성-요인 접근법과 마찬가지로 사람과 직업을 연결시키는 것에 기초를 두고 있다.
③ 상담과 검사 해석의 기법들은 내담자중심 접근을 많이 따르고 있지만 '비지시적' 및 '반영적' 태도 외에도 다양한 접근방법들을 포함하고 있다.
④ 직업선택에 미치는 내적 요인의 영향을 지나치게 강조한 나머지 외적 요인의 영향에 대해서는 충분하게 고려하고 있지 못하다.

2 보딘(Bordin)의 상담과정

(1) 탐색과 계약설정
① 내담자의 정신역동적 상태를 탐색할 수 있도록 돕고, 상담전략을 합의하는 단계이다.
② 내담자에 대해 허용적이고 온정적인 관심을 보인다.

(2) 핵심결정(중대한 결정, 비판적 결정)
① 진로에 대한 선택과 목표를 성격 변화 등으로 확대할 것인지 고려해 보는 단계이다.
② 성격에 맞추어 직업을 변경할 것인지, 직업에 맞추어 성격을 변경할 것인지 결정한다.

(3) 변화를 위한 노력
① 내담자가 어느 정도의 인성 변화를 일으킬 것이라고 가정하고, 자아의 인식과 이해를 확대하도록 돕는 단계이다.
② 자신이 선택한 직업이 필요로 하는 부분에 대한 변화를 모색한다.

기/출/족/보 출제지수 ■■■
23년 3회, 20년 3회, 18년 2회, 17년 3회, 15년 3회
정신역동 직업상담 모형을 구체화한 보딘의 3단계 직업상담과정을 쓰고 각각에 대해 설명하시오.

POINT
바로 다음에 이어지는 보딘의 상담기법 3가지와 혼동하지 않도록 유의하자.

3 보딘(Bordin)의 상담기법

(1) 명료화
① 현재 진로문제에 대한 내담자의 생각과 감정을 언어를 통해 명료하게 재인식시켜 준다.
② 진로상담 초기에 내담자의 진로문제를 명료화하기 위해 개방적 질문, 부드러운 명령, 단순화된 진술을 사용한다.

(2) 비교
① 두 가지 이상의 역동적인 현상 간의 유사성이나 차이점을 설명하는 데 초점을 둔다.
② 상담과정 전체를 통해 사용하며, 일반적으로 중간단계에서 가장 특징적인 반응기법이다.

(3) 소망 – 방어체계에 대한 해석
① 내담자의 욕구, 소망, 방어체계에 대해 해석해 주는 방법이다.
② 내담자가 내적 동기 상태와 진로 의사결정 과정 사이의 관계를 인식할 수 있도록 도움을 준다.

테마 4 발달적 직업상담

1 발달적 직업상담의 이해

(1) 개요
① 내담자의 생애단계를 통한 진로발달의 측면을 강조한 직업상담 이론이다.
② 긴즈버그(Ginzberg), 수퍼(Super), 고트프레드슨(Gottfredson), 타이드만(Tiedeman) 등이 대표적인 학자들이다.

(2) 특징
① 직업적 선택은 개인의 발달적 특성이라고 본다.
② 내담자의 직업 의사결정문제와 직업 성숙도 사이의 일치성에 초점을 둔다.
③ 내담자의 진로발달과 함께 일반적 발달 모두를 향상시키는 것을 목표로 하고 있다.

2 수퍼(Super)의 상담과정

(1) 문제탐색 및 자아개념 묘사
비지시적 방법으로 문제를 탐색하고 자아개념을 묘사한다.

(2) 심층적 탐색
지시적 방법으로 심층적 진로탐색을 위한 주제를 설정한다.

(3) 자아수용 및 자아통찰
비지시적 방법으로 사고와 느낌을 명료화하여 자아수용 및 자아통찰을 얻는다.

(4) 현실검증
지시적 방법으로 심리검사, 직업정보, 과외활동 등을 통해 수집된 사실적 자료들을 탐색하고 현실을 검증한다.

(5) 태도와 감정의 탐색과 처리
비지시적 방법으로 현실검증에서 얻어진 태도와 감정을 탐색하고 처리한다.

(6) 의사결정
비지시적 방법으로 대안적 행위들을 고찰하고 직업을 결정한다.

3 수퍼(Super)의 평가유형

(1) 문제평가
내담자가 겪고 있는 어려움이나 직업상담에 대한 내담자의 기대를 평가한다.

(2) 개인평가
심리검사, 사례연구 등을 통해 심리적·사회적·신체적 차원에서 내담자의 개인적 상태에 대해 평가한다.

(3) 예언평가
내담자에 대한 직업적·개인적 평가를 바탕으로 내담자가 성공하고 만족할 수 있는 것에 대해 예측한다.

기/출/족/보

18년 1회
수퍼는 직업상담에서 자아탐색, 의사결정, 현실검증 등의 이성적 측면들과 정서적 측면들이 모두 다루어져야 한다고 주장하며 발달적 직업상담의 6단계를 제안하였다. 수퍼가 제안한 6단계를 설명하시오.

18년 3회, 15년 2회
수퍼의 진로발달상담 6단계를 설명하시오.

POINT
6개 단계의 명칭을 정확히 암기해야 하며, 각 단계가 비지시적 방법에 따른 것인지, 지시적 방법에 따른 것인지를 파악해 두어야 한다.

기/출/족/보

21년 3회, 20년 4회
발달적 직업상담에서 수퍼는 '진단'이라는 용어 대신에 '평가'라는 말을 사용했다. 수퍼의 평가 3가지를 설명하시오.

POINT
수퍼는 '진단'보다는 '평가'가 용어가 좀 더 포괄적이고 긍정적인 느낌을 주기 때문에 '평가'라는 용어를 사용하였다. '문제, 개인, 예언'을 키워드로 알아 두자.

4 상담기법 및 검사

(1) 상담기법
① 진로자서전: 내담자가 했던 과거 의사결정 방식을 알아보기 위해 학과 선택, 아르바이트 경험 등 과거의 결정들에 대해 자유롭게 기술하게 한다.
② 의사결정일기: 진로자서전의 보충적 역할을 하는 것으로, 내담자의 현재 의사결정 방식을 알아보기 위해 매일의 일상적인 결정들에 대해 자유롭게 기술하게 한다.

(2) 검사
① 집중검사: 특성-요인 직업상담과 마찬가지로 직업상담 초기에 내담자에 대한 종합검사를 실시하는 것이다.
② 정밀검사: 내담자의 직업발달 과정과 유형을 좀 더 정밀하게 알아보기 위해 직업상담이 진행되는 과정 중에 개별 검사를 실시하는 것이다.

> **기/출/족/보** 출제지수 ■□□
> 19년 3회
> 발달적 직업상담에서 직업상담사가 사용할 수 있는 기법 중 진로자서전과 의사결정일기를 각각 설명하시오.
>
> **POINT**
> 진로자서전은 과거의 결정, 의사결정일기는 현재의 결정을 기술하게 한다는 점에서 차이가 있다.

테마 5 행동주의 직업상담

1 행동주의 직업상담의 이해

(1) 개요
① 행동주의 이론에 기반을 둔 접근법으로, 내담자의 진로행동을 변화시키는 학습에 중점을 둔다.
② 내담자의 불완전하고 부적응적인 학습의 발생 원인을 밝히고 이를 변화시키는 데 초점을 둔다.

(2) 특징
① 내담자의 의사결정 문제의 근본적인 원인이 되는 불안을 감소시키거나 제거하고, 새로운 적응행동을 학습시키며, 직업결정기술을 습득시키는 것을 목표로 한다.
② 직업결정 문제의 원인으로 제시한 불안에 대한 이해와 불안을 규명하는 방법이 결여되어 있다.

2 굿스타인(Goodstein)의 문제유형

(1) 우유부단
① 내담자의 제한된 경험과 일의 세계에 대한 정보 부족으로 인해 직업 선택 시 문제가 발생하는 것이다.
② 상담과 정보를 제공하면 의사결정력이 상승한다.

(2) 무결단성
① 내담자가 부모의 지시 등 환경에 의한 압력 때문에 직업선택에 대해서 무력감을 느끼게 되고, 그에 따른 불안으로 인해 직업 결정을 하지 못하는 것이다.
② 상담과 정보가 주어지더라도 결정을 내리지 못하는 경우이다.

3 상담기법

(1) 불안감소기법(부적응행동 감소기법)
① 체계적 둔감법: 불안이나 혐오를 유발하는 자극에 대해 위계목록을 작성한 후, 낮은 수준의 자극에서 높은 수준의 자극으로 상상을 유도하여 불안과 혐오에서 벗어나게 하는 기법으로, 불안과 공포증이 있는 내담자의 부적응행동이나 회피행동을 치료하는 데 효과적이다.
② 금지조건 형성(내적 금지): 내담자에게 충분히 불안을 일으킬 만한 단서를 추가적인 강화 없이 지속적으로 제시하는 기법으로, 처음에는 불안을 보이던 내담자가 점차적으로 불안을 느끼지 않게 된다.
③ 반조건 형성(역조건 형성): 불안을 일으키는 조건 자극과 불안에 반하는 새로운 자극을 함께 제시함으로써 불안을 감소시키는 기법이다.
④ 주장훈련: 내담자에게 불안 이외의 감정을 표현하게 하여 불안을 역제지하는 기법으로, 내담자로 하여금 광범위한 대인관계의 상황에 효과적으로 대처하기 위해 필요한 기술과 태도를 갖게 하는 데 목표를 둔다.
⑤ 혐오치료: 바람직하지 않은 행동에 대해 혐오자극을 제시함으로써 부적응 행동을 제거하는 기법이다.
⑥ 노출법: 불안자극에 대한 노출을 통해 내담자의 부적응행동을 감소시키는 기법이다.
  ㉠ 실제적 노출법: 실제로 공포자극에 노출시키는 기법이다.
  ㉡ 심상적 노출법: 공포자극을 심상적으로 상상하는 방식으로 노출시키는 기법이다.

기/출/족/보 출제지수 ■□□

14년 2회
직업상담의 문제유형 중 청소년들이 진로·직업선택 시 의사결정을 미루는 2가지 유형을 쓰고 설명하시오.

POINT
의사결정을 '미루는' 유형이라는 점에서 굿스타인의 문제유형을 떠올릴 수 있어야 한다.

기/출/족/보 출제지수 ■■■

23년 1회
행동주의 직업상담의 불안감소기법과 학습촉진기법에 해당하는 것을 2가지씩 쓰고 각각에 대해 설명하시오.

23년 3회, 22년 1회, 16년 1회, 16년 3회, 15년 1회, 15년 2회
행동주의 직업상담의 상담기법은 크게 불안감소기법과 학습촉진기법의 유형으로 구분할 수 있다. 각 유형별 대표적인 방법을 각각 3가지씩 쓰시오.

21년 2회, 14년 2회
행동주의 상담의 치료기법 중 적응행동 증진기법 3가지를 설명하시오.

18년 2회
행동주의 상담에서 노출치료법의 방법 3가지를 쓰고 설명하시오.

POINT
시험에서는 불안감소기법과 학습촉진기법을 각각 3가지씩 물어 왔다. 따라서 각각 4가지씩은 외워 두는 것이 안전하다.

ⓒ 점진적 노출법: 공포자극의 강도를 낮은 수준에서부터 높은 수준으로 점진적으로 높여 나가며 노출시키는 기법이다.
ⓔ 홍수법: 단번에 가장 높은 수준의 공포자극에 노출시키는 기법이다.

(2) 학습촉진기법(적응행동 증진기법)
① 강화: 내담자에게 진로선택이나 결정에 대해 강화물을 제공하여 진로결정을 촉진하는 행동수정 기법이다.
② 변별학습: 검사도구 등을 사용하여 진로선택이나 결정능력을 변별하고 비교하게 하는 기법이다.
③ 대리학습(모델링): 다른 사람의 진로결정 행동이나 결과를 관찰하게 하여 의사결정의 학습을 촉진하는 기법이다.
④ 행동조성(조형): 진로선택 및 결정을 위한 행동을 여러 하위 단계로 나누어 세분화된 목표행동에 접근할 때마다 적절한 보상을 주어 점진적으로 특정 행동을 학습시키는 행동수정 기법이다.
⑤ 토큰경제(상표제도): 내담자의 바람직한 행동이 일어날 때 직접적 강화물을 사용하여 강화하는 대신에 토큰으로 보상하였다가 후에 다양한 물건과 교환할 수 있도록 하는 기법이다.

테마 6 포괄적 직업상담

1 포괄적 직업상담의 이해

(1) 개요
① 크릿츠(Crites)는 특성-요인이론, 내담자중심이론, 정신분석이론, 행동주의이론 등 여러 이론들의 단점을 보완하고 장점을 통합하여 포괄적인 직업상담을 개발하였다.
② 논리적인 것과 경험적인 것을 의미 있게 절충시킨 모형이다.

(2) 특징
① 내담자가 직업선택에서 가졌던 문제들을 상담한다.
② 직업심리검사를 통해 내담자의 문제를 명료화한다.
③ 상담과 검사를 통해 얻어진 자료를 바탕으로 직업정보를 제공한다.
④ 직업상담의 문제 중 진학상담과 취업상담에 적합할 뿐 취업 후 직업적응 문제들을 깊이 있게 다루지 못하고 있다는 것이 단점이다.

2 크릿츠(Crites)의 상담과정

(1) 진단
① 내담자의 진로문제를 진단하기 위해 내담자에 대한 폭넓은 검사자료와 상담을 통한 자료가 수집되는 단계이다.
② 내담자중심 접근법과 발달적 접근법을 주로 활용한다.

(2) 명료화(해석)
① 내담자의 문제를 명료화하거나 해석하는 단계로, 상담자와 내담자가 협력해서 의사결정 과정을 방해하는 태도와 행동을 확인하며 대안을 탐색한다.
② 정신역동적 접근법을 주로 활용한다.

(3) 문제해결
① 내담자가 자신의 문제를 확인하고 적극적으로 참여하여 문제해결을 위해 어떤 행동을 취해야 하는지를 결정하는 단계이다.
② 특성-요인적 접근법과 행동주의적 접근법을 주로 활용하는데, 특히 도구적(조작적) 학습에 초점을 맞춘다.

> **기/출/족/보** 출제지수 ■■□
> 22년 3회, 19년 1회, 14년 2회
> 크릿츠의 포괄적 직업상담의 상담과정 3단계를 쓰고, 각 단계에 대해 설명하시오.
>
> **POINT**
> 바로 다음에 이어지는 진단검사의 3가지 종류와 혼동하지 않도록 유의한다.

3 진단검사

(1) 변별적 진단검사
직업성숙도 검사, 직업적성검사, 직업흥미검사 등을 통해 내담자가 지닌 직업상의 문제를 가려낸다.

(2) 역동적 진단검사
상담자와 내담자의 상호작용을 통해 상담자에 의한 주관적 오류를 보완하고, 상담과정에서 얻은 여러 자료들을 통해 심리측정 자료에 의한 통계적 오류를 보완한다.

(3) 결정적 진단검사
직업선택 및 의사결정 과정에서 나타나는 내담자의 다양한 문제를 체계적으로 분석한다.

대표 기출문제

제1과목 직업상담학
CHAPTER 03 직업상담 접근방법

01 윌리암슨(Williamson)의 이성적·지시적(특성-요인) 이론 중 인간본성에 대한 기본가정을 3가지만 쓰시오.　　2017년 2회

득점	배점
점	6 점

※ 기본가정 1가지당 2점

+기출 플러스

18년 1회
이성적·지시적 상담인 특성-요인 직업상담의 3가지 기본원리를 설명하시오.

KEY 개인에 대한 이해, 직업에 대한 이해, 개인과 직업의 합리적 연결

합격답안　　특성-요인 직업상담 ▶ 윌리암슨의 기본가정

○ 인간은 선과 악의 잠재력을 모두 지니고 있는 존재이다.
○ 인간은 선을 실현하는 과정에서 타인의 도움을 필요로 하는 존재이다.
○ 인간의 선한 생활을 결정하는 것은 자기 자신이다.
○ 선의 본질은 자아의 완전한 실현이다.
○ 우주와 인간의 관계, 즉 세계관은 개인적인 것으로, 인간은 누구나 그 자신만의 독특한 세계관을 가진다.

답안 작성법

특성-요인 직업상담의 여러 학자 중 윌리암슨의 기본가정이라는 점에 유의해야 하고, 제시된 5가지 가정 중 정확하게 암기하고 있는 것 3가지를 적도록 한다.

문장 구성 키워드
• 선과 악의 잠재력
• 타인의 도움
• 자기 자신

02 달리(Darley)가 제시한 특성-요인 직업상담에서 상담자가 지켜야 할 상담원칙을 3가지만 쓰시오. 2016년 1회

득점: 점
배점: 6점

※ 상담원칙 1가지당 2점

합격답안
특성-요인 직업상담 ▶ 달리의 상담원칙

- 내담자에게 강의하려 하거나 거만한 자세로 말하지 않는다.
- 어떤 정보나 해답을 제공하기 전에 내담자가 정말로 그것을 알고 싶어 하는지 확인한다.
- 간단한 어휘를 사용하며, 상담 초기에 내담자에게 제공하는 정보를 비교적 좁은 범위로 한정한다.
- 자신이 내담자가 지니고 있는 여러 가지 태도를 제대로 파악하고 있는지 확인한다.

답안 작성법
기억나는 원칙이 3가지가 되지 않을 경우에는 세 번째로 제시된 원칙을 "간단한 어휘를 사용한다."와 "상담 초기에 내담자에게 제공하는 정보를 비교적 좁은 범위로 한정한다."로 나누어서라도 작성한다.

문장 구성 키워드
- 거만함 ✕
- 정말 알고 싶어 하는지
- 간단한 어휘, 좁은 범위

03 윌리암슨(Williamson)의 심리검사 해석 시 사용하는 상담기법 3가지를 쓰고 설명하시오.

2017년 1회, 2015년 3회

득점 배점
점 6점

※ 상담기법 1가지당 2점
(설명 미작성 시 1점)

합격답안 특성-요인 직업상담 ▶ 윌리암슨의 검사 해석 상담기법

○ 직접 충고: 검사 결과를 토대로 상담자가 자신의 견해를 내담자에게 직접적으로 솔직하게 전달하는 것이다.
○ 설득: 상담자가 내담자에게 합리적이고 논리적인 방법으로 검사자료를 제시하여, 내담자가 자신의 문제를 해결할 수 있도록 설득하는 것이다.
○ 설명: 상담자가 검사자료 및 정보들을 설명하며 선택 가능한 대안들과 예상되는 결과들을 이해시키고, 내담자의 진로선택을 돕는 것이다.

답안 작성법

심리검사 자료를 토대로 상담자가 자신의 견해를 전달하는 것인지, 내담자가 문제를 해결하도록 돕는 것인지, 내담자를 이해시키는 것인지의 차이이다.

문장 구성 키워드
• 직접 충고: 견해 전달, 솔직
• 설득: 합리적 제시, 문제해결
• 설명: 이해시킴, 진로선택

04 브레이필드(Brayfield)가 제시한 직업정보의 기능 3가지를 쓰고 각각에 대해 설명하시오.

2022년 1회, 2019년 2회, 2017년 3회, 2015년 1회

득점	배점
점	6 점

※ 기능 1가지당 2점
 (설명 미작성 시 1점)

| 합격답안 | 특성 – 요인 직업상담 ▶ 브레이필드의 직업정보 기능 |

○ **정보적 기능**: 정보 제공을 통해 내담자의 모호한 의사결정을 돕고 직업선택에 관한 지식을 증가시킨다.
○ **재조정 기능**: 내담자가 비현실적이고 부적당한 직업선택을 한 것은 아닌지 점검해 보는 기초를 마련해 준다.
○ **동기화 기능**: 내담자가 진로의사결정 과정에 책임감을 가지고 적극적으로 참여할 수 있도록 동기화한다.

| 답안 작성법 |

'정보적 기능'은 '정보제공 기능'으로 적어도 무방하다.

| 문장 구성 키워드 |

- 정보적: 지식 증가
- 재조정: 직업선택 점검
- 동기화: 적극적 참여 동기화

05 내담자중심 직업상담과 특성-요인 직업상담의 차이를 2가지 이상 설명하시오.

2014년 2회

득점: 점
배점: 6점

※ 차이 1가지당 3점

합격답안

내담자중심 직업상담 ▶ 특성-요인 직업상담과의 비교

○ 특성-요인 직업상담은 상담자를 중요시하지만, 내담자중심 직업상담은 내담자를 중요시한다.
○ 특성-요인 직업상담은 문제의 객관적 이해를 중요시하지만, 내담자중심 직업상담은 개인의 정서적 이해를 중요시한다.
○ 특성-요인 직업상담은 과거 경험을 중요시하지만, 내담자중심 직업상담은 현재 상태를 중요시한다.
○ 특성-요인 직업상담은 검사와 진단을 중요시하지만, 내담자중심 직업상담은 검사 사용에 부정적이고 진단이 불필요하다는 의견이 있다.

답안 작성법

문제에서는 내담자중심 직업상담을 먼저 언급하고 있으므로, 제시된 답안과 달리 '내담자중심 직업상담은~ 특성-요인 직업상담은~' 꼴로 작성해도 좋다. 단, 두 직업상담을 정확히 구분해서 명시해야 한다.

문장 구성 키워드

• 상담자 중시 vs 내담자 중시
• 문제, 객관적 vs 개인, 정서적
• 과거 경험 vs 현재 상태
• 검사·진단 중요 vs 검사·진단 불필요

06 정신역동 직업상담 모형을 구체화한 보딘(Bordin)의 3단계 직업상담과정을 쓰고 각각에 대해 설명하시오.

2023년 3회, 2020년 3회, 2018년 2회, 2017년 3회, 2015년 3회

득점 점 / **배점** 6점

※ 단계 1개당 2점
 (설명 미작성 시 1점)

합격답안

정신역동적 직업상담 ▶ 보딘의 상담과정

○ **탐색과 계약설정**: 내담자의 정신역동적 상태를 탐색할 수 있도록 돕고, 상담전략을 합의하는 단계이다.
○ **핵심결정**: 성격에 맞추어 직업을 변경할 것인지, 직업에 맞추어 성격을 변경할 것인지 결정하는 단계이다.
○ **변화를 위한 노력**: 내담자가 어느 정도의 인성 변화를 일으킬 것이라고 가정하고, 선택한 직업이 필요로 하는 부분에 대한 변화를 모색하는 단계이다.

답안 작성법

'탐색과 계약설정'은 '탐색'과 '계약설정'으로 구분되지 않는 하나의 단계라는 점에 유의해야 한다. 또한 '핵심결정'은 '중대한 결정' 또는 '비판적 결정'으로 표현하기도 한다.

문장 구성 키워드

- 탐색과 계약설정: 정신역동, 상담전략 합의
- 핵심결정: 직업 변경 or 성격 변경
- 변화를 위한 노력: 직업에 맞춰 변화 모색

07 수퍼(Super)는 직업상담에서 자아탐색, 의사결정, 현실검증 등의 이성적 측면들과 정서적 측면들이 모두 다루어져야 한다고 주장하며 발달적 직업상담의 6단계를 제안하였다. 수퍼(Super)가 제안한 6단계를 설명하시오.   2018년 1회, 2018년 3회, 2015년 2회

득점	배점
점	6 점

※ 단계 1개당 1점

합격답안

발달적 직업상담 ▶ 수퍼의 상담과정

- [1단계] **문제탐색 및 자아개념 묘사**: 비지시적 방법으로 문제를 탐색하고 자아개념을 묘사한다.
- [2단계] **심층적 탐색**: 지시적 방법으로 심층적 진로탐색을 위한 주제를 설정한다.
- [3단계] **자아수용 및 자아통찰**: 비지시적 방법으로 사고와 느낌을 명료화하여 자아수용 및 자아통찰을 얻는다.
- [4단계] **현실검증**: 지시적 방법으로 심리검사, 직업정보, 과외활동 등을 통해 수집된 사실적 자료들을 탐색하고 현실을 검증한다.
- [5단계] **태도와 감정의 탐색과 처리**: 비지시적 방법으로 현실검증에서 얻어진 태도와 감정을 탐색하고 처리한다.
- [6단계] **의사결정**: 비지시적 방법으로 대안적 행위들을 고찰하고 직업을 결정한다.

답안 작성법

6개 단계를 반드시 순서 맞춰 작성하여야 한다. 설명이 기억나지 않을 경우에는 단계명을 문장형으로 풀어서라도 작성해야 부분 점수를 노릴 수 있다.

문장 구성 키워드

- 1단계: 비지시적, 탐색, 자아개념
- 2단계: 지시적, 주제 설정
- 3단계: 비지시적, 명료화, 자아
- 4단계: 지시적, 사실적 자료
- 5단계: 비지시적, 태도·감정
- 6단계: 비지시적, 직업 결정

08 발달적 직업상담에서 수퍼(Super)는 '진단'이라는 용어 대신에 '평가'라는 말을 사용했다. 수퍼(Super)의 평가 3가지를 설명하시오.

2021년 3회, 2020년 4회

득점 [점] 배점 [6 점]

※ 평가 1가지당 2점
 (설명 미작성 시 1점)

- ○
- ○
- ○

합격답안

발달적 직업상담 ▶ 수퍼의 평가유형

- ○ **문제평가**: 내담자가 겪고 있는 어려움이나 직업상담에 대한 내담자의 기대를 평가한다.
- ○ **개인평가**: 심리검사, 사례연구 등을 통해 심리적·사회적·신체적 차원에서 내담자의 개인적 상태에 대해 평가한다.
- ○ **예언평가**: 내담자에 대한 직업적·개인적 평가를 바탕으로 내담자가 성공하고 만족할 수 있는 것에 대해 예측한다.

답안 작성법

'예언평가'는 '예후평가'라고 표현하기도 한다.

문장 구성 키워드

- 문제: 어려움, 기대
- 개인: 개인적 상태
- 예언: 성공과 만족

09 행동주의 직업상담의 상담기법은 크게 불안감소기법과 학습촉진기법의 유형으로 구분할 수 있다. 각 유형별 대표적인 방법을 각각 3가지씩 쓰시오.

2023년 3회, 2022년 1회, 2016년 1회, 2016년 3회, 2015년 1회, 2015년 2회

득점	배점
점	6 점

※ 기법 1가지당 1점

○ 불안감소기법
　－
　－
　－
○ 학습촉진기법
　－
　－
　－

+ 기출 플러스

21년 2회, 14년 2회
행동주의 상담의 치료기법 중 적응행동 증진기법 3가지를 설명하시오.
KEY 강화, 변별학습, 대리학습

18년 2회
행동주의 상담에서 노출치료법의 방법 3가지를 쓰고 설명하시오.
KEY 실제적, 심상적, 점진적

합격답안

행동주의 직업상담 ▶ 상담기법

○ 불안감소기법
　－ **체계적 둔감법**: 불안을 유발하는 자극에 대해 위계목록을 작성한 후, 낮은 수준의 자극에서 높은 수준의 자극으로 상상을 유도하여 불안에서 벗어나게 하는 기법이다.
　－ **금지조건 형성**: 불안을 일으킬 만한 단서를 추가적인 강화 없이 지속적으로 제시하여 점차 불안을 느끼지 않게 하는 기법이다.
　－ **반조건 형성**: 불안을 일으키는 조건 자극과 불안에 반하는 새로운 자극을 함께 제시함으로써 불안을 감소시키는 기법이다.
○ 학습촉진기법
　－ **강화**: 내담자에게 진로선택이나 결정에 대해 강화물을 제공하여 진로결정을 촉진하는 행동수정 기법이다.
　－ **변별학습**: 검사도구 등을 사용하여 진로선택이나 결정능력을 변별하고 비교하게 하는 기법이다.
　－ **대리학습**: 다른 사람의 진로결정 행동이나 결과를 관찰하게 하여 의사결정의 학습을 촉진하는 기법이다.

답안 작성법

제시된 기법 외에 불안감소기법으로는 주장훈련, 혐오치료, 노출법 등이 있고, 학습촉진기법으로는 행동조성, 토큰경제가 있다.

문장 구성 키워드

• 불안감소기법
　－ 체계적 둔감법: 위계목록
　－ 금지조건 형성: 지속적 제시
　－ 반조건형성: 불안에 반하는 자극
• 학습촉진기법
　－ 강화: 강화물 제공
　－ 변별학습: 검사도구, 비교
　－ 대리학습: 다른 사람 관찰

10 크릿츠(Crites)의 포괄적 직업상담의 상담과정 3단계를 쓰고, 각 단계에 대해 설명하시오.   2022년 3회, 2019년 1회, 2014년 2회

득점	배점
점	6 점

※ 단계 1개당 2점
(설명 미작성 시 1점)

> **합격답안**   포괄적 직업상담 ▶ 크릿츠의 상담과정

○ [1단계] 진단: 내담자의 진로문제를 진단하기 위해 내담자에 대한 폭넓은 검사자료와 상담을 통한 자료가 수집되는 단계이다.
○ [2단계] 명료화(해석): 상담자와 내담자가 협력해서 의사결정 과정을 방해하는 태도와 행동을 확인하며 대안을 탐색하는 단계이다.
○ [3단계] 문제해결: 내담자가 자신의 문제를 확인하고 적극적으로 참여하여 문제해결을 위해 어떤 행동을 취해야 하는지를 결정하는 단계이다.

> **답안 작성법**
> 단계를 묻고 있으므로 반드시 순서대로 작성해야 한다.

> **문장 구성 키워드**
> • 진단: 자료 수집
> • 명료화: 대안 탐색
> • 문제해결: 행동 결정

제1과목 직업상담학

CHAPTER 04
직업상담의 기법

> 테마 1 초기면담

1 초기면담의 이해

(1) 초기면담의 의미
① 초기면담은 상담자와 내담자가 처음 만난 시점부터 몇 차례 이루어지는 상담 초기의 면담단계를 가리킨다.
② 초기면담에서는 상담자와 내담자 간 관계형성, 문제의 진단, 상담의 구조화 등이 이루어기 때문에 초기면담은 상담 전 과정에 있어서 매우 중요하다.

(2) 초기면담 시 유의 사항

기/출/족/보 출제지수 ■□□
23년 3회, 20년 3회
내담자와의 초기면담 수행 시 상담자가 유의해야 할 사항 4가지를 쓰시오.

POINT
초기면담 시 유의 사항은 상담 초기의 관계 형성, 문제 이해, 구조화 등과 관련이 있는 내용들로 크게 어렵지 않다.

① 면담 시작 전 미리 사례자료를 검토하며 상담회기를 준비한다.
② 내담자의 자세와 태도에 주목하고 불안이나 걱정 등 심리적 상태를 살핀다.
③ 언어적·비언어적 행동을 통해 내담자에게 온정, 존중, 보호 등을 표현한다.
④ 관계 형성에 도움을 줄 수 있는 전략을 사용한다.
⑤ 직업상담에 대한 내담자의 기대를 확인한다.
⑥ 비밀유지에 관하여 설명한다.
⑦ 내담자의 문제를 파악하고 내담자가 초기목표를 수립하도록 돕는다.

2 초기면담의 유형

(1) 정보지향적 면담
① 정보지향적 면담은 정보수집에 목적을 두고 있는 초기면담으로, 상담의 틀이 상담자에게 초점을 맞추어 진행된다.
② 정보수집을 위한 기법
  ㉠ 탐색: '누가, 무엇을, 어디서, 어떻게'로 시작되는 질문을 사용해 정보를 탐색하는 것으로, '왜'라는 표현은 삼가는 것이 좋다.
  ㉡ 폐쇄형 질문: '예, 아니요'와 같은 제한된 응답을 요구하는 질문으로, 짧은 시간에 상당한 양의 정보를 추출해 내는 데 효과적이다.
  ㉢ 개방형 질문: '누가, 무엇을, 어디서, 어떻게'로 시작되는 질문으로, 심층적 정보를 추출해 내는 데 효과적이다.

(2) 관계지향적 면담
① 관계지향적 면담은 상담자와 내담자 간 관계형성에 목적을 두는 초기면담이다.
② 관계형성을 위한 기법
  ㉠ 재진술: 내담자의 언어적 표현에 대한 반사적 반응으로, 상담자가 내담자의 말을 적극적으로 듣고 있음을 알려 준다.
  ㉡ 감정의 반향: 내담자의 감정이나 태도 등 비언어적 표현까지 이해하고 공감을 전달하는 것이다.

3 초기면담의 요소

(1) 관계 형성(라포 형성)
① 상담관계에 필요한 사항과 진행과정에 대해 설명해 주면서 내담자의 불안을 감소시키고 친밀감을 형성하는 것이다.
② '라포(rapport)'는 두 사람 사이의 신뢰관계를 나타내는 상담 용어이다.

(2) 감정이입
① 상담자가 길을 전혀 잃어버리지 않고 마치 자신이 내담자의 세계에서 경험을 하는 듯한 능력을 의미한다.
② 상담자는 객관적인 태도로 내담자의 입장에 공감해야 한다.

(3) 언어적·비언어적 행동
① 상담에 도움이 되는 언어적 행동
  ㉠ 내담자가 이해할 수 있는 단어를 사용한다.
  ㉡ 내담자에게 적절한 호칭을 사용한다.
  ㉢ 긴장을 줄이기 위해 가끔 유머를 사용한다.
  ㉣ '예, 음, 알지요' 등의 언어적 강화를 사용한다.
  ㉤ 개방적 질문을 사용한다.
  ㉥ 내담자의 행동에 대해 평가하지 않는다(비판단적 태도를 보인다).
② 상담에 도움이 되는 비언어적 행동
  ㉠ 내담자와 유사한 언어의 톤을 사용한다.
  ㉡ 내담자와 자연스럽게 눈 접촉을 한다.
  ㉢ 가끔 미소를 짓는다.
  ㉣ 가끔 고개를 끄덕인다.
  ㉤ 적절한 몸짓이나 손짓을 사용한다.
  ㉥ 내담자에게 신체적으로 가깝게 기울이며 근접하여(최적 거리를 유지하며) 상담한다.

> **기/출/족/보** 출제지수 ■□□
> 21년 1회, 15년 1회
> 상담에서는 언어적 행동뿐 아니라 비언어적 행동도 중요하다. 상담에 도움이 되는 언어적 행동과 비언어적 행동을 각각 3가지씩 쓰시오.
>
> **POINT**
> 언어적 행동은 말에 관한 것이고, 비언어적 행동은 표정, 동작, 접촉, 소리 등에 관한 것이다.

(4) 자기노출
① 상담자가 내담자에게 자신의 사적인 정보를 드러내 보이는 것이다.
② 상담관계에서 반드시 필요한 것은 아니며, 상담자가 자기노출을 할 때는 충분한 숙고가 필요하다.

(5) 즉시성
① 상담자가 자신의 바람은 물론 내담자의 느낌, 인상, 기대 등을 이해하고 이를 상담과정의 주제로 삼는 기법이다.
② 즉시성을 사용하기에 적합한 경우
　㉠ 방향감이 없는 경우
　㉡ 신뢰성에 의문이 제기되는 경우
　㉢ 상담자와 내담자 간에 사회적 거리감이 있는 경우
　㉣ 내담자가 의존성이 있는 경우

(6) 유머
① 유머를 통해 상담과정에서의 긴장감을 없애고, 내담자의 저항을 줄일 수 있으며, 내담자에게 현재 상황을 분명하게 지각하게 할 수 있다.
② 유머를 적절히 사용할 경우 여러 가지 치료적 시사를 갖는 임상도구가 될 수 있다.

(7) 직면(맞닥뜨림)
① 내담자로 하여금 행동의 특정 측면을 검토해 보고 수정하게 하며 통제하도록 도전하게 하는 것이다.
② 직면을 통해 내담자는 자신의 모습을 맞닥뜨리게 됨으로써 통찰을 경험할 수 있다.

(8) 계약
① 목표 달성에 포함된 과정과 최종 결과에 초점을 두는 것이다.
② 계약은 내담자의 변화에 초점을 두어야 하며, 상담자는 내담자에게 이것을 강조해야 한다.

(9) 리허설
① 내담자에게 선정된 행동을 연습하거나 실천하도록 함으로써 내담자가 계약을 실행하는 기회를 최대화하도록 도와주는 것이다.
② 리허설의 유형
　㉠ 명시적 리허설: 하고자 하는 것을 말로 표현하거나 행위로 보이도록 요구하는 것
　㉡ 암시적 리허설: 원하는 것을 상상하거나 숙고해 보도록 요구하는 것

4 초기면담의 단계

(1) 관계 형성(라포 형성)
① 상담 초기, 특히 접수면접에서 내담자와 상담자 간의 상담관계 형성이 중요하다.
② 내담자와의 라포 형성을 위해서 내담자가 존중받는 분위기를 만들어 주어야 한다.
③ 관계형성에 도움을 줄 수 있는 조건: 공감적 이해, 무조건적 수용, 친화감 형성

(2) 문제의 이해 및 평가
① 내담자가 가진 현재 문제점을 파악하고, 문제의 발생 원인, 심각성 정도 등을 평가한다.
② 호소문제에 대한 내담자의 감정을 탐색하고, 내담자의 문제해결 의지와 동기의 유무를 살핀다.

(3) 상담의 구조화
① 구조화는 상담시간, 내담자의 행동 및 절차상의 제한, 상담목표 등에 대해 논의하고, 상담자와 내담자가 상담에 대한 기대를 맞추고 서로의 역할을 명확히 하는 과정이다.
② 상담의 구조화를 통해 내담자는 상담에 대한 모호함과 불안감을 경감시킬 수 있다.
③ 구조화단계에서 상담자의 역할
  ㉠ 내담자에게 검사나 과제를 잘 이행할 것을 기대하고 있다는 것을 분명히 밝힌다.
  ㉡ 내담자에게 상담자의 자질, 역할, 책임에 대해서 미리 알려 준다.
  ㉢ 상담 중에 얻은 내담자에 대한 비밀을 보장한다는 것과 비밀보장의 예외 상황에 대해 알려 준다.
  ㉣ 상담 장소, 시간, 상담의 지속 등에 대해서 미리 합의한다.

(4) 목표의 설정
① 상담자는 내담자와 함께 협의하여 상담의 목표를 설정하여야 한다.
② 상담목표는 구체성, 측정 가능성, 실현 가능성 등 여러 조건을 만족하여야 한다.

테마 2 직업상담의 기법

1 상담의 기본자세

(1) 효과적인 면담 태도
① 내담자의 모든 행동에 이유와 목적이 있음을 분명하게 인지한다.
② 내담자와 유사한 언어, 이해 가능하고 명료한 말을 사용한다.
③ 비방어적 태도로 내담자를 편안하게 만든다.
④ 경청하는 태도를 갖고, 가끔 고개를 끄덕인다.
⑤ 내담자에게 피드백을 줄 때는 일반적으로 긍정적인 것부터 주는 것이 좋다.

(2) 대화를 가로막는 상담자의 반응
① 너무 이른 조언: 상담자가 내담자의 특성이나 내담자가 가진 문제의 배경에 대해 충분히 파악하지 못한 상담 초기에 조언을 할 경우, 조언 내용이 내담자에게 부적합할 수 있다.
② 가르치기: 상담자가 내담자에게 가르치기를 시작하는 순간 내담자는 방어적인 자세로 자신의 이야기를 더 이상 하지 않거나 반대로 상담자에게 지나치게 의존하는 양상을 보일 수 있다.
③ 지나친 질문: 상담자가 과도한 질문을 할 경우 내담자는 상담자가 자신에 대해 공감하거나 이해한다고 느끼기 어려우며, 상담장면에서 수동적인 태도를 보일 수 있다.
④ 상담자 경험의 진술: 상담자가 자신에 대한 이야기를 할 경우 내담자는 상담자의 이야기를 듣는 청중으로 위치할 수 있다.

2 상담의 주요 기법

(1) 공감(공감적 이해)
① 내담자의 세계를 상담자 자신의 세계인 것처럼 경험하지만 객관적인 위치에서 벗어나지 않는 상담대화의 기법이다.
② 내담자가 전달하려는 내용에서 한 걸음 더 나아가 내담자의 내면적 감정을 반영하는 것으로, 이를 통해 내담자의 감정을 충분히 이해하고 수용할 수 있다.

(2) 경청
① 내담자의 말과 행동에 항상 세심하게 주목하는 것을 말한다.
② 적극적 경청은 내담자에게 초점을 유지하면서 내담자가 표현하는 행

기/출/족/보 출제지수 ■□□

18년 3회, 14년 3회
상담에서 상담자와 내담자의 대화를 가로막을 수 있는 상담자의 반응을 3가지만 쓰고 설명하시오.

POINT
제시된 4가지 반응 모두 내담자가 상담에 적극적으로 참여하는 것을 방해한다.

기/출/족/보 출제지수 ■□□

23년 1회, 23년 3회, 20년 1회
진로상담 과정에서 관계수립을 위한 기본 상담기술 6가지(5가지)를 기술하시오.

POINT
상담기법 중에서도 공감, 경청, 반영, 직면 등은 기본적인 개념들이기 때문에 그 의미를 파악해 두는 것이 좋다.

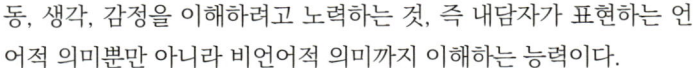

동, 생각, 감정을 이해하려고 노력하는 것, 즉 내담자가 표현하는 언어적 의미뿐만 아니라 비언어적 의미까지 이해하는 능력이다.
③ 적극적 경청을 위한 방법
  ㉠ 내담자의 음조를 경청한다.
  ㉡ 내담자의 표현의 불일치를 인식한다.
  ㉢ 내담자가 보이는 일반화, 빠뜨린 내용, 왜곡을 경청한다.

(3) 반영
① 내담자의 생각과 말을 상담자가 다른 참신한 말로 부연하는 것을 말한다.
② 반영을 할 때는 언어로 표현된 내용 그 자체보다는 기저에 깔려 있는 감정을 그대로 되돌려 주기 위해 노력해야 한다.

(4) 직면
① 내담자의 사고, 감정, 말, 행동에 불일치나 모순이 일어날 때 그것을 지적해 주는 상담자의 반응이다.
② 내담자가 모르고 있거나 인정하기를 거부하는 생각과 느낌에 대해 주목하도록 하는 것이다.

(5) 명료화
① 내담자의 말 속에 포함되어 있는 불분명한 측면을 상담자가 분명하게 밝히는 반응이다.
② 어떤 문제의 밑바닥에 깔려 있는 혼란스러운 감정과 갈등을 가려내어 분명히 해 주는 것이다.

(6) 수용(수용적 존중)
① 상담자가 내담자의 이야기에 주의를 집중하고 있고, 내담자를 인격적으로 존중하고 있음을 보여 주는 기법이다.
② 기본적으로는 내담자의 감정, 경험 및 잠재력에 대해 긍정적인 존중과 관심을 전달하는 것이고, 궁극적으로는 내담자를 한 인간으로서의 가치와 자유인으로서의 잠재력에 대해 매우 깊은 긍정적인 존중을 전달하는 것이다.

(7) 요약과 재진술
① 내담자가 전달하는 이야기의 표면적 의미를 상담자가 다른 말로 바꾸어서 말하는 것이다.
② 상담자는 내담자가 전달하려는 내용을 다른 말과 용어를 사용하여 내담자에게 되돌려 줌으로써 상담자가 내담자의 이야기에 귀를 기울이면서 그를 이해하려 노력하고 있음을 내담자에게 전달할 수 있다.

(8) 해석
  ① 내담자가 새로운 방식으로 자신의 문제들을 볼 수 있도록 사건들의 의미를 설정해 주는 것이다.
  ② 내담자가 직접 진술하지 않은 내용이나 개념을 그의 과거 경험이나 진술을 토대로 하여 추론해서 말하는 것이다.

(9) 탐색적 질문
  ① 내담자로 하여금 자신과 자신의 문제를 자유롭게 탐색하도록 허용함으로써 내담자의 이해를 증진시키는 개방적 질문 기법이다.
  ② 폐쇄적 질문, 이중질문은 피하는 것이 좋으며, '왜'라는 질문은 비난받고 있다는 느낌을 줄 수 있으므로 자주 사용하지 않도록 한다.
  ③ 한꺼번에 많은 정보를 얻기 위해 질문공세를 펴지 않도록 주의해야 하며, 질문공세를 받는다는 느낌을 주지 않을 필요가 있을 때는 간접질문을 사용하는 것이 좋다.

(10) 침묵의 처리
  ① 상담의 과정에서 가끔 내담자가 침묵을 지속하는 경우가 있는데, 침묵의 원인은 다양하므로 상담자는 이에 대해 적절히 대처할 필요가 있다.
  ② 내담자의 침묵의 원인
    ㉠ 내담자가 상담자에 대해 적대감을 가지고 저항하는 경우
    ㉡ 내담자가 더 이상 할 말이 생각나지 않는 경우
    ㉢ 내담자가 표현하고 싶은 생각이 있음에도 불구하고 말로 잘 표현되지 않는 경우
    ㉣ 내담자가 상담자의 재확인이나 해석 등을 기대하고 있는 경우
    ㉤ 내담자가 방금 이야기했던 것에 대해 음미하거나 생각을 정리하는 경우
    ㉥ 내담자가 감정 상태에서 생긴 피로를 회복하고 있는 경우

> **기/출/족/보** 출제지수 ■□□
> 16년 2회
> 상담에서 대화의 중단 또는 내담자의 침묵은 자주 일어나는 일이다. 내담자의 침묵의 발생 원인을 3가지만 쓰시오.
>
> **POINT**
> 제시된 6가지 원인 중 안전하게 4가지 정도는 암기하도록 하자.

테마 3 구조화된 면담법

1 생애진로사정

(1) 생애진로사정(LCA: Life Career Assessment)의 의미
  ① 내담자의 생애에 대한 접근을 통해 내담자의 정보나 행동을 효과적으로 이해하고 해석하는 질적 평가 절차이다.

② 상담자와 내담자가 처음 만났을 때 이용할 수 있는 구조화된 면접기법이다.

(2) 생애진로사정을 통해 얻을 수 있는 정보
① 내담자의 직업경험과 교육수준을 나타내는 객관적 사실
② 내담자의 기술과 능력에 대한 자기평가와 상담자의 평가
③ 내담자의 자기인식과 가치
④ 내담자의 활동으로부터 얻은 생애진로주제

(3) 생애진로사정의 특징
① 아들러(Adler)의 개인심리학 이론에 기초한다.
② 비교적 짧은 시간 내에 내담자에 대한 체계적인 정보를 수집할 수 있다.
③ 검사실시나 검사해석의 예비적 단계에서 특별히 유용하다.
④ 작업자, 학습자, 개인의 역할 등을 포함한 다양한 생애역할에 대한 정보를 탐색해 간다.
⑤ 여가생활, 친구관계 등과 같이 일과 직접적으로 관련이 없는 주제도 포함한다.
⑥ 직업상담의 주제와 관심을 표면화하는 데 비교적 덜 위협적인 방법으로, 비판단적이고 비위협적인 대화 분위기를 통해 내담자와 긍정적인 관계를 형성하는 데 도움이 된다.

(4) 생애진로사정의 구조
① 진로사정: 내담자의 직업경험 또는 교육 및 훈련과정에서 가장 좋았던 것과 싫었던 것에 대해 질문하며, 여가시간의 활용, 우정관계 등을 탐색한다.
  ㉠ 직업경험: 상담자는 내담자에게 일의 성격에 따라 시간제, 정시제, 유급, 무급 등으로 구분하여 이전 직업 및 현재 직업의 가장 좋았던 점과 가장 싫었던 점에 대해 말하게 하고, 내담자의 답변에서 어떤 주제들이 일관성 있게 반복되는지 파악한다.
  ㉡ 교육 또는 훈련과정: 상담자는 내담자에게 지금까지 받았던 교육 및 훈련 경험에서 가장 좋았던 점과 가장 싫었던 점에 대해 말하게 하고, 내담자의 답변에서 어떤 주제들이 일관성 있게 반복되는지 파악한다.
  ㉢ 여가활동: 상담자는 내담자에게 평소 어떻게 여가시간을 보내는지 말하게 하고, 내담자의 답변에서 어떤 가치관의 주제들이 앞선 직업경험이나 교육·훈련 부분에서 언급한 것과 일관성이 있는지 파악한다.

기/출/족/보 출제지수 ■■■

20년 2회, 16년 2회
생애진로사정을 통해 얻을 수 있는 정보를 3가지 쓰시오.

18년 1회, 14년 1회
직업상담의 구조화된 면담법인 생애진로사정의 의미와 생애진로사정으로 얻을 수 있는 정보 3가지를 쓰시오.

POINT
생애진로사정을 통해 얻을 수 있는 정보뿐만 아니라 생애진로사정의 의미까지 동시에 물어보는 경우가 있으니, 의미도 잘 숙지해 두어야 한다.

기/출/족/보 출제지수 ■■■

21년 3회, 19년 2회
생애진로사정의 구조 중 진로사정의 3가지 부분을 쓰고 각각에 대해 설명하시오.

20년 1회, 17년 3회
직업상담의 구조화된 면담법으로 생애진로사정의 구조 4가지를 쓰고 각각에 대해 설명하시오.

19년 3회
생애진로사정의 구조 4가지와 생애진로사정을 통해 얻을 수 있는 정보 3가지를 쓰시오.

POINT
생애진로사정 구조 4가지를 그 의미와 함께 파악해 두는 것이 중요하고, 특히 '진로사정'의 경우에는 그 3가지 부분인 '직업경험, 교육 또는 훈련과정, 오락'의 내용을 모두 알아 두어야 한다.

② 전형적인 하루: 내담자가 생활을 어떻게 조직하는지 발견하는 것으로, 자신이 의존적인지 독립적인지, 자발적(임의적)인지 체계적인지 성격차원을 파악하도록 돕는다.
③ 강점과 장애: 내담자 스스로가 생각하는 3가지 주요 강점 및 장애에 대해 질문함으로써 내담자가 직면하고 있는 문제와 이를 극복하기 위해 가지고 있는 대처자원을 탐색한다.
④ 요약: 내담자 스스로 자신에 대해 알게 된 내용을 요약해 보게 하면서 자기인식을 증진하고, 자신의 자원을 요약해 봄으로써 문제해결을 위한 목표 달성 계획을 세울 수 있다.

2 직업가계도

(1) 직업가계도의 의미
① 직업과 관련된 내담자의 가계력을 알아볼 수 있는 그림으로, 제노그램(genogram)이라고도 한다.
② 특히 경력 상담 시 내담자의 가족이나 선조들의 직업 특징에 대한 시각적 표상을 얻기 위해 도표를 만드는 방식이다.

(2) 직업가계도의 활용
① 생애진로사정을 위한 도구로 사용된다.
② 가족은 개인이 직업을 선택하는 방식이나 자신을 지각하는 데 영향을 미치므로, 직업가계도를 통해 개인의 직업 선택을 도울 수 있다.
③ 개인에게 심리적인 압박으로 작용하는 가족의 미완성된 과제를 발견할 수 있다.
④ 직업선택과 관련된 무의식적 과정을 밝히는 데 도움이 된다.

(3) 대글리(Dagley)의 직업가계도를 그릴 때 관심을 가져야 할 요인
① 3~4세대 가계에 있어서의 대표적 직업
② 여러 가족구성원들의 직업에 전형적으로 두드러진 지위와 가치의 서열화
③ 가족구성원들의 진로선택 형태와 방법
④ 가족의 일의 가치
⑤ 가족의 경제적 기대와 압력
⑥ 내담자가 성장할 때의 또래집단 상황

테마 4 내담자 사정

1 동기사정

(1) 동기사정의 이해
① 동기는 어떤 행동을 일으키게 하는 내적인 요인으로, 상담자는 내담자의 동기를 사정할 수 있어야 한다.
② 내담자의 동기 결여에는 여러 이유가 있지만, 대표적으로 인지적 명확성의 부족이 내담자의 동기 부족에 영향을 미친다.

(2) 내담자가 성공에 대해 낮은 동기를 가지고 있을 때 대처방안
① 진로선택에 대한 중요성을 증가시킨다.
② 높은 수준의 수행을 강화시켜 수행기준의 필요성을 인식시킨다.
③ 좋은 선택이나 전환을 할 수 있는 자기효능감을 증가시킨다.
④ 기대한 결과를 이끌어 낼 수 있는지에 대한 확신을 증가시킨다.

2 역할사정

(1) 역할사정의 이해
① 역할사정은 내담자의 생애역할을 분석하는 것이다.
② 여러 가지 생애역할 중 어떤 역할이 상충적인지, 보상적인지, 보완적인지 확인할 수 있다.

(2) 상호역할관계 사정의 용도
① 직업인식을 높여 주는 자극제: 상호역할관계 사정은 직업계획을 세울 때 여러 가지 생애역할들 중에서 하나의 역할에 해당하는 직업 또는 일에 대한 인식을 높여 주는 자극제로 사용된다.
② 직업전환을 피하도록 돕는 수단: 상호역할관계 사정은 직업적응상담에서 삶의 다른 역할들에 부정적인 영향을 주는 직업전환을 피해 갈 수 있도록 내담자를 도와주는 수단으로 사용된다.
③ 잠재적으로 보완적 역할을 찾아내는 수단: 상호역할관계 사정은 생애를 윤택하게 하는 계획에서 잠재적으로 보완적인 역할을 찾아내는 수단으로 사용된다.

> **기/출/족/보** 출제지수 ■□□
> 14년 3회
> 상호역할관계 사정의 주요 용도를 3가지 쓰고 설명하시오.
> **POINT**
> '직업인식, 직업전환, 보완적 역할'을 키워드로 파악해 두자.

기/출/족/보 출제지수 ■□□
15년 3회
상호역할관계 사정방법 3가지를 쓰시오.

POINT
최근 10년 동안 상호역할관계 사정방법에 대해 설명까지 요구하는 문제는 출제된 적이 없기 때문에 방법의 명칭 정도만 확실하게 짚고 넘어가자.

(3) 상호역할관계 사정기법
① 질문을 통해 사정하기
  ㉠ 내담자가 개입하고 있는 생애역할들을 나열한다.
  ㉡ 개개 역할에 소요되는 시간의 양을 추정한다.
  ㉢ 내담자의 가치들을 이용해서 순위를 정한다.
  ㉣ 상충적·보상적·보완적 역할들을 찾아낸다.
② 동그라미로 역할관계 그리기
  ㉠ 내담자의 여러 가지 역할을 내담자의 가치순위에 따라 서로 다른 크기의 동그라미로 그려 보게 한다.
  ㉡ 내담자에게 역할들의 관계를 연결하여 표시하게 한다.
③ 생애-계획연습으로 전환시키기
  ㉠ 내담자에게 생애역할목록을 작성하게 한다.
  ㉡ 생애역할목록에서 미래에 충족할 것으로 기대되는 것들을 선택하여 미래를 생각해 보고 생애계획을 탐색하게 한다.

3 가치사정

(1) 가치사정의 이해
① 가치는 개인의 기본 신념으로, 동기의 원천이자 개인적인 충족의 근거가 된다.
② 가치를 측정하는 기법은 흥미 등을 사정하는 도구만큼 발달하지는 못한 상태이지만, 가치사정에서는 일반적으로 자기보고식 사정법을 사용하고 있다.

기/출/족/보 출제지수 ■■□
19년 3회, 16년 3회
자기보고식 가치 사정하기에서 가치사정법 6가지를 쓰시오.

POINT
제시된 6가지 사정법을 모두 외워 두고 있어야 한다.

(2) 자기보고식 가치사정법
① 체크목록 가치에 순위 매기기: 삶의 다양성, 기계적 활동, 타인 돕기, 우정, 도덕성, 친화, 안전, 지위 등으로 구성된 체크목록 중 중요하다고 생각되는 가치와 그렇지 않다고 생각되는 가치에 각각 +, - 표시를 하도록 하여, 그 결과에 대해 순위를 매긴다.
② 과거의 선택 회상하기: 직업의 선택, 여가의 선택 등 과거 선택에 있어서의 경험을 파악하며, 그것을 선택한 기준에 대해 조사한다.
③ 존경하는 사람 기술하기: 존경하는 인물들을 기술하도록 한 후, 각 인물을 존경하는 이유에 대해 응답하게 한다.
④ 백일몽 말하기: 자신이 가지고 있는 개인적인 환상으로서의 백일몽을 이야기하게 한다.
⑤ 절정경험 조사하기: 자신이 체험한 최고의 경험을 회상이나 상상하게 한 후 그 과정에 대해 설명하게 한다.

⑥ 자유시간과 금전사용계획 조사하기: 자신에게 자유시간이나 예상하지 못한 돈이 주어질 경우 이를 어떻게 사용할 것인지 상상하게 한다.

4 흥미사정

(1) 흥미사정의 이해
① 흥미는 개인의 관심이나 호기심을 자극하는 것으로, 개인이 하고 싶어 하는 것, 즐기는 것, 좋아하는 것을 알 수 있는 지표이다.
② 개인의 흥미에 대한 정보는 다양한 방법을 통해 수집할 수 있다.

(2) 흥미사정의 목적
① 여가선호와 직업선호를 구별한다.
② 직업탐색을 조장한다.
③ 직업·교육상 불만족의 원인을 규명한다.
④ 자기인식을 발전시킨다.
⑤ 직업대안을 규명한다.

> **기/출/족/보** 출제지수 ■■□
> 21년 2회, 18년 2회, 15년 2회
> 내담자의 흥미를 사정하는 목적 5가지를 쓰시오.
>
> **POINT**
> 흥미사정의 목적은 1차 필기시험에도 종종 출제되는 문제이다. 5가지 목적을 모두 외워 두자.

(3) 수퍼(Super)의 흥미사정기법
① 표현된 흥미: 직접적인 질문을 통해 내담자의 흥미를 파악하는 기법으로, 어떤 활동이나 직업에 대해 좋고 싫음을 간단하게 말하도록 요청한다.
② 조작된 흥미: 사람들이 자신이 좋아하거나 즐기는 활동과 연관된다는 가정하에, 활동에 대해 질문을 하거나 활동에 참여하는 사람들이 어떻게 시간을 보내는지 관찰하는 기법이다.
③ 조사된 흥미: 표준화된 심리검사를 통해 다양한 활동에 대한 좋고 싫음을 파악하는 기법으로, 수퍼의 흥미사정기법 중 가장 많이 사용되는 방법이다.

(4) 일반적인 흥미사정기법
① 직업선호도검사: 홀랜드(Holland)의 흥미유형 6가지에 대입하여 내담자의 직업선호도를 사정하는 기법이다.
② 직업카드분류법: 홀랜드의 6각형 이론과 관련된 일련의 직업카드를 주고 직업을 '좋아함, 싫어함, 미결정 중성군'으로 분류하도록 하는 방법이다.
③ 흥미평가기법: 내담자에게 종이에 알파벳을 쓴 뒤 그 알파벳에 맞추어 흥밋거리를 기입하게 하는 기법이다.
④ 작업경험 분석: 내담자에게 과거에 경험한 직무 및 과제를 서술하게 한 뒤, 직무만족에 대해 정리해 보는 기법이다.

> **기/출/족/보** 출제지수 ■■■
> 21년 2회, 20년 3회, 16년 2회, 14년 1회
> 내담자의 흥미를 사정하려고 할 때 사용되는 흥미사정기법을 3가지 쓰고 설명하시오.
>
> **POINT**
> 앞서 살펴보았던 역할사정기법과 혼동하지 않도록 유의해야 한다.

5 성격사정

(1) 성격사정의 이해
① 성격은 직업선택과 직업적응에서 핵심적인 설명변인이다.
② 성격사정을 통해 자기인식을 증진할 수 있으며, 좋아하는 일이나 작업 불만족의 근원을 확인할 수 있다.

(2) 성격사정의 목적
① 자기인식을 증진할 수 있다.
② 좋아하는 작업역할, 작업기능, 작업환경을 확인할 수 있다.
③ 작업 불만족의 원인과 출처를 확인할 수 있다.

> **기/출/족/보** 출제지수 ■□□
> 14년 2회
> 내담자의 성격사정의 목적을 3가지 설명하시오.
>
> **POINT**
> 앞서 살펴본 흥미사정의 목적과 내용상 유사한 부분이 있으니 구분하여 암기하도록 한다.

(3) 홀랜드(Holland)의 성격유형모형
① 홀랜드는 대부분의 사람들의 성격특성을 6가지 유형으로 분류할 수 있다고 보았다.
② 홀랜드의 성격유형 분류를 이용하여 성격사정을 할 수 있다.
③ 성격유형
    ㉠ 현실형(R): 순응적이고 솔직하며 기계적 적성이 높지만, 사회적 기술이 부족하다.
    ㉡ 탐구형(I): 호기심이 많고 분석적이며 과학적 탐구를 선호하지만, 리더십 기술이 부족하다.
    ㉢ 예술형(A): 표현이 풍부하고 독창적이며 창의적 적성이 높지만, 규범적인 기술이 부족하다.
    ㉣ 사회형(S): 설득력이 있고 관대하며 다른 사람을 돕는 것을 즐기지만, 과학적이거나 기계적인 활동이 부족하다.
    ㉤ 진취형(E): 모험적이고 지도력이 있으며 말을 잘하지만, 체계적인 활동에 대한 능력이 부족하다.
    ㉥ 관습형(C): 순응적이고 책임감이 강하며 자료를 잘 정리하지만, 융통성이 부족하다.

(4) 마이어스–브릭스(Myers-Briggs)의 성격유형지표(MBTI)
① 융(Jung)의 심리유형론을 근거로 고안된 성격유형검사로, 성격의 4가지 양극차원으로 피검자를 분류한다.
② 직업적 대안을 창출하고 양립할 수 있는 직업장면을 찾거나 직업 불만족의 원인을 탐색하기 위한 용도로 사용된다.
③ 성격유형

양극차원	선호지표	내용
에너지의 방향	외향형(E)	사람과 사건 등 외부세계에 관심이 있는가?
	내향형(I)	관념과 내적 반응 등 내부세계에 관심이 있는가?

인식기능	감각형(S)	오감을 통해 정보를 수집하고 사실과 자료에 초점을 맞추는가?
	직관형(N)	직관을 거친 개연성과 육감에 초점을 맞추는가?
판단기능	사고형(T)	논리와 이성에 따라 정보를 평가하는가?
	감정형(F)	개인의 가치에 따라 다른 사람에 대한 영향을 고려하면서 평가하는가?
생활양식 (이행양식)	판단형(J)	일을 종결하기 위해 신속하고 확고한 의사결정을 하는가?
	인식형(P)	정보를 더 수집하기 위해 의사결정을 미루는가?

테마 5 목표설정 및 진로시간전망

1 목표설정

(1) 목표설정의 이해
① 상담목표의 설정은 상담전략 및 개입의 선택과 관련이 있다.
② 전반적인 목표는 내담자의 욕구들에 의해 결정된다.
③ 현존하는 문제를 평가하고 나서 목표설정 과정으로 들어간다.
④ 내담자가 적절한 목표를 설정할 수 있도록 상담자는 목표설정에 개입한다.
⑤ 내담자의 목표를 끌어내기 위한 기법에는 면접안내가 있다.

(2) 목표설정의 원리
① 실현 가능성
  ㉠ 상담목표는 현실적이고 실현 가능해야 한다.
  ㉡ 상담목표를 설정할 때는 내담자가 한정된 시간, 자원, 능력 등을 가지고 있다는 것을 알아야 한다.
② 구체성
  ㉠ 상담목표는 추상적이어서는 안 되고 구체적이어야 한다.
  ㉡ 하위목표들 역시 보편적으로 이해되는 수준에서 그쳐서는 안 되고 구체적이어야 한다.
③ 내담자의 기대 반영
  ㉠ 상담목표는 내담자가 원하고 바라는 구체적이고 긍정적인 변화여야 한다.
  ㉡ 상담목표는 내담자의 기대나 가치를 반영하여야 한다.

> **기/출/족/보** 출제지수 ■■□
>
> **23년 1회, 20년 3회**
> 내담자와의 상담목표 설정 시 유의사항을 5가지(4가지) 쓰시오.
>
> **15년 2회**
> 취업면접에 합격하기 위해 A는 금연을 하려고 한다. A는 먼저 흡연량을 줄이기로 하였다. 이에 목표를 설정한다고 할 때, 목표의 내용을 쓰고 목표 설정의 원리 3가지를 설명하시오.
>
> **POINT**
> 상담목표 설정의 원리는 그 내용 자체를 파악하는 것도 중요하지만, 사례형 문제도 출제된 적이 있기 때문에 상담 장면에서 어떻게 적용할 수 있을지도 고려해 보아야 한다.

④ 상담기술과의 양립 가능성
  ㉠ 상담목표는 상담전략 및 개입과 관련이 있으므로 상담자의 기술과 양립 가능해야만 한다.
  ㉡ 상담목표는 달성하는 데 상담자가 갖춘 기술 이상의 능력이 필요할 경우 다른 상담자에게 의뢰하는 것이 좋다.

2 진로시간전망

(1) 진로시간전망의 이해
① 진로시간전망은 진로에 관한 과거, 현재, 미래의 정신적 상을 의미한다.
② 진로시간전망을 통해 미래에 대한 내담자의 관심을 증가시키고, 내담자의 현재 행동을 미래의 목표에 연결시키며, 내담자가 자신의 미래를 설계하게 할 수 있다.

(2) 진로시간전망 검사지의 용도

> **기/출/족/보** 출제지수 ■□□
> 19년 3회
> 진로시간전망 검사지의 주요 용도 3가지를 쓰고 각각 설명하시오.
>
> **POINT**
> 진로시간전망 검사지의 용도는 제시된 8가지 중 5가지는 외우고 있어야 한다.

① 목표설정을 촉구하기 위해
② 계획기술을 연습하기 위해
③ 진로의식을 고취하기 위해
④ 미래의 방향을 끌어내기 위해
⑤ 미래에 대한 희망을 주기 위해
⑥ 미래를 실제와 같이 느끼게 하기 위해
⑦ 현재의 행동을 미래의 결과와 연계시키기 위해
⑧ 계획에 대해 긍정적 태도를 강화하기 위해

(3) 코틀(Cottle)의 원형검사

> **기/출/족/보** 출제지수 ■■■
> 21년 3회, 17년 2회, 14년 1회
> 진로시간전망 검사 중 코틀의 원형검사에서 시간전망 개입의 3가지 차원을 쓰고 각각에 대해 설명하시오.
> 15년 3회
> 코틀의 원형검사에서 원의 의미, 원의 크기의 의미, 원의 배치의 의미를 설명하시오.
>
> **POINT**
> 시간전망 개입 차원 3가지(방향성, 변별성, 통합성)와 원의 배치가 의미하는 시간차원 4가지(고립, 연결, 연합, 통합)를 혼동하지 않도록 유의한다.

① 진로시간전망 검사 중 가장 효과적인 시간전망 개입도구로, 3개의 원을 이용해 어떤 시간차원이 개인의 시간전망을 지배하는지, 개인이 어떻게 시간차원과 연관되는지를 평가할 수 있다.
② 원의 의미: 과거, 현재, 미래의 시간차원을 뜻한다.
③ 원의 크기: 시간차원에 대한 상대적 친밀감을 뜻한다.
④ 원의 배치: 시간차원이 어떻게 연관되어 있는지를 뜻한다.
  ㉠ 어떤 것도 접해 있지 않은 원: 시간차원의 고립을 의미하며, 미래의 향상을 위해 어떠한 시도도 하지 않는다는 것을 나타낸다.
  ㉡ 중복되지 않고 경계선에 접해 있는 원: 시간차원의 연결을 의미하며, 사건들이 아직 개별적·독립적으로 구분되어 있다는 것을 나타낸다.
  ㉢ 부분적으로 중첩된 원: 시간차원의 연합을 의미하며, 과거가 현재에, 현재가 미래에 영향을 미친다는 것을 나타낸다.

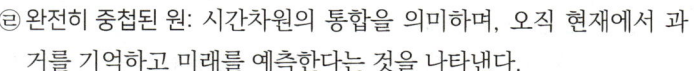

ㄹ. 완전히 중첩된 원: 시간차원의 통합을 의미하며, 오직 현재에서 과거를 기억하고 미래를 예측한다는 것을 나타낸다.
⑤ 시간전망 개입의 3가지 차원
㉠ 방향성: 미래지향성을 증진하기 위해 미래에 대한 낙관적인 입장을 구성하는 것에 목표를 두며, 시간차원의 전망으로 과거, 현재, 미래가 삶의 질에 대해 무엇인가 다른 측면에 기여한다는 원리를 기초로 한다.
㉡ 변별성: 미래를 현실처럼 느끼게 하고 미래 계획에 대한 긍정적 태도를 강화시키며 목표설정을 신속하게 하는 것에 목표를 두며, 시간차원 내 사건의 강도와 확장의 원리를 기초로 한다.
㉢ 통합성: 현재 행동과 미래의 결과를 연결시키며 계획한 기법의 실습을 통해 진로인식을 증진하는 것에 목표를 두며, 시간차원의 관계성의 원리를 기초로 한다.

테마 6   내담자의 인지적 명확성 사정

1 인지적 명확성의 이해

(1) 인지적 명확성의 의미
① 인지적 명확성은 자신의 강점과 약점을 객관적으로 평가하고, 그 평가를 환경적 상황에 연관시킬 수 있는 능력을 의미한다.
② 인지적 명확성은 자기인식 수준과도 관련이 있는데, 처음 직업상담을 받는 내담자는 자신의 문제를 명확하게 인식하지 못하는 경우가 많기 때문에 처음 직업상담을 받는 내담자에게서 탐색해야 할 내용은 자기인식 수준이다.

(2) 인지적 명확성 문제의 원인
① 정보의 결핍
㉠ 단순한 정보의 결핍, 정보분석능력의 부족, 왜곡된 정보에 대한 집착 등으로 합리적 의사결정을 위한 변별력이 문제가 되는 경우이다.
㉡ 직업상담 과정: 바로 직업상담을 실시한다.
② 고정관념
㉠ 경험 부족에서 오는 고정관념, 심한 가치관 고착에 따른 고정성 등이 문제가 되는 경우이다.
㉡ 직업상담 과정: 바로 직업상담을 실시한다.

③ 경미한 정신건강 문제
　㉠ 잘못된 결정방식이 진지한 결정을 방해하는 경우, 낮은 효능감이 다른 선택을 방해하는 경우, 공포증이나 말더듬 등의 문제가 직업선택을 방해하는 경우이다.
　㉡ 직업상담 과정: 다른 치료 후 직업상담을 실시한다.
④ 심각한 정신건강 문제
　㉠ 정신증이나 심각한 약물남용 장애로 직업선택능력이 문제가 되는 경우이다.
　㉡ 직업상담 과정: 다른 치료 후 직업상담을 실시한다.
⑤ 외적 요인
　㉠ 불화, 사별 등의 일시적 위기나 일시적·장기적 스트레스로 인해 직업선택에 문제가 되는 경우이다.
　㉡ 직업상담 과정: 개인상담 후 직업상담을 실시한다.

(3) 인지적 명확성 사정 시 고려 사항
① 내담자의 동기를 고려하여 상담이 이루어져야 한다.
② 우울증과 같은 심리적 문제로 인지적 명확성이 부족한 경우 진로문제에 대한 결정은 당분간 보류하는 것이 좋다.
③ 직장인으로서의 역할이 다른 생애 역할과 복잡하게 얽혀 있는 경우 생애 역할을 함께 고려한다.
④ 직장을 처음 구하는 사람과 직업전환을 하는 사람에 관한 접근은 달라야 한다.
　㉠ 직장을 처음 구하는 사람: 내담자의 자기인식 수준을 가장 먼저 탐색해야 한다.
　㉡ 직업전환을 하는 사람: 내담자의 변화에 대한 인지능력을 가장 먼저 탐색해야 한다.

2 인지적 명확성이 부족한 내담자 유형

① 단순 오정보: 정확한 정보 제공의 방법을 통해 개입한다.
② 복잡한 오정보: 논리적 분석의 방법을 통해 개입한다.
③ 구체성의 결여: 구체화시키기의 방법을 통해 개입한다.
④ 가정된 불가피성·불가능: 논리적 분석, 격려의 방법을 통해 개입한다.
⑤ 원인과 결과에 대한 착오: 논리적 분석의 방법을 통해 개입한다.
⑥ 파행적 의사소통: 저항에 다시 초점 맞추기의 방법을 통해 개입한다.
⑦ 강박적 사고: REBT 기법의 합리적 논박을 통해 개입한다.
⑧ 양면적 사고: 역설적 사고(증상의 기술)의 방법을 통해 개입한다.

 기/출/족/보 출제지수 ■□□

21년 1회, 16년 1회
인지적 명확성의 부족을 나타내는 내담자 유형을 6가지(5가지) 쓰시오.

POINT
인지적 명확성이 부족한 내담자 유형에 대해서는 최대 6가지까지 물어보았으므로 안전하게 7~8가지 정도는 암기해 두는 것이 좋다.

⑨ 자기인식 부족: 은유나 비유 사용의 방법을 통해 개입한다.
⑩ 걸러 내기: 재구조화, 역설적 기법의 방법을 통해 개입한다.
⑪ 순교자형: 논리적 분석의 방법을 통해 개입한다.
⑫ 비난하기: 직면, 논리적 분석의 방법을 통해 개입한다.
⑬ 잘못된 의사결정: 불안에 대처하도록 심호흡시키기, 의사결정 돕기의 방법을 통해 개입한다.
⑭ 무력감: 지시적 상상의 방법을 통해 개입한다.
⑮ 고정성: 정보 제공하기, 가정에 도전하기의 방법을 통해 개입한다.

테마 7 내담자의 정보 및 행동에 대한 이해

1 내담자의 정보 및 행동에 대한 이해의 필요성

① 상담자는 내담자의 정보 및 행동이 무엇을 의미하는지, 이를 어떻게 해석할 것인지 생각해 보고, 이를 통해 내담자가 자신의 목표와 문제에 적절히 대응하도록 처방을 내릴 수 있다.
② 내담자가 동기에 문제가 있거나 근거 없는 믿음, 왜곡된 사고 등을 지니고 있는 경우 이러한 문제를 이해하고 상담이 보다 순조롭게 진행되도록 할 수 있다.

2 내담자의 정보 및 행동에 대한 이해를 위한 상담기법

기/출/족/보 출제지수 ■■□
21년 2회, 16년 1회
내담자와 관련된 정보를 수집하고 내담자의 행동을 이해하고 해석하는 데 기본이 되는 상담기법을 6가지만 쓰시오.

POINT
제시된 9가지 기법 중 최소 6가지는 그 명칭을 정확히 암기하고 있어야 하며, '전이된 오류 정정하기'의 경우에는 그 내용까지 파악해 두어야 한다.

(1) 가정 사용하기
① 어떠한 행동이나 상황이 이미 존재했다고 가정하고 내담자에게 질문하는 기법이다.
  예 "당신은 자신의 일이 마음에 듭니까?"
   → "당신의 직업에서 마음에 드는 것은 어떤 것들입니까?"
   "당신의 직업에서 좋아하지 않는 것은 무엇입니까?"
② 내담자의 방어를 최소화하고 내담자의 행동을 추측하려는 것이다.

(2) 의미 있는 질문 및 지시 사용하기
① 직접적인 대답을 요구하는 질문이 아닌 공손한 명령의 형태를 띤 질문과 지시를 사용하는 기법이다.
② 내담자가 대답할 수 있는 범위가 광범위해지기 때문에 내담자의 자유롭고 다양한 반응을 유도할 수 있다.

> **기/출/족/보** 출제지수 ■□□
> 내담자의 정보 및 행동 이해기법 중 직업상담 과정의 전이된 오류 유형 3가지를 쓰고 설명하시오.
>
> **POINT**
> '정보, 한계, 논리'를 키워드로 외워 두고, 각 세부 유형도 파악해 두는 것이 좋다.

(3) 전이된 오류 정정하기
① 내담자가 가지고 있는 전이된 오류를 바로잡아 주면서 내담자가 문제를 명확히 해 나가도록 하는 것이다.
② 전이된 오류의 유형
 ㉠ 정보의 오류: 내담자가 직업세계에 대해 충분한 정보를 알고 있다고 잘못 생각하거나 실제 경험과 행동을 대강대강 이야기하는 경우이다.
  • 이야기 삭제
  • 불확실한 인물 인용
  • 불분명한 동사 사용
  • 제한적 어투 사용
  • 참고자료 불충분
 ㉡ 한계의 오류: 제한된 기회 및 선택에 대한 견해를 갖고 있는 내담자들이 자신의 견해를 제한하는 경우이다.
  • 예외를 인정하지 않는 것
  • 불가능을 가정하는 것
  • 어쩔 수 없음을 가정하는 것
 ㉢ 논리적 오류: 내담자가 논리적으로 맞지 않는 진술을 함으로써 의사소통을 방해하고 상담과정을 왜곡하는 경우이다.
  • 잘못된 인간관계의 오류
  • 마음의 해석
  • 제한된 일반화

(4) 분류 및 재구성하기
① 내담자의 표현을 분류하고 재구성함으로써 내담자에게 자신의 세계를 다른 각도에서 볼 수 있도록 기회를 제공하는 것이다.
② 분류 및 재구성하기에서는 역설적 의도의 원칙을 사용하는데, 역설적 의도는 강박증이나 공포증을 가지고 있는 사람들의 예기불안을 다루기 위하여 자기가 두려워하는 그 일을 일부러 하도록 격려하는 상담기법이다.

(5) 저항감 재인식하기(저항감 다루기)
① 내담자가 상담에 대해 동기화되지 않거나 저항감을 나타내는 경우 저항의 목적이 무엇인지 이해하고 재인식시켜 줌으로써 내담자의 자기인식을 돕는 기법이다.
② 주요 전략으로 변형된 오류 수정하기, 은유 사용하기, 내담자와 친숙해지기, 내담자와 대결하기가 있다.

(6) 근거 없는 믿음 확인하기
① 어떤 일에 대해 확신은 있지만 그 근거는 제시할 수 없는 경우에 사용하는 기법이다.
② 내담자들에게 그들의 믿음과 노력이 근거 없는 잘못된 것임을 알게 함으로써 새로운 대안을 찾도록 한다.

(7) 왜곡된 사고 확인하기
① 내담자가 가지고 있는 왜곡된 사고를 밝혀 주는 기법이다.
② 왜곡된 사고의 종류로는 여과하기, 극단적인 생각, 과도한 일반화, 인격화, 인과응보의 오류, 마음 읽기 등이 있다.

(8) 반성의 장 마련하기
① 내담자가 자신이나 다른 사람, 세상 등에 대해 부정적인 판단을 내리는 과정을 알 수 있도록 상황을 마련해 주는 것이다.
② 내담자의 독단적 사고를 밝히고, 지식의 불확실성에 대해 인식하게 하며, 일반화된 지식과 비교·대조하는 등의 과정을 통해 전반적인 반성적 판단이 이루어지게 한다.

(9) 변명에 초점 맞추기
① 내담자가 자신의 행동에 대한 부정적인 인식을 감소시키는 동시에 긍정적인 인식을 지속하려는 시도를 보일 때 사용하는 기법이다.
② 스나이더(Snyder) 등이 제시한 변명의 종류로는 책임을 회피하기, 결과를 다르게 조작하기, 책임을 변형시키기가 있다.

테마 8 대안개발과 의사결정

1 대안의 수집 및 선택

(1) 직업정보 수집과정
① 직업분류 제시하기: 내담자에게 직업분류체계를 제공한다.
② 직업대안 목록 만들기: 내담자와 함께 직업대안들에 대한 광범위한 목록을 작성한다.
③ 직업목록 줄이기: 내담자와 함께 2~5개의 가장 적당한 대안으로 목록을 줄인다.
④ 직업정보 수집하기: 내담자에게 줄어든 목록 각각의 대안들에 관한 정보를 수집하도록 지시한다.

(2) 내담자가 수집한 직업목록이 실현 불가능할 때의 개입방안
  ① 브레인스토밍 과정을 통해 내담자의 부적절한 직업목록 내용을 명확히 한다.
  ② 객관적인 증거나 논리로 추출한 것에 대해서 내담자와 대화해야 한다.
  ③ 내담자에게 대안직업에 대한 인식의 폭을 넓히도록 유도한다.
  ④ 최종 의사결정은 내담자가 해야 함을 확실히 한다.
  ⑤ 내담자가 수집한 직업목록의 내용이 실현 불가능할 것으로 여겨질 경우, 내담자가 그와 같은 직업들에 정서적 열정을 소모하기 전에 신속하게 개입한다.

(3) 대안선택 과정에서 내담자의 과제
  ① 한 가지를 선택하도록 준비한다.
  ② 여러 직업들을 평가한다.
  ③ 여러 직업들 중 한 가지를 선택한다.
  ④ 선택 조건에 이른다.

2 진로의사결정 이론

(1) 요스트(Yost)의 직업선택을 위한 평가
  ① 원하는 성과 연습: 표의 왼쪽에는 선호 사항을 적고, 오른쪽에는 고려하고 있는 직업목록을 나열하여 각 직업들이 원하는 성과를 제공할 가능성을 평가하도록 한다.
  ② 찬반 연습: 각 직업들의 장기적·단기적 장단점을 작성하도록 한다.
  ③ 대차대조 연습: 표의 왼쪽에는 가족, 건강, 재정 등을 작성하고, 오른쪽에는 긍정적·부정적 효과를 작성하도록 한다.
  ④ 확률추정 연습: 각 직업에서 나타날 수 있는 긍정적·부정적 결과를 나열하고 그 확률을 평가하도록 한다.
  ⑤ 미래를 내다보는 연습: 대안의 결과에 대해 미래를 그려 보거나 어느 한 직업의 결과를 상상해 보게 한다.

(2) 하렌(Harren)의 진로의사결정 유형
  ① 합리적 유형: 의사결정과정에서 정확한 정보를 수집하고, 논리적이고 체계적으로 접근하는 유형으로, 의사결정에 대한 책임을 자신이 진다.
  ② 직관적 유형: 의사결정의 기초로 상상을 사용하고 현재의 감정에 주의를 기울이며 정서적 자각을 사용하는 유형으로, 의사결정에 대한 책임은 수용하지만, 미래에 대한 논리적 예측이나 정보수집을 위한 활동은 거의 하지 않는다.

③ 의존적 유형: 의사결정 과정에서 다른 사람의 영향을 많이 받는 수동적·순종적인 유형으로, 의사결정에 대한 개인적 책임을 부정하고 외부로 책임을 돌리는 경향이 높다.

(3) 6개의 생각하는 모자(six thinking hats) 기법
① 에드워드 드 보노(Edward de Bono)가 개발한 진로의사결정 촉진방법이다.
② 상담자는 내담자에게 6가지 색깔의 생각하는 모자를 써 보게 하고, 각 모자의 색에 해당하는 역할을 수행하도록 한다.
③ 모자의 색깔별 역할
  ㉠ 하양(백색): 더러움이 없는 순수함을 상징하며, 본인과 직업들에 대한 사실만을 고려한다.
  ㉡ 빨강(적색): 정열을 상징하며, 직관에 의존하고, 직감에 따라 행동한다.
  ㉢ 검정(흑색): 어두움과 긴장감을 상징하며, 비관적·비판적으로 모든 일이 잘 안 될 것이라고 생각한다.
  ㉣ 노랑(황색): 밝음과 적극성을 상징하며, 낙관적이며 모든 일이 잘될 것이라고 생각한다.
  ㉤ 초록(녹색): 자연과 성장을 상징하며, 새로운 대안들을 찾으려 노력하고, 문제들을 다른 각도에서 바라본다.
  ㉥ 파랑(청색): 조절과 통제를 상징하며, 다른 모자의 사용법을 조절하는 사회자로서, 합리적으로 생각한다.

(4) 겔라트(Gelatt)의 진로의사결정 상담과정
① 목표의식(목적의식)
② 정보 수집
③ 가능한 대안 열거
④ 대안의 결과 예측
⑤ 대안의 실현 가능성 예측
⑥ 가치 평가
⑦ 의사결정
⑧ 의사결정의 평가 및 재투입

> **기/출/족/보** 출제지수 ■■■
> 22년 2회, 19년 1회, 19년 3회
> 겔라트가 제시한 진로의사결정에 대한 상담과정에서 빈칸에 들어갈 내용을 순서대로 쓰시오.
>
> **POINT**
> 문제에서는 주로 2~7단계를 빈칸으로 두고 있으므로, 이에 해당하는 단계를 반드시 암기해 두도록 하자.

대표 기출문제

제1과목 직업상담학
CHAPTER 04 직업상담의 기법

01 내담자와의 초기면담 수행 시 상담자가 유의해야 할 사항 4가지를 쓰시오. 　　2020년 3회

득점	배점
점	4 점

※ 유의 사항 1가지당 1점

[합격답안]　　　　　초기면담 ▶ 초기면담 시 유의 사항

○ 면담 시작 전 미리 사례자료를 검토한다.
○ 내담자의 자세와 태도에 주목하고 심리적 상태를 살핀다.
○ 직업상담에 대한 내담자의 기대를 확인한다.
○ 내담자의 문제를 파악하고 내담자가 초기목표를 수립하도록 돕는다.
○ 언어적·비언어적 행동을 통해 내담자에게 온정, 존중, 보호 등을 표현한다.
○ 관계 형성에 도움을 줄 수 있는 전략을 사용한다.
○ 비밀유지에 관하여 설명한다.

[답안 작성법]
문제가 '쓰시오'로 끝나기는 하지만 명확하게 개념화되어 있는 내용이 아니므로, 단답형보다는 문장형으로 작성하는 것이 좋다.

[문장 구성 키워드]
• 사례자료
• 심리적 상태
• 내담자의 기대
• 문제, 초기목표

02 상담에서는 언어적 행동뿐 아니라 비언어적 행동도 중요하다. 상담에 도움이 되는 언어적 행동과 비언어적 행동을 각각 3가지씩 쓰시오.

2021년 1회, 2015년 1회

득점	배점
점	6 점

※ 행동 1가지당 1점

○ 언어적 행동
  -
  -
  -

○ 비언어적 행동
  -
  -
  -

합격답안 초기면담 ▶ 언어적·비언어적 행동

○ 언어적 행동
  - 내담자가 이해할 수 있는 단어를 사용한다.
  - 내담자에게 적절한 호칭을 사용한다.
  - 긴장을 줄이기 위해 가끔 유머를 사용한다.
  - '예, 음, 알지요' 등의 언어적 강화를 사용한다.
  - 개방적 질문을 사용한다.
○ 비언어적 행동
  - 내담자와 유사한 언어의 톤을 사용한다.
  - 내담자와 자연스럽게 눈 접촉을 한다.
  - 가끔 미소를 짓는다.
  - 적절한 몸짓이나 손짓을 사용한다.
  - 내담자에게 신체적으로 가깝게 기울이며 근접하여 상담한다.

답안 작성법
이 문제 역시 문장형으로 작성하는 것을 추천한다.

문장 구성 키워드
- 언어적 행동
  - 이해할 수 있는 단어
  - 호칭
  - 유머
- 비언어적 행동
  - 톤
  - 눈 접촉
  - 미소

03 상담에서 상담자와 내담자의 대화를 가로막을 수 있는 상담자의 반응을 3가지만 쓰고 설명하시오. 2018년 3회, 2014년 3회

득점	배점
점	6 점

※ 반응 1가지당 2점
  (설명 미작성 시 1점)

합격답안 직업상담의 기법 ▶ 대화를 가로막는 상담자의 반응

○ **너무 이른 조언**: 내담자의 특성이나 문제의 배경에 대해 충분히 파악하지 못한 상담 초기에 조언을 할 경우, 조언 내용이 내담자에게 부적합할 수 있다.
○ **가르치기**: 가르치기를 시작하는 순간 내담자는 방어적인 자세로 자신의 이야기를 더 이상 하지 않거나 상담자에게 지나치게 의존할 수 있다.
○ **지나친 질문**: 과도한 질문을 할 경우 내담자는 상담자가 자신에 대해 공감한다고 느끼기 어려우며, 수동적인 태도를 보일 수 있다.
○ **상담자 경험의 진술**: 상담자가 자신에 대한 이야기를 할 경우 내담자는 상담자의 이야기를 듣는 청중으로 위치할 수 있다.

답안 작성법
문제에서 '쓰고 설명하시오'라고 하였으므로, '너무 이른 조언, 가르치기, 지나친 질문' 등으로 개념을 적은 뒤, 설명을 이어 나가야 한다.

문장 구성 키워드
• 너무 이른 조언: 특성 파악 ✗
• 가르치기: 방어, 의존
• 지나친 질문: 수동적 태도

04 진로상담 과정에서 관계수립을 위한 기본 상담기술 6가지를 쓰시오.

2023년 1회

배점 6점

※ 상담기술 1가지당 1점

합격답안

직업상담의 기법 ▶ 상담의 주요 기법

- **공감**: 내담자의 세계를 상담자 자신의 세계인 것처럼 경험하지만 객관적인 위치에서 벗어나지 않는 기법이다.
- **경청**: 내담자가 표현하는 언어적 의미뿐만 아니라 비언어적 의미까지 이해하는 기법이다.
- **반영**: 내담자의 생각과 말을 상담자가 다른 참신한 말로 부연하는 기법이다.
- **직면**: 내담자가 모르고 있거나 인정하기를 거부하는 생각과 느낌에 대해 주목하게 하는 기법이다.
- **명료화**: 내담자의 말 속에 포함되어 있는 불분명한 측면을 상담자가 분명하게 밝히는 기법이다.
- **수용**: 상담자가 내담자의 이야기에 주의를 집중하고 있고, 내담자를 인격적으로 존중하고 있음을 보여 주는 기법이다.
- **해석**: 내담자가 새로운 방식으로 자신의 문제들을 볼 수 있도록 사건들의 의미를 설정해 주는 기법이다.

답안 작성법

문제에서 설명을 요구하고 있지는 않으므로 상담기술의 명칭만 나열해도 점수를 얻을 수 있지만, 향후에는 설명까지 요구하는 문제가 출제될 수 있으므로 그 내용을 파악해 두자.

문장 구성 키워드

- 공감: 상담자 자신의 세계
- 경청: 언어적 · 비언어적
- 반영: 다른 참신한 말
- 직면: 모르거나 인정 거부, 주목
- 명료화: 불분명한 측면, 분명하게 밝힘
- 수용: 주의 집중과 존중

05 상담에서 대화의 중단 또는 내담자의 침묵은 자주 일어나는 일이다. 내담자의 침묵의 발생 원인을 3가지만 쓰시오. 2016년 2회

득점	배점
점	6 점

※ 원인 1가지당 2점

합격답안

직업상담의 기법 ▶ 침묵의 처리

○ 내담자가 상담자에 대해 적대감을 가지고 저항하는 경우
○ 내담자가 더 이상 할 말이 생각나지 않는 경우
○ 내담자가 상담자의 재확인이나 해석 등을 기대하고 있는 경우
○ 내담자가 표현하고 싶은 생각이 있음에도 불구하고 말로 잘 표현되지 않는 경우
○ 내담자가 방금 이야기했던 것에 대해 음미하거나 생각을 정리하는 경우
○ 내담자가 감정 상태에서 생긴 피로를 회복하고 있는 경우

답안 작성법

제시된 6가지 원인 중 3가지를 골라 작성하면 된다. "~ 때문에 일어난다."와 같이 문장 형식으로 작성해도 좋다.

문장 구성 키워드

- 적대감
- 할 말 생각 ✗
- 상담자의 재확인·해석
- 표현 어려움
- 음미
- 피로 회복

06 직업상담의 구조화된 면담법인 생애진로사정(LCA)의 의미와 생애진로사정으로 얻을 수 있는 정보 3가지를 쓰시오.

2018년 1회, 2014년 1회

○ 생애진로사정의 의미

○ 생애진로사정으로 얻을 수 있는 정보
  –
  –
  –

득점	**배점**
점	5 점

※ 의미 2점, 정보 1가지당 1점

+ 기출 플러스

20년 2회, 16년 2회
생애진로사정을 통해 얻을 수 있는 정보를 3가지 쓰시오.
KEY 객관적 사실, 자기평가와 상담자의 평가, 자기인식과 가치, 생애진로주제

답안 작성법

생애진로사정으로 얻을 수 있는 정보에 앞서 생애진로사정의 의미를 묻고 있다는 점을 놓쳐서는 안 된다.

문장 구성 키워드
- 의미: 생애 접근, 내담자 정보·행동, 질적 평가, 구조화
- 정보
  – 객관적 사실
  – 자기평가, 상담자 평가
  – 자기인식

합격답안　　　　　　　　구조화된 면담법 ▶ 생애진로사정

○ 생애진로사정의 의미: 상담사와 내담자가 처음 만났을 때 내담자의 생애에 대한 접근을 통해 내담자의 정보나 행동을 효과적으로 이해하고 해석하는 질적 평가 절차이자 구조화된 면접기법이다.
○ 생애진로사정으로 얻을 수 있는 정보
  – 내담자의 직업경험과 교육수준을 나타내는 객관적 사실
  – 내담자의 기술과 능력에 대한 자기평가와 상담자의 평가
  – 내담자의 자기인식과 가치
  – 내담자의 활동으로부터 얻은 생애진로주제

07 직업상담의 구조화된 면담법으로 생애진로사정(LCA)의 구조 4가지를 쓰고 각각에 대해 설명하시오. 2020년 1회, 2017년 3회

득점 배점
점 8 점

※ 구조 1가지당 2점
 (설명 미작성 시 1점)

+ 기출 플러스
21년 3회, 19년 2회
생애진로사정의 구조 중 진로사정의 3가지 부분을 쓰고 각각에 대해 설명하시오.
KEY 직업경험, 교육 또는 훈련과정, 여가활동

합격답안   구조화된 면담법 ▶ 생애진로사정

- 진로사정: 내담자의 직업경험, 교육 및 훈련과정에서 가장 좋았던 것과 싫었던 것에 대해 질문하며, 여가활동 등을 탐색한다.
- 전형적인 하루: 내담자가 생활을 어떻게 조직하는지 발견하는 것으로, 의존적인지 독립적인지, 자발적인지 체계적인지 성격차원을 파악하도록 돕는다.
- 강점과 장애: 내담자 스스로 생각하는 주요 강점 및 장애에 대해 질문함으로써, 직면하고 있는 문제와 이를 극복하기 위해 가지고 있는 대처자원을 탐색한다.
- 요약: 내담자 스스로 자신에 대해 알게 된 내용을 요약해 보게 하면서 자기인식을 증진시킨다.

답안 작성법
혹시 각 구조에 대한 설명이 기억나지 않더라도 구조의 명칭만이라도 작성해야 한다.

문장 구성 키워드
- 진로사정: 직업경험, 교육·훈련, 여가활동
- 전형적인 하루: 의존적/독립적, 자발적/체계적
- 강점과 장애: 강점, 장애, 대처자원
- 요약: 알게 된 내용, 자기인식

08 상호역할관계 사정의 주요 용도를 3가지 쓰고 설명하시오.

2014년 3회

득점	배점
점	6 점

※ 용도 1가지당 2점
 (설명 미작성 시 1점)

합격답안

내담자 사정 ▶ 역할사정

○ **직업인식을 높여 주는 자극제**: 직업계획을 세울 때 여러 생애역할들 중에서 하나의 역할에 해당하는 직업 또는 일에 대한 인식을 높여 주는 자극제로 사용된다.
○ **직업전환을 피하도록 돕는 수단**: 직업적응상담에서 삶의 다른 역할에 부정적 영향을 주는 직업전환을 피해 갈 수 있도록 도와주는 수단으로 사용된다.
○ **잠재적으로 보완적 역할을 찾아내는 수단**: 생애를 윤택하게 하는 계획에서 잠재적으로 보완적인 역할을 찾아내는 수단으로 사용된다.

답안 작성법

문제에서 '쓰고 설명하시오'라고 하고 있으므로, 용도에 대해 문구 형식으로 표현한 다음 설명을 이어 나가는 것이 좋다.

문장 구성 키워드

• 직업인식 높이기
• 직업전환 피하기
• 보완적 역할 찾기

09 상호역할관계 사정방법 3가지를 쓰시오.

2015년 3회

득점: 점
배점: 6점

※ 사정방법 1가지당 2점

합격답안

내담자 사정 ▶ 역할사정

○ 질문을 통해 사정하기: 생애역할 나열하기, 역할에 소요되는 시간 추정하기, 순위 정하기, 상충적·보상적·보완적 역할 찾아내기를 통해 사정한다.
○ 동그라미로 역할관계 그리기: 내담자의 여러 역할을 가치순위에 따라 서로 다른 크기의 동그라미로 그려 보게 하고, 역할들의 관계를 연결하게 한다.
○ 생애-계획연습으로 전환시키기: 내담자에게 생애역할목록 중 미래에 충족할 것으로 기대되는 것들을 선택하여 미래를 생각해 보고 생애계획을 탐색하게 한다.

답안 작성법

문제에서 설명을 요구하고 있지 않으므로 각 사정방법의 명칭만 제대로 작성하면 된다.

문장 구성 키워드

- 질문
- 동그라미, 역할관계
- 생애-계획연습

10 자기보고식 가치 사정하기에서 가치사정법 6가지를 쓰시오.

2019년 3회, 2016년 3회

득점	배점
점	6점

※ 가치사정법 1가지당 1점

| 합격답안 | 내담자 사정 ▶ 가치사정 |

○ 체크목록 가치에 순위 매기기: 중요하다고 생각되는 가치와 그렇지 않다고 생각되는 가치에 각각 +, − 표시를 한 뒤 순위를 매기게 한다.
○ 과거의 선택 회상하기: 직업 선택, 여가 선택 등 과거 선택 경험을 파악하며, 그것을 선택한 기준에 대해 조사한다.
○ 존경하는 사람 기술하기: 존경하는 인물들을 기술하도록 한 후, 존경하는 이유에 대해 응답하게 한다.
○ 백일몽 말하기: 자신이 가지고 있는 개인적인 환상으로서의 백일몽을 이야기하게 한다.
○ 절정경험 조사하기: 자신이 체험한 최고의 경험을 회상이나 상상하게 한 후 그 과정에 대해 설명하게 한다.
○ 자유시간과 금전사용계획 조사하기: 자신에게 자유시간이나 예상하지 못한 돈이 주어질 경우 이를 어떻게 사용할 것인지 상상하게 한다.

| 답안 작성법 |

문제에서 설명을 요구하고 있지 않으므로 가치사정법의 명칭만 제대로 작성하면 된다. 이때 '자유시간과 금전사용계획 조사하기'를 '자유시간 조사하기', '금전사용계획 조사하기' 등으로 나누어서 작성하면 안 된다.

| 문장 구성 키워드 |

• 중요/비중요 가치, 순위
• 과거 선택, 선택 기준
• 존경 인물, 존경 이유
• 백일몽
• 최고 경험, 과정 설명
• 자유시간, 예상치 못한 돈, 사용 방법

11 내담자의 흥미를 사정하는 목적 5가지를 쓰시오.

2021년 2회, 2018년 2회, 2015년 2회

득점	배점
점	5 점

※ 목적 1가지당 1점

합격답안

내담자 사정 ▶ 흥미사정

○ 여가선호와 직업선호를 구별한다.
○ 직업탐색을 조장한다.
○ 직업·교육상 불만족의 원인을 규명한다.
○ 자기인식을 발전시킨다.
○ 직업대안을 규명한다.

답안 작성법

비교적 단순한 문장들로, 아래 [문장 구성 키워드]에 따라 답안을 작성하면 된다.

문장 구성 키워드

- 여가선호, 직업선호
- 직업탐색
- 불만족 원인
- 자기인식
- 직업대안

12. 내담자의 흥미를 사정하려고 할 때 사용되는 흥미사정기법을 3가지 쓰고 설명하시오.
2021년 2회, 2020년 3회, 2016년 2회, 2014년 1회

배점 6점
※ 기법 1가지 2점
(설명 미작성 시 1점)

합격답안
내담자 사정 ▶ 흥미사정

- **직업선호도검사**: 홀랜드(Holland)의 흥미유형 6가지에 대입하여 내담자의 직업선호도를 사정하는 기법이다.
- **직업카드분류법**: 홀랜드의 6각형 이론과 관련된 일련의 직업카드를 주고 직업을 '좋아함, 싫어함, 미결정 중성군'으로 분류하도록 하는 방법이다.
- **흥미평가기법**: 내담자에게 종이에 알파벳을 쓴 뒤 그 알파벳에 맞추어 흥밋거리를 기입하게 하는 기법이다.
- **작업경험 분석**: 내담자에게 과거에 경험한 직무 및 과제를 서술하게 한 뒤, 직무만족에 대해 정리해 보는 기법이다.

답안 작성법
이 문제는 수퍼(Super)의 흥미사정기법인 '표현된 흥미, 조작된 흥미, 조사된 흥미'로 작성할 수도 있지만, 문제에서 '수퍼'를 언급하지 않는 한, 제시된 답안처럼 일반적인 흥미사정기법을 적는 것을 추천한다.

문장 구성 키워드
- 직업선호도검사: 홀랜드 흥미유형
- 직업카드분류법: 홀랜드 6각형, 좋아함/싫어함/미결정 중성군
- 흥미평가기법: 알파벳

13 내담자의 성격사정의 목적을 3가지 설명하시오. 2014년 2회

득점	배점
점	6 점

※ 목적 1가지당 2점

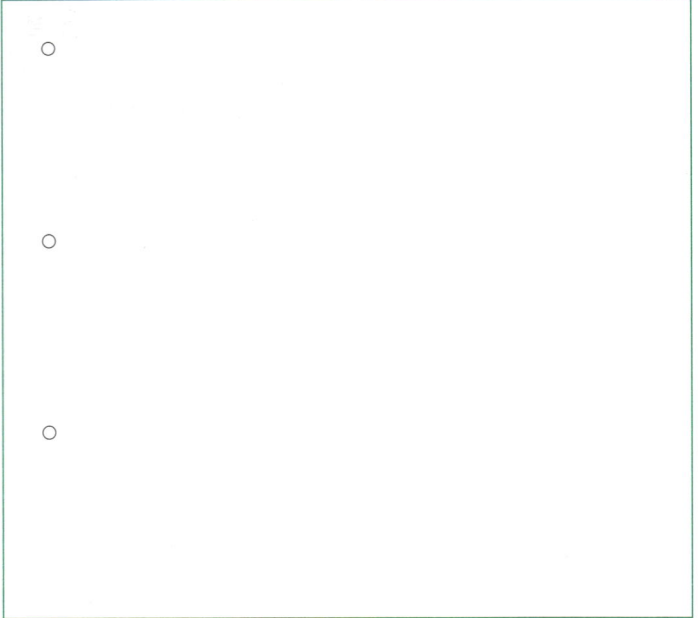

합격답안　　　　　　　　　　　내담자 사정 ▶ 성격사정

○ 자기인식을 증진할 수 있다.
○ 좋아하는 작업역할, 작업기능, 작업환경을 확인할 수 있다.
○ 작업 불만족의 원인과 출처를 확인할 수 있다.

답안 작성법
흥미사정의 목적과 같이 단순한 내용의 답안이니, 키워드 중심으로 작성하면 된다.

문장 구성 키워드
• 자기인식
• 좋아하는 작업
• 작업 불만족

14 취업면접에 합격하기 위해 A는 금연을 하려고 한다. A는 먼저 흡연량을 줄이기로 하였다. 이에 목표를 설정한다고 할 때, 목표의 내용을 쓰고 목표설정의 원리 3가지를 설명하시오. 2015년 2회

○ 목표의 내용

○ 목표설정의 원리
  -
  -
  -

득점	배점
점	4 점

※ 목표의 내용 1점,
목표설정의 원리 1가지당 1점

+기출 플러스

20년 3회
내담자와의 상담목표 설정 시 유의사항을 4가지 쓰시오.
KEY 실현 가능성, 구체성, 내담자의 기대 반영, 상담기술과의 양립 가능성

합격답안   목표설정 및 진로시간전망 ▶ 목표설정의 원리

○ **목표의 내용**: A는 하루당 흡연하는 담배 개비 수를 현재의 흡연량에서 매일 1개비씩 줄여 나가, 취업면접 전인 1개월 이내에 완전한 금연에 성공한다.

○ **목표설정의 원리**
  - 상담목표는 현실적이고 실현 가능해야 한다.
  - 상담목표는 추상적이어서는 안 되고 구체적이어야 한다.
  - 상담목표는 내담자가 원하고 바라는 구체적이고 긍정적인 변화여야 한다.
  - 상담목표는 상담전략 및 개입과 관련이 있으므로 상담자의 기술과 양립 가능해야만 한다.

답안 작성법

줄여 나가는 흡연량은 구체적이어야 하므로, 일당 혹은 주당 몇 개비를 줄인다고 명시해 주는 것이 좋다. 또한 이것이 실현 가능해야 하므로, 줄여 나가는 개비 수를 너무 크게 잡지 말아야 하며, A가 바라는 것은 면접 전 금연이므로, 이 내용 또한 넣어 주어야 한다.

문장 구성 키워드
- 실현 가능성
- 구체성
- 내담자 기대 반영

15 진로시간전망 검사지의 주요 용도 3가지를 쓰고 각각 설명하시오.

2019년 3회

득점 점 | 배점 6점

※ 용도 1가지당 2점
(설명 미작성 시 1점)

| 합격답안 | 목표설정 및 진로시간전망 ▶ 진로시간전망 검사지의 용도 |

○ 목표설정을 촉구하기 위해
○ 계획기술을 연습하기 위해
○ 진로의식을 고취하기 위해
○ 미래의 방향을 끌어내기 위해
○ 미래에 대한 희망을 주기 위해
○ 미래를 실제와 같이 느끼게 하기 위해
○ 현재의 행동을 미래의 결과와 연계시키기 위해
○ 계획에 대해 긍정적 태도를 강화하기 위해

| 답안 작성법 |

진로시간전망 검사지의 용도는 다소 추상적인 측면이 있다. 제시된 8가지 중 위쪽 3가지가 상대적으로 키워드가 명확한 편이기 때문에 이 내용으로 작성하는 것을 추천한다.

| 문장 구성 키워드 |

• 목표설정
• 계획기술
• 진로의식

16 진로시간전망 검사 중 코틀(Cottle)의 원형검사에서 시간전망 개입의 3가지 차원을 쓰고 각각에 대해 설명하시오.

2021년 3회, 2017년 2회, 2014년 1회

득점	배점
점	6 점

※ 차원 1가지당 2점
(설명 미작성 시 1점)

+ 기출 플러스

15년 3회
코틀의 원형검사에서 원의 의미, 원의 크기의 의미, 원의 배치의 의미를 설명하시오.
KEY 시간차원, 시간차원에 대한 상대적 친밀감, 시간차원의 연관

답안 작성법
방향성, 변별성, 통합성은 모두 '미래'와 관련 있다는 점에 초점을 맞춰 작성한다.

문장 구성 키워드
- 방향성: 미래에 대한 낙관적 입장
- 변별성: 미래를 현실처럼, 계획에 대한 긍정적 태도, 신속한 목표설정
- 통합성: 현재 – 미래 연결, 기법 실습, 진로인식 증진

합격답안 목표설정 및 진로시간전망 ▶ 코틀의 원형검사

○ **방향성**: 미래지향성을 증진하기 위해 미래에 대한 낙관적인 입장을 구성하는 것에 목표를 둔다.
○ **변별성**: 미래를 현실처럼 느끼게 하고 미래 계획에 대한 긍정적 태도를 강화시키며 목표설정을 신속하게 하는 것에 목표를 둔다.
○ **통합성**: 현재 행동과 미래의 결과를 연결시키며 계획한 기법의 실습을 통해 진로인식을 증진하는 것에 목표를 둔다.

17 인지적 명확성의 부족을 나타내는 내담자 유형을 6가지 쓰시오.

2016년 1회

득점	배점
점	6 점

※ 유형 1가지당 1점

-
-
-
-
-
-

합격답안   내담자의 인지적 명확성 사정 ▶ 인지적 명확성이 부족한 내담자 유형

○ 단순 오정보
○ 복잡한 오정보
○ 강박적 사고
○ 양면적 사고
○ 무력감
○ 고정성
○ 구체성의 결여
○ 가정된 불가피성·불가능
○ 원인과 결과에 대한 착오
○ 파행적 의사소통

답안 작성법

제시된 답안의 위쪽 6가지는 비교적 외우기 쉬운 것들로 배치해 놓았다. 제시된 10가지 외에도 '자기인식 부족, 걸러 내기, 순교자형, 비난하기, 잘못된 의사결정'이 있다.

문장 구성 키워드
- 단순
- 복잡
- 강박
- 양면
- 무력
- 고정

18 내담자와 관련된 정보를 수집하고 내담자의 행동을 이해하고 해석하는 데 기본이 되는 상담기법을 6가지만 쓰시오.

2021년 2회, 2016년 1회

득점	배점
점	6 점

※ 상담기법 1가지당 1점

합격답안

내담자의 정보 및 행동에 대한 이해 ▶ 상담기법

○ 가정 사용하기
○ 의미 있는 질문 및 지시 사용하기
○ 전이된 오류 정정하기
○ 분류 및 재구성하기
○ 저항감 재인식하기
○ 근거 없는 믿음 확인하기
○ 왜곡된 사고 확인하기
○ 반성의 장 마련하기
○ 변명에 초점 맞추기

답안 작성법

제시된 9가지 중 명칭을 확실하게 알고 있는 6가지를 선택해 작성하면 된다.

문장 구성 키워드

- 가정
- 질문
- 전이된 오류
- 분류 및 재구성
- 저항감
- 근거 없는 믿음

19 내담자의 정보 및 행동 이해기법 중 직업상담 과정의 전이된 오류 유형 3가지를 쓰고 설명하시오.　　2014년 2회

득점	배점
점	6 점

※ 오류 유형 1가지당 2점
　(설명 미작성 시 1점)

합격답안　　내담자의 정보 및 행동에 대한 이해 ▶ 상담기법

○ **정보의 오류**: 내담자가 직업세계에 대해 충분한 정보를 알고 있다고 잘못 생각하거나 실제 경험과 행동을 대강대강 이야기하는 경우이다. 이야기 삭제, 불확실한 인물 인용, 불분명한 동사 사용, 제한적 어투 사용, 참고자료 불충분 등으로 나타난다.
○ **한계의 오류**: 제한된 기회 및 선택에 대한 견해를 갖고 있는 내담자들이 자신의 견해를 제한하는 경우이다. 예외를 인정하지 않는 것, 불가능을 가정하는 것, 어쩔 수 없음을 가정하는 것 등으로 나타난다.
○ **논리적 오류**: 내담자가 논리적으로 맞지 않는 진술을 함으로써 의사소통을 방해하고 상담과정을 왜곡하는 경우이다. 잘못된 인간관계의 오류, 마음의 해석, 제한된 일반화 등으로 나타난다.

답안 작성법

각 오류 유형에 대해 아래 [문장 구성 키워드]를 중심으로 작성하되, 각각 그 세부 유형(이야기 삭제, 예외를 인정하지 않는 것, 잘못된 인간관계의 오류 등)을 추가해 주는 것도 좋다.

문장 구성 키워드
• 정보: 대강대강 이야기
• 한계: 견해 제한
• 논리: 비논리 진술

20 겔라트(Gelatt)가 제시한 진로의사결정에 대한 상담과정에서 빈칸에 들어갈 내용을 순서대로 쓰시오.

2022년 2회, 2019년 1회, 2019년 3회

득점	배점
점	6 점

※ 단계 1개당 1점

○ 1단계: 목표의식
○ 2단계: (　　　　　　　)
○ 3단계: (　　　　　　　)
○ 4단계: (　　　　　　　)
○ 5단계: (　　　　　　　)
○ 6단계: (　　　　　　　)
○ 7단계: (　　　　　　　)
○ 8단계: 평가 및 재투입

합격답안

대안개발과 의사결정 ▶ 겔라트의 진로의사결정 상담과정

○ 2단계: 정보 수집
○ 3단계: 대안 열거
○ 4단계: 대안의 결과 예측
○ 5단계: 대안의 실현 가능성 예측
○ 6단계: 가치 평가
○ 7단계: 의사결정

답안 작성법

총 6개의 빈칸이 제시되어 있는데, 전부 알고 있지는 못하더라도, 일부라도 채워 넣어야 부분 점수를 얻을 수 있다.

문장 구성 키워드

- 2단계: 정보
- 3단계: 열거
- 4단계: 결과 예측
- 5단계: 가능성 예측
- 6단계: 평가
- 7단계: 결정

제2과목
직업심리학

- 직업심리학은 직업발달이론, 직업심리검사, 직무분석, 경력개발, 직업과 스트레스 등 비교적 다양한 내용을 학습하는 과목입니다.
- 직업발달이론에서는 홀랜드(Holland)의 직업성격 유형, 데이비스와 롭퀴스트(Dawis & Lofquist)의 직업적응이론 관련 문제가 자주 출제됩니다.
- 직업심리검사는 매회 4~5문항씩은 출제될 정도로 출제 빈도가 매우 높기 때문에 꼼꼼하게 학습하실 것을 권장합니다.
- 그 외 직무분석, 경력개발, 직업과 스트레스 등은 기출족보를 참고하여 기출 내용 중심으로 암기해 나가시기 바랍니다.

직업상담사 2급 2차 실기 통합서

CHAPTER 01
직업발달이론

CHAPTER 02
직업심리검사

CHAPTER 03
직무분석

CHAPTER 04
경력개발

CHAPTER 05
직업과 스트레스

CHAPTER 01 직업발달이론

테마 1 특성-요인이론

1 특성-요인이론의 이해

(1) 개요
① 파슨스(Parsons)는 3요소 직업지도모델을 구체화하였고, 이 직업지도모델에 기초하여 특성-요인이론이 형성되었다.
② 개인의 특성과 직업을 구성하는 요인에 관심을 두며, 인생의 특정한 시기에서 의사결정을 하려고 할 때 도움을 줄 수 있는 이론이다.
③ 사람들은 신뢰할 수 있고 타당하게 측정될 수 있는 특성을 지니고 있다고 본다.
④ 특성-요인이론에 따른 직업상담 방법들은 합리적이고 인지적인 특성을 가진다.
⑤ 개인의 특성이 어떻게 발달하는지에 대한 설명이 미흡하고, 인간의 직업발달이 장기간에 걸쳐 일어난다는 것을 도외시한 점이 한계로 지적된다.
⑥ 대표적인 학자로 파슨스(Parsons), 윌리암슨(Williamson), 헐(Hull), 패터슨(Paterson) 등이 있다.

(2) 파슨스(Parsons)의 직업선택 3요인
① 자신에 대한 이해: 자신의 흥미, 적성, 능력, 가치관 등 내면적인 자신에 대한 명확한 이해를 말한다.
② 직업에 대한 이해: 직업에서의 성공, 이점, 보상, 자격요건, 기회 등 직업 세계에 대한 지식을 말한다.
③ 자신과 직업세계의 연결: 개인적인 요인과 직업 관련 자격요건, 보수 등의 정보를 기초로 한 현명한 선택을 말한다.

2 윌리암슨(Williamson)의 직업선택 문제유형

① 직업 무선택
② 직업선택의 확신 부족
③ 흥미와 적성의 불일치
④ 현명하지 못한 직업선택(어리석은 선택)

3 윌리암슨(Williamson)의 상담과정

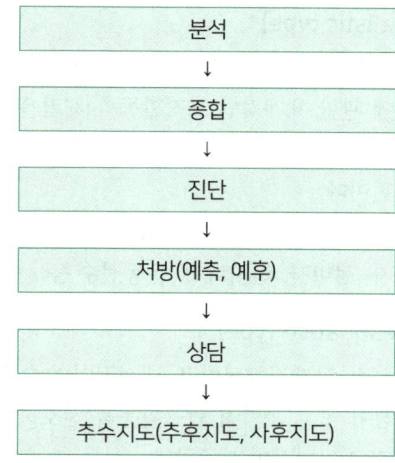

테마 2 홀랜드(Holland)의 직업선택이론

1 홀랜드 직업선택이론의 이해

(1) 개요
① 개인의 성격과 진로선택과의 관계를 기초로 한 모델이다.
② 인간은 특성과 환경, 성격 등의 요인에 의하여 진로를 발전시키며, 개인의 직업선택은 타고난 유전적 소질과 문화적 요인 간 상호작용의 산물이라고 본다.
③ 이론의 기저를 이루고 있는 것은 '자아개념'으로, 인간은 자신의 이미지와 일치하는 직업을 선택한다는 주장이다.
④ 초기의 경험이 개인이 선택한 직업에 대한 만족에 매우 중요한 요인이라고 강조한다.
⑤ 개인의 인성과 동일한 직업환경이 있으며, 각 환경은 각 개인과 연결되어 있는 성격유형에 의해 결정된다고 주장한다.

(2) 기본 가정
① 사람들의 성격은 6가지 유형 중 하나로 분류될 수 있다.
② 직업환경은 6가지 유형 중 하나로 분류될 수 있다.
③ 개인의 행동은 성격과 환경이 상호작용하는 과정에서 형성된다.
④ 사람들은 자신의 능력을 발휘하고 태도와 가치를 표현할 수 있는 환경을 찾는다.

기/출/족/보 출제지수 ■■■

23년 1회, 23년 3회, 22년 1회, 20년 3회, 16년 1회
홀랜드의 모형을 기초로 개발된 직업흥미검사의 6가지 흥미유형을 쓰시오.

23년 2회, 14년 3회
홀랜드 직업흥미검사의 6가지 유형을 쓰고, 각각에 대해 간략히 설명하시오.

21년 1회
홀랜드의 흥미이론에서 개인의 흥미유형 6가지를 쓰시오.

20년 1회, 19년 2회
홀랜드의 인성이론에서 제안된 6가지 성격유형을 쓰시오.

20년 4회, 18년 2회
홀랜드의 인성이론에서 제안된 6가지 성격유형을 쓰고, 각각에 대해 설명하시오.

POINT
6가지 성격유형 중 일부 몇 가지만을 묻는 방식이 아니라 6가지 모두를 적는 방식으로 문제가 출제되고 있다. 따라서 유형별 명칭, 특징, 관련 직업을 파악해 두어야 한다.

2 6가지 직업성격 유형

(1) 현실형(R: Realistic type)
① 솔직하고 성실하며 말이 적고, 고집이 세면서 직선적이고 단순하다.
② 기계·도구에 관한 체계적인 조작활동과 체력을 필요로 하는 활동을 좋아하며, 공격적이고 운동신경이 잘 발달되어 있지만, 사회적 기술이 부족한 편이다.
③ 관련 직업: 노동자, 농부, 목수, 트럭운전사, 중장비운전공, 비행기조종사, 기술자, 정비사, 엔지니어, 운동선수 등

(2) 탐구형(I: Investigative type)
① 추상적·분석적·과제지향적이고, 내성적이며 수줍음을 잘 탄다.
② 지적 호기심이 많고 과학적 탐구활동을 선호하지만, 사회적 활동에는 관심이 적고 리더십이 부족하다.
③ 관련 직업: 심리학자, 인류학자, 과학자, 생물학자, 물리학자, 분자공학자, 지질학자, 의사, 약사 등

(3) 예술형(A: Artistic type)
① 상상력이 풍부하고 감수성이 예민하며, 개방적이면서 개성이 강하고 비순응적이다.
② 창의적이고 심미적으로 자신을 표현하는 활동을 선호하지만, 체계적이고 구조화된 틀에 박힌 일을 싫어하며, 규범적 기술이 부족하다.
③ 관련 직업: 예술가, 음악가, 작곡가, 작가, 소설가, 시인, 미술가, 무대감독, 배우, 무용가, 디자이너, 만화가, 사진사, 카피라이터 등

(4) 사회형(S: Social type)
① 사람들과 어울리기 좋아하고 봉사적이며, 감정적이고 이상주의적이다.
② 다른 사람과 함께 일하는 것을 즐기고 대인관계에 뛰어나지만, 질서정연하고 조직적인 활동을 싫어하며, 기계적이고 과학적인 능력이 부족하다.
③ 관련 직업: 사회복지사, 사회사업가, 교육자, 교사, 상담사, 종교지도자, 간호사, 임상치료사, 바텐더 등

(5) 진취형(E: Enterprising type)
① 지배적이고 통솔력과 지도력이 있으며, 경쟁적이고 열성적이다.
② 설득적이고 언변이 좋지만, 상징적·체계적·과학적 활동에 대한 능력이 부족하다.
③ 관련 직업: 정치가, 사업가, 판사, 영업사원, 보험설계사, 부동산중개인, 연출가, 언론인 등

(6) 관습형(C: Conventional type)

① 사무적·계산적·계획적이고, 변화를 좋아하지 않으며 책임감이 강하다.
② 조직적이고 구조화된 환경을 선호하며, 질서정연하고 체계적인 자료 정리를 좋아하지만, 융통성과 상상력이 부족하다.
③ 관련 직업: 사무원, 사서, 행정관료, 은행원, 경제분석가, 회계사, 세무사, 법무사, 감사원, 안전관리사 등

3 육각형 모형

(1) 육각형 모형의 이해

① 6가지 직업성격 유형을 육각형의 각 꼭짓점 위에 배치한 것이다.
② 시계 방향으로 '현실형(R) → 탐구형(I) → 예술형(A) → 사회형(S) → 진취형(E) → 관습형(C)' 순으로 위치해 있다.

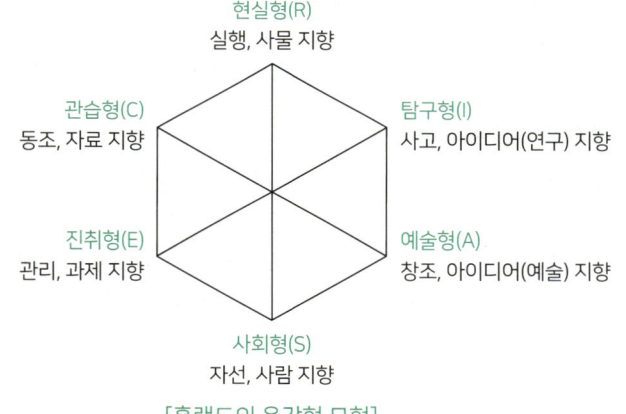

[홀랜드의 육각형 모형]

(2) 육각형 모형의 해석

① 일관성(consistency)
  ㉠ 육각형 모형에서 서로 거리가 가까우면 상대적으로 유사한 특성을 가지고 있고, 서로 대각선에 위치해 있으면 대비되는 특성을 가지고 있는 것을 말한다.
  ㉡ 즉, 어떤 쌍들은 다른 유형의 쌍들보다 공통점을 더 많이 가지고 있다.
② 차별성(변별성, 분화도, differentiation)
  ㉠ 특정 유형의 점수가 다른 유형의 점수보다 높은 경우 변별성과 분화도가 높다고 말할 수 있다.

> **기/출/족/보** 출제지수 ■■■
>
> 21년 3회, 16년 2회
> 홀랜드의 육각형 모델과 관련된 해석 차원 중에서 일관성, 변별성, 정체성에 대해 설명하시오.
>
> 16년 3회
> 홀랜드 이론에서 개인과 개인 간의 관계, 환경과 환경 간의 관계, 개인과 환경 간의 관계를 설명하는 개념 3가지를 쓰고 설명하시오.
>
> **POINT**
> 문제에서는 육각형 모형의 해석 관련 개념 중 '일관성, 차별성(변별성), 정체성'을 특정하여 설명

하도록 하거나 5가지 개념 중 3가지를 선택하여 설명하도록 요구한다. 따라서 5가지 개념을 모두 암기하기 어려운 경우에는 '일관성, 차별성, 정체성'만이라도 파악해 두어야 한다.

　　　ⓒ 반대로 모든 유형의 점수가 유사한 경우 특징이 없거나 잘 규정되지 않았다고 생각할 수 있다.
　③ 정체성(identity)
　　　㉠ 개인적 측면에서의 정체성은 개인의 목표, 흥미, 재능에 대한 명확하고 견고한 청사진을 말하고, 환경적 측면에서의 정체성은 조직의 투명성, 안정성, 목표·일·보상의 통합을 말한다.
　　　ⓒ 자기직업상황(MVS)의 직업정체성 척도는 개인의 정체성 요인을 측정하는 데 사용된다.
　④ 일치성(congruence)
　　　㉠ 개인의 흥미 유형과 개인이 몸담고 있거나 소속되고자 하는 환경의 유형이 서로 부합하는 정도를 말한다.
　　　ⓒ 한 개인이 자기 자신의 인성유형과 동일하거나 유사한 환경에서 일하고 생활할 때를 의미하는 개념이다.
　⑤ 계측성(calculus)
　　　㉠ 모든 유형 간의 관계는 육각형 모형에 의해 계측되고 정리된다는 것을 말한다.
　　　ⓒ 유형들 간의 거리는 그것들 사이의 이론적인 관계에 반비례한다.

(3) 직업성격 유형 코드
　① 홀랜드의 직업성격 유형은 각 유형의 약자를 이용해 코드화하여 나타낼 수 있다. 이때 점수가 높은 강력한 유형을 앞자리에 표기한다.
　② 예를 들어, SAE 코드는 '사회형 > 예술형 > 진취형'의 사람을 의미하는 것으로, 이 사람은 다른 사람과 어울리기를 좋아하고, 상상력과 감수성이 풍부하며, 지배적인 성향을 가지고 있다.

기/출/족/보 출제지수 ■□□
17년 3회
홀랜드 검사를 실시한 대학생 한 명이 그 결과가 SAE일 때, 이를 해석하시오.

POINT
홀랜드 검사 결과는 각 유형의 약자로 표기한다. 따라서 현실형(A), 탐구형(I), 예술형(A), 사회형(S), 진취형(E), 관습형(C)의 약자를 외워 두어야 한다.

테마 3 　데이비스와 롭퀴스트(Dawis & Lofquist)의 직업적응이론

1 직업적응이론의 이해

(1) 개요
　① 미네소타 직업분류체계 Ⅲ(Minnesota Occupational Classification System Ⅲ)와 관련하여 발전한 직업발달이론이다.
　② 개인의 욕구와 능력을 환경의 요구사항과 관련시켜 진로행동을 설명하고, 개인과 환경 간의 상호작용을 통한 욕구충족을 강조하는 이론이다.

③ 직업적응은 개인이 직업환경과 조화를 이루어 만족하고 유지하도록 노력하는 역동적인 과정이다.
④ 개인은 자신과 환경의 부조화 정도가 받아들일 수 있는 범위라면 융통성을 발휘하여 부조화를 줄이기 위해 별다른 대처행동 없이 환경에 적응하게 된다.

(2) 주요 개념
① 만족(satisfaction): 조화의 내적 지표로, 직업환경이 개인의 욕구를 얼마나 채워 주고 있는지에 대한 개인의 평가를 말한다.
② 충족(satisfactoriness): 조화의 외적 지표로, 직업에서 요구하는 과제와 이를 수행할 수 있는 개인의 능력과 관련된 개념이다.

2 직업적응 유형

(1) 성격양식 차원
① 민첩성: 과제를 얼마나 빨리 완성하느냐에 대한 개념으로, 정확성보다는 속도를 중시한다.
② 역량: 에너지 소비량과 관련된 개념으로, 근로자들의 평균 활동수준을 의미한다.
③ 리듬: 활동에 대한 다양성을 의미한다.
④ 지구력(지속성): 환경과의 상호작용 시간과 관련된 개념으로, 개인이 환경과의 상호작용에 있어 반응을 계속하는 시간의 길이를 의미한다.

(2) 적응방식 차원
① 융통성(유연성): 수행해야 할 다양한 작업들 간의 부조화를 참아 내는 정도를 의미한다.
② 인내(끈기): 환경이 자신에게 맞지 않아도 개인이 얼마나 오랫동안 견뎌 낼 수 있는지의 정도로, 적응행동 과정에서 나타나는 적응의 시작과 종료의 지속기간을 나타낸다. 개인의 만족, 조직의 만족, 적응을 매개하는 적응유형 변인이다.
③ 적극성(능동성): 개인이 작업환경을 개인적 방식과 좀 더 조화롭게 만들어 가려고 노력하는 정도를 의미한다.
④ 반응성(수동성): 개인이 작업성격의 변화로 인해 작업환경에 반응하는 정도를 의미한다.

 기/출/족/보 출제지수 ■■■

23년 2회
데이비스와 롭퀴스트의 직업적응이론에서의 적응방식 3가지를 쓰고 각각에 대해 설명하시오.

22년 3회, 20년 2회, 16년 2회, 15년 2회
직업적응이론에서 개인이 환경과 상호작용하는 특성을 나타내는 성격양식 차원의 4가지(3가지) 성격유형 요소들을 쓰고, 각각에 대해 설명하시오.

19년 1회
롭퀴스트와 데이비스의 직업적응이론에서 직업적응방식의 유형 3가지를 쓰시오.

POINT
문제에서 '성격양식'을 묻고 있는지, '적응방식'을 묻고 있는지를 구분해야 한다.

기/출/족/보 출제지수 ■■□

22년 3회
직업적응이론(TWA)에서 중요하게 다루는 직업가치를 5가지 쓰시오.

19년 2회, 16년 1회
롭퀴스트와 데이비스의 직업적응이론에 기초하여 개발된 직업적응과 관련된 검사도구 3가지를 쓰시오.

POINT
직업적응이론과 관련된 3가지 검사도구는 키워드 '중요성, 직무기술, 만족'을 외워 두면 된다.

3 직업적응이론 관련 검사도구

(1) 미네소타 중요성 질문지(MIQ: Minnesota Importance Questionnaire)
① 특질 및 요인론적 접근을 배경으로 개발되었다.
② 주 대상은 16세 이상의 남녀이며, 초등학교 고학년 이상의 독해력이 필요하다.
③ 개인이 일의 환경에 대해 지니는 20개의 욕구와 6개의 직업가치를 측정한다.
④ 6개의 직업가치
  ㉠ 성취(achievement): 자신의 능력을 발휘하는 일을 통해 성취감을 얻고자 하는 가치이다.
  ㉡ 이타심(altruism): 타인에게 봉사하며 타인과 함께 일하고자 하는 가치이다.
  ㉢ 자율성(autonomy): 자기 통제력을 갖고 독립적으로 일하고자 하는 가치이다.
  ㉣ 안락함(편안함, comfort): 스트레스를 받지 않고 편안한 환경에게 일하고자 하는 가치이다.
  ㉤ 안정성(안전성, safety): 환경에 대한 예측능력을 갖고 안정적이고 질서 있는 환경에서 일하고자 하는 가치이다.
  ㉥ 지위(status): 중요한 지위에서 일하며 타인으로부터의 인정, 사회적 명성 등을 얻고자 하는 가치이다.

(2) 미네소타 직무기술 질문지(JDQ 또는 MJDQ: Minnesota Job Description Questionnaire)
① 일의 환경이 MIQ에서 정의한 20개의 욕구를 만족시켜 주는 정도를 측정한다.
② 하위척도는 MIQ와 동일하다.

(3) 미네소타 만족 질문지(MSQ: Minnesota Satisfaction Questionnaire)
① 직무만족의 원인이 되는 일의 강화요인을 측정한다.
② 능력의 사용, 성취, 승진, 활동, 다양성, 작업조건, 회사의 명성, 인간자원의 관리체계 등의 척도로 구성되어 있다.

테마 4 발달적 이론

1 긴즈버그(Ginzberg)의 진로발달이론

(1) 개요
① 직업선택은 가치관, 정서적 요인, 교육의 양과 종류, 환경 영향 등의 상호작용으로 결정된다고 보는 이론이다.
② 직업선택 과정은 바람(wishes)과 가능성(possibility) 간의 타협이라고 강조한다.
③ 직업선택은 일련의 결정들이 계속적으로 이루어지는 과정으로, 나중에 이루어지는 결정은 이전 결정의 영향을 받는다고 주장한다.
④ 직업선택이란 단일결정이 아니라, 장기간에 이루어지는 과정이라고 본다.

(2) 진로발달단계
① 환상기(6~10세): 놀이와 상상을 통해 미래 직업에 대해 생각하고 간접적으로 체험하는 단계로, 자신의 욕구에 따라 비현실적인 선택을 하는 경향이 있다.
② 잠정기(11~17세): 흥미나 취미에 따라 직업을 선택하는 경향이 있지만, 잠정기 후반에는 직업선택에 있어 능력, 가치관 등의 요인들도 고려한다.
  ㉠ 흥미단계: 자신의 흥미를 인식하며, 좋아하는 것과 싫어하는 것을 나누는 단계로, 직업을 선택하는 데 흥미와 취미가 가장 중요한 요소이다.
  ㉡ 능력단계: 직업적인 열망과 자신의 능력을 인식하는 단계로, 자신이 흥미를 느끼는 분야에서 성공을 거둘 수 있는 능력을 지니고 있는지 시험해 보기 시작한다.
  ㉢ 가치단계: 자신의 직업에 대한 가치를 인식하는 단계로, 직업을 선택하는 데 다양한 요인을 고려하고, 직업에 관한 정보를 알아보려고 하며, 그 직업이 자신의 가치관 및 생애목표에 부합하는지 평가해 본다.
  ㉣ 전환단계: 직업선택에 수반되는 책임을 인식하는 단계로, 주관적 요소에서 현실적 외부요인으로 관심이 전환된다.
③ 현실기(18세~성인 초기 또는 청·장년기): 자신의 흥미와 능력을 통합하는 단계로, 현실적인 요인을 고려하여 현명한 직업선택을 시도한다.
  ㉠ 탐색단계: 직업선택의 다양한 가능성을 탐색하는 단계로, 직업선

기/출/족/보 출제지수 ■□□

18년 2회, 14년 1회

긴즈버그에 따르면 직업선택은 환상기, 잠정기 및 현실기의 3단계로 이루어진다. 현실기의 3가지 하위 단계를 쓰고 설명하시오.

POINT
지금까지의 기출문제에서는 현실기의 하위 단계를 물어보았기 때문에, 헷갈림 방지를 위해 잠정기의 하위 단계는 건너뛰는 것도 전략이 될 수 있다.

택에 필요한 교육과 경험을 쌓는다.
ⓒ 구체화단계: 직업목표가 구체화되는 단계로, 직업결정과 관련된 내적·외적 요인을 모두 고려하여 특정 직업분야에 몰두한다.
ⓒ 정교화단계(특수화단계): 직업결정이 정교화되는 단계로, 직업결정에 대한 세밀한 계획을 세워 세분화·전문화된 의사결정이 이루어진다.

2 수퍼(Super)의 진로발달이론

(1) 개요
① 긴즈버그(Ginzberg)의 진로발달이론이 성인 초기까지로 국한된 점을 비판하며, 진로발달은 전 생애에 걸쳐 계속된다고 주장한다.
② 개인은 능력이나 흥미, 성격에 있어서 각각 차이점을 갖고 있으며, 각기 적합한 직업군의 적격성이 있다고 강조한다.
③ 직업과 인생의 만족은 자기의 능력, 흥미, 성격특성 및 가치가 충분히 실현되는 정도라고 본다.
④ 직업선택은 타협과 선택이 상호작용하는 일련의 적응과정이라고 주장한다.
⑤ 사람은 동시에 여러 가지 역할을 함께 수행하며 발달단계마다 다른 역할에 비해 중요한 역할이 있다고 본다.

(2) 진로발달단계
① 성장기(출생~14세): 자기에 대한 지각이 생겨나고 직업세계에 대한 기본적 이해가 이루어지는 시기로, 초기에는 욕구와 환상이 지배적이지만, 사회참여와 현실검증력의 발달로 점차 흥미와 능력을 중요시한다.
  ㉠ 환상기(4~10세): 욕구가 지배적이며, 환상적인 역할수행이 중요시된다.
  ㉡ 흥미기(11~12세): 흥미 등 개인적 취향에 따라 진로의 목표와 내용을 결정한다.
  ㉢ 능력기(13~14세): 직업의 요구조건을 고려하여 능력을 더욱 중요시한다.
② 탐색기(15~24세): 적합한 직업을 탐색하고 미래에 대한 계획을 세우는 시기로, 학교생활, 여가활동, 아르바이트 등을 통해 자아를 검증하고 역할을 수행한다.
  ㉠ 잠정기(15~17세): 욕구, 흥미, 능력, 가치가 잠정적인 진로의 기초가 된다.

기/출/족/보 출제지수 ■■□

23년 2회
수퍼의 경력개발 5단계를 쓰고 각각에 대해 설명하시오.

20년 4회, 17년 1회
수퍼의 진로발달의 5단계를 설명하시오.

19년 2회
수퍼의 경력개발단계 중 성장기의 3단계를 쓰고, 각각에 대해 설명하시오.

POINT
수퍼의 진로발달단계는 '경력개발단계'로도 표현된다. 한편, 5단계를 묻는 문제와 성장기의 하위 3단계를 묻는 문제 모두 설명까지 요구하였다. 따라서 각 단계의 명칭은 기본적으로 외워야 하고, 단계별 키워드 역시 파악해야 한다.

ⓒ 전환기(18~21세): 현실적 요인이 점차 직업의식과 직업활동의 기초가 된다.
ⓒ 시행기(22~24세): 자신이 적합하다고 본 직업을 처음으로 가지게 된다.
③ 확립기(25~44세): 자신에게 적합한 직업을 발견하여 그 직업에 종사하고, 생활의 터전을 다져 나가는 시기이다.
㉠ 시행기(25~30세): 자신이 선택한 직업이 자신에게 맞지 않을 경우, 적합한 일을 발견할 때까지 변화를 시도한다.
ⓒ 안정기(31~44세): 진로유형이 분명해지면서, 그 직업세계에서 안정, 만족감, 소속감, 지위 등을 갖게 된다.
④ 유지기(45~64세): 직업세계에서 자신의 위치가 확고해지고 안정된 삶을 살아가는 시기로, 익숙했던 지식과 기술을 새로운 내용으로 갱신하거나 새로운 과업을 찾기도 한다.
⑤ 쇠퇴기(65세 이후): 정신적·육체적 기능이 쇠퇴함에 따라 직업세계에서 은퇴하는 시기로, 새로운 역할과 활동을 찾는다.

(3) 진로발달과업
① 결정화(14~17세): 자신이 하고 싶은 일이 무엇인지 명확히 하여 직업목적을 형성한다. 선호하는 진로에 대한 계획과 실행을 고려한다.
② 구체화(18~21세): 관심을 갖게 된 몇 가지 직업 중 특정 직업에 대한 선호를 형성한다. 선호하는 직업에 대해 구체적으로 이해하여 진로계획을 특수화한다.
③ 실행화(22~24세): 선호하는 직업에 대한 교육·훈련을 끝마치고 취업을 한다.
④ 안정화(25~35세): 직업에서 실제 일을 수행하고, 직업세계에서 자신의 위치를 확립한다.
⑤ 공고화(35세 이후): 승진, 지위획득, 경력개발을 통해 자신의 진로를 안정시키고 공고화한다.

3 고트프레드슨(Gottfredson)의 직업포부 발달이론

(1) 개요
① 진로발달이론의 범주에 속하는 이론으로, 사람이 어떻게 특정 직업에 매력을 느끼게 되는가를 기술한다.
② 자아개념을 진로선택의 중요한 요인으로 보며, 자아개념이 발달하면서 직업포부에 한계를 설정한다고 가정한다.

기/출/족/보 출제지수 ■□□

14년 3회
직업포부 발달이론의 제한과 절충에 대해 쓰시오.

POINT
제한은 사전에 배제하는 것이고, 타협은 선택 후 포기하는 것이다.

기/출/족/보 출제지수 ■■□

23년 2회
고트프레드슨의 직업포부 발달의 4단계를 쓰시오.

16년 3회
고트프레드슨의 직업과 관련된 개인발달의 4단계를 쓰고, 각각에 대해 설명하시오.

15년 3회
고트프레드슨의 단계에서 내적 자아 지향성을 제외하고 나머지 3단계를 쓰고 설명하시오.

POINT
각 단계의 요점을 두 가지씩 파악해 두면 된다. 하나는 일반적인 발달 내용, 다른 하나는 직업적인 발달 내용이다. 예를 들어, '힘과 크기 지향성'에서는 '사고과정 구체화, 미래 직업에 대한 긍정적 입장'이 요점이 된다.

---

(2) 주요 개념

직업포부 발달이론은 제한(한계)과 타협(절충)이라는 개념을 중시하기 때문에 '제한-타협이론'이라고 부르기도 한다.

① 제한(한계): 자신의 자아개념과 맞지 않는 직업대안들을 사전에 배제하는 것으로, 자아개념의 발달 단계에 따라 이루어진다.

② 타협(절충): 제한을 통해 선택된 직업대안들 중 자신이 극복할 수 없는 문제를 가진 직업을 어쩔 수 없이 포기하는 것이다.

(3) 직업포부 발달단계

① 힘과 크기 지향성(3~5세)
  ㉠ 사고과정이 구체화되며, 어른이 된다는 것의 의미를 알게 된다.
  ㉡ 자신의 미래 직업에 대해 긍정적인 입장을 취한다.

② 성역할 지향성(6~8세)
  ㉠ 자아개념이 성의 발달에 의해서 영향을 받는다.
  ㉡ 동성의 사람들이 많이 수행하는 직업을 선호하게 된다.

③ 사회적 가치 지향성(9~13세)
  ㉠ 사회계층과 사회질서에 대한 개념이 발달하기 시작하면서, '상황 속 자아'를 인식한다.
  ㉡ 자신이 추구하는 사회적 명성과 능력에 부합하는 직업들에 집중적인 관심을 보이며, 지위의 하한선과 상한선을 형성한다.

④ 내적, 고유한 자아 지향성(14세 이후)
  ㉠ 자기인식 및 자아정체감이 발달하며, 타인의 감정, 생각, 의도를 이해하게 된다.
  ㉡ 자아성찰과 사회계층의 맥락에서 직업적 포부가 더욱 발달하고, 현실적 기준에 근거하여 가능한 대안들 중 합리적 선택을 한다.

테마 5   로(Roe)의 욕구이론

1 욕구이론의 이해

(1) 개요

① 로(Roe)의 욕구이론은 진로발달이론이라기보다는 진로선택이론에 해당된다.

② 개인의 진로발달과정에 사회나 환경의 영향을 상대적으로 많이 고려한다.

③ 직업과 기본욕구 만족의 관련성이 매슬로우(Maslow)의 욕구위계론을 바탕으로 할 때 가장 효율적이라고 본다.
④ 부모의 자녀 양육방식을 발달적으로 전개하며, 개인의 직업선호는 부모의 양육환경 특성에 의해 좌우된다고 주장한다.
⑤ 미네소타 직업평가척도에서 힌트를 얻어 일의 세계를 8가지 직업군(장, field)과 6가지 수준(level)으로 구성된 2차원의 체계로 조직화하였다.

(2) 5가지 가설
① 개인이 가지고 있는 여러 잠재적 특성의 발달에는 한계가 있다.
② 개인의 유전적 특성의 발달 정도 및 통로는 개인의 유일하고 특수한 경험과 가정의 사회·경제적 배경, 일반사회의 문화적 배경에 영향을 받는다.
③ 개인의 흥미나 태도는 유전의 제약을 비교적 덜 받으며, 주로 개인의 경험에 따라 발달유형이 결정된다.
④ 심리적 에너지는 흥미를 결정하는 중요한 요소이다.
⑤ 개인의 욕구와 만족, 그 강도는 성취동기의 유발 정도에 따라 결정된다.

2 부모-자녀 관계유형

(1) 정서집중형
① 과보호형: 자녀를 지나치게 보호함으로써 의존적으로 만든다.
② 과요구형: 자녀에게 엄격한 훈련을 시키고 무리한 요구를 한다.

(2) 수용형
① 무관심형: 자녀를 수용적으로 대하지만 자녀의 욕구에 민감하지 않고, 부모-자녀 간의 친밀감이 형성되어 있지 않다.
② 애정형: 자녀에게 관심을 기울이며 독립심을 길러 주고, 부모-자녀 간의 친밀감이 형성되어 있다.

(3) 회피형
① 무시형: 자녀와 그다지 접촉하지 않으며, 부모로서 책임을 회피한다.
② 거부형: 자녀에게 냉담하게 대하며, 자녀의 선호나 의견을 전적으로 무시하고 거부한다.

3 직업분류체계

(1) 8가지 직업군

① 서비스직: 다른 사람의 욕구와 복지에 관련된 직업군으로, 교육, 사회봉사, 임상심리 및 의술 관련 직업이 해당된다.
② 비즈니스직: 상대방을 설득하여 거래를 성사시키는 직업군으로, 공산품, 투자상품, 부동산 등을 판매하는 직업이 해당된다.
③ 단체직: 기업이나 단체의 조직과 효율적인 기능에 관련된 직업군으로, 사업, 제조업, 행정에 종사하는 관리직 화이트칼라가 해당된다.
④ 기술직: 상품과 재화의 생산·유지·운송과 관련된 직업을 포함하는 직업군으로, 대인관계는 상대적으로 덜 중요하며 사물을 다루는 데 관심을 둔다. 운송과 정보통신에 관련된 직업뿐만 아니라 공학, 기능, 기계무역에 관계된 직업이 해당된다.
⑤ 옥외활동직: 농산물, 수산자원, 지하자원, 임산물, 기타 천연자원을 개발, 보존, 수확하는 것과 축산업에 관련된 직업이 해당된다.
⑥ 과학직: 과학이론 및 그 이론을 특정한 환경에 적용하는 직업이 해당된다.
⑦ 예능직: 창조적인 예술과 연예에 관련된 특별한 기술을 사용하는 것과 관련된 직업이 해당된다.
⑧ 일반문화직: 인류의 활동에 흥미를 갖고, 문화유산을 보존 및 전수하는 것과 관련된 직업이 해당된다.

(2) 6가지 직업수준

① [1단계] 고급 전문관리: 중요한 정책에 독립적인 책임을 진다. 박사나 그에 준하는 정도의 교육수준이 요구된다.
② [2단계] 중급 전문관리: 정책을 집행하거나 해석하며, 타인에 대한 중간 정도의 책임을 진다. 석사나 그에 준하는 정도의 교육수준이 요구된다.
③ [3단계] 준전문관리: 정책을 적용하거나 오직 자신만을 위한 의사결정을 하며, 타인에 대한 낮은 수준의 책임을 진다. 고등학교나 기술학교 또는 그에 준하는 정도의 교육수준이 요구된다.
④ [4단계] 숙련직: 견습이나 다른 특수한 훈련과 경험이 요구된다.
⑤ [5단계] 반숙련직: 약간의 훈련과 경험이 요구되지만 숙련직보다는 낮은 수준이다.
⑥ [6단계] 비숙련직: 특수한 훈련이나 교육을 필요로 하지 않으며, 단순한 반복활동을 한다.

기/출/족/보 출제지수 ■□□

19년 1회
로의 수직차원의 6단계를 분류하시오.

14년 3회
흥미사정에 관한 로의 2차원 분류체계에서 6가지 수직차원을 쓰시오.

POINT
가장 낮은 수준이 1단계가 아니라, 가장 높은 수준이 1단계라는 것을 유념해야 한다.

테마 6 크룸볼츠(Krumboltz)의 사회학습이론

1 사회학습이론의 이해

(1) 개요
① 강화이론, 고전적 행동주의이론, 인지적 정보처리이론에 기원을 두고 있다.
② 진로선택 결정에 영향을 미치는 삶의 사건들에 관심을 두고 있다.
③ 전체 인생에서 각 개인의 독특한 학습경험이 진로선택을 이끄는 주요한 영향 요인을 발달시킨다고 본다.
④ 진로결정에 영향을 미치는 요인으로 유전적 요인과 특별한 능력, 환경조건과 사건, 학습경험, 과제접근기술 등 4가지를 제시한다.

(2) 주요 개념
크룸볼츠의 사회학습이론에서는 진로결정 요인들이 상호작용하여 '자기관찰 일반화'와 '세계관 일반화'를 형성한다고 본다.
① 자기관찰 일반화: 자기 자신에 대한 관찰을 통해 태도, 가치관, 흥미, 능력 수준 등을 일반화하는 것을 말한다.
② 세계관 일반화: 자신의 환경에 대한 관찰을 통해 다른 환경조건이나 미래에 일어날 일 등을 예측하는 것을 말한다.

2 개인의 진로결정에 영향을 미치는 요인

(1) 유전적 요인과 특별한 능력
① 개인의 진로기회를 제한하는 생득적인 특질을 의미한다.
② 인종, 성별, 신체적 특징, 지능, 예술적 재능 등이 해당된다.

(2) 환경조건과 사건
① 환경상의 조건이나 사건은 개인의 통제를 넘어서, 기술발달, 활동, 진로선호 등에 영향을 미친다.
② 취업 가능 직종의 내용, 교육·훈련 가능 분야, 정책, 법, 기술의 발달 정도 등이 해당된다.

(3) 학습경험
① 과거에 학습한 경험은 현재 또는 미래의 교육적·직업적 의사결정에 영향을 미친다.
② 도구적 학습경험: 행동과 결과의 관계를 학습하게 되는 것으로, 주로 정적·부적 강화에 의한 학습을 말한다.

기/출/족/보 출제지수 ■■□

22년 3회
크룸볼츠의 사회학습이론에서 개인의 진로선택에 영향을 미치는 것으로 가정한 요인 4가지를 쓰시오.

18년 2회, 14년 1회
진로선택이론 중 사회학습이론에서 크룸볼츠가 제시한 진로선택에 영향을 주는 요인을 3가지만 쓰시오.

POINT
문제에서 3가지만을 요구하는 경우도 있지만, 4가지 요인의 명칭을 모두 완벽하게 외워 두어야 한다.

③ 연상적 학습경험: 이전의 중립적 상황에 대한 부정적·긍정적 반응을 연상하여 학습하게 되는 것으로, 주로 관찰, 출판물, 영화 등을 통한 학습을 말한다.

(4) 과제접근기술
① 환경을 이해하고 이에 대처하며 미래를 예견하는 능력이나 경향으로, 유전적 요인, 환경적 조건, 학습경험의 상호작용으로 개발시켜 온 기술이다.
② 개인이 어떤 과제를 성취하기 위해 동원하는 기술로, 목표 설정, 가치 명료화, 대안 형성, 직업적 정보 획득 등을 포함한다.

3 계획된 우연 모형

(1) 계획된 우연 모형의 이해
① 미첼, 레빈, 크럼볼츠(Mitchell, Levin & Krumboltz)는 예기치 못한 우연한 사건들의 개인의 진로에 영향을 미친다고 보면서, '계획된 우연 모형'을 제시하였다.
② 우연히 일어난 일들을 개인의 진로에 긍정적으로 활용하는 것이 중요하고 주장하였다.

(2) 우연한 일들을 진로에 유리하게 활용하는 데 도움이 되는 기술
① 호기심: 새로운 학습기회를 탐색하는 것이다.
② 인내심: 좌절을 경험하더라도 노력을 지속하는 것이다.
③ 융통성: 기존의 경험에 국한되지 않고, 상황을 다양하게 볼 수 있는 태도를 갖는 것이다.
④ 낙관성: 새로운 기회를 긍정적으로 이해하고 해석하는 것이다.
⑤ 위험 감수: 불확실한 결과를 감수하더라도 실행하는 것이다.

테마 7 새로운 진로발달이론

1 인지적 정보처리이론(CIP: Cognitive Information Processing)

(1) 개요
① 피터슨, 샘슨, 리어든(Peterson, Sampson & Reardon)에 의해 개발된 이론으로, 진로문제를 개인의 인지적 의사결정 문제로 본다.
② 인간의 문제해결 과정이 컴퓨터의 정보처리 과정과 유사하다는 점에

바탕을 두고 인간의 진로의사결정 과정을 설명한다.

(2) 기본 가정
① 진로선택은 인지와 정서의 상호작용에 의한 결과이다.
② 진로의사결정은 하나의 문제해결 활동이다.
③ 직업 문제해결 능력은 지식과 마찬가지로 인지적인 기능에 따라 달라진다.
④ 진로문제 해결은 고도의 기억력을 요하는 과제이다.
⑤ 진로발달은 지식구조의 끊임없는 성장과 변화를 포함한다.
⑥ 직업 문제해결과 의사결정 기술의 발전은 정보처리 능력을 강화함으로써 이루어진다.
⑦ 진로상담의 최종목표는 진로문제의 해결자이고 의사결정자인 내담자의 잠재력을 증진시키는 것이다.

(3) 의사결정 과정의 절차(CASVE)
① 의사소통(Communication): 질문들을 받아들여 부호화하며 이를 송출하는 것으로, 진로 의사결정을 해야 한다는 것을 인식하는 단계이다.
② 분석(Analysis): 하나의 개념적 틀 안에서 문제를 찾고 이를 분류하는 것으로, 자신과 직업에 대해 이해해 나가는 단계이다.
③ 종합(통합, Synthesis): 일련의 행위를 형성하는 것으로, 자신에게 적합할 것으로 생각되는 직업대안들을 선택하는 단계이다.
④ 가치평가(가치부여, Valuing): 성공과 실패의 확률에 따라 각각의 행위를 판단하며, 다른 사람에게 미칠 파급효과를 평가하는 것으로, 선택된 직업대안들을 좀 더 구체적으로 평가하는 단계이다.
⑤ 실행(집행, Execution): 책략을 통해 계획을 실시하는 것으로, 평가에 의한 우선순위에 따라 취업준비를 실행하는 단계이다.

2 사회인지적 진로이론(SCCT: Social Cognitive Career Theory)

(1) 개요
① 반두라(Bandura)의 사회학습이론에 토대를 둔 이론으로, 환경, 개인적 요인, 행동 사이의 상호작용을 중시한다.
② 진로발달과 선택에서 진로와 관련된 자신에 대한 평가와 믿음을 강조한다.
③ 개인의 진로선택과 수행에 영향을 미치는 성(gender)과 문화적 이슈 등에 민감하다.

> **기/출/족/보** 출제지수 ■□□
> 17년 2회
> 반두라가 제시한 사회인지적 진로발달이론의 개인적 결정요인 3가지를 쓰고 설명하시오.
>
> **POINT** 💬
> 뒤에 나올 반두라의 인과적 모형에서의 3개 변인과 헷갈리지 않도록 유의하자.

(2) 진로발달의 결정요인
① 자기효능감
  ㉠ 목표한 과업을 수행해 내기 위해 필요한 행동을 계획하고 실행할 수 있는 자신의 능력에 대한 신념을 말한다.
  ㉡ 자기효능감은 한 수행영역에서 성공을 경험하면 강화되지만, 계속하여 실패하면 약화된다.
② 결과기대
  ㉠ 특정 과업을 수행했을 때 결과로 얻게 될 것에 대한 기대를 말한다.
  ㉡ 기대에 대한 개인적인 신념이나 활동의 결과로 간주된다.
③ 개인적 목표
  ㉠ 특정 활동에의 참여 또는 특정 결과를 성취하기 위한 개인의 의도를 말한다.
  ㉡ 개인은 목표를 세워 그에 필요한 행동을 실행하고 어떤 성취를 추구하게 된다.

> **기/출/족/보** 출제지수 ■□□
> 17년 1회
> 사회인지이론(SCCT)의 3가지 영역모델에 대하여 설명하시오.
>
> **POINT** 💬
> 각 모형에서 언급되는 요인들 간의 관계를 구조화하여 익혀 두는 것이 좋다. 예를 들어, 흥미모형은 '자기효능감＋결과기대 → 흥미' 이런 식으로 이해하는 것이다.

(3) 3가지 영역모델
① 흥미모형
  ㉠ 자기효능감과 결과기대는 개인의 직업적 흥미에 직접적인 영향을 미친다.
  ㉡ 개인의 흥미는 목표를 예언하고, 목표는 활동의 선택 및 실행에 영향을 미치며, 수행결과로 이어진다.
② 선택모형
  ㉠ 흥미는 단순히 자기효능감이나 결과기대에 의해 형성되는 것이 아니라, 학습경험에 영향을 받는데, 이 학습경험은 개인적 배경 및 환경적 배경에 의해 제한된다.
  ㉡ 주변 상황이나 맥락은 흥미를 제한하기도 하지만, 개인은 가능한 대안이 있는지, 자신의 자기효능감과 결과기대는 어느 정도인지, 주변에서 얻을 수 있는 지지나 자원 또는 장애가 어떤 것인지에 의해 자신의 선택을 결정하게 된다.
③ 수행모형
  ㉠ 개인의 수행 수준 및 수행의 지속성을 설명하기 위해 개인의 능력, 자기효능감, 결과기대, 수행목표를 요인으로 제시한다.
  ㉡ 수행 수준은 개인의 직업적 과제에 대한 성공 정도나 숙련도를 뜻하며, 수행의 지속성은 어떤 과제나 경력을 선택하는 데 있어 행동을 유지해 나가는 정도를 뜻한다.

(4) 반두라(Bandura)의 인과적 모형
① 사회인지적 진로이론은 개인과 환경 간의 상호작용하는 인과적 영향을 분류하고 개념화하기 위해 '3축 호혜성'이라고 불리는 반두라의 인과적 모형을 따른다.
② 인과적 모형의 3개 변인은 '개인과 신체적 속성, 외형적 행동, 외부 환경' 요인으로, 이 3개 변인은 서로 영향을 주면서 상호작용한다.
㉠ 개인과 신체적 속성: 신체적 특성, 인지적 능력, 성격, 신념, 태도 등
㉡ 외형적 행동: 운동 반응, 언어 반응, 정서적 반응, 사회적 상호작용 등
㉢ 외부 환경: 물리적 환경, 가족, 친구, 사회적 영향 등

대표 기출문제

제2과목 직업심리학
CHAPTER 01 직업발달이론

01 홀랜드(Holland)의 인성이론에서 제안된 6가지 성격유형을 쓰고, 각각에 대해 설명하시오.   2020년 4회, 2018년 2회

득점	배점
점	6 점

※ 성격유형 1가지당 1점
 (설명 미작성 시 0.5점)

+기출 플러스

17년 3회
홀랜드 검사를 실시한 대학생 한 명이 그 결과가 SAE일 때, 이를 해석하시오.
KEY 사회형 > 예술형 > 진취형

합격답안
홀랜드의 직업선택이론 ▶ 직업성격 유형

- 현실형(R): 기계·도구에 관한 체계적인 조작활동과 체력을 필요로 하는 활동을 좋아하지만, 사회적 기술이 부족한 편이다. 관련 직업으로 노동자, 농부, 엔지니어, 운동선수 등이 있다.
- 탐구형(I): 지적 호기심이 많고 과학적 탐구활동을 선호하지만, 사회적 활동에는 관심이 적고 리더십이 부족하다. 관련 직업으로 심리학자, 과학자, 의사, 약사 등이 있다.
- 예술형(A): 창의적이고 심미적으로 자신을 표현하는 활동을 선호하지만, 틀에 박힌 일을 싫어하며 규범적 기술이 부족하다. 관련 직업으로 음악가, 작가, 배우, 디자이너 등이 있다.
- 사회형(S): 다른 사람을 돕고 다른 사람과 함께 일하는 것을 좋아하지만, 기계적이고 과학적인 능력이 부족하다. 관련 직업으로 사회복지사, 교사, 상담사, 간호사 등이 있다.
- 진취형(E): 지도력과 언변이 좋지만, 상징적·체계적·과학적 능력이 부족하다. 관련 직업으로 정치가, 사업가, 언론인 등이 있다.
- 관습형(C): 체계적인 자료정리를 좋아하지만, 융통성과 상상력이 부족하다. 관련 직업으로 사서, 행정관료, 은행원 등이 있다.

답안 작성법
각 성격유형의 장점, 단점과 함께 관련 직업까지 열거해 주면 좋다. 유형 명칭의 약자도 적어 주는 것을 추천한다.

문장 구성 키워드
- 현실형: 조작활동, 체력 / 사회적 기술
- 탐구형: 과학적 탐구활동 / 리더십
- 예술형: 창의적·심미적 활동 / 규범적 기술
- 사회형: 돕는 활동 / 기계적·과학적 능력
- 진취형: 지도력 / 상징적·체계적·과학적 능력
- 관습형: 자료정리 / 융통성·상상력

02 홀랜드(Holland)의 육각형 모델과 관련된 해석 차원 중에서 일관성, 변별성, 정체성에 대해 설명하시오.   2021년 3회, 2016년 2회

득점	배점
점	6 점

※ 해석 차원 1가지당 2점 (설명 미작성 시 1점)

＋기출 플러스

16년 3회
홀랜드 이론에서 개인과 개인 간의 관계, 환경과 환경 간의 관계, 개인과 환경 간의 관계를 설명하는 개념 3가지를 쓰고 설명하시오.
KEY [합격답안]과 동일

합격답안   홀랜드의 직업선택이론 ▶ 육각형 모형

○ **일관성**: 육각형 모형에서 서로 거리가 가까우면 상대적으로 유사한 특성을 가지고 있는 것을 말한다. 즉, 어떤 쌍들은 다른 유형의 쌍들보다 공통점을 더 많이 가지고 있다.
○ **변별성**: 특정 유형의 점수가 다른 유형의 점수보다 높은 것을 말한다. 반대로 모든 유형의 점수가 유사한 경우 특징이 없다고 볼 수 있다.
○ **정체성**: 개인적 측면에서의 정체성은 개인의 목표, 흥미, 재능에 대한 명확하고 견고한 청사진을 말하고, 환경적 측면에서의 정체성은 조직의 투명성, 안정성, 목표·일·보상의 통합을 말한다.

답안 작성법
정체성의 경우 개인적 측면과 환경적 측면으로 구분하여 작성하는 것이 가장 좋지만, 둘 다 외우는 것이 어렵다면 환경적 측면보다는 개인적 측면을 적어 주는 것이 낫다.

문장 구성 키워드
- 일관성: 공통점
- 변별성: 높은 점수
- 정체성
  - 개인: 목표, 흥미, 재능
  - 환경: 투명성, 안정성, 목표·일·보상의 통합

03 직업적응이론(TWA: Theory of Work Adjustment)에서 개인이 환경과 상호작용하는 특성을 나타내는 성격양식 차원의 4가지 성격유형 요소들을 쓰고, 각각에 대해 설명하시오. 2022년 3회

득점	배점
점	8 점

※ 요소 1가지당 2점
 (설명 미작성 시 1점)

+ 기출 플러스

19년 1회
롭퀴스트와 데이비스의 직업적응이론에서 직업적응방식의 유형 3가지를 쓰시오.
KEY 융통성, 인내, 적극성, 반응성

합격답안   데이비스와 롭퀴스트의 직업적응이론 ▶ 직업적응 유형

○ 민첩성: 과제를 얼마나 빨리 완성하느냐에 대한 개념으로, 정확성보다는 속도를 중시한다.
○ 역량: 에너지 소비량과 관련된 개념으로, 근로자들의 평균 활동수준을 의미한다.
○ 리듬: 활동에 대한 다양성을 의미한다.
○ 지구력(지속성): 개인이 환경과의 상호작용에 있어 반응을 계속하는 시간의 길이를 의미한다.

답안 작성법
적응방식 차원의 4가지 요소와 헷갈리지 않도록 유의한다.

문장 구성 키워드
• 민첩성: 속도
• 역량: 평균 활동수준
• 리듬: 다양성
• 지구력: 상호작용 시간

04 롭퀴스트(Lofquist)와 데이비스(Dawis)의 직업적응이론에 기초하여 개발된 직업적응과 관련된 검사도구 3가지를 쓰시오.

2019년 2회, 2016년 1회

※ 검사도구 1가지당 2점

+ 기출 플러스

22년 3회
직업적응이론(TWA)에서 중요하게 다루는 직업가치를 5가지 쓰시오.
KEY 성취, 이타심, 자율성, 안락함, 안정성, 지위

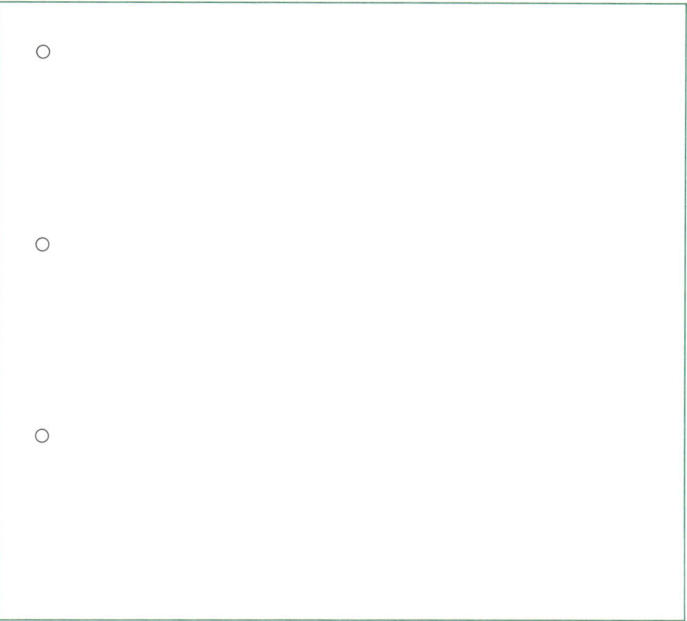

합격답안   데이비스와 롭퀴스트의 직업적응이론 ▶ 검사도구

○ 미네소타 중요성 질문지(MIQ): 개인이 일의 환경에 대해 지니는 20개의 욕구와 6개의 직업가치를 측정한다.

○ 미네소타 직무기술 질문지(MJDQ): 일의 환경이 MIQ에서 정의한 20개의 욕구를 만족시켜 주는 정도를 측정한다.

○ 미네소타 만족 질문지(MSQ): 직무만족의 원인이 되는 일의 강화요인을 측정한다. 능력의 사용, 성취, 승진, 활동, 다양성, 작업조건, 회사의 명성, 인간자원의 관리체계 등의 척도로 구성되어 있다.

답안 작성법

문제에서 설명을 요구하고 있지는 않으므로, 검사도구의 명칭만 작성하면 된다. 이때 'MIQ, MJDQ, MSQ'의 약자를 병기해 주는 것이 좋다.

문장 구성 키워드
- MIQ: 20개 욕구, 6개 가치
- MJDQ: 욕구 만족 정도
- MSQ: 직무만족 강화요인

05 긴즈버그(Ginzberg)에 따르면 직업선택은 환상기, 잠정기 및 현실기의 3단계로 이루어진다. 현실기의 3가지 하위 단계를 쓰고 설명하시오. 2018년 2회, 2014년 1회

득점	배점
점	6 점

※ 단계 1개당 2점
 (설명 미작성 시 1점)

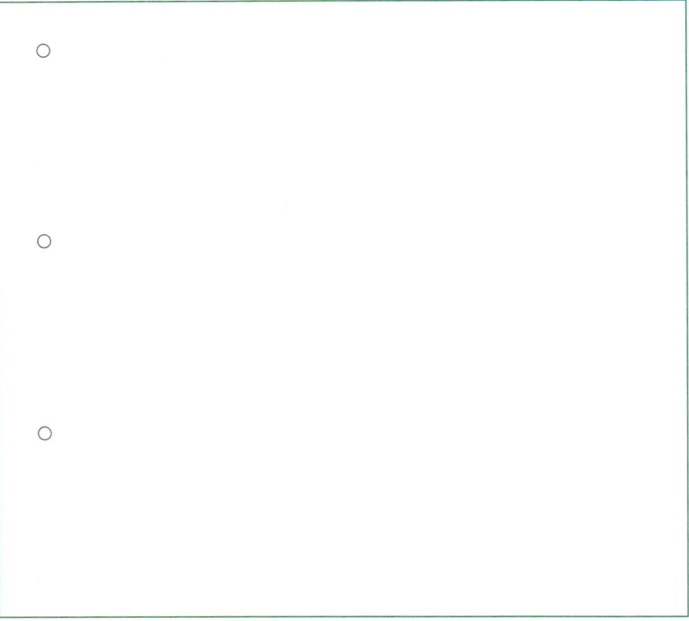

합격답안
긴즈버그의 진로발달이론 ▶ 진로발달단계

○ **탐색단계**: 직업선택의 다양한 가능성을 탐색하는 단계로, 직업선택에 필요한 교육과 경험을 쌓는다.
○ **구체화단계**: 직업목표가 구체화되는 단계로, 직업결정과 관련된 내적·외적 요인을 모두 고려하여 특정 직업분야에 몰두한다.
○ **정교화단계(특수화단계)**: 직업결정이 정교화되는 단계로, 직업결정에 대한 세밀한 계획을 세워 세분화·전문화된 의사결정이 이루어진다.

답안 작성법
각 단계에서 과연 무엇이 '탐색, 구체화, 정교화'되는지를 적어 주면 된다.

문장 구성 키워드
- 탐색: 가능성 탐색, 교육·경험
- 구체화: 목표 구체화, 내·외요인 모두 고려
- 정교화: 세분화·전문화된 의사결정

06 수퍼(Super)의 진로발달의 5단계를 설명하시오.

2020년 4회, 2017년 1회

득점	배점
점	5 점

※ 단계 1개당 1점
　(설명 미작성 시 0.5점)

＋기출 플러스

19년 2회
수퍼의 경력개발 단계 중 성장기의 3단계를 쓰고, 각각에 대해 설명하시오.
KEY 환상기, 흥미기, 능력기

합격답안

수퍼의 진로발달이론 ▶ 진로발달단계

- **성장기(출생~14세)**: 자기에 대한 지각이 생겨나고 직업세계에 대한 기본적 이해가 이루어지는 시기로, 초기에는 욕구와 환상이 지배적이지만, 사회참여와 현실검증력의 발달로 점차 흥미와 능력을 중요시한다.
- **탐색기(15~24세)**: 적합한 직업을 탐색하고 미래에 대한 계획을 세우는 시기로, 학교생활, 여가활동, 아르바이트 등을 통해 자아를 검증하고 역할을 수행한다.
- **확립기(25~44세)**: 자신에게 적합한 직업을 발견하여 그 직업에 종사하고, 생활의 터전을 다져 나가는 시기이다.
- **유지기(45~64세)**: 직업세계에서 자신의 위치가 확고해지고 안정된 삶을 살아가는 시기로, 익숙했던 지식과 기술을 새로운 내용으로 갱신하거나 새로운 과업을 찾기도 한다.
- **쇠퇴기(65세 이후)**: 정신적·육체적 기능이 쇠퇴함에 따라 직업세계에서 은퇴하는 시기로, 새로운 역할과 활동을 찾는다.

답안 작성법

각 단계의 연령대도 함께 적어 주는 것이 고득점을 위해 유리하다.

문장 구성 키워드

- 성장기: 욕구·환상 → 흥미·능력
- 탐색기: 자아 검증, 역할 수행
- 확립기: 직업 종사, 생활 터전
- 유지기: 확고, 안정
- 쇠퇴기: 은퇴, 새로운 역할

CHAPTER 01 직업발달이론

07 고트프레드슨(Gottfredson)의 직업과 관련된 개인발달의 4단계를 쓰고, 각각에 대해 설명하시오.   2016년 3회

득점	배점
점	4 점

※ 단계 1개당 1점
(설명 미작성 시 0.5점)

합격답안

고트프레드슨의 직업포부 발달이론 ▶ 직업포부 발달단계

- 힘과 크기 지향성(3~5세): 사고과정이 구체화되며, 어른이 된다는 것의 의미를 알게 된다. 자신의 미래 직업에 대해 긍정적인 입장을 취한다.
- 성역할 지향성(6~8세): 자아개념이 성의 발달에 의해서 영향을 받는다. 동성의 사람들이 많이 수행하는 직업을 선호하게 된다.
- 사회적 가치 지향성(9~13세): 사회계층과 사회질서에 대한 개념이 발달하기 시작하면서, '상황 속 자아'를 인식한다. 자신이 추구하는 사회적 명성과 능력에 맞는 직업들에 관심을 보이며, 지위의 하한선과 상한선을 형성한다.
- 내적, 고유한 자아 지향성(14세 이후): 자기인식 및 자아정체감이 발달하며, 타인의 감정, 생각, 의도를 이해한다. 자아성찰과 사회계층의 맥락에서 직업적 포부가 더욱 발달하고, 현실적 기준에 근거하여 합리적 선택을 한다.

답안 작성법

앞 문제와 마찬가지로 가능한 경우 각 단계에 해당하는 연령대를 적어 주는 것이 좋다.

문장 구성 키워드

- 힘과 크기: 사고과정 구체화
- 성역할: 자아개념, 성 발달
- 사회적 가치: 상황 속 자아
- 내적, 고유한: 자아성찰, 사회계층 맥락

08 로(Roe)의 수직차원의 6단계를 분류하시오. 2019년 1회

득점: 점
배점: 6점

※ 단계 1개당 1점

+ 기출 플러스

14년 3회
흥미사정에 관한 로의 2차원 분류체계에서 6가지 수직차원을 쓰시오.
KEY [합격답안]과 동일

합격답안

로의 욕구이론 ▶ 직업분류체계

- [1단계] 고급 전문관리: 중요한 정책에 독립적인 책임을 진다.
- [2단계] 중급 전문관리: 정책을 집행하거나 해석하며, 타인에 대한 중간 정도의 책임을 진다.
- [3단계] 준전문관리: 정책을 적용하거나 오직 자신만을 위한 의사결정을 하며, 타인에 대한 낮은 수준의 책임을 진다.
- [4단계] 숙련직: 견습이나 다른 특수한 훈련과 경험이 요구된다.
- [5단계] 반숙련직: 약간의 훈련과 경험이 요구되지만 숙련직보다는 낮은 수준이다.
- [6단계] 비숙련직: 특수한 훈련이나 교육을 필요로 하지 않으며, 단순한 반복활동을 한다.

답안 작성법

문제에서 설명까지 요구하고 있지는 않으므로 각 단계의 명칭만 정확하게 작성하면 된다. 이때 '1단계'~'6단계'라는 표현을 함께 적어주는 것이 좋다.

문장 구성 키워드

- 고급 전문관리: 독립적 책임
- 중급 전문관리: 중간 정도 책임
- 준전문관리: 낮은 수준 책임
- 숙련직: 특수한 훈련·경험
- 반숙련직: 약간의 훈련·경험
- 비숙련직: 단순 반복활동

09 크럼볼츠(Krumboltz)의 사회학습이론에서 개인의 진로선택에 영향을 미치는 것으로 가정한 요인 4가지를 쓰시오. 2022년 3회

득점	배점
점	4 점

※ 요인 1가지당 1점

+ 기출 플러스

18년 2회, 14년 1회
진로선택이론 중 사회학습이론에서 크럼볼츠가 제시한 진로선택에 영향을 주는 요인을 3가지만 쓰시오.
KEY [합격답안]과 동일

합격답안　　　　크럼볼츠의 사회학습이론 ▶ 진로결정 영향 요인

○ **유전적 요인과 특별한 능력**: 개인의 진로기회를 제한하는 생득적인 특질로, 인종, 성별, 신체적 특징, 지능, 예술적 재능 등이 해당된다.
○ **환경조건과 사건**: 개인의 통제를 넘어서 진로결정에 영향을 미치는 것으로, 취업 가능 직종의 내용, 교육·훈련 가능 분야, 정책, 법, 기술의 발달 정도 등이 해당된다.
○ **학습경험**: 과거에 학습한 경험은 현재 또는 미래의 교육적·직업적 의사결정에 영향을 미치는데, 크게 도구적 학습경험과 연상적 학습경험으로 분류할 수 있다.
○ **과제접근기술**: 개인이 어떤 과제를 성취하기 위해 동원하는 기술로, 목표 설정, 가치 명료화, 대안 형성, 직업적 정보 획득 등을 포함한다.

답안 작성법

'유전적 요인과 특별한 능력'을 '유전적 요인'으로만 작성하는 등 일부만 적어 내는 일이 없도록 유의하자.

문장 구성 키워드

- 유전적 요인과 특별한 능력: 생득적 특질
- 환경조건과 사건: 개인 통제를 넘어섬
- 학습경험: 과거 학습
- 과제접근기술: 목표 설정, 가치 명료화, 대안 형성, 직업적 정보 획득

10 반두라(Bandura)가 제시한 사회인지적 진로발달이론의 개인적 결정요인 3가지를 쓰고 설명하시오.   2017년 2회

득점	배점
점	6 점

※ 결정요인 1가지당 2점
  (설명 미작성 시 1점)

+ 기출 플러스

17년 1회
사회인지이론(SCCT)의 3가지 영역 모델에 대하여 설명하시오.
KEY 흥미모형, 선택모형, 수행모형

답안 작성법
'자기효능감'은 '자아효능감'으로, '결과기대'는 '성과기대'로 표현하기도 한다.

문장 구성 키워드
- 자기효능감: 자신의 능력에 대한 신념
- 결과기대: 과업 수행 결과에 대한 기대
- 개인적 목표: 성취를 위한 개인의 의도

합격답안   사회인지적 진로이론 ▶ 진로발달 결정요인

○ **자기효능감**: 목표한 과업을 수행해 내기 위해 필요한 행동을 계획하고 실행할 수 있는 자신의 능력에 대한 신념을 말한다.
○ **결과기대**: 특정 과업을 수행했을 때 결과로 얻게 될 것에 대한 기대를 말한다.
○ **개인적 목표**: 특정 활동에의 참여 또는 특정 결과를 성취하기 위한 개인의 의도를 말한다.

CHAPTER 02 직업심리검사

테마 1 직업심리검사의 이해

1 심리검사의 이해

(1) 심리검사의 의미 및 특징
① 심리검사는 지능, 적성, 성격, 흥미, 태도 등 인간의 심리적 속성을 질적 혹은 양적으로 측정, 평가하는 표준화된 절차이다.
② 심리검사는 심리평가의 근거자료 중 하나이며, 심리검사의 결과는 개인 간 비교가 가능하다.

(2) 심리검사의 사용 목적
① 진단 및 분류: 개인의 행동상 문제에 대한 원인적 요인을 진단하고, 문제를 분류할 수 있다.
② 예측: 심리검사 결과의 개인 간 비교를 통해 개인의 수행을 예측할 수 있기 때문에 회사에서는 인사선발 및 배치와 관련해서 심리검사를 실시한다.
③ 자기이해 증진: 개인에게 자신의 강점과 단점을 파악하게 하고 진로적성 및 학업성취도를 제시함으로써 개인의 발전을 도모하도록 돕는다.
④ 조사 및 연구: 개인과 집단의 일반적인 행동경향을 조사하고, 연구를 통해 집단의 특징 및 인과관계를 규명할 수 있다.

2 심리검사의 분류

(1) 사용목적에 따른 분류
① 규준참조검사
   ㉠ 개인의 검사 점수를 다른 사람의 점수와 비교해서 상대적으로 어떤 수준인지를 알아보는 검사이다.
   ㉡ 성격검사, 적성검사 등 대부분의 심리검사는 규준참조검사에 해당한다.
② 준거참조검사
   ㉠ 개인의 검사 점수를 다른 사람의 점수와 비교하는 것이 아니라, 어떤 기준 점수와 비교하는 검사이다.
   ㉡ 직업상담사 자격시험 등 다수의 국가자격시험은 준거참조검사에 해당한다.

기/출/족/보 출제지수 ■□□
22년 2회, 20년 1회
심리검사의 사용 목적 3가지를 쓰고 설명하시오.

POINT
제시된 4가지 중 '진단 및 분류, 예측, 자기이해 증진'으로 답안을 구성하는 것을 추천한다.

기/출/족/보 출제지수 ■■■
21년 1회, 21년 3회, 19년 2회, 18년 3회, 16년 3회
검사는 사용목적에 따라 규준참조검사와 준거참조검사로 분류될 수 있다. 규준참조검사와 준거참조검사의 의미를 각각 예를 들어 설명하시오.

16년 1회
규준참조검사와 준거참조검사의 차이점에 대해 설명하시오.

POINT
비교 대상이 '다른 사람의 점수'인지 '특정 기준 점수'인지가 핵심이다.

(2) 측정내용에 따른 분류

① 인지적 검사(능력검사, 성능검사, 극대수행검사)
  ㉠ 인지능력을 평가하기 위한 검사로, 일정한 시간 내에 수검자가 최대한의 능력을 발휘하도록 요구하기 때문에 극대수행검사라고도 한다.
  ㉡ 보통 문항에 정답이 있으며, 응답시간에 제한이 있다.
  ㉢ 유형별 대표 검사

지능검사	• 스탠포드-비네 지능검사(Stanford-Binet Intelligence Scale) • 한국판 웩슬러 성인용 지능검사(K-WAIS) • 한국판 웩슬러 아동용 지능검사(K-WISC)
적성검사	• 일반적성검사(GATB) • 차이적성검사(DAT)
성취도검사	• 학업성취검사 • TOEFL, TOEIC 등

② 정서적 검사(성향검사, 습관적 수행검사)
  ㉠ 일상생활에서의 습관적인 행동을 검토하기 때문에 습관적 수행검사라고도 한다.
  ㉡ 문항에 정답이 없고, 응답시간에 제한이 없으며, 응답자의 정직한 응답을 요구한다.
  ㉢ 유형별 대표 검사

성격검사	• 마이어스-브릭스 성격유형검사(MBTI) • 미네소타 다면적 인성검사(MMPI) • 성격 5요인(Big-5) 검사 • 캘리포니아 성격검사(CPI) • 로샤 검사(Rorschach Test)
흥미검사	• 직업선호도검사(VPI) • 스트롱-캠벨 흥미검사(SCII)
태도검사	• 직무만족도검사(JSS) • 구직욕구검사

(3) 실시방식에 따른 분류

① 검사 시간에 따른 분류
  ㉠ 속도검사: 숙련도를 측정하는 검사로, 시간 제한이 있고, 쉬운 문제들로 구성하는 것이 일반적이다.
  ㉡ 역량검사: 궁극적인 문제해결력을 측정하는 검사로, 시간 제한이 없고, 어려운 문제들로 구성하는 것이 일반적이다.

기/출/족/보 출제지수 ■■□

23년 3회, 20년 4회, 18년 1회
성능검사와 성향검사에 해당하는 검사를 각각 6가지(3가지)씩 쓰시오.

20년 4회
직업심리검사의 분류에서 극대수행검사와 습관적 수행검사를 설명하고 각각의 대표적인 유형 2가지를 쓰시오.

POINT
인지적 검사와 정서적 검사를 지칭하는 여러 가지의 용어를 모두 파악해 두어야 한다.

기/출/족/보 출제지수 ■■□

20년 1회, 15년 1회
역량검사(power test)와 속도검사(speed test)에 대해서 설명하시오.

17년 1회
심리검사 실시방식에 따른 분류 3가지를 쓰시오.

POINT
'속도검사 vs 역량검사', '개인검사 vs 집단검사', '지필검사 vs 수행검사'가 각각 무엇을 기준으로 한 분류인지를 명확하게 파악해야 한다.

② 수검자 수에 따른 분류
  ㉠ 개인검사: 한 명의 수검자와 한 명의 검사자가 일대일 방식으로 치르는 검사로, 수검자에 대해 심층적으로 분석하는 데 유리하다.
  ㉡ 집단검사: 한 번에 여러 명의 수검자를 대상으로 실시하는 검사로, 시간과 비용 면에서 효율적이다.
③ 검사 도구에 따른 분류
  ㉠ 지필검사: 종이에 인쇄된 문항에 연필로 응답하는 방식의 검사로, 고도의 물리적인 조작이나 신체행동이 필요하지 않기 때문에 손쉽게 실시할 수 있다.
  ㉡ 수행검사: 대상이나 도구를 직접 다루어야 하는 검사로, 일상생활을 모사한 상황에서 직접 행동을 하는 방식도 있다.

기/출/족/보 출제지수 ■□□
21년 3회, 19년 1회
심리검사에서 준거장면에 따른 분류 3가지를 쓰고 설명하시오.

POINT
'실제, 모의, 축소, 경쟁'을 키워드로 외워 두자.

(4) 준거장면에 따른 분류
① 실제장면 검사: 수검자의 실제 생활 상황 또는 작업 장면에서의 수행 또는 결과를 관찰하고 측정하는 검사이다.
② 모의장면 검사: 실제 상황과 유사한 장면을 인위적으로 만들어 놓고, 그 장면에서 수검자의 수행 또는 성과를 관찰하고 평가하는 검사이다.
③ 축소상황 검사: 실제 장면과 같지만 구체적인 과제나 직무를 축소시켜 제시하고 그 수행 또는 결과를 관찰하고 평가하는 검사이다.
④ 경쟁장면 검사: 작업 장면과 같은 상황에서 실제 문제나 작업을 제시하고, 경쟁적으로 문제해결을 수행하도록 하는 검사이다.

기/출/족/보 출제지수 ■■■
22년 3회, 19년 2회, 14년 3회
심리검사에는 선다형이나 '예, 아니요' 등 객관적 자기보고형 검사(설문지 형태의 검사)가 가장 많이 사용된다. 이러한 형태의 검사가 가지는 장점을 5가지 쓰시오.

21년 2회, 17년 1회
투사적 검사와 비교하여 객관적 검사의 장점 3가지를 쓰시오.

20년 3회, 18년 1회, 14년 2회
투사적 검사의 장점과 단점을 각 3가지씩 쓰시오.

19년 3회
심리검사 중 선다형이나 '예, 아니요' 등 객관식 형태의 자기보고형 검사(설문지 형태의 검사)가 가지는 단점 3가지를 쓰시오.

(5) 객관적 검사와 투사적 검사
① 객관적 검사
  ㉠ 제시되는 문항의 내용이나 의미가 객관적으로 구조화되어 있는 검사로, 모든 사람에게서 동일한 방식의 해석이 내려질 것을 기대하는 검사이다.
  ㉡ 개인의 독특성을 측정하기보다 각 개인이 공통적으로 지니고 있는 특성이나 차원을 기준으로 하여 개인들을 상대적으로 비교하는 데 목적을 둔다.
  ㉢ 장·단점

장점	• 검사의 실시, 채점, 해석이 간편하다. • 시간과 노력이 절약되어 경제적이다. • 신뢰도와 타당도가 높다. • 검사자나 상황변인의 영향을 덜 받기 때문에 객관성이 증대된다. • 무응답이나 부적합한 응답을 줄일 수 있다.

단점	• 수검자가 사회적으로 바람직한 방향으로 반응하면서 검사문항에 대해 방어할 수 있다. • 수검자가 자신의 취향이나 일정한 흐름에 따라 반응할 수 있다. • 수검자가 문항 내용에 대해 정확하게 반응하려고 노력하지 않고 '예' 또는 '아니요' 중 어느 한쪽에 집중적으로 반응할 수 있다. • 문항 내용 및 응답의 범위가 제한되어 수검자의 감정, 신념 등 심리 내적인 요인을 밝히기 어렵다.

② 투사적 검사
  ㉠ 불분명하고 모호한 자극을 제시하여 수검자가 내면적 욕구나 성향을 자연스럽게 투사하도록 유도하는 비구조화된 검사이다.
  ㉡ 개인의 독특한 심리적 특성을 측정하는 데 목적을 둔다.
  ㉢ 장·단점

장점	• 수검자의 다양하고 풍부한 반응을 이끌어 낼 수 있다. • 수검자가 검사에 대해 방어하기가 어려우므로 수검자의 솔직한 반응을 유도할 수 있다. • 수검자 자신이 평소에 의식하지 못했던 무의식적 내용을 반영할 수 있다.
단점	• 신뢰도와 타당도의 검증이 어렵다. • 검사의 실시 및 해석에 있어 높은 전문성이 요구된다. • 검사자나 상황변인의 영향을 많이 받기 때문에 객관성이 떨어진다.

(6) 질적 측정도구

① **자기효능감 척도**: 내담자에게 수행해야 할 과제를 제시한 후, 그 과제의 난이도와 자신이 그 과제를 잘 수행할 수 있는지의 확신도를 말하게 하여, 과제를 수행할 수 있는 능력을 어느 정도 수준으로 갖추었다고 스스로 판단하는지를 측정한다.
② **직업가계도(제노그램)**: 직업과 관련된 내담자의 가계력을 알아보는 도구로 원래 가족치료에 활용하기 위해 개발되었는데, 경력상담 시 먼저 내담자의 가족이나 선조들의 직업 특징에 대한 시각적 표상을 얻기 위해 도표를 만드는 것이다.
③ **직업카드분류**: 다수의 직업을 표시한 직업카드를 사용하여 직업을 '좋아함, 싫어함, 미결정' 등으로 분류하여, 개인의 직업선택의 동기와 흥미 및 가치관을 탐색한다.
④ **역할놀이**: 내담자의 수행 행동을 나타낼 수 있는 업무상황을 제시하여, 가상의 상황에서 내담자의 역할활동에 대한 관찰을 통해 내담자의 직업 관련 사회적 기술들을 파악한다.

테마 2 규준과 점수해석

1 규준의 이해

(1) 원점수
① 실시한 검사를 채점해서 얻은 최초의 점수로, 그 자체로는 거의 아무런 정보를 주지 못한다.
② 기준점이 없기 때문에 특정 점수의 크기를 표현하기 어렵고, 서로 다른 검사의 결과를 동등하게 비교할 수 없다.
③ 척도의 종류로 볼 때 서열척도에 불과할 뿐 사실상 등간척도가 아니다.

(2) 규준
① 한 개인의 점수를 다른 사람들의 점수와 비교할 때 비교가 되는 점수를 말한다.
② 원점수를 표준화된 집단의 검사점수와 비교하기 위한 개념으로, 대표집단의 사람들에게 실시한 검사점수를 일정한 분포도로 작성하여, 특정 검사점수 및 개인의 점수를 해석하기 위한 것이다.
③ 규준은 특정 모집단을 대표하는 표본을 구성하고 이들에게 검사를 실시하여 얻은 점수를 체계적으로 분석해서 만들게 된다.

2 규준의 종류

(1) 발달 규준
수검자가 정상적인 발달경로상에서 어느 정도 수준에 있는지를 표현하는 방식으로 원점수에 의미를 부여한다.
① 연령규준: 수검자의 점수를 규준집단에 있는 사람들의 연령과 비교해서 몇 살에 해당되는지를 해석할 수 있게 하는 방법이다.
② 학년규준: 주로 학교에서 실시하는 성취도검사에서 이용하기 위해 학년별 평균이나 중앙치를 이용해서 규준을 제작하는 방법이다.
③ 서열규준: 발달검사 과정에서 수검자의 행동을 관찰하여 행동의 발달단계상 어느 수준에 위치하는지 나타내는 방법이다.

(2) 집단 내 규준
개인의 원점수를 규준집단의 수행과 비교해 볼 수 있는 방식으로, 원점수가 심리 측정상 등간척도의 성질을 갖도록 변환한 것이다. 표준화된 검사들은 대부분 발달규준이 아닌 집단 내 규준을 제공한다.

기/출/족/보 출제지수 ■■■
23년 1회, 23년 2회, 20년 1회, 19년 1회, 18년 3회, 17년 3회, 15년 1회
표준화된 심리검사에는 집단 내 규준이 포함되어 있다. 집단 내

① 백분위점수
  ㉠ 개인의 원점수를 100개의 동일한 구간에 순위에 따라 분포시킨 점수로, 특정 집단의 점수분포에서 한 개인의 상대적 위치를 살펴보는 데 적합하다.
    예) 검사 결과로 제시되는 백분위 95의 의미는 내담자의 점수보다 낮은 사람들이 전체의 95%가 된다는 의미이다.
  ㉡ 그 의미가 모든 사람에게 단순하고 직접적이며, 통계적인 훈련을 받지 않은 사람들도 쉽게 이해하고 계산할 수 있다.
  ㉢ 적용대상에 크게 제한이 없어, 보편적으로 이용할 수 있다.

② 표준점수
  ㉠ 원점수가 주어진 집단의 평균을 중심으로 분포상 어디에 위치하는가를 표준편차 단위를 사용하여 나타낸 것이다.
  ㉡ 표준화된 심리검사에서 표준점수는 개인의 점수가 평균으로부터 떨어져 있는 거리이다.
  ㉢ 흔히 사용되는 표준점수로는 Z점수, T점수가 있다.

Z점수	• 원점수를 변환해서 평균이 0, 표준편차가 1인 분포로 만든 것이다. • 음수 값이나 소수점으로 제시되기도 한다. • Z점수 = $\dfrac{\text{원점수} - \text{평균}}{\text{표준편차}}$
T점수	• 원점수를 변환해서 평균이 50이고, 표준편차가 10인 분포로 만든 것이다. • 음수 값이나 소수점을 갖는 Z점수의 단점을 보완하기 위한 것이다. • T점수 = 10 × Z점수 + 50

  예) 지능검사에서 A의 원점수는 110점, 전체 집단의 평균은 100점, 표준편차는 10이다. 이때 Z점수는 (110−100)/10 = 1점이고, T점수는 10 × 1 + 50 = 60점이다.

③ 표준등급
  ㉠ '스테나인(stanine) 척도'라고도 하는데, 표준을 의미하는 'standard'와 9를 의미하는 'nine'의 합성어로, 2차 세계대전 중에 미국 공군이 개발한 것이다.
  ㉡ 모든 원점수를 비율에 따라 1~9의 구간으로 구분하여 각각의 구간에 일정한 점수나 등급을 부여한 것으로, 최고점수는 9, 최저점수는 1, 백분위 50에 해당하는 점수는 5이다.
  ㉢ 학교에서 실시하는 성취도검사나 적성검사의 점수를 정해진 범주에 집어넣어 학생들 간의 점수 차가 작을 때 생길 수 있는 지나친 확대 해석을 미연에 방지할 수 있다.

규준의 종류 3가지를 쓰고 설명하시오.
23년 3회, 21년 2회, 14년 3회

규준의 종류 중 백분위점수, 표준점수, 표준등급의 의미를 각각 설명하시오.
20년 2회

다음 표는 어떤 심리검사의 결과를 나타낸 것이다. 주어진 결과를 토대로 C의 표준점수(Z점수)를 구하시오.
14년 3회

직업상담사가 구직자 A와 B에게 동형검사인 직무능력검사 I형과 직무능력검사 E형을 실시한 결과, A는 115점, B는 124점을 얻었으나 검사유형이 다르기 때문에 두 사람의 점수를 직접 비교할 수 없다. A와 B 중 누가 더 높은 직무능력을 갖추었는지 각각 표준점수인 Z점수를 산출하고 이를 비교하시오.

POINT
백분위점수, 표준점수, 표준등급의 개념을 기본적으로 파악해야 하고, 표준점수의 경우 Z점수를 계산하는 과정을 여러 번 연습해야 한다.

3 표본추출

(1) 표본추출의 이해
① 규준집단을 구성하기 위해서는 모집단에 대한 대표성을 확보할 수 있도록 표본을 추출해야 한다.
② 표본을 추출하는 방법에는 확률표집방법과 비확률표집방법이 있는데, 이 중 비확률표집은 연구자의 주관적 판단에 따라 임의로 표집하는 것으로, 규준을 만들기 위한 방법으로는 적절하지 않다.

(2) 확률표집방법
① 단순무선표집(단순무작위표집): 모집단의 구성원들이 표본에 속할 확률이 동일하도록 무작위로 표집하는 방식이다.
  예 제비뽑기, 컴퓨터를 통해 난수 추출하기
② 층화표집(유층표집): 모집단이 서로 이질적인 하위집단들로 구성되어 있는 경우, 각 집단에서 필요한 만큼 단순무선표집을 사용해 표본을 추출하는 방식이다.
  예 서로 다른 학년 집단(1학년, 2학년, 3학년…)에서 표본 추출하기
③ 집락표집(군집표집): 모집단을 서로 동질적인 하위집단으로 구분하여, 집단 자체를 표집하는 방식이다.
  예 중학교 1학년을 모집단으로 하는 검사에서 A중학교 1학년 B반 자체를 표집하기
④ 체계적 표집(계통표집): 모집단 구성원들에게 번호를 주고, 그 번호를 규칙적으로 선정하는 방식이다.
  예 모집단 구성원에게 무작위로 번호를 주고, 1번, 11번, 21번, 31번…을 표본으로 추출하기

(3) 표집절차와 정규분포
① 정규분포(정상분포)는 충분한 자료가 수집되었을 때 주어진 검사에서 획득한 점수의 분포로, 평균을 중심으로 연속적·대칭적 종 모양을 갖는다.
② 표준화를 위해 수집한 자료가 정규분포에서 벗어나는 것은 검사도구의 문제라기보다 표집절차의 오류에 원인이 있을 수 있다.
③ 표집절차 오류의 해결 방법
  ㉠ 완곡화: 정규분포의 모양을 갖추도록 점수를 더해 주거나 빼 주는 방법으로, 검사 점수가 정규분포와 비교적 유사한 경우 사용한다.
  ㉡ 절미법: 어느 한쪽으로 치우친 분포에서 길게 늘어진 꼬리를 편포라고 하는데, 검사 점수가 편포를 이루는 경우, 이 편포를 잘라 내는 방법이다.

ⓒ 면적환산법: 각 검사 점수들의 백분위를 찾아 그 백분위에 해당하는 Z점수를 찾는 방법이다.

4 측정

(1) 척도(scale)

① 명명척도(명목척도): 측정 대상 간의 속성 차이만 구분하기 위하여 숫자나 기호를 할당한 척도로, 양적인 분석이나 대소 비교는 불가능하다.
- 예 남성에게 1, 여성에게 2라는 번호를 할당한 경우, 1과 2는 성별이 다른 사람이라는 정보만을 나타낼 뿐이다.

② 서열척도: 숫자의 차이가 측정한 속성의 차이에 관한 정보뿐만 아니라 그 서열관계에 대한 정보도 포함하는 척도이다.
- 예 3명의 학생에게 점수 순으로 1등, 2등, 3등이라는 등수를 부여한 경우, 2등은 1등보다 점수가 낮고 3등보다는 높다는 것을 알 수 있지만, 그 점수 차이는 알 수 없다.

③ 등간척도: 명목척도와 서열척도의 특징을 모두 가지고 있으면서, 수치상의 차이가 실제 측정한 속성 간의 차이와 동일하다는 등간 정보를 포함하는 척도이다.
- 예 어제 정오의 기온이 20℃, 오늘 정오의 기온이 30℃인 경우, 오늘 정오의 기온이 어제 정오의 기온보다 10℃ 올랐다고 할 수는 있지만, 1.5배만큼 덥다고는 할 수 없다.

④ 비율척도: 차이정보, 서열정보, 등간정보 외에 수의 비율에 관한 정보까지 담고 있는 척도로, 절대 0점을 가짐으로써 비율의 성격을 갖고 있는 척도이다.
- 예 영희의 몸무게가 80kg, 철수의 몸무게가 40kg일 때, 영희가 철수보다 두 배 무겁다는 것을 알 수 있다.

(2) 측정오차를 줄이는 방법

① 이미 신뢰성이 있다고 인정된 표준화된 측정도구를 사용한다.
② 측정도구의 문항을 분명하게 작성하여 모호성을 제거한다.
③ 수검자가 잘 모르거나 관심이 없는 문항은 제거한다.
④ 동일한 속성을 측정하는 문항의 수를 늘린다.
⑤ 측정도구의 측정 내용이 보다 좁은 범위가 되도록 한다.
⑥ 잘 통제된 유사한 조건에서 검사를 실시한다.
⑦ 검사자의 검사 방식과 태도를 일관되게 유지한다.
⑧ 수검자에게 충분한 검사 시간을 제공한다.

기/출/족/보 출제지수 ■■□

20년 2회, 16년 1회, 16년 2회

직업심리검사에서 측정의 기본단위인 척도의 4가지 유형을 쓰고, 각각에 대해 설명하시오.

POINT

'명목척도 → 비율척도'로 개념이 확장되면서 어떠한 속성이 추가되는지를 살펴보면 이해하기가 쉽다.

기/출/족/보 출제지수 ■□□

22년 3회, 19년 2회

측정의 신뢰도를 높이기 위해서는 측정오차를 줄여야 한다. 측정오차를 줄이기 위한 방법을 6가지(3가지) 쓰시오.

POINT

최대 6가지를 물어볼 수 있으니, 6가지 이상 외워 두자.

5 점수의 해석

(1) 중심경향치로서 대푯값

① **평균값(평균치)**: 집단의 특성을 가장 간편하게 표현하기 위한 개념으로, 모든 측정값의 합을 전체 사례 수로 나눠 얻은 값이다.
  - 예 사례 점수가 '1, 1, 2, 3, 4, 4, 4, 5'인 경우, 이 점수를 모두 더하여 사례 수인 8로 나눈 값인 '3'이 평균값이 된다.

② **중앙값(중앙치)**: 측정값을 크기 순으로 배열해 놓았을 때 위치상 가장 중앙에 있는 값으로, 사례의 수가 홀수인 경우에는 그 정중앙에 위치한 값이 중앙값이 되고, 짝수인 경우에는 그 중앙에 있는 두 점수의 평균값이 중앙값이 된다.
  - 예 사례 점수가 '1, 1, 2, 3, 4, 4, 4, 5'인 경우, 중앙에 있는 '3'과 '4'의 평균값인 '3.5'가 중앙값이 된다.

③ **최빈값(최빈치)**: 측정값들 중 빈도수가 가장 높은 값으로, 최빈값은 여러 개일 수도 있다.
  - 예 사례 점수가 '1, 1, 2, 3, 4, 4, 4, 5'인 경우, 그 빈도수가 3으로 가장 높은 '4'가 최빈값이 된다.

(2) 분산도(산포도)

① 범위
  - ㉠ 점수분포에서 최고점수와 최저점수의 차이를 말한다.
  - ㉡ '최고점수－최저점수＋1'로 구한다.

② 분산(변량)
  - ㉠ 각 점수가 평균으로부터 흩어져 있는 정도를 나타내는 값이다.
  - ㉡ 각 점수와 평균값의 차이인 편차를 제곱하여 얻은 값들을 평균하여 구한다.

③ 표준편차
  - ㉠ 점수들이 그 집단의 평균치로부터 벗어난 평균거리로, 평균에서 각 점수들이 평균적으로 이탈된 정도를 의미한다.
  - ㉡ 표준편차는 분산을 제곱근한 값이고, 분산은 표준편차를 제곱한 값이다.
  - ㉢ 표준편차가 작을수록 해당 집단의 사례들이 동질적인 것으로, 표준편차가 클수록 이질적인 것으로 볼 수 있다.

④ 사분위편차
  - ㉠ 자료들이 얼마나 중앙부분에 집중되어 있는가를 나타내 주는 것으로, 양극단의 점수에 좌우되는 범위의 단점을 보완할 수 있다.
  - ㉡ 자료를 크기 순으로 늘어놓고 4등분하여 일정한 위치에 있는 점수 간의 거리를 비교하는 것이다.

기/출/족/보 출제지수 ■□□

15년 1회
가장 흔히 사용되는 중심경향치 3가지를 쓰고 설명하시오.

POINT
평균값, 중앙값, 최빈값을 각각 어떻게 구하는지에 초점을 맞춰 개념을 익히도록 한다.

기/출/족/보 출제지수 ■□□

14년 2회
어떤 집단의 심리검사 점수가 분산되어 있는 정도를 판단하기 위하여 사용되는 기준 2가지를 쓰고, 각각에 대해 간략히 설명하시오.

POINT
분산도 중에 2가지를 골라 답안을 작성할 경우 범위와 분산 또는 표준편차로 답안을 구성하는 것이 무난하다. 이때 범위는 '최고점수－최저점수'가 아니라 '최고점수－최저점수＋1'임에 유의하자.

테마 3 　 신뢰도

1 　 신뢰도의 이해

(1) 개요
① 신뢰도는 측정도구가 측정하고자 하는 현상을 일관성 있게 측정하고 있는가를 의미하는 개념이다.
② 검사의 신뢰도는 동일한 수검자에게 반복적으로 검사를 실시했을 때 일관된 결과가 나오는 정도로, 신뢰도가 높은 검사에서는 한 수검자가 동일한 검사를 반복해서 받을 때 유사한 점수를 받는다.
③ 신뢰도 계수는 검사의 일관성을 보여 주는 값이다. 신뢰도 계수는 0에서 1 사이의 값을 갖는데, 0에 가까울수록 신뢰도가 낮은 반면, 1에 가까울수록 신뢰도가 높은 것을 의미한다.
④ 신뢰도를 추정하는 방법으로는 검사-재검사 신뢰도, 동형검사 신뢰도, 반분신뢰도, 문항 내적 합치도, 채점자 간 신뢰도 등이 있다.

(2) 검사의 신뢰도에 영향을 주는 요인
① 개인차: 개인차가 클수록 검사 점수의 변량은 커지며, 그에 따라 신뢰도 계수도 커지게 된다.
② 문항 수: 신뢰도 계수는 문항 수가 증가함에 따라 커지지만, 정비례하여 커지는 것은 아니다.
③ 문항반응 수: 문항반응 수가 적정한 크기를 유지할 때 신뢰도가 높아지지만, 적정한 수준을 초과하는 경우에는 더 이상 신뢰도 계수가 커지지 않는다.
④ 검사 유형: 검사 유형에 따라 특정 신뢰도 추정방법이 적절하지 않을 수 있다. 예를 들어, 문항 수가 많고 시간이 제한되어 있는 속도검사의 경우 후반부로 갈수록 문항에 답할 충분한 시간이 없으므로 전후 반분법을 이용하여 신뢰도를 추정하는 것은 바람직하지 않다.

2 　 신뢰도의 종류

(1) 검사-재검사 신뢰도
① 동일한 검사를 동일한 수검자 집단에 일정 시간 간격을 두고 두 번 실시하여 얻은 두 검사 점수의 상관계수에 의하여 신뢰도를 추정하는 방법이다.
② 검사 점수가 시간의 변화에 따라 얼마나 일관성이 있는지를 의미하므로, 시간에 따른 안정성을 나타내는 '안정성 계수'와 관련이 있다.

기/출/족/보 출제지수 ■■□
23년 2회, 21년 3회, 20년 2회, 18년 1회
직업심리검사의 신뢰도를 추정하는 방법 3가지를 쓰고 설명하시오.

POINT
'2 신뢰도의 종류'에 열거된 5가지 방법 중 3가지를 골라 작성하면 된다.

기/출/족/보 출제지수 ■■■
23년 1회
신뢰도의 종류 3가지와 신뢰도에 영향을 주는 요인 3가지를 쓰시오.
21년 1회, 17년 3회, 14년 3회
심리검사의 신뢰도(신뢰도 계수)에 영향을 주는 요인 3가지(4가지)를 쓰고 설명하시오.
21년 2회, 17년 1회
심리검사의 신뢰도에 영향을 주는 요인 5가지를 쓰시오.

POINT
각 영향 요인이 어떠할 때 신뢰도가 높아지는지를 파악해 두자.

기/출/족/보 출제지수 ■■■
23년 1회, 20년 3회, 18년 2회
검사-재검사 신뢰도에 영향을 미치는 요인 4가지(3가지)를 쓰시오.
22년 1회, 18년 3회, 14년 3회
신뢰도 검증방법 중 검사-재검사법의 단점 4가지(3가지)를 쓰시오.

16년 2회, 15년 3회
검사-재검사를 통해 신뢰도를 추정할 때 충족되어야 할 조건 3가지를 서술하시오.

POINT
'검사-재검사 신뢰도의 단점'과 '검사-재검사 신뢰도에 영향을 미치는 요인'은 같은 맥락에서 학습하면 된다.

③ 정서반응과 같은 불안정한 심리적 특성의 신뢰도를 정확히 추정하기 위해서는 검사-재검사의 기간을 짧게 해야 한다.
④ 검사-재검사 신뢰도 추정 시 충족 조건
  ㉠ 측정 내용 자체는 일정 시간이 경과하더라도 변하지 않는다고 가정할 수 있어야 한다.
  ㉡ 첫 번째 검사의 경험이 두 번째 검사의 점수에 영향을 미치지 않는다는 확신이 있어야 한다.
  ㉢ 첫 번째와 두 번째 검사 사이의 어떤 학습활동이 두 번째 검사의 점수에 영향을 미치지 않는다고 가정할 수 있어야 한다.
⑤ 검사-재검사 신뢰도의 단점(영향 요인)
  ㉠ 성숙효과: 시간 간격이 너무 클 경우 측정 대상의 속성이나 특성이 변화할 수 있다.
    예) 초등학교 1학년생들을 대상으로 어휘력 검사를 할 경우, 첫 번째 검사를 실시하고 1년 뒤에 두 번째 검사를 실시한다면, 수검자들은 초등학교 2학년이 되면서 자연스럽게 어휘력이 향상되어 검사 결과에 영향을 줄 수 있다.
  ㉡ 반응민감성 효과: 반응민감성의 영향으로 검사를 치르는 경험이 후속 반응에 영향을 줄 수 있다.
    예) 첫 번째 검사를 치른 후 일부 수검자들은 모르는 답을 찾아볼 것이고, 이것은 두 번째 검사 결과에 영향을 준다.
  ㉢ 이월효과(기억효과): 앞에서 답한 것을 기억해서 뒤의 응답 시 활용할 수 있다.
  ㉣ 개인적·환경적 요인 변화: 수검자의 건강, 기분 등 개인적 요인과 날씨, 소음 등 환경적 요인이 검사 수행에 영향을 줄 수 있다.

(2) 동형검사 신뢰도
① 동일한 수검자에게 첫 번째 실시한 검사와 동일한 유형의 이미 신뢰성이 입증된 검사를 실시하여 두 검사 점수 간의 상관계수 의해 신뢰도를 추정하는 방법이다.
② 상관계수가 두 검사의 동등성 정도를 나타낸다는 점에서 '동등성(동형성) 계수'와 관련이 있다.
③ 동형검사 신뢰도 추정 시 충족 조건
  ㉠ 두 검사가 근본적으로 측정하려고 하는 영역에서 동일한 내용이 표집되어야 한다.
  ㉡ 두 검사의 형식, 문항 수, 난이도, 지시 내용, 시간 제한, 구체적인 설명까지 모두 동등성이 보장되어야 한다.

21년 2회, 18년 2회
어떤 사람의 적성을 알아보기 위해 같은 명칭의 A 적성검사와 B 적성검사를 두 번 반복 실시를 했는데 두 검사의 점수가 차이를 보여 이 사람의 정확한 적성을 판단하기 매우 어려운 상황이 발생하였다. 이와 같은 동일명의 유사한 심리검사의 결과가 서로 다르게 나타날 수 있는 가능한 원인을 5가지 쓰시오.

POINT
검사 문항, 검사 환경, 수검자, 검사자에 따른 원인으로 구분하여 이해하면 된다.

④ 동형검사 신뢰도의 단점
  ㉠ 두 검사의 검사 내용, 형태, 문항 수, 난이도 등을 모두 동일하게 제작하는 것이 어렵다.
  ㉡ 동형검사는 연습효과에 취약하다.
⑤ 동일명의 유사한 심리검사 결과가 서로 다르게 나타날 수 있는 원인
  ㉠ 동형검사 제작의 한계에 따른 검사 내용 및 난이도의 차이
  ㉡ 검사 시행 절차 및 시간의 차이
  ㉢ 검사 수행 환경의 차이
  ㉣ 수검자의 신체적·심리적·정신적 변화
  ㉤ 검사자의 경험 및 검사 시행 시의 행동 차이

(3) 반분신뢰도

① 한 검사의 전체 문항을 반으로 나눈 다음 상관계수를 사용하여 두 부분이 모두 같은 개념을 측정하는지 비교하는 방법이다.
② 둘로 구분된 문항들의 내용이 얼마나 일관성이 있는가를 측정한다는 점에서 '내적 합치도 계수'와 관련이 있으며, 내적 합치도 계수가 매우 낮다는 것은 검사가 성질상 매우 다른 속성을 측정하는 문항들로 구성되어 있다는 것을 의미한다.
③ 반분신뢰도 추정방법
  ㉠ 전후절반법(전후양분법): 배열된 순서에 따라 문항을 전반부와 후반부로 양분하는 방법이다. 속도검사에는 시간제한이 있어 수검자들이 후반부 문항에 소홀하게 응답할 수 있으므로, 전후절반법을 속도검사에 사용하는 것은 적절하지 않다.
  ㉡ 기우절반법(기우양분법): 문항번호가 홀수인지 짝수인지에 따라 문항을 양분하는 방법이다. 속도검사에서 기우절반법을 사용할 경우 신뢰도 계수가 과대 추정되는 경향이 있다.
  ㉢ 짝진 임의배치법(임의적 짝짓기법): 문항의 난이도와 문항과 총점 간 상관계수를 산출하고 통계치의 산포도를 작성하여, 비교적 가까이에 있는 두 문항끼리 짝을 지은 뒤 그중 한 문항을 선택하여 양분하는 방법이다.

(4) 문항 내적 합치도(내적 일치 신뢰도)

① 반분신뢰도가 단일의 신뢰도 계수를 계산할 수 없다는 점을 개선하기 위해 가능한 한 모든 반분신뢰도를 구하여 그 평균값을 신뢰도로 추정하는 방식으로, 한 검사 내에 있는 문항 하나하나를 각각 독립된 별개의 검사로 간주하여 문항 내 득점의 동질성과 일관성을 상관계수로 표시한다.

기/출/족/보 출제지수 ■□□

19년 3회, 17년 1회
반분신뢰도를 추정하기 위해 사용하는 방법 3가지를 쓰고 설명하시오.

POINT
전후절반법, 기우절반법, 짝진 임의배치법의 양분하는 방법에 초점을 맞춰 내용을 익히도록 한다.

② 한 검사에 포함된 문항들에 대한 동질성 여부에 따라 결정되기 때문에 '동질성 계수'와 관련이 있다.
③ 문항 내적 합치도 추정방법
　㉠ 쿠더-리차드슨(Kuder-Richardson) 계수: 문항의 응답유형이 '예/아니요'와 같이 두 가지일 경우에 주로 사용한다. 검사 문항 간 정답과 오답의 일관성을 종합적으로 추정한 상관계수이다.
　㉡ 크론바흐 알파(Cronbach's α) 계수: 문항의 선택지가 세 개 이상으로 구성되어 있거나 서술형, 논문형 등 이분법적으로 채점되지 않을 경우에 주로 사용한다. 크론바흐 알파 값은 0~1의 값을 가지며, 그 값이 크다는 것은 검사 문항들이 동질적이라는 것을 의미한다.

(5) 채점자 간 신뢰도

① 채점자의 채점이 어느 정도 믿을 수 있고 일관성이 있는지를 나타내는 것으로, 채점 대상물인 검사용지를 두 명 이상의 채점자들이 각자 독립적으로 채점하여 어느 정도 일관된 채점이 이루어졌는지를 확인한다.
② 사지선다형과 같이 표준화된 절차가 있는 경우에는 채점자 간 신뢰도가 높게 나타나고, 에세이 검사, 투사법, 직접 행동 관찰법 등 채점자에게 많은 재량권이 주어지는 검사는 채점자 간 신뢰도가 낮게 나타난다.
③ 채점자 오류의 유형
　㉠ 후광효과로 인한 오류: 채점자가 느끼는 수검자의 인상이 채점에 영향을 미치는 것을 말한다.
　㉡ 관용의 오류: 채점자가 일반적으로 후한 점수를 주는 것을 말한다.
　㉢ 중앙집중경향의 오류: 아주 높거나 아주 낮은 점수를 피하고 중간 정도의 점수를 주는 경향을 말한다.
　㉣ 논리적 오류: 특정 행동특성의 점수를 알고 있는 경우 이것이 다른 특성의 평정에 영향을 미치는 것을 말한다.

테마 4 타당도

1 타당도의 이해

(1) 개요

① 타당도는 검사가 측정하고자 하는 심리적 구인(구성개념)을 정확하게 측정하는 것에 대한 개념이다.

기/출/족/보 출제지수 ■□□

20년 3회, 14년 1회
지필검사에서 평정이 요구되는 관찰 혹은 면접을 할 때 채점자나 평정자로 인해 발생하는 오차(오류)의 유형 3가지를 쓰시고, 각각에 대해 설명하시오.

POINT
'후광, 관용, 중앙'을 키워드로 외워 두자.

기/출/족/보 출제지수 ■□□

22년 1회
다음 [보기]의 빈칸에 들어갈 타당도의 종류를 쓰시오.

② 검사를 통해 측정하려고 했던 개념이 실제로 측정되었는지와 그 측정이 얼마나 정확하게 이루어졌는지의 문제이다.
③ 만약 직업상담사 자격시험 문항 중 대학수학능력을 측정하는 문항이 섞여 있을 경우 가장 문제가 되는 것은 타당도이다.
④ 타당도의 종류로는 내용타당도, 안면타당도, 준거타당도, 구성타당도 등이 있다.

20년 1회
타당도의 종류 4가지를 기술하시오.

POINT
'**2** 타당도의 종류'에 열거된 4가지 종류의 개념을 숙지하도록 한다.

(2) 신뢰도와 타당도의 관계
① 신뢰도가 측정의 일관성을 의미한다면, 타당도는 정확성을 의미한다고 볼 수 있다.
② 가장 좋은 측정은 신뢰도와 타당도가 모두 높은 경우이다.
③ 검사의 신뢰도는 타당도 계수의 크기에 영향을 주어, 신뢰도가 높으면 타당도도 대체로 높게 나타나지만 항상 그런 것은 아니다.
④ 신뢰도는 타당도의 필요조건으로, 신뢰도가 높다고 해서 타당도가 반드시 높은 것은 아니지만, 타당도를 높이기 위해서는 신뢰도가 반드시 높아야 한다.

2 타당도의 종류

(1) 내용타당도
① 검사의 문항들이 그 검사가 측정하고자 하는 내용영역을 얼마나 잘 반영하고 있는가를 의미하는 타당도이다.
② 본질적으로 해당 분야 전문가의 판단에 의존한다.
③ 논리적 사고에 입각한 논리적인 분석과정으로 판단하는 주관적 타당도로, 객관적인 자료에 근거하지 않기 때문에 타당도 계수를 산출하기 어렵다.

(2) 안면타당도
① 실제로 무엇을 재는가의 문제가 아니라, 검사가 잰다고 말하는 것을 재는 것처럼 보이는가에 대한 타당도이다.
② 검사를 받는 사람들에게 그 검사가 타당한 것처럼 보이는가를 의미한다.
③ 내용타당도가 전문가의 평가 및 판단에 근거하여 추정하는 것이라면, 안면타당도는 일반인의 일반적 상식에 준하여 추정하는 것이다.

(3) 준거타당도
① 심리검사가 특정 준거와 어느 정도 연관성이 있는지를 알아보는 것으로, 검사와 준거 간의 상관관계를 분석하여 검사의 타당도를 평가

기/출/족/보 출제지수 ■■■
23년 1회, 21년 1회, 18년 2회
예언타당도와 동시타당도에 대해 각각의 예를 포함하여 설명하시오.

23년 1회, 21년 1회, 18년 2회
예언타당도와 동시타당도에 대해 각각의 예를 포함하여 설명하시오.

23년 3회, 17년 2회
준거타당도의 2가지 종류와 그에 대해서 설명하시오.

23년 3회, 17년 2회
여러 가지 타당도 중에서 특히 직업상담에서 준거타당도가 중요한 이유 2가지를 설명하시오.

23년 3회, 17년 2회
실증연구에서 얻은 타당도계수와 실제 연구에서의 타당도계수가 다른데, 실제 연구에서 타당도계수가 낮은 이유를 3가지(2가지) 적으시오.

22년 2회, 22년 3회, 18년 1회, 18년 3회
심리검사에서 준거타당도 계수의 크기에 영향을 미치는 요인을 3가지만 쓰고, 각각에 대해 설명하시오.

14년 1회
준거타당도의 의미를 쓰고, 준거타당도에 속하는 타당도의 종류를 2가지 제시하고 간략하게 설명하시오.

POINT
준거타당도의 계수에 영향을 미치는 요인과 예언타당도, 동시타당도의 개념에 특히 집중하여 학습하여야 한다.

하는 방법이다.
② 전문가가 만들어 놓은 신뢰도 및 타당도가 검증된 측정도구에 의한 측정결과를 준거타당도를 알아보기 위한 준거로 주로 활용한다.
③ 준거타당도 계수의 크기에 영향을 미치는 요인
  ㉠ 표집오차: 검사 점수와 준거 점수를 얻기 위해 추출한 표본이 모집단을 잘 대표하지 못하는 경우 표집오차가 커지고 그 결과 준거타당도 계수가 낮아진다.
  ㉡ 범위제한: 준거타당도 계산을 위해 얻은 자료들이 검사 점수와 준거 점수의 전체 범위를 포괄하지 못하고 일부 범위만을 포괄하는 경우 준거타당도 계수가 낮아진다.
  ㉢ 준거 측정치의 신뢰도: 어떤 검사의 준거타당도 계산을 위해 사용한 준거 측정치의 신뢰도가 낮으면 해당 검사의 준거타당도 계수가 낮아진다.
  ㉣ 준거 측정치의 타당도: 어떤 검사의 준거타당도 계산을 위해 사용한 준거 측정치의 타당도가 낮으면 해당 검사의 준거타당도 계수가 낮아진다.
④ 준거타당도의 종류
  ㉠ 예언타당도(예측타당도): 한 검사에서의 점수와 나중에 그 사람이 실제로 직무를 수행할 때의 수행수준 간 관련성에 관한 타당도이다. 수치로 나타낼 수 있다는 장점이 있는 반면에, 타당도를 구하는 데 시간이 많이 걸린다는 단점이 있다.
    ㉮ 토익(TOEIC)에서 높은 점수를 받은 사람들일수록 입사 후 영어 관련 업무수행이 우수하다면, 이 토익은 예언타당도가 높은 것이다.
  ㉡ 동시타당도(공인타당도): 이미 타당도를 보장받고 있는 검사와의 유사성 혹은 연관성에 의해 새로 제작한 검사의 타당도를 검증하는 방법이다. 한 검사가 그 준거로 사용된 현재의 어떤 행동이나 특성과 관련된 정도를 나타내는 타당도이다.
    ㉮ 어느 기업에서 재직자 대상 영어시험을 개발하였는데, 이 영어시험이 공인 영어시험인 토익(TOEIC)과 상관관계가 높다면 이 영어시험은 동시타당도가 높은 것이다.
⑤ 직업상담이나 산업장면에서 준거타당도가 중요한 이유
  ㉠ 직무수행 성과를 예측하여 이에 따라 인사관리를 할 수 있다.
  ㉡ 부적절한 의사결정에 의한 차별을 방지하고 공정성을 높일 수 있다.
⑥ 실제 연구가 실증연구에 비해 타당도 계수가 낮은 이유
  ㉠ 실제 연구는 실증연구에 비해 독립변인을 조작하거나 및 가외변인을 통제하기 어렵다.

ⓒ 실제 연구에서는 독립변인에 의한 효과와 가외변인의 효과를 명확히 구분하기 어렵다.
ⓒ 실제 연구는 실증연구에 비해 내적 타당도가 취약하다.

(4) 구성타당도(구인타당도, 개념타당도)
① 측정도구가 실제로 무엇을 측정했는가 또는 조사자가 측정하고자 하는 추상적인 개념이 실제로 측정도구에 의해서 적절하게 측정되었는가에 관한 타당도이다.
② 지능, 적성, 성격, 흥미, 태도 등 객관적 관찰이 어려운 심리적 구성 개념을 얼마나 잘 측정하는지를 나타내며, 이론적 연구를 하는 데 가장 중요한 타당도로 간주된다.
③ 구성타당도의 종류
  ⊙ 수렴타당도: 어떤 검사가 이론적으로 관련이 깊은 속성의 변수들과 실제로 높은 상관관계를 보이는지에 관한 타당도로, 상관계수가 높을수록 수렴타당도가 높다.
    ⓔ 수학 성적이 지능지수(IQ)와 높은 상관관계를 보이는 경우 수렴타당도가 높다고 할 수 있다.
  ⓒ 변별타당도: 어떤 검사가 이론적으로 관련이 없는 속성의 변수들과 실제로 낮은 상관관계를 보이는지에 관한 타당도로, 상관계수가 낮을수록 변별타당도가 높다.
    ⓔ 수학 성적이 몸무게와 낮은 상관관계를 보이는 경우 변별타당도가 높다고 할 수 있다.
  ⓒ 요인분석(요인타당도): 검사를 구성하는 문항들의 상관관계를 분석하여 상관이 높은 문항들을 묶어 주는 방법이다.

> **기/출/족/보** 출제지수 ■■■
> 23년 2회, 20년 3회, 19년 3회, 16년 1회
> 구성타당도의 유형에 속하는 타당도 2가지를 쓰고, 각각 설명하시오.
> 20년 4회, 15년 1회, 15년 2회
> 구성타당도를 분석하는 방법 3가지(2가지)를 쓰고, 각각 설명하시오.
> 16년 3회
> 수렴타당도의 의미를 설명하고 예를 제시하시오.
> **POINT**
> 구성타당도의 유형, 구성타당도를 분석하는 방법 모두 구성타당도의 종류를 묻는 것이다.

테마 5 심리검사의 개발과 실시

1 실험실 연구와 현장 연구

(1) 실험실 연구
① 변인들에 대한 통제가 수월하다.
② 연구대상자나 실험조건의 무선배치가 가능하다.
③ 정확한 측정이 가능하며, 내적 타당도가 높다.

(2) 현장 연구
① 여러 가지 변인 간의 관계를 발견할 수 있다.

> **기/출/족/보** 출제지수 ■□□
> 23년 1회
> 실험실 연구의 장점 3가지를 쓰시오.
> **POINT**
> 실험실 연구의 특징과 현장 연구의 특징은 서로 상반되는 내용이다.

② 자연적인 상태에서 행해지므로 일반화 가능성이 높다.
③ 외적 타당도가 높다.

2 예비문항 제작 시 고려 사항

(1) 문항의 난이도
① 문항의 쉽고 어려운 정도를 나타내는 것으로, 전체 수검자 중 답을 맞힌 수검자의 비율이다.
② 문항난이도 지수는 0.0에서 1.0 사이의 값을 가지며, 문항난이도 지수가 높을수록 쉬운 문제이며, 문항난이도 지수가 0.5일 때 검사점수의 분산도가 최대가 된다.

(2) 문항의 변별도
① 어떤 검사의 문항이 그 검사에서 득점이 낮은 수검자와 높은 수검자를 식별 또는 구별할 수 있는 변별력을 말한다.
② 상위점수를 받은 수검자 수에서 하위점수를 받은 수검자 수를 뺀 다음, 양 집단의 수검자 수로 나눈 것이다.

(3) 오답의 능률도(매력도)
① 선다형 문항에서 오답지가 정답지처럼 보여 수검자가 오답지를 정답지로 선택할 수 있는 가능성을 말한다.
② 정답지와 오답지가 제 기능을 다하고 있는지 점검하는 작업이다.

(4) 문항의 참신성
문항은 기존의 검사 문항과 비교해 볼 때 내용 및 형식에 있어서 참신하여야 한다.

(5) 문항의 구조화
문항은 구조화되고 체계적이며, 구체적이고 명확하여야 한다.

3 심리검사의 실시

(1) 직업상담 심리검사 선정 시 고려 사항
① 신뢰도: 측정도구가 측정하고자 하는 현상을 일관성 있게 측정하고 있는가를 의미한다. 즉, 동일한 측정도구를 사용하여 반복 측정할 경우 얼마나 동일한 결과를 얻을 수 있는가를 말한다.
② 타당도: 검사가 측정하고자 하는 개념을 정확하게 측정하고 있는가를 의미한다. 즉, 검사를 통해 측정하려고 했던 개념이 실제로 측정되었는지와 그 측정이 얼마나 정확하게 이루어졌는가를 말한다.

③ 객관성: 검사자의 채점이 얼마나 신뢰할 만하고 일관성이 있는가를 의미한다.
④ 실용성: 검사도구가 얼마나 적은 시간, 적은 비용, 적은 노력 등을 투입하여 얼마나 많은 목표를 달성할 수 있는 효율적인 도구인가를 의미한다.

(2) 심리검사 사용 시 윤리적 문제 관련 주의 사항
① 검사의 목적과 절차를 수검자가 이해하기 쉬운 언어로 충분히 설명해 준다.
② 타당도와 신뢰도가 높은 표준화된 검사를 사용한다.
③ 심리전문가라고 하더라도 각 검사에 대한 훈련을 마친 후에 그 검사를 사용해야 한다.
④ 검사가 개발된 지 오래되어 평가 결과가 시대에 뒤떨어질 수 있음을 인정한다.
⑤ 검사의 사용 여부, 비밀보장 등 수검자의 권리를 존중한다.
⑥ 검사 결과는 검사 목적에 맞게 제한적으로 사용되어야 한다.

기/출/족/보 출제지수 ■□□
22년 2회, 19년 3회, 16년 3회
심리검사 사용의 윤리적 문제와 관련하여 주의하여야 할 사항을 6가지 쓰시오.
POINT
제시된 6가지 내용을 모두 숙지해 놓아야 한다.

(3) 틴슬레이와 브래들리(Tinsley & Bradley)의 검사 결과 검토 2단계
① [1단계] 이해
  ㉠ 심리검사의 점수가 내담자에게 어떤 의미가 있는지 생각하고 이해하는 단계이다.
  ㉡ 상담자는 심리검사를 실시하기 전에 들은 내담자 정보에 근거하여 결과를 검토하고, 해석을 실시하는 회기에서 논의될 의미에 대해 생각해 본다.
② [2단계] 통합
  ㉠ 상담자가 내담자에 대하여 알고 있는 정보들과 검사 결과를 통합하여 해석을 준비하는 단계이다.
  ㉡ 검사의 목적과 내담자의 협조하에 검사 결과를 분별하는 태도를 갖고, 자료의 일관성을 확정 짓는다.

기/출/족/보 출제지수 ■□□
21년 3회
직업상담사는 내담자의 검사 결과를 해석하기에 앞서 검사 결과를 검토해야 한다. 틴슬레이와 브래들리가 언급한 검사 결과 검토의 2단계를 쓰고 각각에 대해 설명하시오.
POINT
무엇을 이해하고, 무엇을 통합하는지에 초점을 맞춰 내용을 파악하도록 한다.

(4) 틴슬레이와 브래들리(Tinsley & Bradley)의 검사 해석 4단계
① [1단계] 해석 준비하기: 내담자가 검사 자체와 점수의 의미를 충분히 이해하고 있는지, 검사 결과가 교육수준, 가정환경 등의 내담자 정보와 통합되어 해석된다는 점을 알고 있는지 숙고한다.
② [2단계] 내담자 준비시키기: 내담자가 검사 결과의 해석을 받아들일 수 있도록 준비시킨다. 상담자는 검사 결과를 제시하기 전에 내담자에게 검사의 목적, 검사를 통해 느낀 점, 예상되는 결과 등을 생각해 보게 할 수 있다.

기/출/족/보 출제지수 ■□□
23년 2회
틴슬레이와 브래들리가 제시한 심리검사 해석의 4단계를 쓰시오.
20년 4회
틴슬레이와 브래들리가 제시한 검사 해석의 4단계를 설명하시오.
POINT
'해석 준비 → 내담자 준비 → 결과 전달 → 추후활동'으로 간략화하여 외우도록 한다.

③ [3단계] 결과 전달하기: 검사 결과 및 그것이 의미하는 바를 내담자가 이해하기 쉬운 언어를 통해 비평가적인 방법으로 전달한다.
④ [4단계] 추후활동: 내담자가 검사 결과를 어떻게 이해했는지 확인하고, 검사를 통해 알게 된 내용들과 관련 자료들을 잘 통합할 수 있도록 돕는다.

(5) 부정적인 검사 결과가 나온 사람에게 결과를 통보하는 방법
① 내담자에게 검사 결과를 기계적으로 전달하기보다는 적절한 해석과 함께 전달한다.
② 내담자의 교육수준, 지식수준, 결과 통보에 따른 정서적 반응 등을 염두에 두고 결과를 통보한다.
③ 내담자가 너무 충격을 받지 않도록 주의한다.
④ 내담자가 검사 결과에 대해 확대 해석하지 않도록 주의를 기울인다.
⑤ 검사 결과를 내담자가 제기한 특정 문제에 대한 설명이나 해결책으로 활용한다.
⑥ 내담자의 부정적인 검사 결과가 타인에게 노출되지 않도록 비밀보장에 유의한다.

4 검사 결과에 영향을 미치는 요인

(1) 검사점수의 변량에 영향을 미치는 요인

구분	지속적	일시적
일반적	• 일반적 특성에서의 능력 수준 • 검사의 지시사항을 이해하는 능력 • 검사에 익숙한 정도, 수험 요령 • 검사에 출제된 형식의 문제를 푸는 일반적인 능력 • 검사장면과 같은 상황에서 일반적으로 작용하는 태도, 정서적 반응, 습관	• 건강, 피로 등 신체적 상태 • 긴장, 불안 등 정서적 상태 • 검사에 임하는 동기 • 주변 환경 • 검사 요령 • 검사 메커니즘에 대한 이해
독특한	• 특정 검사에서 요구하는 특성에서의 능력 수준 • 특별한 검사문항 유형에 적합한 지식 • 특정한 검사자극에 관련된 반응 습관 • 검사문항에 대한 독특성	• 독특한 검사과제의 이해 • 특정 검사도구를 다룰 수 있는 특수한 기술 • 특수한 검사의 연습 정도 • 특정 검사에 대해 일시적으로 독특하게 반응하는 습관 • 검사문항에 대한 독특성

💬 **기/출/족/보** 출제지수 ■□□

22년 2회, 20년 1회, 17년 2회
부정적인 심리검사 결과가 나온 내담자에게 검사 결과를 통보하는 방법을 5가지(4가지) 쓰시오.

POINT 💬
적절한 해석, 충격 방지, 문제 해결책으로 활용, 비밀보장 등이 주요 내용이다.

💬 **기/출/족/보** 출제지수 ■□□

17년 1회
검사점수의 변량에 영향을 미치는 요인 중 개인의 일시적이고 일반적 특성 5가지를 쓰시오.

POINT 💬
4개 셀의 내용을 모두 외우기 어렵다면, '일시적-일반적', '일시적-독특한'의 2개 내용을 우선적으로 파악해 두자.

(2) 검사 결과에 영향을 미치는 검사자 및 수검자 변인
① 강화효과: 수검자의 특정 반응을 유도하거나 행동의 빈도를 높이기 위해 검사자가 수검자에게 제공하는 보상이 검사 결과에 영향을 미칠 수 있다.
② 기대효과: 검사자가 수검자의 수행이나 검사 결과와 관련하여 어떠한 기대를 표명하는가에 따라 기대하는 내용과 유사한 검사 결과가 나타날 수 있다.
③ 코칭효과: 검사자가 수검자에게 미리 설명, 지시, 조언, 지도, 훈련 등 코칭을 하는 경우 검사나 재검사에 있어서 수검자의 능력이 과대평가될 수 있다.

> **기/출/족/보** 출제지수 ■□□
> 19년 1회
> 심리검사의 결과에 영향을 미치는 검사자 변인과 수검자 변인 중에서 강화효과, 기대효과, 코칭효과를 설명하시오.
>
> **POINT**
> 심리검사 결과에 영향을 미치는 변인으로 심신상태, 검사불안, 위장반응 등도 있지만, 시험에 출제된 강화효과, 기대효과, 코칭효과 위주로 파악해 두면 된다.

테마 6 주요 심리검사

1 지능검사

(1) 지능 및 지능검사의 이해
① 지능은 일반적으로 학습능력, 적응능력, 추상적 사고능력 등을 대변하는 심리적 구성물로 간주된다.
② 지능검사는 일반적인 지적 능력을 알아내어 광범위한 분야에서 그 사람이 성공적으로 수행할 수 있는지를 측정한다.

(2) 지능 이론
① 스피어만(Spearman)의 2요인 이론
　㉠ 일반요인(G요인): 모든 개인이 공통적으로 가지고 있는 능력으로, 여러 가지 지적 활동에 관여하는 일반적인 요인이다.
　　예 일반적인 정신작용, 추론능력, 기억력 등
　㉡ 특수요인(S요인): 특정 분야에 대한 능력으로, 특정한 과제를 수행하고 해결하는 데 활용되는 구체적인 요인이다.
　　예 언어능력, 수리능력, 공간능력 등
② 카텔(Cattell)의 유동성 지능과 결정성 지능
　㉠ 유동성 지능: 유전적·생리적 영향을 받는 선천적인 지능이다. 14세까지 지속적으로 발달하다가 22세 이후 급격히 감소되며, 뇌손상이나 정상적인 노령화에 따라 감소한다.
　㉡ 결정성 지능: 개인의 문화적, 교육적 경험에 따라 영향을 받는 지능이다. 환경에 따라 40세까지 혹은 그 이후에도 발전 가능하다.

> **기/출/족/보** 출제지수 ■□□
> 22년 1회, 16년 3회
> 스피어만의 지능에 관한 2요인설(2요인 이론)에서 2가지 요인을 쓰고, 각각에 대해 설명하시오.
>
> **POINT**
> 카텔이 제시한 유동성 지능과 결정성 지능과 혼동하지 않도록 유의하자.

③ 스턴버그(Sternberg)의 삼원지능모형
  ⊙ 맥락적 지능: 상황적·실용적·실천적 지능으로, 적응력을 의미한다.
  ⓒ 경험적 지능: 창의적 지능으로, 창의력을 의미한다.
  ⓒ 성분적 지능: 구성적·요소적 지능으로, 분석적 사고력을 의미한다.

(3) 스탠포드-비네 지능검사(Stanford-Binet Intelligence Scale)
① 비네와 시몽(Binet & Simon)이 초등교육을 받을 수 없는 정신지체아를 구별하기 위해 제작한 비네-시몽 검사(Binet-Simon Test)를 터만(Terman)이 발전시켜 스탠포드-비네 지능검사로 개발하였다.
② 지능지수(IQ)라는 개념을 처음으로 도입한 심리검사이다.

(4) 웩슬러 성인용 지능검사(WAIS: Wechsler Adult Intelligence Scale)
① 인지적 능력수준과 인지기능의 특성을 파악할 수 있는 개인 지능검사로, 지능을 측정하는 데 가장 많이 사용되는 검사이다.
② 다른 검사에 비해 신뢰도와 타당도가 높은 편이다.
③ 언어성 검사와 동작성 검사로 구분되며, 총 11개의 하위검사(소검사)로 구성되어 있다.
  ⊙ 언어성 검사: 기본 지식, 숫자 외우기, 어휘 문제, 산수 문제, 이해 문제, 공통성 문제(공통성 찾기)
  ⓒ 동작성 검사: 빠진 곳 찾기, 차례 맞추기, 토막 짜기, 모양 맞추기, 바꿔 쓰기
④ 동작성 검사의 장점
  ⊙ 문자 해독이 되지 않아도 실시할 수 있다.
  ⓒ 수검자의 문제해결 전략을 직접 관찰할 수 있도록 한다.
  ⓒ 수검자의 뇌손상이나 정신장애가 검사 수행에 미치는 영향을 파악하여, 임상적·신경심리학적 평가에 중요한 해석 자료를 제공한다.
  ⓔ 언어성 지능은 좌뇌 기능으로부터 학습능력을 측정할 수 있는 반면, 동작성 검사는 우뇌 기능으로부터 사회성을 측정할 수 있다.

2 적성검사

(1) 적성 및 적성검사의 이해
① 적성은 어떤 과제나 임무를 수행하는 데 있어서 개인에게 요구되는 특수한 능력이나 잠재력을 의미한다.
② 직업적성검사는 개인이 맡은 특정 직무를 성공적으로 수행할 수 있는지를 측정하는 것으로, 진로분야에서 성공가능성에 대한 정보를 제공해 준다.

기/출/족/보 출제지수 ■□□

18년 1회
웩슬러의 지능검사는 비네 지능검사와는 다르게 지능검사에 동작성 검사를 추가하고 있다. 동작성 검사의 장점 3가지를 쓰시오.

POINT
언어만으로는 얻을 수 없는 동작의 유용성이 무엇인지에 초점을 맞춰 장점의 내용을 이해하도록 한다.

(2) 일반직업적성검사(GATB: General Aptitude Test Battery)

① 미국에서 개발한 검사를 토대로 표준화한 것으로 여러 특수검사를 포함하고 있다.

② 하위검사: 모두 15개 하위검사로 이루어져 있는데, 이 중 11개는 지필검사, 4개는 동작검사(기구검사, 수행검사)이다.

측정방식	하위검사명	검출되는 적성
지필검사	기구대조검사	형태지각(P)
	형태대조검사	
	명칭비교검사	사무지각(Q)
	타점속도검사	운동반응(K)
	표식검사	
	종선기입검사	
	평면도판단검사	공간적성(S)
	입체공간검사	공간적성(S), 지능(G)
	어휘검사	언어능력(V), 지능(G)
	산수추리검사	수리능력(N), 지능(G)
	계수검사	수리능력(N)
동작검사 (기구검사, 수행검사)	환치검사	손 재치(손 정교성, M)
	회전검사	
	조립검사	손가락 재치(손가락 정교성, F)
	분해검사	

> **기/출/족/보** 출제지수 ■□□
> 22년 1회, 15년 1회
> 일반적성검사(GATB)에서 사용하는 적성 항목을 3가지만 쓰고, 각각에 대해 간략히 설명하시오.
>
> **POINT**
> 제시된 9가지 적성 항목 중 6가지 정도는 외워 두는 것이 안정적이다.

③ 적성 항목: 하위검사들을 조합해서 모두 9개의 적성을 검출해 내도록 되어 있다.

  ㉠ 지능(G): 일반적인 학습능력, 원리이해 능력, 추리·판단능력 등을 말한다.

  ㉡ 언어능력(V): 언어의 뜻과 함께 그와 관련된 개념을 이해하고 사용하는 능력 등을 말한다.

  ㉢ 수리능력(N): 신속하고 정확하게 계산하는 능력 등을 말한다.

  ㉣ 사무지각(Q): 문자나 인쇄물, 전표 등의 세부를 식별하는 능력 등을 말한다.

  ㉤ 공간적성(S): 공간상의 형태를 이해하고 평면과 물체의 관계를 이해하는 능력 등을 말한다.

  ㉥ 형태지각(P): 실물이나 도해 또는 표에 나타나는 것을 세부까지 바르게 지각하는 능력 등을 말한다.

ⓐ 운동반응(K): 눈과 손 또는 눈과 손가락을 함께 사용하여 빠르고 정확하게 운동할 수 있는 능력 등을 말한다.
ⓞ 손 재치(손 정교성, M): 손을 마음대로 정교하게 조절하는 능력 등을 말한다.
ⓩ 손가락 재치(손가락 정교성, F): 손가락을 정교하고 신속하게 움직이는 능력 등을 말한다.

3 성격검사

(1) 성격 및 성격검사의 이해
① 성격은 개인이 환경에 반응하는 양식으로, 오랜 기간 동안 형성되어 타인과 구별되는 독특하고 일관성 있는 사고, 감정 및 행동양식의 총체이다.
② 성격검사는 개인이 가지고 있는 기질이라든지 성향 등을 측정하는 것으로 개인에게 습관적으로 나타날 수 있는 어떤 특징을 측정한다.

(2) 성격 5요인(Big-5) 검사
① 성격 5요인(Big-5) 모델을 토대로 고안된 검사로, 성격 5요인 모델은 노만(Norman)에 의해 심리학계에 공식적으로 제안되었고, 이를 코스타와 맥크레이(Costa & McCrae)가 성격을 측정하는 검사도구로 개발하였다.
② 성격 5요인

구분	측정 내용	하위요인
외향성	타인과의 상호작용을 원하고 타인의 관심을 끌고자 하는 정도	온정성, 사교성, 리더십, 적극성, 긍정성
호감성 (친화성)	타인과 편안하고 조화로운 관계를 유지하는 정도	타인에 대한 믿음, 도덕성, 타인에 대한 배려, 수용성, 겸손, 휴머니즘
성실성	사회적 규칙, 규범, 원칙들을 기꺼이 지키려는 경향의 정도	유능감, 조직화 능력, 책임감, 목표지향성, 자기통제력, 완벽성
정서적 불안정성	정서적으로 불안정하고, 자신이 세상을 통제할 수 없다고 생각하거나 세상을 위협적인 것으로 간주하는 정도	불안, 분노, 우울, 자의식, 충동성, 스트레스 취약성
경험에 대한 개방성	세계에 대한 관심, 호기심, 다양한 경험에 대한 추구 및 포용력 정도	상상력, 문화, 정서, 경험 추구, 지적 호기심

기/출/족/보 출제지수 ■□□
21년 2회, 19년 1회
고용노동부 성격검사는 성격의 5요인 모델(Big five)에 근거하고 있다. 5요인을 쓰고 각각에 대해 설명하시오.

POINT
성격 5요인은 하위요인보다는 측정 내용 위주로 암기해 두면 된다.

(3) 마이어스-브릭스 성격유형검사(MBTI: Myers-Briggs Type Indicator)

① 융(Jung)의 심리유형론을 근거로 고안된 자기보고식의 성격유형검사이다.
② 4가지 양극차원별 선호지표에 따라 내담자를 분류하여, 내담자가 선호하는 작업역할, 기능, 환경을 찾아내는 데 사용한다.
③ 성격의 4가지 양극차원

양극차원	선호지표	특징
에너지의 방향 (세상에 대한 태도)	외향형(E)	외부세계에 관심이 많고 사교적이다.
	내향형(I)	신중하고 깊이 있는 대인관계를 유지한다.
인식기능 (정보수집 방법)	감각형(S)	오감에 의존하고, 현재에 초점을 맞춘다.
	직관형(N)	육감과 영감에 의존하고, 미래지향적 의미를 추구한다.
판단기능 (정보판단 과정)	사고형(T)	논리적이고 분석적이며, 규범에 따라 행동한다.
	감정형(F)	주관적이고 상황적이며, 사람과의 관계에 관심을 둔다.
생활양식 (행동 이행양식)	판단형(J)	분명한 목적과 방향을 갖고, 사전계획과 신속한 결론을 중시한다.
	인식형(P)	목적과 방향은 상황에 따라 변화할 수 있다고 보고, 유유자적한 과정을 즐긴다.

(4) 미네소타 다면적 인성검사(MMPI: Minnesota Multiphasic Personality Inventory)

① 정신건강에 문제가 있는 사람을 측정하고 구별하기 위해 사용하는 검사로, 경험적인 방식으로 제작되었다.
② 원점수를 평균이 50, 표준편차가 10인 T점수로 환산하여 평가한다.
　　예 한 하위척도의 점수가 70이라는 것은 규준집단에 비추어 볼 때 평균보다 두 표준편차 위인 것을 의미한다.
③ 척도별 측정 내용: 타당도척도로는 수검자의 검사태도를 측정하고, 임상척도로는 수검자의 비정상행동을 측정한다.

구분	척도	측정 내용
타당도척도	?(무응답)	검사태도
	L(부인)	자신을 좋게 나타내 보이려는 부정직의 정도
	F(비전형)	대답이 평균으로부터 벗어나 있는 정도
	K(교정)	자신을 지나치게 긍정적으로 기술하는 정도, 분명한 정신적 장애를 지니면서도 정상적인 프로파일을 보이는 사람 식별

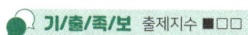 기/출/족/보　출제지수 ■□□

17년 3회
다면적 인성검사(MMPI)의 타당성 척도 중 L척도, F척도, K척도에 대해 설명하시오.

POINT
기출된 L척도, F척도, K척도에 더해 ?(무응답)척도를 알아 두도록 하자.

임상척도	건강염려증	신체적 건강에 대한 불안 집착 정도
	우울증	슬픔, 사기저하, 절망감 등의 정도
	히스테리	현실적 어려움이나 갈등을 회피하기 위한 방법으로 부인을 사용하는 정도
	반사회성	비사회적이며 비도덕적인 정도
	남성성-여성성	남성적 또는 여성적 성향 정도
	편집증	대인관계에서의 민감성, 의심성, 자기주장성 정도
	강박증	주로 오랫동안 지속되어 온 만성적 불안의 정도
	정신분열증	정신적 혼란의 정도
	경조증	정신적 에너지의 정도
	내향성	내·외향성의 정도

4 흥미검사

(1) 흥미 및 흥미검사의 이해

① 흥미는 특정 활동 또는 대상에 대해 특별한 관심이나 주의를 기울이게 하는 정서나 감정의 상태를 말한다.
② 직업흥미검사는 직업과 관련된 흥미를 알아내어 직업에 관한 의사결정에 도움을 주기 위한 것으로, 일반적으로 홀랜드(Holland)의 유형학에 기초한다.
③ 대표적인 직업흥미검사
  ㉠ 직업선호도검사(VPI)
  ㉡ 스트롱-캠벨 흥미검사(SCII)
  ㉢ 스트롱 흥미검사(SII)
  ㉣ 쿠더 흥미검사(KOIS: Kuder Occupational Interest Survey)
  ㉤ 자기방향탐색검사(SDS: Self Directed Search)
  ㉥ 직업흥미검사(VII: Vocational Interest Inventory)

(2) 직업선호도검사(VPI: Vocational Preference Inventory)

① 홀랜드(Holland)의 성격검사를 표준화하여 특정 직업 활동에 대한 선호도를 측정하기 위해 고안된 검사이다.
② 직업흥미검사, 성격검사, 생활사검사로 구성되어 있는데, 시간상 제약이 있을 경우에는 직업흥미검사만으로도 직업선정이 가능하다.
  ㉠ 직업흥미검사: 홀랜드의 모형을 기초로 개발한 검사로, 개인에게

기/출/족/보 출제지수 ■□□
23년 3회, 20년 4회
현재 사용되고 있는 흥미검사의 종류 5가지를 쓰시오.

POINT
흥미검사의 종류는 한글 명칭과 함께 영문 약칭을 함께 외워 두면 좋다.

적합한 직업선정에 목적을 둔다. 직업흥미유형을 크게 현실형, 탐구형, 예술형, 사회형, 진취형, 관습형으로 구분한다.
ⓒ 성격검사: 일상생활 속에서 나타나는 개인의 성향을 측정한다. 성격 5요인(Big-5) 검사를 사용하여 성격특성을 '외향성, 호감성(친화성), 성실성, 정서적 불안정성, 경험 개방성'으로 분류한다.
ⓒ 생활사검사: 개인의 과거 또는 현재의 생활특성을 통해 직업선택 시 고려될 수 있는 정보를 제공한다. 개인의 생활경험을 '대인관계지향, 독립심, 가족친화, 야망, 학업성취, 예술성, 운동선호, 종교성, 직무만족'의 9가지로 분류한다.

(3) 스트롱-캠벨 흥미검사(SCII: Strong-Campbell Interest Inventory)
① 홀랜드(Holland)의 유형학에 바탕을 두고 있다.
② 일반직업분류에서 6가지 영역의 직업흥미를 분류하고 있으며, 207개 직업별 흥미척도가 제시된다.
③ 반응 관련 자료 및 특수척도 점수 등과 같은 자료가 제공된다.
④ 직업전환에 관심이 있는 사람들에게 활용될 수 있다.

(4) 스트롱 직업흥미검사(SII: Strong Interest Inventory)
① 개인의 흥미영역 세분화에 초점을 두고 보다 구체적인 직업탐색 및 경력개발 등에 효과적으로 사용할 수 있도록 만들어졌다.
② 검사 척도
  ㉠ 일반직업분류(GOT): 홀랜드(Holland)의 직업선택이론에 따른 6가지 유형으로 구성되어 있으며, 흥미영역에 대한 포괄적인 전망과 보편적 패턴을 측정한다.
  ㉡ 기본흥미척도(BIS): 일반직업분류(GOT)의 하위척도로서 25개의 척도로 구성되어 있으며, 특정 활동이나 주제에 대한 흥미도를 측정한다.
  ㉢ 개인특성척도(PSS): 업무, 학습, 리더십, 모험심의 4개 척도로 구성되어 있으며, 일상생활과 일의 세계와 관련된 특성에 대해 개인이 선호하고 편안하게 느끼는 것을 측정한다. 일반직업분류(GOT)나 기본흥미척도(BIS)의 결과를 뒷받침하거나 강조 혹은 통합적으로 해석할 수 있다.

5 진로성숙검사

(1) 진로성숙 및 진로성숙검사의 이해
① 진로성숙은 한 개인이 속해 있는 연령단계에서 이루어야 할 직업적 발달과업에 대한 준비 정도를 의미한다.

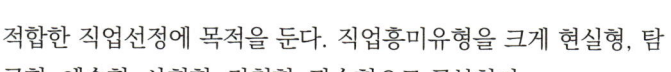

21년 1회, 20년 3회, 14년 2회
스트롱 직업흥미검사의 척도 3가지를 쓰고 설명하시오.

18년 2회
스트롱 직업흥미검사의 척도 3가지를 쓰시오.

POINT
3가지 척도가 측정하는 것이 무엇인지에 초점을 맞추어 내용을 파악한다.

② 진로성숙검사는 진로선택과 관련된 태도와 능력의 발달 정도를 진단·기술하는 검사이다.

(2) 진로성숙도검사(CMI: Career Maturity Inventory)

① 크릿츠(Crites)가 개발한 검사로, 진로선택 내용과 과정이 통합적으로 반영되었다.
② 진로선택 과정에 대한 피험자의 태도와 진로결정에 영향을 미치는 성향적 반응경향성을 측정한다.
③ 초등학교 6학년부터 고등학교 3학년을 대상으로 표준화되었다.
④ CMI는 태도척도와 능력척도로 구성되며, 태도척도에는 선발척도와 상담척도 두 가지가 있는데, 일반적으로 태도척도라고 하면 상담척도를 의미한다.

태도척도	결정성	선호하는 진로의 방향에 대한 확신의 정도 예 나는 선호하는 진로를 자주 바꾸고 있다.
	참여도 (관여도)	진로선택 과정에 능동적으로 참여하는 정도 예 나는 졸업할 때까지는 진로선택 문제에 별로 신경을 쓰지 않겠다.
	독립성	진로선택을 독립적으로 할 수 있는 정도 예 나는 부모님이 정해 주시는 직업을 선택하겠다.
	성향 (지향성)	진로결정에 필요한 사전이해와 준비의 정도 예 일하는 것이 무엇인지에 대해 생각한 바가 거의 없다.
	타협성	진로선택 시에 욕구와 현실에 타협하는 정도 예 나는 하고 싶기는 하나 할 수 없는 일을 생각하느라 시간을 보내곤 한다.
능력척도	자기평가	자신의 성격, 흥미, 태도를 명확히 지각하고 이해하는 능력
	직업정보	직업세계에 대한 지식, 고용에 관한 정보 등을 획득·평가하는 능력
	목표선정	자아와 직업세계에 대한 지식을 토대로 합리적인 직업선택을 하는 능력
	계획	직업목표 선정 후 이를 달성하기 위한 계획을 수립하는 능력
	문제해결	진로선택이나 의사결정 과정에서 경험하는 다양한 문제들을 해결하는 능력

(3) 진로발달검사(CDI: Career Development Inventory)

① 수퍼(Super)의 진로발달이론에 근거하여 개발된 검사로, 진로발달, 직업성숙도, 진로결정을 위한 준비도, 경력 관련 의사결정에 대한 참여 준비도 등을 측정하기 위한 것이다.

기/출/족/보 출제지수 ■■■

22년 3회, 17년 3회
진로성숙도검사(CMI)는 태도척도와 능력척도로 구분된다. 태도척도와 능력척도의 측정내용을 각각 3가지씩 쓰시오.

20년 3회, 15년 2회
CMI 검사에서 능력척도 중 3가지를 쓰고 설명하시오.

15년 3회
진로성숙검사 중 태도척도 5가지를 쓰고 설명하시오.

POINT
태도척도 5가지와 능력척도 5가지의 명칭과 내용을 모두 암기하도록 한다.

② 인종, 민족, 사회문화적 배경 등에 따라 진로성숙이 달라질 수 있으므로, 미국에서 작성된 기존 규준을 우리나라에서 그대로 사용하는 것은 바람직하지 않다.

③ 하위척도
   ㉠ 진로발달 특수영역 측정(5개): 진로계획(CP), 진로탐색(CE), 의사결정(DM), 일의 세계에 대한 정보(WW), 선호직업군에 대한 지식(PO)
   ㉡ 5개 하위척도 중 동일 특성 측정 척도 조합(3개): 진로발달-태도(CDA), 진로발달-지식과 기술(CDK), 총체적인 진로성향(COT)

6 진로개발검사

(1) 진로결정척도(CDS: Career Decision Scale)
오시포(Osipow)가 개발한 검사로, 경력 관련 의사결정 실패에 관한 정보를 제공한다.

(2) 진로성숙도검사(CMI: Career Maturity Inventory)
크릿츠(Crites)가 개발한 검사로, 태도척도와 능력척도로 구성되며, 진로선택 내용과 과정이 통합적으로 반영되어 있다.

(3) 진로발달검사(CDI: Career Development Inventory)
수퍼(Super)의 진로발달이론에 근거하여 개발된 검사로, 경력 관련 의사결정에 대한 참여 준비도를 측정하기 위한 것이다.

(4) 진로신념검사(CBI: Career Belief Inventory)
크럼볼츠(Krumboltz)의 사회학습이론에 따라 개발된 검사로, 내담자가 자아인식 및 세계관에 대한 문제를 확인하도록 돕고, 개인의 진로를 방해하는 사고를 평가하는 데 목적이 있다.

(5) 자기직업상황검사(MVS: My Vocational Situation)
홀랜드(Holland) 등이 개발한 검사로, 직업적 정체성 형성 여부를 파악하고, 직업선택에 필요한 정보 및 환경, 개인적인 장애가 무엇인지를 알려 준다.

기/출/족/보

17년 2회
진로개발을 평가하는 데 사용되는 방법으로 진로결정척도(CDS)가 있다. 이 방법 외에 진로개발을 평가하는 데 사용될 수 있는 검사 혹은 척도를 3가지 쓰시오.

POINT
진로성숙도검사(CMI), 진로발달검사(CDI)는 진로성숙검사이면서 진로개발검사에도 포함된다.

대표 기출문제

제2과목 직업심리학
CHAPTER 02 직업심리검사

01 검사는 사용목적에 따라 규준참조검사와 준거참조검사로 분류될 수 있다. 규준참조검사와 준거참조검사의 의미를 각각 예를 들어 설명하시오. 2021년 1회, 2021년 3회, 2019년 2회, 2018년 3회, 2016년 3회

득점	배점
점	6 점

※ 검사 1가지당 3점
 (예시 미작성 시 1.5점)

○ 규준참조검사

○ 준거참조검사

합격답안
직업심리검사의 이해 ▶ 심리검사의 분류

○ **규준참조검사**: 개인의 검사 점수를 다른 사람의 점수와 비교해서 상대적으로 어떤 수준인지를 알아보는 검사이다. 규준참조검사의 예로 성격검사, 적성검사 등의 심리검사가 있다.

○ **준거참조검사**: 개인의 검사 점수를 다른 사람의 점수와 비교하는 것이 아니라, 어떤 기준 점수와 비교하는 검사이다. 준거참조검사의 예로 직업상담사 자격시험 등의 국가자격시험이 있다.

답안 작성법
의미와 예시를 모두 작성해야 한다는 것을 놓쳐서는 안 된다.

문장 구성 키워드
- 규준참조검사: 다른 사람 점수, 심리검사
- 준거참조검사: 기준 점수, 국가자격시험

02
심리검사에는 선다형이나 '예, 아니요' 등 객관적 자기보고형 검사(설문지 형태의 검사)가 가장 많이 사용된다. 이러한 형태의 검사가 가지는 장점을 5가지 쓰시오.

2022년 3회, 2021년 2회, 2019년 2회, 2017년 1회, 2014년 3회

득점	배점
점	5 점

※ 장점 1가지당 1점

+ 기출 플러스

16년 1회
심리검사 유형의 투사적 검사의 장점을 3가지만 쓰시오.
KEY 풍부한 반응, 솔직한 반응, 무의식 반영

답안 작성법
투사적 검사와 비교해 보았을 때 객관적 검사의 장점이 무엇인지를 적으면 된다.

문장 구성 키워드
- 간편함
- 경제성
- 신뢰도, 타당도
- 객관성
- 무응답 감소

합격답안   직업심리검사의 이해 ▶ 심리검사의 분류

○ 검사의 실시, 채점, 해석이 간편하다.
○ 시간과 노력이 절약되어 경제적이다.
○ 신뢰도와 타당도가 높다.
○ 검사자나 상황변인의 영향을 덜 받기 때문에 객관성이 증대된다.
○ 무응답이나 부적합한 응답을 줄일 수 있다.

03
표준화된 심리검사에는 집단 내 규준이 포함되어 있다. 집단 내 규준의 종류 3가지를 쓰고 설명하시오.

2023년 1회, 2023년 2회, 2020년 1회, 2019년 1회, 2018년 3회, 2017년 3회, 2015년 1회

득점	배점
점	6 점

※ 종류 1가지당 2점
(설명 미작성 시 1점)

＋기출 플러스

20년 2회
다음 표는 어떤 심리검사의 결과를 나타낸 것이다. 주어진 결과를 토대로 C의 표준점수(Z점수)를 구하시오.

KEY $Z점수 = \dfrac{원점수 - 평균}{표준편차}$

합격답안   규준과 점수해석 ▶ 규준의 종류

○ **백분위점수**: 개인의 원점수를 100개의 동일한 구간에 순위에 따라 분포시킨 점수로, 특정 집단의 점수분포에서 한 개인의 상대적 위치를 살펴보는 데 적합하다.

○ **표준점수**: 원점수가 주어진 집단의 평균을 중심으로 분포상 어디에 위치하는가를 표준편차 단위를 사용하여 나타낸 것으로, 표준화된 심리검사에서 표준점수는 개인의 점수가 평균으로부터 떨어져 있는 거리이다.

○ **표준등급**: 모든 원점수를 비율에 따라 1~9의 구간으로 구분하여 각각의 구간에 일정한 점수나 등급을 부여한 것으로, 최고점수는 9, 최저점수는 1, 백분위 50에 해당하는 점수는 5이다.

답안 작성법

규준별로 각각 원점수가 어떻게 이용되고 있는지를 중심으로 답안을 작성한다.

문장 구성 키워드

• 백분위점수: 100개 동일 구간
• 표준점수: 평균 중심, 표준편차
• 표준등급: 비율, 1~9구간

04 규준 제작 시 사용되는 확률표집방법의 종류 3가지를 쓰고 설명하시오. 2022년 3회, 2020년 2회, 2018년 3회, 2016년 3회, 2015년 2회

득점	배점
점	6 점

※ 종류 1가지당 2점
 (설명 미작성 시 1점)

합격답안

규준과 점수해석 ▶ 표본추출

- **단순무선표집**: 모집단의 구성원들이 표본에 속할 확률이 동일하도록 무작위로 표집하는 방식이다.
- **층화표집**: 모집단이 서로 이질적인 하위집단들로 구성되어 있는 경우, 각 집단에서 필요한 만큼 단순무선표집을 사용해 표본을 추출하는 방식이다.
- **집락표집**: 모집단을 서로 동질적인 하위집단으로 구분하여, 집단 자체를 표집하는 방식이다.
- **체계적 표집**: 모집단 구성원들에게 번호를 주고, 그 번호를 규칙적으로 선정하는 방식이다.

답안 작성법

답안에 제시된 4가지 중 3가지를 골라 작성하면 된다. 층화표집은 '집단에서' 표집하는 것이고, 집락표집은 '집단을' 표집하는 것이다.

문장 구성 키워드

- 단순무선: 확률 동일, 무작위
- 층화: 이질적 하위집단
- 집락: 집단 표집
- 체계적: 규칙적 번호

05 직업심리검사에서 측정의 기본 단위인 척도(scale)의 4가지 유형을 쓰고, 각각에 대해 설명하시오. 2020년 2회, 2016년 1회, 2016년 2회

득점	배점
점	8 점

※ 척도 1가지 2점
　(설명 미작성 시 1점)

○

○

○

○

합격답안　　　　　　　　　　　규준과 점수해석 ▶ 측정

- 명명척도(명목척도): 측정 대상 간의 속성 차이만 구분하기 위하여 숫자나 기호를 할당한 척도로, 양적인 분석이나 대소 비교는 불가능하다.
- 서열척도: 숫자의 차이가 측정한 속성의 차이에 관한 정보뿐만 아니라 그 서열관계에 대한 정보도 포함하는 척도이다.
- 등간척도: 명목척도와 서열척도의 특징을 모두 가지고 있으면서, 수치상의 차이가 실제 측정한 속성 간의 차이와 동일하다는 등간 정보를 포함하는 척도이다.
- 비율척도: 차이정보, 서열정보, 등간정보 외에 수의 비율에 관한 정보까지 담고 있는 척도로, 절대 0점을 가짐으로써 비율의 성격을 갖고 있는 척도이다.

답안 작성법

'명명 → 서열 → 등간 → 비율'의 순서로 작성하되, 척도의 수준이 높아질수록 어떠한 정보가 추가되는지를 반드시 적도록 한다.

문장 구성 키워드

- 명명: 속성 차이
- 서열: 서열관계 정보
- 등간: 등간 정보
- 비율: 비율 정보, 절대 0점

06 심리검사의 신뢰도에 영향을 주는 요인 3가지를 쓰고 설명하시오.

2021년 1회, 2017년 3회, 2014년 3회

득점 점 **배점** 3점

※ 요인 1가지당 1점
 (설명 미작성 시 0.5점)

+ 기출 플러스

23년 2회, 21년 3회, 20년 2회, 18년 1회

직업심리검사의 신뢰도를 추정하는 방법 3가지를 쓰고 설명하시오.

KEY 검사-재검사 신뢰도, 동형검사 신뢰도, 반분신뢰도, 문항내적 합치도, 채점자 간 신뢰도

합격답안 신뢰도 ▶ 신뢰도 영향 요인

○ **개인차**: 개인차가 클수록 신뢰도 계수도 커지게 된다.
○ **문항 수**: 문항 수가 증가할수록 신뢰도 계수도 커지지만, 정비례하여 커지는 것은 아니다.
○ **문항반응 수**: 문항반응 수가 적정한 크기를 유지할 때 신뢰도가 높아지지만, 적정한 수준을 초과하는 경우에는 더 이상 신뢰도 계수가 커지지 않는다.
○ **검사 유형**: 검사 유형에 따라 특정 신뢰도 추정방법이 적절하지 않을 수 있다. 예를 들어, 문항 수가 많고 시간이 제한되어 있는 속도검사의 경우 전후반분법을 이용하여 신뢰도를 추정하는 것은 바람직하지 않다.

답안 작성법

개인차, 문항 수, 문항반응 수의 경우에는 어떠한 상황에서 신뢰도가 높아지는지를 언급해 주어야 한다.

문장 구성 키워드

• 개인차: 클수록
• 문항 수: 증가할수록(정비례 ✕)
• 문항반응 수: 적정 크기 유지
• 검사 유형: 속도검사는 전후반분법 ✕

07 신뢰도 검증방법 중 검사-재검사법의 단점 4가지를 쓰시오.

2022년 1회, 2018년 3회, 2014년 3회

득점	배점
점	4 점

※ 단점 1가지당 1점

+ 기출 플러스

23년 1회, 20년 3회, 18년 2회
검사-재검사 신뢰도에 영향을 미치는 요인 4가지(3가지)를 쓰시오.
KEY [합격답안]과 동일

합격답안　　　　　　　　신뢰도 ▶ 검사-재검사 신뢰도

○ **성숙효과**: 시간 간격이 너무 클 경우 측정 대상의 속성이나 특성이 변화할 수 있다.
○ **반응민감성 효과**: 반응민감성의 영향으로 검사를 치르는 경험이 후속 반응에 영향을 줄 수 있다.
○ **이월효과(기억효과)**: 앞 검사에서 답한 것을 기억해서 뒤의 응답 시 활용할 수 있다.
○ **개인적·환경적 요인 변화**: 수검자의 건강, 기분 등 개인적 요인과 날씨, 소음 등 환경적 요인이 검사 수행에 영향을 줄 수 있다.

답안 작성법

문제에서 설명을 요구하고 있지는 않지만 '성숙효과, 반응민감성 효과' 등 단순히 명칭만 나열하기보다는 설명을 함께 작성하는 것을 추천한다.

문장 구성 키워드

• 성숙: 측정 대상 변화
• 반응민감성: 검사 경험, 후속 반응
• 이월: 앞 검사 기억
• 요인 변화: 건강, 기분, 날씨, 소음

08 반분신뢰도를 추정하기 위해 사용하는 방법 3가지를 쓰고 설명하시오.

2019년 3회, 2017년 1회

※ 방법 1가지당 2점
 (설명 미작성 시 1점)

합격답안

신뢰도 ▶ 반분신뢰도

○ **전후절반법**: 배열된 순서에 따라 문항을 전반부와 후반부로 양분하는 방법이다.
○ **기우절반법**: 문항번호가 홀수인지 짝수인지에 따라 문항을 양분하는 방법이다.
○ **짝진 임의배치법**: 문항의 난이도와 문항과 총점 간 상관계수를 토대로 비교적 가까이에 있는 두 문항끼리 짝을 지은 뒤 그중 한 문항을 선택하여 양분하는 방법이다.

답안 작성법

제시된 답안대로 작성하되, 속도검사에 전후절반법이나 기우절반법을 사용하는 것은 적절하지 않다는 내용을 추가해 주어도 좋다.

문장 구성 키워드

- 전후절반: 순서
- 기우절반: 홀수/짝수
- 짝진 임의배치: 문항 난이도, 문항–총점 상관계수, 짝

09 지필검사에서 평정이 요구되는 관찰 혹은 면접을 할 때 채점자나 평정자로 인해 발생하는 오차(오류)의 유형 3가지를 쓰고, 각각에 대해 설명하시오.

2020년 3회, 2014년 1회

득점	배점
점	6 점

※ 유형 1가지당 2점
 (설명 미작성 시 1점)

○

○

○

합격답안

신뢰도 ▶ 채점자 간 신뢰도

○ **후광효과로 인한 오류**: 채점자가 느끼는 수검자의 인상이 채점에 영향을 미치는 것을 말한다.
○ **관용의 오류**: 채점자가 일반적으로 후한 점수를 주는 것을 말한다.
○ **중앙집중경향의 오류**: 아주 높거나 아주 낮은 점수를 피하고 중간 정도의 점수를 주는 경향을 말한다.
○ **논리적 오류**: 특정 행동특성의 점수를 알고 있는 경우 이것이 다른 특성의 평정에 영향을 미치는 것을 말한다.

답안 작성법

문제에서 3가지를 요구했는데, '후광효과 오류, 관용의 오류, 중앙집중경향 오류'로 답안을 구성하는 것이 무난하다.

문장 구성 키워드

- 후광효과: 수검자 인상
- 관용: 후한 점수
- 중앙집중경향: 중간 점수
- 논리적: 점수 알고 있는 경우

10 심리검사에서 준거타당도 계수의 크기에 영향을 미치는 요인을 3가지만 쓰고, 각각에 대해 설명하시오.

2022년 2회, 2022년 3회, 2018년 1회, 2018년 3회

득점	배점
점	6 점

※ 요인 1가지당 2점
 (설명 미작성 시 1점)

+ 기출 플러스

23년 3회, 17년 2회
준거타당도의 2가지 종류와 그에 대해서 설명하시오.
KEY 예언타당도, 동시타당도

합격답안

타당도 ▶ 준거타당도

○ **표집오차**: 검사 점수와 준거 점수를 얻기 위해 추출한 표본이 모집단을 잘 대표하지 못하는 경우 표집오차가 커지고 그 결과 준거타당도 계수가 낮아진다.
○ **범위제한**: 준거타당도 계산을 위해 얻은 자료들이 검사 점수와 준거 점수의 전체 범위를 포괄하지 못하고 일부 범위만을 포괄하는 경우 준거타당도 계수가 낮아진다.
○ **준거 측정치의 신뢰도**: 어떤 검사의 준거타당도 계산을 위해 사용한 준거 측정치의 신뢰도가 낮으면 해당 검사의 준거타당도 계수가 낮아진다.
○ **준거 측정치의 타당도**: 어떤 검사의 준거타당도 계산을 위해 사용한 준거 측정치의 타당도가 낮으면 해당 검사의 준거타당도 계수가 낮아진다.

답안 작성법

준거 측정치의 신뢰도와 타당도는 구분하지 않고 하나의 항목으로 작성해도 좋다.

문장 구성 키워드

- 표집오차: 표본 모집단 대표 ✕
- 범위제한: 일부 범위 포괄
- 준거 측정치 신뢰도
- 준거 측정치 타당도

11 구성타당도의 유형에 속하는 타당도 2가지를 쓰고, 각각 설명하시오. _{2023년 2회, 2020년 3회, 2019년 3회, 2016년 1회}

득점	배점
점	4 점

※ 타당도 1가지당 2점
 (설명 미작성 시 1점)

+ 기출 플러스

16년 3회
수렴타당도의 의미를 설명하고 예를 제시하시오.
KEY 이론적 관련 속성과 높은 상관관계

합격답안   타당도 ▶ 구성타당도

○ **수렴타당도**: 어떤 검사가 이론적으로 관련이 깊은 속성의 변수들과 실제로 높은 상관관계를 보이는지에 관한 타당도로, 상관계수가 높을수록 수렴타당도가 높다.
○ **변별타당도**: 어떤 검사가 이론적으로 관련이 없는 속성의 변수들과 실제로 낮은 상관관계를 보이는지에 관한 타당도로, 상관계수가 낮을수록 변별타당도가 높다.
○ **요인분석(요인타당도)**: 검사를 구성하는 문항들의 상관관계를 분석하여 상관이 높은 문항들을 묶어 주는 방법이다.

답안 작성법
수렴타당도와 변별타당도는 서로 대비되는 개념이므로, 이 2가지로 답안을 구성하는 것이 무난하다.

문장 구성 키워드
• 수렴: 이론적 관련 ○
• 변별: 이론적 관련 ✕
• 요인: 문항 간 상관관계

12 심리검사 제작을 위한 예비문항 제작 시 고려해야 할 사항인 문항의 난이도, 문항의 변별도, 오답의 능률도의 의미를 설명하시오.

2014년 2회

배점 6점

※ 고려 사항 1가지당 2점

＋기출 플러스

21년 2회
심리검사 제작을 위한 예비문항 작성 시 고려해야 할 5가지를 쓰시오.
KEY 문항의 난이도, 문항의 변별도, 오답의 능률도, 문항의 참신성, 문항의 구조화

○ 문항의 난이도

○ 문항의 변별도

○ 오답의 능률도

답안 작성법

문항의 변별도에서 변별의 대상은 '문항'이 아니라 '수검자'라는 점에 유의한다.

문장 구성 키워드

- 문항 난이도: 쉽고 어려운 정도
- 문항 변별도: 저득점자와 고득점자 구별
- 오답 능률도: 오답지가 정답지처럼 보임

합격답안   심리검사의 개발과 실시 ▶ 예비문항 제작

○ 문항의 난이도: 문항의 쉽고 어려운 정도를 나타내는 것으로, 전체 수검자 중 답을 맞힌 수검자의 비율이다.
○ 문항의 변별도: 문항이 그 검사에서 득점이 낮은 수검자와 높은 수검자를 식별 또는 구별할 수 있는 변별력을 말한다.
○ 오답의 능률도: 선다형 문항에서 오답지가 정답지처럼 보여 수검자가 오답지를 정답지로 선택할 수 있는 가능성을 말한다.

13 심리검사 사용의 윤리적 문제와 관련하여 주의하여야 할 사항을 6가지 쓰시오. 2022년 2회, 2019년 3회, 2016년 3회

득점	배점
점	6 점

※ 주의 사항 1가지당 1점

+ 기출 플러스

23년 1회, 20년 1회, 20년 2회
직업상담을 위한 심리검사 선정 시 고려 사항 4가지(3가지)를 쓰고 그 의미를 설명하시오.
KEY 신뢰도, 타당도, 객관성, 실용성

합격답안   심리검사의 개발과 실시 ▶ 윤리적 문제

○ 검사의 목적과 절차를 수검자가 이해하기 쉬운 언어로 충분히 설명해 준다.
○ 타당도와 신뢰도가 높은 표준화된 검사를 사용한다.
○ 심리전문가라고 하더라도 각 검사에 대한 훈련을 마친 후에 그 검사를 사용해야 한다.
○ 검사가 개발된 지 오래되어 평가 결과가 시대에 뒤떨어질 수 있음을 인정한다.
○ 검사의 사용 여부, 비밀보장 등 수검자의 권리를 존중한다.
○ 검사 결과는 검사 목적에 맞게 제한적으로 사용되어야 한다.

답안 작성법
다소 추상적일 수 있는 내용이므로 아래 [문장 구성 키워드]를 바탕으로 최대한 명확하게 작성하도록 하자.

문장 구성 키워드
• 쉬운 언어
• 표준화된 검사
• 검사자 훈련
• 시대에 뒤떨어짐 인정
• 수검자 권리
• 결과의 제한적 사용

14 틴슬레이와 브래들리(Tinsley & Bradley)가 제시한 검사 해석의 4단계를 설명하시오.   2020년 4회

※ 단계 1개당 1점
(설명 미작성 시 0.5점)

+ 기출 플러스

21년 3회
직업상담사는 내담자의 검사 결과를 해석하기에 앞서 검사 결과를 검토해야 한다. 틴슬레이와 브래들리가 언급한 검사 결과 검토의 2단계를 쓰고 각각에 대해 설명하시오.
KEY 이해, 통합

합격답안
심리검사의 개발과 실시 ▶ 검사 해석 4단계

○ **[1단계] 해석 준비하기**: 내담자가 검사 자체와 점수의 의미를 충분히 이해하고 있는지, 검사 결과가 교육수준, 가정환경 등의 내담자 정보와 통합되어 해석된다는 점을 알고 있는지 숙고한다.

○ **[2단계] 내담자 준비시키기**: 내담자가 검사 결과의 해석을 받아들일 수 있도록 준비시킨다. 상담자는 검사 결과를 제시하기 전에 내담자에게 검사의 목적, 검사를 통해 느낀 점, 예상되는 결과 등을 생각해 보게 할 수 있다.

○ **[3단계] 결과 전달하기**: 검사 결과 및 그것이 의미하는 바를 내담자가 이해하기 쉬운 언어를 통해 비평가적인 방법으로 전달한다.

○ **[4단계] 추후활동**: 내담자가 검사 결과를 어떻게 이해했는지 확인하고, 검사를 통해 알게 된 내용들과 관련 자료들을 잘 통합할 수 있도록 돕는다.

답안 작성법
순서에 맞게 단계별 명칭을 정확하게 작성하는 것이 우선이다.

문장 구성 키워드
- 해석 준비: 검사 의미, 내담자 정보 통합 해석
- 내담자 준비: 결과 해석 받아들일 준비
- 결과 전달: 쉬운 언어
- 추후활동: 결과 이해 확인

15. 심리검사의 결과에 영향을 미치는 검사자 변인과 수검자 변인 중에서 강화효과, 기대효과, 코칭효과를 설명하시오.

2019년 1회

○ 강화효과

○ 기대효과

○ 코칭효과

득점: 점 | **배점**: 6점

※ 효과 1가지당 2점

합격답안 심리검사의 개발과 실시 ▶ 검사 결과 영향 요인

○ **강화효과**: 수검자의 특정 반응을 유도하거나 행동의 빈도를 높이기 위해 검사자가 수검자에게 제공하는 보상이 검사 결과에 영향을 미칠 수 있다.
○ **기대효과**: 검사자가 수검자의 수행이나 검사 결과와 관련하여 어떠한 기대를 표명하는가에 따라 기대하는 내용과 유사한 검사 결과가 나타날 수 있다.
○ **코칭효과**: 검사자가 수검자에게 미리 설명, 지시, 조언, 지도, 훈련 등 코칭을 하는 경우 검사나 재검사에 있어서 수검자의 능력이 과대평가될 수 있다.

답안 작성법
구체적으로 '어떠한 행위'가 수검자의 검사 결과에 영향을 미치는지에 초점을 맞춰 답안을 작성한다.

문장 구성 키워드
- 강화효과: 보상 제공
- 기대효과: 기대 표명
- 코칭효과: 설명, 지도, 훈련

16 스피어만(Spearman)의 지능에 관한 2요인설(2요인 이론)에서 2가지 요인을 쓰고, 각각에 대해 설명하시오.

2022년 1회, 2016년 3회

※ 요인 1가지당 2점
(설명 미작성 시 1점)

합격답안

주요 심리검사 ▶ 지능검사

○ 일반요인(G요인): 모든 개인이 공통적으로 가지고 있는 능력으로, 여러 가지 지적 활동에 관여하는 일반적인 요인이다. 예를 들어, 일반적인 정신작용, 추론능력, 기억력 등이 있다.
○ 특수요인(S요인): 특정 분야에 대한 능력으로, 특정한 과제를 수행하고 해결하는 데 활용되는 구체적인 요인이다. 예를 들어, 언어능력, 수리능력, 공간능력 등이 있다.

답안 작성법

약칭인 'G요인, S요인'을 병기해 주는 것이 좋고, 예시는 필수는 아니지만 풍성한 답안을 위해 작성하는 것을 추천한다.

문장 구성 키워드

- 일반: 공통 능력
- 특수: 특정 분야 능력

17 일반적성검사(GATB)에서 사용하는 적성 항목을 3가지만 쓰고, 각각에 대해 간략히 설명하시오.   2022년 1회, 2015년 1회

득점   점

배점   6 점

※ 적성 항목 1가지당 2점 (설명 미작성 시 1점)

| 합격답안 | 주요 심리검사 ▶ 적성검사 |

- **지능(G)**: 일반적인 학습능력, 원리이해 능력, 추리·판단능력 등을 말한다.
- **언어능력(V)**: 언어의 뜻과 함께 그와 관련된 개념을 이해하고 사용하는 능력 등을 말한다.
- **수리능력(N)**: 신속하고 정확하게 계산하는 능력 등을 말한다.
- **사무지각(Q)**: 문자나 인쇄물, 전표 등의 세부를 식별하는 능력 등을 말한다.
- **공간적성(S)**: 공간상의 형태를 이해하고 평면과 물체의 관계를 이해하는 능력 등을 말한다.
- **형태지각(P)**: 실물이나 도해 또는 표에 나타나는 것을 세부까지 바르게 지각하는 능력 등을 말한다.
- **운동반응(K)**: 눈과 손 또는 눈과 손가락을 함께 사용하여 빠르고 정확하게 운동할 수 있는 능력 등을 말한다.
- **손 재치(M)**: 손을 마음대로 정교하게 조절하는 능력 등을 말한다.
- **손가락 재치(F)**: 손가락을 정교하고 신속하게 움직이는 능력 등을 말한다.

| 답안 작성법 |

약칭인 알파벳 대문자를 병기해 주면 좋다.

| 문장 구성 키워드 |

- 지능: 학습, 원리이해
- 언어능력: 뜻과 관련 개념 이해, 사용
- 수리능력: 계산

18 고용노동부 성격검사는 성격의 5요인 모델(Big five)에 근거하고 있다. 5요인을 쓰고 각각에 대해 설명하시오.

2021년 2회, 2019년 1회

득점 점 / 배점 5점

※ 요인 1가지당 1점
 (설명 미작성 시 0.5점)

합격답안

주요 심리검사 ▶ 성격검사

- **외향성**: 타인과의 상호작용을 원하고 타인의 관심을 끌고자 하는 정도를 측정한다.
- **호감성**: 타인과 편안하고 조화로운 관계를 유지하는 정도를 측정한다.
- **성실성**: 사회적 규칙, 규범, 원칙들을 기꺼이 지키려는 경향의 정도를 측정한다.
- **정서적 불안정성**: 정서적으로 불안정하고, 자신이 세상을 통제할 수 없다고 생각하거나 세상을 위협적으로 간주하는 정도를 측정한다.
- **경험에 대한 개방성**: 세계에 대한 관심, 호기심, 다양한 경험에 대한 추구 및 포용력의 정도를 측정한다.

답안 작성법

5가지 요인의 명칭을 정확하게 작성하는 것이 우선이다.

문장 구성 키워드

- 외향성: 타인 상호작용
- 호감성: 조화로운 관계
- 성실성: 사회적 규칙 준수
- 정서적 불안정성: 세상을 위협적으로 간주
- 경험 개방성: 호기심, 경험 추구

19 스트롱 직업흥미검사의 척도 3가지를 쓰고 설명하시오.

2021년 1회, 2020년 3회, 2014년 2회

득점	배점
점	6 점

※ 척도 1가지당 2점
(설명 미작성 시 1점)

합격답안

주요 심리검사 ▶ 흥미검사

○ 일반직업분류(GOT): 홀랜드(Holland)의 직업선택이론에 따른 6가지 유형으로 구성되어 있으며, 흥미영역에 대한 포괄적인 전망과 보편적 패턴을 측정한다.
○ 기본흥미척도(BIS): 일반직업분류(GOT)의 하위척도로서 25개의 척도로 구성되어 있으며, 특정 활동이나 주제에 대한 흥미도를 측정한다.
○ 개인특성척도(PSS): 업무, 학습, 리더십, 모험심의 4개 척도로 구성되어 있으며, 일상생활과 일의 세계와 관련된 특성에 대해 개인이 선호하고 편안하게 느끼는 것을 측정한다.

답안 작성법
약칭인 'GOT, BIS, PSS'를 병기해 주는 것이 좋다.

문장 구성 키워드
- GOT: 홀랜드, 포괄적 전망
- BIS: GOT 하위척도, 25개 척도, 특정 활동 흥미
- PSS: 4개 척도, 개인 선호

20 진로성숙도검사(CMI)는 태도척도와 능력척도로 구분된다. 태도척도와 능력척도의 측정내용을 각각 3가지씩 쓰시오.

2022년 3회, 2017년 3회

○ 태도척도
 －
 －
 －
○ 능력척도
 －
 －
 －

득점 □ 점 배점 6 점

※ 측정내용 1가지당 1점

+ 기출 플러스
20년 3회, 15년 2회
CMI 검사에서 능력척도 중 3가지를 쓰고 설명하시오.
KEY 자기평가, 직업정보, 목표선정, 계획, 문제해결

합격답안

주요 심리검사 ▶ 진로성숙도검사

○ 태도척도
 － **결정성**: 선호하는 진로의 방향에 대한 확신의 정도
 － **참여도**: 진로선택 과정에 능동적으로 참여하는 정도
 － **독립성**: 진로선택을 독립적으로 할 수 있는 정도
 － **성향**: 진로결정에 필요한 사전이해와 준비의 정도
 － **타협성**: 진로선택 시에 욕구와 현실에 타협하는 정도
○ 능력척도
 － **자기평가**: 자신의 성격, 흥미, 태도를 명확히 지각·이해하는 능력
 － **직업정보**: 직업세계에 대한 지식, 고용에 관한 정보 등을 획득·평가하는 능력
 － **목표선정**: 자아와 직업세계에 대한 지식을 토대로 합리적인 직업선택을 하는 능력
 － **계획**: 직업목표 선정 후 이를 달성하기 위한 계획을 수립하는 능력
 － **문제해결**: 진로선택이나 의사결정 과정에서 경험하는 다양한 문제들을 해결하는 능력

답안 작성법
제시된 답안 중 각각 3가지를 골라 작성하면 된다. 태도척도의 경우 이론 부분에 예시가 제시되어 있으니 답안에 예시를 함께 작성해 주어도 좋다.

문장 구성 키워드
• 결정성: 진로방향 확신
• 참여도: 능동적 진로선택
• 독립성: 독립적 진로선택
• 자기평가: 자기 지각·이해
• 직업정보: 정보 획득·평가
• 목표선정: 합리적 직업선택

CHAPTER 03 직무분석

테마 1 직무분석의 이해

1 직무분석의 개요

(1) 직무분석의 개념 및 목적
① 직무분석은 직무 관련 정보를 수집하는 절차로, 직무를 구성하고 있는 내용과 직무를 수행하기 위해 요구되는 직무조건을 조직적으로 밝히는 것이다.
② 직무분석의 목적은 해당 직무에서 어떤 활동이 이루어지고 작업조건이 어떠한지를 기술하고, 직무를 수행하는 사람에게 요구되는 지식, 기술, 능력 등의 정보를 활용하는 데 있다.
③ 직무분석은 작업방법 및 작업공정의 개선, 직업소개 및 직업상담 등에도 활용되며, 인사관리, 노무관리를 원활히 수행해 나가기 위해 필요한 정보를 획득하는 데 유용하다.

(2) 직무분석의 용도
① 모집공고 및 인사선발
② 선발된 종업원의 배치
③ 종업원의 교육 및 훈련
④ 경력개발 및 진로상담
⑤ 직무평가 및 직무수행평가(인사고과)
⑥ 인력수급계획 수립
⑦ 직무의 재설계 및 작업환경 개선

(3) 직무분석 자료의 특성
① 최신의 정보를 반영해야 한다.
② 사실 그대로를 반영해야 한다.
③ 가공하지 않은 원상태의 정보이어야 한다.
④ 논리적으로 체계화되어야 한다.
⑤ 여러 가지 목적으로 활용될 수 있어야 한다.

기/출/족/보 출제지수 ■■□

20년 3회, 18년 1회
직무분석 자료 활용의 용도 4가지를 쓰시오.

14년 3회
직무분석을 하는 목적은 직무기술서나 작업자명세서를 만들고 이로부터 얻어진 정보를 여러 가지로 활용하는 데 있다. 직무분석으로 얻어진 정보의 용도를 3가지만 쓰시오.

POINT
제시된 7가지 중 5가지 정도는 외워 두는 것이 안정적이다.

2 직무분석의 과정

(1) 직무분석 3단계

① [1단계] 직업분석
　㉠ 채용, 임금결정, 조직관리 등을 위해 인력의 과부족과 분석 대상 직업들의 상호 관련을 분석하는 단계이다.
　㉡ 직업이 요구하는 성별, 연령, 교육 및 훈련, 정신적·신체적 특질 등을 명시한 직업명세서를 작성한다.

② [2단계] 직무분석
　㉠ 직무를 구성하고 있는 내용과 직무를 수행하기 위해 요구되는 조건을 파악하는 단계이다.
　㉡ 직무기술과 작업들을 열거한 작업알림표를 기술하기 위해 직무명세서를 작성한다.

③ [3단계] 작업분석
　㉠ 작업자가 실시하는 작업을 개선하고 표준화하여 생산성 향상에 기여하는 단계이다.
　㉡ 작업요소별 동작, 시간 등을 분석하여 불필요한 동작을 제거한다.

(2) 직무분석 6단계

① [1단계] 행정적 단계(준비단계)
　㉠ 어떤 직무를 분석할 것인지를 결정한다.
　㉡ 직무분석의 목적이 무엇인지를 확인한다.
　㉢ 조직의 구성원들에게 직무분석의 필요성을 인식시킨다.
　㉣ 직무분석에서 수집할 정보의 종류와 범위를 명시한다.
　㉤ 직무분석을 담당할 사람들을 선정하고, 역할과 책임을 할당한다.

② [2단계] 직무분석 설계단계
　㉠ 직무에 관한 자료를 얻을 출처와 인원수를 결정한다.
　㉡ 자료수집 방법을 결정한다.
　㉢ 설문지법을 사용할 경우 직접 만들 것인지, 구입할 것인지 결정한다.
　㉣ 자료분석 방법을 결정한다.

③ [3단계] 자료수집과 분석단계
　㉠ 직무분석의 목적에 따라 어떤 정보를 수집할 것인지를 분명히 한다.
　㉡ 직무분석 목적과 관련된 직무요인의 특성을 찾는다.
　㉢ 직무정보의 출처로부터 실제 자료들을 수집한다.
　㉣ 수집된 정보가 타당한 것인지 현직자나 상사들이 재검토한다.
　㉤ 수집된 정보를 분석하고 종합한다.

 기/출/족/보　출제지수 ■□□

16년 1회
직무분석단계는 일반적으로 6단계로 구분할 수 있다. 이 중 2단계인 직무분석 설계단계에서 이루어져야 할 일을 3가지만 쓰시오.

POINT
지금까지 시험에서는 2단계에 대해서만 물어봤기 때문에 1~6단계의 내용을 모두 파악하는 것보다는 2단계에 초점을 맞춰 암기하는 것을 추천한다.

④ [4단계] 결과정리 단계
  ㉠ 직무기술서를 작성한다.
  ㉡ 직무명세서(작업자명세서)를 작성한다.
  ㉢ 작업자의 직무수행평가에 사용할 평가요인 및 수행기준을 결정한다.
  ㉣ 직무평가에 사용할 보상요인을 결정한다.
  ㉤ 유사한 직무들을 묶어서 직무군으로 분류한다.
⑤ [5단계] 직무분석 결과의 배포단계
  ㉠ 직무분석 결과를 실제로 사용할 관련 부서들에 배포한다.
  ㉡ 관련 부서들은 분석 결과를 모집, 채용, 배치, 교육, 고과, 인력수급계획 등에 활용한다.
⑥ [6단계] 통제단계(최신정보로 수정하는 단계)
  ㉠ 시간의 흐름에 따른 직무상의 변화를 반영하여 직무정보를 최신화한다.
  ㉡ 조직 내 직무기술서 및 직무명세서(작업자명세서)의 사용자로부터 피드백을 받는다.
  ㉢ 통제단계는 다른 모든 단계에 영향을 미칠 수 있다.

3 직무분석의 유형

(1) 과제 중심(과업 지향적) 직무분석
① 직무에서 수행하는 과제나 활동이 어떤 것들인지를 파악하는 데 초점을 둔다.
② 직무 자체의 내용을 중점적으로 다루는 직무기술서를 작성하는 데 중요한 정보를 제공한다.
③ 각 직무에서 이루어지는 과제나 활동들이 서로 다르기 때문에 분석하고자 하는 직무 각각에 대해 표준화된 분석도구를 만들기 어려워 비표준화된 분석도구를 사용하며, 기능적 직무분석(FJA)이 그 대표적인 예이다.

(2) 작업자 중심(작업자 지향적) 직무분석
① 직무를 수행하는 데 요구되는 인간의 재능들에 초점을 두어서 지식, 기술, 능력, 경험과 같은 작업자의 개인적 요건들에 의해 직무가 표현되며, 이러한 지식, 기술, 능력 등을 직무를 성공적으로 수행하는 데 요구되는 인적 속성으로 본다.
② 인적 요건을 중점적으로 다루는 직무명세서(작업자명세서)를 작성할 때 중요한 정보를 제공하며, 과제 중심 직무분석에 비해 보다 폭넓게

활용될 수 있다.
③ 어떠한 직무에서나 사용할 수 있는 표준화된 직무분석 질문지를 제작해서 사용할 수 있으며, 직위분석질문지(PAQ)가 그 대표적인 예이다.

4 직무분석의 기법

(1) 기능적 직무분석(FJA: Functional Job Analysis)
① 작업자의 직무활동을 정확하게 정의하고 측정하기 위한 비표준화된 분석도구이다.
② 직무분석이 DPT 부호인 자료(자료취급, Data), 사람(대인관계, People), 사물(사물조작, Things)의 3가지 차원에서 이루어진다.
③ 과제 중심 직무분석의 대표적인 기법이다.

(2) 직위분석질문지(PAQ: Position Analysis Questionnaire)
① 미국 퍼듀대학교의 메코믹(McCormick)이 개발한 표준화된 분석도구로, 행동중심적 직무분석기법(behavior-oriented job analysis method)이다.
② 직무수행을 '정보입력, 정신과정, 작업결과, 타인들과의 관계, 직무맥락, 직무요건'의 6가지로 범주화한다.
③ 직무수행에 요구되는 인간의 특성들을 기술하는 데 사용되는 194개의 문항(작업자 활동 관련 문항 187개, 임금 관련 문항 7개)으로 구성되어 있다.
④ 개별직무에 대해 풍부한 정보를 획득할 수 있는 장점이 있으나, 성과표준을 직접 산출하는 데는 무리가 따른다는 단점을 지니고 있다.
⑤ 작업자 중심 직무분석의 대표적인 기법이다.

5 직무기술서와 직무명세서

(1) 직무기술서
① 직무분석 결과에 근거하여 직무수행과 관련된 과업, 직무행동 등을 일정한 양식에 맞게 기술한 문서이다.
② 분석 대상이 되는 직무에서 어떤 활동이나 과제가 이루어지고 작업조건이 어떠한지를 알아내어 그러한 것들을 기술해 놓은 것이다.
③ 직무기술서에 포함되는 정보
  ㉠ 직무의 명칭, 급수, 조직 내 위치, 보고체계, 임금과 같은 직무정의에 관한 정보

기/출/족/보 출제지수 ■□□

19년 2회
직무기술서에 포함되는 정보 5가지를 적으시오.

POINT
직무명세서(작업자명세서)의 포함 정보와 혼동하지 않도록 유의한다.

ⓒ 직무의 목적이나 사명, 직무에서 산출되는 재화나 서비스에 관한 직무요약
ⓒ 직무에서 사용하는 기계, 도구, 장비, 기타 보조장비
ⓔ 직무에서 사용하는 원재료, 반가공품, 물질, 기타 물품
ⓜ 재료로부터 최종 산물을 만들어 내는 방식
ⓗ 감독의 형태, 작업의 양과 질에 관한 규정 등의 지침이나 통제
ⓢ 직무의 목적을 달성하기 위해 작업자가 하는 과제나 활동
ⓞ 직무가 이루어지는 물리적·심리적·정서적 환경

(2) 직무명세서(작업자명세서)

① 직무분석을 통해 작성되는 결과물로서, 해당 직무를 수행하는 작업자가 갖추어야 할 자격요건을 기록한 문서이다.
② 직무를 수행하는 사람에게 요구되는 지식, 기술, 능력 등과 같은 인간적 요건이 무엇인지에 관한 정보를 제시해 놓은 것이다.
③ 직무명세서에 포함되는 정보: 지식, 기술, 능력, 적성, 성격, 흥미, 가치, 태도, 경험, 자격요건 등

테마 2 직무분석의 방법

1 최초분석법

① 분석 대상 직무에 대한 자료가 드물고, 해당 분야에 많은 경험과 지식을 갖춘 사람이 거의 없을 때 직접 작업현장을 방문하여 분석을 실시하는 방법이다.
② 직무내용이 단순하거나 반복적인 경우에 적합하다.
③ 비교적 많은 시간과 노력이 필요하다.

(1) 관찰법

① 분석자가 작업장을 방문하여 직무활동을 관찰하고 그 결과를 기술하는 방법이다.
② 장점: 분석자가 분석 대상 직업에 대해 지식이나 경험을 가지고 있을 경우 많은 자료를 수집할 수 있다.
③ 단점: 실제 업무를 직접 관찰함으로써 육체적인 활동을 확인할 수는 있지만 정신적인 활동까지 파악하기는 어려우며, 직무의 시작에서 종료까지 많은 시간이 소요되는 직무에는 적용이 곤란하다.

기/출/족/보 출제지수 ■■

22년 3회, 21년 1회, 19년 1회
직무분석 방법 중 최초분석법에 해당하는 방법을 5가지(4가지)만 쓰시오.

20년 4회, 16년 3회
직무분석방법을 3가지만 쓰고 설명하시오.

17년 3회
직무분석 방법 중 최초분석법에 해당하는 방법을 3가지만 쓰고, 각각에 대해 설명하시오.

POINT
직무분석의 방법은 크게 최초분석법, 비교확인법, 그룹토의법으로 구분할 수 있는데, 문제에서 '직무분석방법'에 대한 작성을 요구하더라도 최초분석법의 하위 종류로 답안을 구성하는 것이 좋다.

(2) 체험법

① 분석자 자신이 직무활동에 직접 참여하여 생생한 작업분석 자료를 얻는 방법이다.
② 장점: 의식의 흐름, 감각적 내용, 피로의 상태 등 직무활동의 내부적 측면까지 분석할 수 있다.
③ 단점: 분석자의 일시적이고 주관적인 체험에 근거하므로, 실제 직무 종사자의 직무활동 전반으로 확대하거나 객관성을 보장하는 데 한계가 있다.

(3) 면접법

① 특정 직무에 대해 전문지식 및 숙련된 기술을 보유하고 있고 이를 정확하게 표현할 수 있는 작업자와의 면담을 통해 해당 직무를 분석하는 방법이다.
② 구조화 면접법과 비구조화 면접법

구분	구조화 면접법	비구조화 면접법
의미	질문이 미리 정해져 있고 일정한 구조와 순서가 있는 면접 방식이다.	질문이 미리 정해져 있지 않고, 응답자의 반응에 따라 유연하게 진행되는 면접 방식이다.
장점	• 짧은 시간에 많은 정보를 수집할 수 있다. • 응답 결과를 비교·분석하는 데 용이하다.	• 면접 분위기에 따른 유연한 대처가 가능하다. • 심층적 정보를 수집할 수 있다.
단점	• 면접의 유연성이 떨어진다. • 심층적 정보를 수집하기 어렵다.	• 다량의 정보를 짧은 시간에 수집하기 어렵다. • 응답 결과를 비교·분석하기 어렵다.

③ 면접법 실시 시 유의 사항
  ㉠ 면접의 목적을 미리 알려 주고 편안한 분위기를 조성해야 한다.
  ㉡ 면접대상자들의 상사를 통하여 대상자들에게 면접을 한다는 사실과 일정을 알려 주도록 한다.
  ㉢ 폐쇄형 질문보다는 개방형 질문을 사용하고, 유도질문은 삼가는 것이 바람직하다.
  ㉣ 노사 간의 불만이나 갈등에 관한 주제에 어느 한쪽의 편을 들지 않는다.
  ㉤ 작업자가 방금 한 이야기를 요약하거나 질문을 반복함으로써 작업자와의 대화가 끊기지 않도록 한다.
④ 장점: 직무에 관한 정확한 지식을 얻을 수 있고, 다양한 직무에 광범위하게 적용할 수 있다.

기/출/족/보 출제지수 ■□□

23년 1회
직무분석 방법 중 면접법의 장점과 단점을 2가지씩 쓰시오.

15년 1회
구조화 면접법과 비구조화 면접법의 의미, 장점, 단점을 쓰시오.

POINT
면접법 자체의 장단점도 알아야 하고, 구조화 면접법과 비구조화 면접법 각각의 장단점도 파악해 두어야 한다. 구조화 면접의 장점이 비구조화 면접의 단점이 되고, 반대로 구조화 면접의 단점이 비구조화 면접의 장점이 된다고 이해하면 된다.

⑤ 단점: 자료의 수집에 많은 시간과 노력이 들고, 수량화된 정보를 얻는 데 적합하지 않다.

(4) 설문지법(질문지법)

① 현장의 작업자 또는 감독자에게 설문지를 배부하여 이들로 하여금 직무내용을 기술하게 하는 방법이다.

② 직무분석 설문지 선택 시 평가준거
  ㉠ 신뢰성: 설문지를 통해 얻은 결과는 일관성이 있어야 한다.
  ㉡ 타당성: 설문지를 통해 얻은 결과는 측정하고자 하는 내용이어야 한다.
  ㉢ 만능성: 설문지는 여러 종류의 직무를 분석하고, 다양한 직무분석 목적을 충족할 수 있어야 한다.
  ㉣ 표준성: 설문지는 다른 조직에서의 직무와 비교할 수 있도록 표준화되어 있어야 한다.
  ㉤ 실용성: 해당 설문지를 통한 설문 실시에 소요되는 시간과 비용이 효율적이어야 한다.

③ 장점
  ㉠ 시간과 비용이 적게 들어 효율적이다.
  ㉡ 다수의 응답자가 참여할 수 있으며, 자료 수집이 용이하다.
  ㉢ 동일한 직무의 재직자 간의 차이를 보여 주며, 공통적인 직무 차원상에서 상이한 직무들을 비교하기가 쉽다.
  ㉣ 관찰법이나 면접법과는 달리 양적인 정보를 얻는 데 적합하다.

④ 단점
  ㉠ 응답자의 응답 태도가 문제가 될 수 있으며, 설문지의 회수율이 낮을 수 있다.
  ㉡ 응답자가 설문지 문항에 국한된 답변을 하기 때문에 부가적인 정보를 얻기 힘들다.

(5) 녹화법

① 비디오테이프로 녹화된 작업 장면을 보면서 직무내용을 분석하는 방법으로, 직무내용이 단순하고 반복적이면서 소음, 분진, 진동, 습윤 등으로 작업환경이 열악하여 장시간 관찰이 불가능할 때 사용한다.

② 장점: 작업 장면을 개별적이고 반복적으로 볼 수 있으므로 철저한 직무분석이 가능하다.

③ 단점: 녹화를 위한 설비 및 촬영에 대한 전문적인 기술이 요구되고, 분석자가 분석 대상 직업에 대한 사전지식을 가지고 있어야 한다.

기/출/족/보 출제지수 ■□□

23년 3회
질문지법의 장점과 단점을 2가지씩 쓰시오.

14년 2회
직무분석 설문지 선택 시 평가준거 3가지를 설명하시오.

POINT
'신뢰성, 타당성, 실용성'의 3가지 내용을 파악해 두는 것이 수월하다.

(6) 중요사건법(결정적 사건법)

① 직무 수행자의 직무행동 가운데 성과와 관련하여 효과적인 행동(성공한 경우)과 비효과적인 행동(실패한 경우)을 구분하여 그 사례를 수집하고, 이러한 사례를 통해 직무성과에 효과적인 지식, 기술, 능력 등의 행동양식을 추출하여 분류하는 방법이다.
② 장점: 직무를 성공적으로 수행하는 데 중요한 역할을 하는 행동들을 밝힐 수 있다.
③ 단점
　㉠ 응답자들이 과거의 결정적 사건들에 대해 왜곡하여 기술할 가능성이 있다.
　㉡ 일상적인 수행에 관한 정보가 배제될 수 있으므로, 해당 직무에 대한 포괄적인 정보를 얻기는 힘들다.
　㉢ 정확한 조사를 위해서는 특별히 훈련받은 사람이 필요하다.
　㉣ 자료를 수집하고 수집된 자료를 분류하는 데 많은 시간과 노력이 들어간다.

> **기/출/족/보** 출제지수 ■■□
> 22년 2회, 19년 3회, 15년 1회
> 직무분석 방법 중 결정적 사건법의 단점을 4가지(3가지) 쓰시오.
> **POINT**
> 제시된 단점 4가지를 모두 외워두도록 한다.

(7) 작업일지법

① 작업자가 일정한 양식에 따라 매일 작성하는 작업일지를 통해 해당 직무에 대한 정보를 수집하는 방법이다.
② 작업자가 의도적으로 왜곡하여 일지를 작성할 수 있으며, 작업자들의 문장력에 개인차가 있기 때문에 가장 사용 빈도가 낮다.

2 비교확인법

(1) 비교확인법의 이해

① 분석 대상 직무에 대한 지금까지의 충분한 자료를 참고하여 현재의 직무 상태를 비교하고 확인하는 방법이다.
② 수행하는 작업이 다양하고 직무의 폭이 넓어 단시간의 관찰을 통해서 분석하기 어려운 경우에 적합한 방법이다.
③ 비교확인법만으로는 제대로 된 직무분석을 할 수 없기 때문에 다른 방법과 상호 보완하여 사용하는 것이 일반적이다.

(2) 비교확인법의 자료

① 비교확인법에서 가장 많이 사용되는 자료는 직업사전이다.
② 직업사전은 직무분석을 통해 만들어진 것으로, 직무정의, 작업명칭 등이 수록되어 있다.

3 그룹토의법

(1) 데이컴법
① '데이컴(DACUM)'은 '교과과정 개발(Developing A Curriculum)'을 의미하는 용어로, 데이컴법은 교과과정을 개발하는 데 주로 활용된다.
② 교육훈련을 목적으로 교육목표와 교육내용을 비교적 단시간 내에 추출하는 데 효과적인 직무분석 방법이다.
③ 8~12명의 분석협조자로 구성된 데이컴위원회가 한 장소에 모여 2박 3일 정도의 집중적인 워크숍을 진행하면서 데이컴차트를 완성함으로써 작업을 마친다.

(2) 브레인스토밍법
① 직무분석 대상에 대한 전문가 집단의 자유로운 토의를 통해 직무분석을 하는 방법이다.
② 데이컴법에 비해 회의 진행이 빠르고 비용이 적게 들며, 창의적인 아이디어가 도출될 수 있다.
③ 참석자의 지식수준에 따라 직무내용이 좌우될 수 있다.

테마 3 직무평가

1 직무평가의 이해

(1) 직무평가의 개념
① 직무의 내용과 성질을 고려하여 직무들 간의 상대적 가치를 결정하는 절차로, 여러 직무들에 대해 서로 다른 임금수준을 결정하는 데 목적을 둔다.
② 일반적으로 직무분석을 통해 작성된 직무기술서나 직무명세서를 토대로 직무평가가 이루어지기 때문에 직무분석이 직무평가에 선행되어야 한다.

(2) 직무평가와 직무수행평가의 비교

구분	직무평가	직무수행평가
평가 대상	직무 간의 상대적 가치	작업자의 직무수행 수준
평가 목적	적절한 임금수준 결정	인사관리, 개인발전, 연구 등

2 직무평가의 방법

(1) 서열법
① 전체적이고 포괄적인 관점에서 각 직무를 상호 비교한 후 순위를 매기는 방법이다.
② 가장 오래되고 간단한 방법이지만, 직무의 수가 많거나 직무내용이 복잡할 경우 사용하기 어렵다.

(2) 분류법
① 각 직무의 수준을 판정하여 사전에 만들어 놓은 등급에 맞추어 넣는 방법이다.
② 직무내용이 표준화되어 있지 않은 경우에도 사용할 수 있지만, 상세한 분석이 어렵고 분류기준이 명확하지 않을 수 있다.

(3) 점수법
① 직무를 구성요소로 분해하고, 각 요소의 중요도에 따라 점수를 부여한 후 총점을 계산하는 방법이다.
② 직무의 상대적 가치를 객관적으로 비교할 수 있지만, 요소별로 가중치를 매기는 과정에서 문제가 생길 수 있다.

(4) 요소비교법
① 조직에서 핵심이 되는 몇 가지 기준직무를 선정하여, 각 직무의 평가요소를 기준직무의 평가요소와 비교하는 방법이다.
② 유사직무 간의 비교가 용이하지만, 기준직무의 평가에 정확성을 기하기 어렵다.

기/출/족/보 출제지수 ■□□

23년 2회, 21년 3회
직무평가방법 4가지를 쓰고 설명하시오.

POINT
서열법과 분류법은 질적 평가방법에 해당하고, 점수법과 요소비교법은 양적 평가방법에 해당한다. 각 방법의 개념과 장·단점이 설명되어 있는데, 모두 암기하기 어려운 경우 개념 정도만 숙지해 두어도 좋다.

대표 기출문제

제2과목 직업심리학
CHAPTER 03 직무분석

01 직무분석 자료 활용의 용도 4가지를 쓰시오.

2020년 3회, 2018년 1회

득점	배점
점	4 점

※ 용도 1가지당 1점

➕기출 플러스

14년 3회
직무분석을 하는 목적은 직무기술서나 작업자명세서를 만들고 이로부터 얻어진 정보를 여러 가지로 활용하는 데 있다. 직무분석으로 얻어진 정보의 용도를 3가지만 쓰시오.
KEY [합격답안]과 동일

합격답안

직무분석의 이해 ▶ 직무분석의 용도

○ 모집공고 및 인사선발에 활용된다.
○ 선발된 종업원의 배치에 활용된다.
○ 종업원의 교육 및 훈련에 활용된다.
○ 경력개발 및 진로상담에 활용된다.
○ 직무평가 및 직무수행평가(인사고과)에 활용된다.
○ 인력수급계획 수립에 활용된다.
○ 직무의 재설계 및 작업환경 개선에 활용된다.

답안 작성법

꼭 필요한 용어들을 넣어 간략하게 작성하면 된다.

문장 구성 키워드

- 선발
- 배치
- 교육
- 경력개발
- 평가
- 인력수급계획
- 작업환경 개선

직업상담사 2급 2차 실기 통합서

02 직무분석단계는 일반적으로 6단계로 구분할 수 있다. 이 중 2단계인 직무분석 설계단계에서 이루어져야 할 일을 3가지만 쓰시오.

2016년 1회

득점	배점
점	6 점

※ 할 일 1가지당 2점

○

○

○

합격답안　　　　　　　　직무분석의 이해 ▶ 직무분석의 과정

○ 직무에 관한 자료를 얻을 출처와 인원수를 결정한다.
○ 자료수집 방법을 결정한다. 이때 설문지법을 사용할 경우 직접 만들 것인지, 구입할 것인지를 결정한다.
○ 자료분석 방법을 결정한다.

답안 작성법
답안 두 번째 항목의 두 문장은 별개의 항목으로 작성해도 무방하다.

문장 구성 키워드
• 출처, 인원수
• 수집 방법
• 분석 방법

CHAPTER 03 직무분석　235

03 직무기술서에 포함되는 정보 5가지를 적으시오. 2019년 2회

득점	배점
점	5 점

※ 정보 1가지당 1점

합격답안　　　　　　　　　　직무분석의 이해 ▶ 직무기술서

○ 직무의 명칭, 급수, 조직 내 위치, 보고체계, 임금과 같은 직무정의에 관한 정보
○ 직무의 목적이나 사명, 직무에서 산출되는 재화나 서비스에 관한 직무요약
○ 직무에서 사용하는 기계, 도구, 장비, 기타 보조장비
○ 직무에서 사용하는 원재료, 반가공품, 물질, 기타 물품
○ 재료로부터 최종 산물을 만들어 내는 방식
○ 감독의 형태, 작업의 양과 질에 관한 규정 등의 지침이나 통제
○ 직무의 목적을 달성하기 위해 작업자가 하는 과제나 활동
○ 직무가 이루어지는 물리적·심리적·정서적 환경

답안 작성법

제시된 답안의 8가지 항목 중 5가지 항목을 선택하여 작성하면 된다.

문장 구성 키워드

• 직무정의
• 직무요약
• 기계, 도구
• 원재료, 물질
• 만들어 내는 방식
• 지침, 통제
• 작업자 활동
• 환경

04 직무분석 방법 중 최초분석법에 해당하는 방법을 3가지만 쓰고, 각각에 대해 설명하시오. 2022년 3회, 2021년 1회, 2019년 1회, 2017년 3회

득점	배점
점	6 점

※ 방법 1가지당 2점
 (설명 미작성 시 1점)

○

○

○

합격답안

직무분석의 방법 ▶ 최초분석법

- **면접법**: 특정 직무에 대해 전문지식 및 숙련된 기술을 보유하고 있고 이를 정확하게 표현할 수 있는 작업자와의 면담을 통해 해당 직무를 분석하는 방법이다.
- **설문지법(질문지법)**: 현장의 작업자 또는 감독자에게 설문지를 배부하여 직무내용을 기술하게 하는 방법이다.
- **관찰법**: 분석자가 작업장을 방문하여 직무활동을 관찰하고 그 결과를 기술하는 방법이다.
- **중요사건법(결정적 사건법)**: 직무 수행자의 직무행동 중 성공한 경우와 실패한 경우를 구분하여 그 사례를 수집하고, 이로부터 직무성과에 효과적인 지식, 기술, 능력 등을 추출하는 방법이다.
- **체험법**: 분석자 자신이 직무활동에 직접 참여하여 생생한 작업분석 자료를 얻는 방법이다.
- **녹화법**: 비디오테이프로 녹화된 작업 장면을 보면서 직무내용을 분석하는 방법이다.
- **작업일지법**: 작업자가 일정한 양식에 따라 매일 작성하는 작업일지를 통해 해당 직무에 대한 정보를 수집하는 방법이다.

답안 작성법

답안에 제시된 7가지 방법 중 3가지를 선택하면 된다. 이때 면접법과 설문지법이 가장 주요한 방법이므로 답안에 포함하는 것을 추천한다.

문장 구성 키워드

- 면접법: 작업자와의 면담
- 설문지법: 설문지 배부, 직무내용 기술
- 관찰법: 작업장 방문, 관찰
- 중요사건법: 성공/실패, 지식·기술·능력 추출
- 체험법: 분석자 직접 참여
- 녹화법: 비디오테이프, 녹화 장면 분석
- 작업일지법: 매일 작성, 작업일지

05 구조화 면접법과 비구조화 면접법의 의미, 장점, 단점을 쓰시오.

2015년 1회

득점	배점
점	6 점

※ 의미, 장점, 단점 각각 1점

○ 구조화 면접법
 - 의미:
 - 장점:
 - 단점:

○ 비구조화 면접법
 - 의미:
 - 장점:
 - 단점:

합격답안

직무분석의 방법 ▶ 최초분석법

○ 구조화 면접법
 - 의미: 질문이 미리 정해져 있고 일정한 구조와 순서가 있는 면접 방식이다.
 - 장점: 짧은 시간에 많은 정보를 수집할 수 있다. 응답 결과를 비교·분석하는 데 용이하다.
 - 단점: 심층적 정보를 수집하기 어렵다. 면접의 유연성이 떨어진다.

○ 비구조화 면접법
 - 의미: 질문이 미리 정해져 있지 않고, 응답자의 반응에 따라 유연하게 진행되는 면접 방식이다.
 - 장점: 심층적 정보를 수집할 수 있다. 면접 분위기에 따른 유연한 대처가 가능하다.
 - 단점: 다량의 정보를 짧은 시간에 수집하기 어렵다. 응답 결과를 비교·분석하기 힘들다.

답안 작성법

각 면접법의 장점과 단점은 하나씩만 적어 주어도 좋다.

문장 구성 키워드

- 구조화 면접법
 - 미리 정해짐
 - 짧은 시간 많은 정보 ○
 - 심층적 정보 ✕
- 비구조화 면접법
 - 미리 정해지지 않음
 - 심층적 정보 ○
 - 짧은 시간 많은 정보 ✕

06 직무분석 설문지 선택 시 평가준거 3가지를 설명하시오.

2014년 2회

득점	배점
점	6 점

※ 평가준거 1가지당 2점
 (설명 미작성 시 1점)

합격답안 직무분석의 방법 ▶ 최초분석법

○ **신뢰성**: 설문지를 통해 얻은 결과는 일관성이 있어야 한다.
○ **타당성**: 설문지를 통해 얻은 결과는 측정하고자 하는 내용이어야 한다.
○ **실용성**: 설문 실시에 소요되는 시간과 비용이 효율적이어야 한다.
○ **만능성**: 설문지는 여러 종류의 직무를 분석하고, 다양한 직무분석 목적을 충족할 수 있어야 한다.
○ **표준성**: 설문지는 다른 조직에서의 직무와 비교할 수 있도록 표준화되어 있어야 한다.

답안 작성법
'신뢰성, 타당성, 실용성' 등 그 명칭을 작성한 후 뒤이어 이에 대한 설명을 적어 나가는 것이 바람직하다.

문장 구성 키워드
• 신뢰성: 일관성
• 타당성: 측정하고자 한 것
• 실용성: 시간·비용 효율
• 만능성: 여러 직무, 다양한 목적
• 표준성: 다른 조직 직무 비교

07 직무분석 방법 중 결정적 사건법의 단점을 4가지 쓰시오.

2022년 2회, 2019년 3회, 2015년 1회

득점	배점
점	4 점

※ 단점 1가지당 1점

○

○

○

○

합격답안　　　　　　　　　직무분석의 방법 ▶ 최초분석법

○ 응답자들이 과거의 결정적 사건들에 대해 왜곡하여 기술할 가능성이 있다.
○ 일상적인 수행에 관한 정보가 배제될 수 있으므로, 해당 직무에 대한 포괄적인 정보를 얻기는 힘들다.
○ 정확한 조사를 위해서는 특별히 훈련받은 사람이 필요하다.
○ 자료를 수집하고 수집된 자료를 분류하는 데 많은 시간과 노력이 들어간다.

답안 작성법
아래 [문장 구성 키워드]를 중심으로 문장형으로 작성하면 된다.

문장 구성 키워드
• 왜곡 가능성
• 일상 정보 배제
• 훈련 필요
• 많은 시간과 노력

직업상담사 2급 2차 실기 통합서

08 직무평가방법 4가지를 쓰고 설명하시오. 2023년 2회, 2021년 3회

득점	배점
점	4 점

※ 방법 1가지당 1점
(설명 미작성 시 0.5점)

합격답안 　　　　　　　　　　　직무평가 ▶ 직무평가의 방법

○ **서열법**: 전체적이고 포괄적인 관점에서 각 직무를 상호 비교한 후 순위를 매기는 방법이다.
○ **분류법**: 각 직무의 수준을 판정하여 사전에 만들어 놓은 등급에 맞추어 넣는 방법이다.
○ **점수법**: 직무를 구성요소로 분해하고, 각 요소의 중요도에 따라 점수를 부여한 후 총점을 계산하는 방법이다.
○ **요소비교법**: 조직에서 핵심이 되는 몇 가지 기준직무를 선정하여, 각 직무의 평가요소를 기준직무의 평가요소와 비교하는 방법이다.

답안 작성법
서열법과 분류법은 질적 방법, 점수법과 요소비교법은 양적 방법이기 때문에 가급적 제시된 순서대로 작성하는 것을 추천한다.

문장 구성 키워드
• 서열법: 순위 매김
• 분류법: 등급에 맞추어 넣음
• 점수법: 요소에 점수 부여
• 요소비교법: 기준직무와 비교

CHAPTER 03 직무분석

CHAPTER 04 경력개발

테마 1 경력개발의 이해

1 경력 및 경력개발의 개념

(1) 경력
① 개인이 일생 동안 겪은 일과 관련된 경험들로, 입사하여 퇴사할 때까지 조직에서 축적한 특유의 직무, 직위, 경험 등을 말한다.
② 한 개인의 직업생활상의 이동경로로, 개인의 이력서에 나타난 직무들의 집합이라고 이해할 수 있다.

(2) 경력개발
① 조직의 인력개발 계획 속에서 구성원에 대해 평가, 상담, 훈련 등을 실시하여 구성원이 진로를 결정하고 실행하는 것을 돕는 것이다.
② 개인이 달성하고자 하는 경력 지향점을 결정하고 경력경로를 구체적으로 계획하여 그 경로에 따라 직무이동을 하는 것이다.
③ 개인은 경력개발을 통해 전문적 능력 개발, 자아실현 욕구 충족, 미래에 대한 목표 계획과 달성 등을 이룰 수 있다.
④ 기업은 조직구성원의 경력개발을 통해 인적 자원의 효율적 확보, 생산성 증대 효과 등을 이룰 수 있다.

2 경력개발의 과정

(1) 홀(Hall)의 경력개발 4단계
① [1단계] 탐색기(진입단계)
  ㉠ 자아개념을 정립하고, 경력지향을 결정하여, 직업을 선택하는 단계이다.
  ㉡ 선택한 직업에 진입하는 데 필요한 교육을 받고, 입사하고자 하는 조직을 찾아서 취업한다.
② [2단계] 확립기(경력초기단계)
  ㉠ 탐색기에 선택한 직업에 정착하기 위해 노력하는 단계이다.
  ㉡ 조직에 적응하고 새로운 기술을 습득하기 시작한다.
③ [3단계] 유지기(경력중기단계)
  ㉠ 직업생활에서 생산적인 시기로, 자신의 전문성과 업무상 확고한 지위를 유지하려고 하는 단계이다.

기/출/족/보 출제지수 ■□□

13년 1회
홀이 제시한 경력개발 4단계를 설명하시오.

POINT
'탐색, 확립, 유지, 쇠퇴'라는 명칭에 맞게 내용을 파악하면 된다. 한편, 시험에서는 수퍼의 경력개발 5단계를 물어보기도 하는데, 이는 제2과목 > CHAPTER 02 > 테마 4에 나타나 있는 수퍼의 진로발달이론을 참고하면 된다.

ⓒ 일의 세계에서 개인의 역할로 초점이 옮겨지면서 역할들의 균형이 중요해진다.
④ [4단계] 쇠퇴기(경력후기단계)
  ㉠ 자신의 조직생활을 통합하려고 노력하는 단계이다.
  ㉡ 직업세계에서 은퇴 준비에 돌입하게 된다.

(2) 일반적인 경력개발 단계
① 초기 경력단계
  ㉠ 조직에 적응하도록 방향을 설정하는 단계이다.
  ㉡ 개인적인 목적과 승진 기회의 관점에서 경력계획을 탐색하고, 지위와 책임을 알고 만족스러운 수행을 증명해 보인다.
  ㉢ 경력개발 프로그램: 경력워크숍, 인턴십, 사전직무안내, 후견인 프로그램, 종업원 오리엔테이션 등
② 중기 경력단계
  ㉠ 직업몰입 및 상황을 증진시키기 위해 계속 적응해 나가는 단계이다.
  ㉡ 일의 세계에서 초점이 개인역할로 옮겨지며, 직무능력의 전문성에 중점을 두고 자신에 대한 재평가를 통해 경력목표를 점검한다.
  ㉢ 경력개발 프로그램: 직무순환제, 전문훈련 프로그램, 경력상담 등
③ 말기 경력단계
  ㉠ 신체적·정신적 능력이 약화되는 '사양화'의 단계이다.
  ㉡ 조직에서의 역할은 권력 역할에서 사소한 역할로 전환되고, 은퇴를 준비하게 된다.
  ㉢ 경력개발 프로그램: 은퇴 전 프로그램, 재취업 준비 프로그램, 유연성 있는 작업 계획 등

> **기/출/족/보** 출제지수 ■□□
> 10년 1회
> 초·중·말기 경력단계별 경력개발 프로그램을 1가지씩 쓰시오.
> **POINT**
> 경력단계별로 관련 프로그램을 2가지씩 외워 두는 것이 안정적이다.

3 경력개발 프로그램의 종류

(1) 자기평가
① 경력워크숍: 신입사원을 집단으로 모아 놓고 자신의 경력계획을 어떻게 준비하고 실행할 수 있는지에 대해 배워 나가게 함으로써 자율적으로 경력목표를 달성할 수 있도록 지원하는 제도이다.
② 경력연습책자: 자신의 경력목표를 달성하기 위한 구체적인 행동계획을 세우는 과제들로 구성된 책자이다.

(2) 정보제공
① 사내공모제: 기업이 특정 프로젝트를 추진하거나 신규 사업에 진출하기 위해 사내에서 필요한 인재를 모으는 제도이다.

② 경력자원기관: 종업원의 경력개발을 위한 자료를 비치하고 있는 소규모 도서관 형태의 기관이다.

(3) 종업원 평가
① 평가기관(평가센터): 조직구성원의 경력개발을 위하여 전문가로부터 개인의 능력, 성격, 기술 등에 관해 종합적인 평가를 받는 프로그램이다.
② 심리검사: 조직구성원들을 대상으로 심리검사를 실시하여, 적성, 성격, 흥미 등을 파악한다.
③ 조기발탁제: 잠재력이 높은 종업원을 조기에 발견하여 특별한 경력경험을 제공해 주는 제도이다.

(4) 종업원 개발
① 훈련 프로그램: 조직 내에서 종업원의 경력개발을 위해 실시하는 교육 프로그램을 말한다.
② 후견인 제도(멘토십 시스템): 신입사원이 조직에 쉽게 적응하도록 상사가 후견인이 되어 도와주는 경력개발 프로그램이다.
③ 직무순환: 종업원들이 완수해야 하는 직무는 그대로 둔 채 종업원들의 자리를 이동시키는 방법이다.

테마 2 직업지도와 직업전환

1 직업지도

(1) 직업지도 및 직업지도 프로그램의 이해
① 직업지도는 자신에 대한 이해를 통해 직업을 선택하고, 선택한 직업을 위해 적합한 준비를 하며, 직업인으로서 만족할 만한 생활을 유지할 수 있도록 전문적으로 도움을 주는 일이다.
② 직업지도는 '진로인식단계 → 진로탐색단계 → 진로준비단계 → 취업단계'로 진행된다.
③ 직업지도 프로그램은 직업탐색, 직업준비, 직업적응·전환 및 퇴직 등을 도와주기 위해 특별히 구조화된 조직적인 상담 체제이다.

기/출/족/보 출제지수 ■□□
20년 2회
구조조정을 당한 실직자의 특성 2가지를 기술하고, 이 내담자에게 적용할 수 있는 지도방법 2가지를 제시하시오.

(2) 직업지도 프로그램의 종류
① 자신에 대한 탐구 프로그램
㉠ 직업지도에서 가장 기본이 되는 프로그램으로, 특히 진로미결정자나 우유부단한 내담자에게 유용하다.

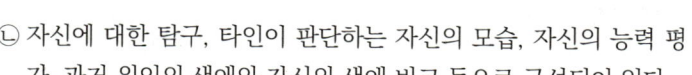

ⓒ 자신에 대한 탐구, 타인이 판단하는 자신의 모습, 자신의 능력 평가, 과거 위인의 생애와 자신의 생애 비교 등으로 구성되어 있다.

② 직업적응 프로그램
ⓐ 직업적응과 전직예방을 위해 신입직원이나 퇴직의사 보유자에게 실시하는 직업상담 프로그램이다.
ⓒ 조직문화, 인간관계, 직업예절, 직업의식, 직업관 등에 관한 정보를 제공하여, 인간관계에 대한 긍정적 태도를 기르고, 직무몰입을 통해 경쟁력을 높이도록 한다.

③ 직장스트레스 대처 프로그램
ⓐ 전직을 예방하기 위해 퇴직의사 보유자에게 실시하는 직업상담 프로그램이다.
ⓒ 직무에서 오는 긴장 및 불안 등의 스트레스를 인식하고, 이를 해결하기 위한 적절한 기술을 발견하며, 건강한 삶을 유지하기 위한 태도를 기르도록 한다.

④ 실업자 대상 프로그램
ⓐ 실업충격 완화 프로그램: 실업에 따른 정신적인 충격과 스트레스를 확인하고 이를 완화하기 위한 방법을 제시하여 실업에 대한 대처능력을 향상시킨다.
ⓒ 직업복귀 훈련 프로그램: 실업기간에 있는 실업자에 대해 직업복귀를 위해 필요한 준비 사항을 안내하고 직업훈련 프로그램을 제공한다.

POINT
실업자 대상 프로그램의 명칭과 내용을 중점적으로 파악해 두도록 한다.

2 직업전환

(1) 직업전환 및 직업전환상담의 이해
① 직업전환은 실업이나 기타 사유로 인해 직업을 바꾸는 것을 의미한다.
② 직업전환은 내담자의 적성과 흥미 또는 성격이 직업적 요구와 달라 생긴 직업적응문제를 해결하는 데 가장 적합한 방법이다.
③ 직업전환상담은 전직을 희망하고 있거나 실업·실직의 위기상황에 놓인 직업인을 대상으로 실시하는 상담으로, 내담자에게 직업경로 사항, 요구되는 전문지식 및 기술, 직업전환을 위한 준비상태 등에 관한 정보를 수집·제공한다.

(2) 직업전환을 원하는 내담자 상담 시 고려 사항
① 직업을 전환하고자 하는 내담자에게 우선적으로 탐색해야 할 것은 변화에 대한 인지능력이다.
② 내담자의 나이와 건강을 고려해야 한다.
③ 내담자가 직업을 전환하는 데 동기화가 되어 있는지 알아본다.
④ 내담자가 직업전환에 필요한 기술을 가지고 있는지 평가해야 한다.

대표 기출문제

제2과목 직업심리학
CHAPTER 04 경력개발

01 홀(Hall)이 제시한 경력개발 4단계를 설명하시오. 2013년 1회

득점	배점
점	4 점

※ 단계 1개당 1점
 (설명 미작성 시 0.5점)

+기출 플러스

10년 1회
초·중·말기 경력단계별 경력개발 프로그램을 1가지씩 쓰시오.
KEY 인턴십, 직무순환제, 은퇴 전 프로그램

합격답안 경력개발의 이해 ▶ 경력개발의 과정

○ [1단계] 탐색기: 자아개념을 정립하고 경력지향을 결정하여 직업을 선택하는 단계로, 선택한 직업에 진입하는 데 필요한 교육을 받고, 입사하고자 하는 조직을 찾아서 취업한다.
○ [2단계] 확립기: 탐색기에 선택한 직업에 정착하기 위해 노력하는 단계로, 조직에 적응하고 새로운 기술을 습득하기 시작한다.
○ [3단계] 유지기: 직업생활에서 생산적인 시기로, 자신의 전문성과 업무상 확고한 지위를 유지하려고 하는 단계이다.
○ [4단계] 쇠퇴기: 자신의 조직생활을 통합하려고 노력하는 단계로, 직업세계에서 은퇴 준비에 돌입하게 된다.

답안 작성법

'탐색기, 확립기, 유지기, 쇠퇴기'라는 명칭을 순서에 맞게 정확하게 작성한 뒤, 설명을 써 나가면 된다.

문장 구성 키워드
- 탐색기: 자아개념, 경력지향, 취업
- 확립기: 정착 노력, 기술 습득
- 유지기: 생산적, 전문성, 지위
- 쇠퇴기: 통합, 은퇴 준비

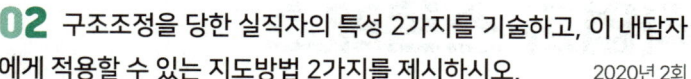

02 구조조정을 당한 실직자의 특성 2가지를 기술하고, 이 내담자에게 적용할 수 있는 지도방법 2가지를 제시하시오. 2020년 2회

득점	배점
점	4 점

※ 특성 1가지당 1점, 지도방법 1가지당 1점

○ 구조조정을 당한 실직자의 특성

　－

　－

○ 적용할 수 있는 지도방법

　－

　－

합격답안

직업지도 ▶ 직업지도 프로그램의 종류

○ 구조조정을 당한 실직자의 특성
 - 좌절감, 우울감, 무력감, 무가치성 등을 느낄 수 있다.
 - 경제적으로 수입이 감소하고, 다시 구직을 해야 한다는 것에 부담을 갖게 된다.

○ 적용할 수 있는 지도방법
 - **실업충격 완화 프로그램**: 실업에 따른 정신적인 충격과 스트레스를 확인하고 이를 완화하기 위한 방법을 제시하여 실업에 대한 대처능력을 향상시킨다.
 - **직업복귀 훈련 프로그램**: 실업기간에 있는 실업자에 대해 직업복귀를 위해 필요한 준비 사항을 안내하고 직업훈련 프로그램을 제공한다.

답안 작성법

지도방법에서는 '실업충격 완화 프로그램, 직업복귀 훈련 프로그램'이라는 프로그램 명칭을 정확하게 언급해 주는 것이 좋다.

문장 구성 키워드

- 특성: 우울감, 무력감, 수입 감소
- 지도방법: 실업충격 완화 프로그램, 직업복귀 훈련 프로그램

직업과 스트레스

테마 1 스트레스의 이해

1 스트레스의 원인과 효과

(1) 스트레스의 원인
  ① 좌절(frustration): 원하는 목표가 지연되거나 차단될 때 경험하는 부정적 정서 상태이다.
  ② 과잉부담(overload): 개인의 능력을 벗어난 일이나 요구로 인해 경험하는 부정적 정서 상태이다.
  ③ 갈등(conflict): 두 가지 동기들이 서로 부딪힐 때 경험하는 정서 상태로, 접근하고 싶은 동기와 회피하고 싶은 동기 간의 관계를 통해 4가지 유형으로 구분할 수 있다.
    ㉠ 접근-접근 갈등: 두 가지의 긍정적인 대안들 중 하나만을 선택해야 할 때 생기는 갈등이다.
    ㉡ 회피-회피 갈등: 두 가지의 부정적인 대안들 중 하나를 선택해야만 할 때 생기는 갈등이다.
    ㉢ 접근-회피 갈등: 하나의 대안을 선택할 경우 그 대안에 긍정적인 측면과 부정적인 측면이 모두 있어서 생기는 갈등이다.
    ㉣ 이중 접근-회피 갈등: 접근-회피 갈등을 보이는 두 가지 대안들 중 하나만을 선택할 수밖에 없을 때 생기는 갈등이다.
  ④ 생활의 변화(life change): 결혼, 이사, 군입대, 이혼, 사별 등 생활상의 갑작스러운 변화로, 부정적인 사건뿐만 아니라 긍정적인 생활 변화도 적응을 필요로 하기 때문에 스트레스의 원인이 될 수 있다.

(2) 스트레스의 효과
  ① 부정적 효과
    ㉠ 스트레스는 위장질환, 심혈관질환 등 각종 질병을 유발할 수 있다.
    ㉡ 스트레스는 불안, 분노, 우울, 무감동 등의 부정적 정서를 유발하여 합리적 의사결정이 어려울 수 있다.
    ㉢ 스트레스는 주의집중력, 기억력 등이 저하시켜 일의 능률이 떨어질 수 있다.
  ② 긍정적 효과
    ㉠ 적당한 수준의 스트레스는 개인적 성장과 발전을 위한 동기부여가 될 수 있다.

ⓒ 스트레스 경험들을 통해 스트레스에 대한 내성(tolerance)이 길러지면서 앞으로의 더 큰 스트레스에 대해 보다 수월하게 대처할 수 있다.

2 스트레스에 관한 연구

(1) 셀리에(Selye)의 일반적응증후군(GAS: General Adaptation Syndrome)
① 셀리에는 스트레스에 대한 연구를 통해 질병에 관계없이 환자들에게 공통적으로 나타나는 일반적인 증상에 주목하였다.
② 체내에는 스트레스원인 외부 자극에 대응하여 스스로를 변화시키는 작용이 있고, 그 변화는 자극의 내용과 관계없이 항상 일정하다는 사실을 발견하였다.
③ 스트레스의 결과가 신체부위에 영향을 준다는 뜻에서 '일반적', 스트레스의 원인으로부터 신체가 대처하도록 한다는 의미에서 '적응'이라 명명하였다.
④ 일반적응증후군 진행 단계
   ㉠ 경고단계(경계단계): 정신적 혹은 육체적 위험에 노출되었을 때 즉각적인 반응을 보이는 단계이다.
   ㉡ 저항단계: 스트레스에 대한 경고반응이 있었음에도 불구하고 스트레스가 지속되는 경우 저항단계로 접어든다. 스트레스 유발요인에 대한 저항력과 면역력은 일시적으로 증가하지만, 신체의 전반적인 기능은 떨어진다.
   ㉢ 탈진단계(소진단계): 스트레스에 오랜 기간 노출되면서 신체 에너지가 고갈되고, 신체의 저항력과 면역력이 붕괴되면서 질병이 발생하기도 한다.

(2) 라자루스(Lazarus)의 스트레스 이론
① 스트레스 사건 자체보다 지각과 인지 과정을 중시하는 이론이다.
② 스트레스원에 대한 인지적 평가 과정
   ㉠ 1차 평가: 사건이 얼마나 위협적인지를 평가하는 것이다.
   ㉡ 2차 평가: 자신의 대처 능력에 대한 평가이다.
   ㉢ 3차 평가: 새로운 정보를 이용한 평가로서 처음의 평가가 수정되는 것이다.

(3) 여크스와 도슨(Yerkes & Dodson)의 역U자형 가설
① 스트레스로 인해 흥분, 욕구, 긴장 등이 증대되는 경우 어느 정도 수준에 이르기까지는 수행실적이 증가하다가, 일정 시점 이후에는 스

트레스 수준이 증가하면 수행실적이 오히려 감소하는 역U자형 관계가 된다는 가설이다.
② 역U자형 가설은 스트레스 수준이 적당하면 작업능률도 최대가 된다는 점을 시사한다.

(4) 홈스와 레어(Holmes & Rahe)의 생활변동단위(LCU: Life Change Unit)
① 홈스와 레어는 생활사건이 유발하는 스트레스의 양을 측정하기 위해 사회재적응척도를 개발하였다.
② 이 척도는 1년간 43개의 주요 생활변화를 생활변동단위(생활변화단위)로 측정하도록 되어 있다.
③ 생활변동단위의 합에 따른 생활위기 수준과 질병 발생 가능성

구분	생활위기 수준	질병 발생 가능성
0~150 미만	스트레스가 거의 없음	없음
150~200 미만	경도의 생활위기	35%
200~300 미만	중등도의 생활위기	50%
300 이상	중증도의 생활위기	80%

(5) 야호다(Johoda)의 박탈이론
① 야호다는 개인이 실직으로 인해 우울, 불안, 신체화 증상, 가족 간 불화 등의 스트레스를 겪는다고 보았다.
② 불만족스러운 취업이더라도 고용상태에 있는 것이 실직상태에 있는 것보다 낫다고 주장하며, 고용으로 인한 이점을 제시하였다.
③ 고용으로 인한 잠재적 효과
　㉠ 시간의 구조화: 하루의 일과 시간을 구조화함으로써 시간을 계획적·조직적으로 활용할 수 있다.
　㉡ 사회적인 접촉: 가족 외 다른 사람들과 사회적인 접촉을 함으로써 사교적 범위를 넓힐 수 있다.
　㉢ 공동의 목표: 개인적 목표를 뛰어넘어 공유된 공동의 목표에 참여함으로써 자아실현을 할 수 있다.
　㉣ 사회적 정체성과 지위: 사회적으로 인정되는 역할을 부여받고 이를 수행함으로써 사회적 정체성과 지위를 얻을 수 있다.
　㉤ 활동성: 의미 있는 규칙적 활동을 수행함으로써 생활에 활력을 얻을 수 있다.

기/출/족/보 출제지수 ■□□

23년 2회, 17년 2회
실업과 관련된 야호다의 박탈이론에 따르면 일반적으로 고용상태에 있게 되면 실직상태에 있는 것보다 여러 가지 잠재적 효과가 있다고 한다. 고용으로 인한 잠재적 효과를 5가지(3가지) 쓰시오.

POINT
제시된 5가지 효과 모두를 그 명칭과 함께 외워 두도록 한다.

테마 2 직업 관련 스트레스

1 직무·조직 관련 스트레스원

(1) 과제특성
① 복잡한 과제: 상대적으로 높은 인지활동을 요구하고 정보 과부하를 일으켜 스트레스를 높인다.
② 단순하고 반복적인 과제: 지루하게 반복되는 과업의 단조로움은 매우 위험한 스트레스 요인이 될 수 있다. 기계화, 자동화에 따른 단순노동은 '조립대 히스테리'를 유발하기도 하며, 그 증상으로는 무기력증, 현기증, 두통, 구토 등이 있다.

(2) 직무역할
① 역할갈등: 역할담당자가 자신의 지위와 역할전달자의 역할기대가 상충되는 상황에서 지각하는 심리적 상태이다.
  ㉠ 개인 간 역할갈등: 직업에서의 요구와 직업 이외의 요구가 다를 때 발생한다.
  ㉡ 개인 내 역할갈등: 개인이 수행하는 직무의 요구와 개인의 가치관이 다를 때 발생한다.
  ㉢ 송신자 간 갈등: 개인에게 요구하는 두 사람 이상의 요구 내용이 다를 때 발생한다.
  ㉣ 송신자 내 갈등: 상급자가 서로 배타적이고 양립할 수 없는 요구를 할 때 발생한다.
② 역할모호성: 개인의 책임한계와 목표가 명확하지 않아서 역할이 분명하지 않을 때 발생한다.
③ 역할과부하: 일상적인 업무를 수행하는 중에 새로운 업무가 주어지면서 대처능력이 초과상태에 이르는 것이다.

(3) 산업·조직문화 풍토
① 집합주의 산업문화와 개인주의 산업문화의 충돌은 근로자에게 스트레스원이 된다.
② 집합주의 문화는 근로자 개인과 조직 간의 관계를 도덕적 관점을 바라보고, 관리자나 경영주와의 유대를 중요하게 여기며, 연고주의의 특성을 보인다.
③ 개인주의 문화는 근로자 개인과 조직 간의 관계를 계약적 관점으로 바라보고, 직무에 따른 보상을 중요하게 여기며, 능력주의의 특성을 보인다.

 기/출/족/보 출제지수 ■□□

15년 3회
직무와 조직에서의 주된 스트레스를 받는 원인 3가지를 쓰고 설명하시오.

POINT
'역할갈등, 역할모호성, 역할과부하'와 같이 하위 항목으로 답안을 구성하기보다는 '과제특성, 직무역할, 산업·조직문화 풍토'와 같이 상위 항목으로 답안을 작성하도록 한다.

기/출/족/보 출제지수 ■■□

18년 2회
직무 스트레스의 조절변인 3가지를 쓰고 설명하시오.

17년 3회
동일한 스트레스일지라도 개인이 받는 스트레스는 각각 다를 수 있다. 스트레스의 조절변인 2가지를 쓰고 설명하시오.

POINT

A/B 성격유형에서는 'A유형'이 스트레스를 더 받는 경향이 있다는 점, 통제 소재에서는 '외적 통제자'가 스트레스를 더 받는 경향이 있다는 점을 알아 두자.

2 직무 스트레스의 조절변인

(1) A/B 성격유형

① 프리드만과 로젠만(Friedman & Rosenman)은 인간의 성격유형을 A유형과 B유형으로 분류하였다.
② A 성격유형과 B 성격유형은 직무 스트레스는 조절하는 변인이 될 수 있다.
③ 일반적으로 A유형이 B유형에 비해 스트레스를 더 받는 경향이 있으며, 스트레스 상황에 노출되면 A유형이 B유형보다 더 많은 부정과 투사기제를 사용한다.
④ A유형과 B유형의 특성

A유형	• 시간에 대한 걱정이 많고 여유가 없는 편이어서, 근무 시간을 철저하게 지키고, 항상 긴박감, 절박감을 느낀다. • 평소 활동이 공격적이고 적대적이며, 참을성이 없고 쉽게 화를 낸다. • 경쟁적이며 승부에 집착하고, 많은 일을 성취하려 한다. • 일의 과정보다는 결과에 집착한다. • 관상동맥성 심장병(CHD)에 걸릴 확률이 높다.
B유형	• 시간에 대한 걱정이 덜하고, 여유로우며 느긋하다. • 비경쟁적 상황에서 타인과의 경쟁심이나 적대감이 없다. • 성취욕구와 포부수준이 상대적으로 낮기 때문에 일로부터 스트레스를 느낄 가능성이 적다. • 일의 결과보다 과정을 중요시한다. • 스트레스에 따른 질병이 발생할 확률이 낮다.

(2) 통제 소재

① 자신이 상황을 통제할 수 있다고 생각하는 사람은 '내적 통제자'로, 타인이나 외부 환경에 의해 상황이 통제된다고 생각하는 사람은 '외적 통제자'로 구분된다.
② 내적 통제자는 스트레스 상황에 노출되더라도 크게 위험을 느끼지 않기 때문에 외적 통제자에 비해 스트레스 상황에 대한 대처능력이 뛰어나다.
③ 외적 통제자는 자신의 삶에서 중요한 사건들이 주로 타인이나 외부에 의해 결정된다고 보기 때문에 내적 통제자보다 스트레스의 영향력을 감소시키려는 노력을 하지 않는 편이다.

(3) 사회적 지원

① 사회적 지원이 제공되면 우울이나 불안 같은 직무 스트레스 반응이 감소하여, 스트레스 대처와 극복에 도움이 된다.

② 사회적 지원을 줄 수 있는 조직 내적 요인으로는 직장 상사, 동료, 부하 등이 있으며, 조직 외적 요인으로는 가족, 친구 등이 있다.
③ 사회적 지원은 스트레스의 출처를 약화시키지만 스트레스의 출처로부터 야기된 권태감, 직무 불만족 자체를 감소시키는 것은 아니다.

3 직무 스트레스의 결과

(1) 직무 스트레스의 직장 내 행동 결과
① 일정 수준 이상으로 스트레스가 증가하면 직무수행이 감소한다.
② 자신의 직무에 대한 불만족이 형성된다.
③ 지각 및 결근이 잦아지고 이직이 발생한다.
④ 업무상 실수나 사고가 일어난다.
⑤ 조직 내에서 대인관계의 문제가 발생한다.
⑥ 집중력과 인내심이 감소하고, 공격적 행동이 증가한다.

> **기/출/족/보** 출제지수 ■□□
> 21년 1회, 16년 3회
> 직무 스트레스로 인해 나타나는 직장 내 행동결과를 5가지 쓰시오.
> **POINT**
> 제시된 6가지 내용을 모두 외워두는 것이 안정적이다.

(2) 구조조정 스트레스의 결과
① 기업의 구조조정에 따라 인원 감축이 이루어지면서, 해고되지 않고 조직에 남게 된 구성원들은 일종의 '생존자증후군'을 겪을 수 있다.
② 조직 감축에서 살아남은 구성원의 전형적인 반응
　㉠ 조직에 대한 신뢰감을 상실한다.
　㉡ 더 많은 일을 해야 한다고 생각하고, 종종 불이익도 감수한다.
　㉢ 다른 직무나 낮은 수준의 직무로 이동하는 것을 감수한다.
　㉣ 자신도 언제 감축대상이 될지 모른다는 불안감으로 조직몰입에 어려움을 겪는다.
　㉤ 구성원들의 이직이 증가하는 등 조직 이탈현상이 발생한다.

테마 3 스트레스의 관리와 예방

1 스트레스 관리전략

(1) 1차적 스트레스 관리전략(출처지향적 관리전략)
① 직무 스트레스의 직접적인 원인을 수정하는 전략으로, 조직 수준의 스트레스 관리전략에 해당한다.
② 주요 세부 전략으로는 직무 재설계, 참여적 관리, 경력개발 등이 있다.

(2) 2차적 스트레스 관리전략(반응지향적 관리전략)
① 직무 스트레스에 따른 다양한 반응 및 증상을 완화하는 전략으로, 개인 수준의 스트레스 관리전략에 해당한다.
② 주요 세부 전략으로는 이완 훈련, 바이오 피드백, 스트레스 관리 훈련 등이 있다.

(3) 3차적 스트레스 관리전략(증후지향적 관리전략)
① 직무 스트레스로 인해 발생한 부정적 증후 및 장애를 치료하거나 예방하는 전략이다.
② 주요 세부 전략으로는 상담, 정신치료, 약물치료 등이 있다.

2 스트레스의 예방 및 대처

(1) 스트레스에 대한 일반적 예방 및 대처 방안
① 가치관을 전환해야 한다.
② 목표지향적인 초고속 심리에서 과정중심적인 사고방식으로 전환해야 한다.
③ 균형 있는 생활을 해야 한다.
④ 취미나 오락을 통해 생활 장면을 전환하는 활동을 규칙적으로 해야 한다.
⑤ 스트레스에 정면으로 도전하는 마음가짐이 있어야 한다.
⑥ 현실을 직시하고 타협이나 양보를 한다.
⑦ 자신에게 맞는 운동을 한다.

(2) 스트레스에 대한 방어적 대처 방안(방어기제)
① 부정: 감당하기 힘든 어려운 고통이나 욕구를 무의식적으로 부인하는 것이다.
② 투사: 스스로 받아들일 수 없는 충동이나 태도 등을 무의식적으로 타인이나 환경의 탓으로 돌리는 것이다.
③ 동일시: 자신이 존경하거나 좋아하는 대상의 속성을 자신의 것으로 느끼는 것이다.
④ 합리화: 자신의 체면을 유지하기 위해 자신의 행위를 정당화할 수 있는 그럴듯한 이유를 붙이는 것이다.
⑤ 억압: 사회적·윤리적으로 용납될 수 없다고 생각되는 욕구, 충동, 사고 등을 자신의 무의식 속으로 숨겨 버리는 것이다.
⑥ 전위: 본능적 충동을 재조정해서 덜 위협적인 상대에게 표출하는 것이다.

⑦ 주지화: 위협적이거나 고통스러운 상황으로부터 감정을 분리하여 이성적으로 바라보는 것이다.
⑧ 보상: 자신의 단점을 감추기 위해 장점을 강조하는 것이다.

대표 기출문제

제2과목 직업심리학
CHAPTER 05 직업과 스트레스

01 실업과 관련된 야호다(Johoda)의 박탈이론에 따르면 일반적으로 고용상태에 있게 되면 실직상태에 있는 것보다 여러 가지 잠재적 효과가 있다고 한다. 고용으로 인한 잠재적 효과를 5가지 쓰시오.

2023년 2회, 2017년 2회

득점	배점
점	5 점

※ 효과 1가지당 1점
 (설명 미작성 시 0.5점)

합격답안

스트레스의 이해 ▶ 스트레스에 대한 연구

- 시간의 구조화: 하루의 일과 시간을 구조화함으로써 시간을 계획적·조직적으로 활용할 수 있다.
- 사회적인 접촉: 가족 외 다른 사람들과 사회적인 접촉을 함으로써 사교적 범위를 넓힐 수 있다.
- 공동의 목표: 개인적 목표를 뛰어넘어 공유된 공동의 목표에 참여함으로써 자아실현을 할 수 있다.
- 사회적 정체성과 지위: 사회적으로 인정되는 역할을 부여받고 이를 수행함으로써 사회적 정체성과 지위를 얻을 수 있다.
- 활동성: 의미 있는 규칙적 활동을 수행함으로써 생활에 활력을 얻을 수 있다.

답안 작성법

단순히 설명만 작성하기보다는 '시간의 구조화, 사회적인 접촉, 공동의 목표' 등과 같은 용어를 먼저 적어 주는 것이 좋다.

문장 구성 키워드

- 시간의 구조화: 일과 구조화, 시간 계획적
- 사회적인 접촉: 가족 외 사람, 사교적 범위
- 공동의 목표: 공유된 공동 목표, 자아실현
- 사회적 정체성과 지위: 사회적 역할
- 활동성: 규칙적 활동, 생활 활력

02 직무와 조직에서의 주된 스트레스를 받는 원인 3가지를 쓰고 설명하시오.

2015년 3회

득점	배점
점	6 점

※ 원인 1가지당 2점
(설명 미작성 시 1점)

○
○
○

합격답안

직업 관련 스트레스 ▶ 직무분석의 과정

- **과제특성**: 높은 인지활동을 요구하는 복잡한 과제, 지루하고 단조로운 단순·반복적인 과제는 스트레스를 유발한다.
- **직무역할**: 자신의 지위와 역할전달자의 역할기대가 상충되는 역할갈등, 개인의 책임한계와 목표가 명확하지 않은 역할모호성, 일상 업무 수행 중 새로운 업무가 주어지면서 대처능력이 초과상태에 이르는 역할과부하는 스트레스를 유발한다.
- **산업·조직문화 풍토**: 집합주의 산업문화와 개인주의 산업문화의 충돌은 근로자에게 스트레스원이 된다.

답안 작성법

아래 [문장 구성 키워드]의 용어를 반드시 답안에 작성하도록 한다.

문장 구성 키워드

- 과제특성: 복잡한 과제, 단순·반복적인 과제
- 직무역할: 역할갈등, 역할모호성, 역할과부하
- 산업·조직문화 풍토: 집합주의, 개인주의

03 직무 스트레스의 조절변인 3가지를 쓰고 설명하시오.

2018년 2회, 2017년 3회

득점	배점
점	3 점

※ 조절변인 1가지당 1점
(설명 미작성 시 0.5점)

합격답안   직업 관련 스트레스 ▶ 직무 스트레스의 조절변인

○ A/B 성격유형: 평소 활동이 공격적·적대적·경쟁적인 A유형은 성취욕구와 포부수준이 상대적으로 낮은 B유형에 비해 스트레스에 취약하다.
○ 통제 소재: 타인이나 외부 환경에 의해 상황이 통제된다고 생각하는 외적 통제자는 자신이 상황을 통제할 수 있다고 생각하는 내적 통제자에 비해 스트레스에 취약하다.
○ 사회적 지원: 직장 상사, 동료, 부하, 가족 등으로부터 사회적 지원이 제공되면 우울이나 불안 같은 직무 스트레스 반응이 감소한다.

답안 작성법
'A/B 성격유형'과 '통제 소재'에서는 스트레스에 더 취약한 유형이 무엇인지를 정확하게 적어 주어야 한다.

문장 구성 키워드
• A/B 성격유형: A유형, B유형
• 통제 소재: 외적 통제자, 내적 통제자
• 사회적 지원: 동료, 가족

04 직무 스트레스로 인해 나타나는 직장 내 행동 결과를 5가지 쓰시오.

2021년 1회, 2016년 3회

득점 / 배점 5점
※ 결과 1가지당 1점

합격답안

직업 관련 스트레스 ▶ 직무 스트레스의 결과

○ 일정 수준 이상으로 스트레스가 증가하면 직무수행이 감소한다.
○ 자신의 직무에 대한 불만족이 형성된다.
○ 지각 및 결근이 잦아지고 이직이 발생한다.
○ 업무상 실수나 사고가 일어난다.
○ 조직 내에서 대인관계의 문제가 발생한다.
○ 집중력과 인내심이 감소하고, 공격적 행동이 증가한다.

답안 작성법

이 문제는 정확한 답안이 떠오르지 않는다면, 직무 스트레스에 따른 결과를 상식선에서 생각해 보고 작성할 수도 있다.

문장 구성 키워드

- 직무수행 감소
- 불만족
- 지각, 결근, 이직
- 실수, 사고
- 대인관계 문제

제3과목
직업정보론

- 직업정보론은 한국직업사전, 한국표준직업분류, 한국표준산업분류, 경제활동인구조사가 주된 학습 대상인 과목입니다.
- 한국직업사전에서는 정규교육, 직무기능, 작업강도 등 부가직업정보에 대한 철저한 암기가 필요합니다.
- 한국표준직업분류에서는 직업으로 보지 않는 활동, 직업분류 원칙 등을, 한국표준산업분류에서는 산업과 산업분류, 생산단위 활동 형태, 산업결정방법, 산업분류 적용원칙 등을 전반적으로 꼼꼼하게 학습하셔야 합니다.
- 경제활동인구조사와 관련해서는 응용이 필요한 경제활동참가율, 실업률, 고용률 계산 문제가 출제되므로, 기출문제를 중심으로 충분한 계산연습을 할 필요가 있습니다.

직업상담사 2급 2차 실기 통합서

CHAPTER 01
직업정보의 제공

CHAPTER 02
직업분류의 활용

CHAPTER 03
산업분류의 활용

CHAPTER 04
직업정보의 수집·분석

직업정보의 제공

테마 1 직업정보의 이해

1 직업정보의 의의

(1) 직업정보의 개념
① 직업정보는 직업과 관련된 모든 정보로, 직위(position), 직무(job), 직업(occupation)에 관한 정보를 포함한다.
② 취업정보, 노동시장 동향, 고용통계 등이 모두 직업정보에 해당한다.
③ 직업정보원으로는 정부부처, 정부투자출연기관, 단체 및 협회, 연구소, 기업과 개인 등이 있다.

(2) 직업정보의 기능
① 여러 가지 직업적 대안들의 정보를 제공한다.
② 경험이 부족한 내담자에게 다양한 직업들을 간접적으로 접할 기회를 제공한다.
③ 내담자가 자신의 선택이 현실에 비추어 부적당한 선택이었는지를 점검하고 재조정해 볼 수 있는 기초를 제공한다.
④ 현재 고려 중인 직업의 선택의 수를 줄이기 위해서 사용할 수 있다.

(3) 직업정보의 구분
① 미시적 직업정보
  ㉠ 정보가 개별적이고 구체적이며, 특정 목적에 맞게 제한적이고 선택적으로 제공된다.
  ㉡ 구인·구직 정보, 채용·승진 정보, 직업훈련 정보, 임금 정보 등이 있다.
② 거시적 직업정보
  ㉠ 정보가 포괄적이며, 고용안정을 목적으로 고용과 직업에 대한 통계적·정책적 자료를 제공한다.
  ㉡ 경제활동참가율, 실업률, 이직률, 경제·산업동향, 고용전망 등이 있다.

기/출/족/보 출제지수 ■□□

20년 2회, 17년 2회
직업(고용)정보를 미시와 거시로 나누어 각각 2가지씩 쓰시오.

POINT
미시, 거시에 해당하는 직업정보를 각각 3가지씩은 외워 두도록 한다.

2 직업정보의 종류

(1) 민간직업정보
① 민간직업정보는 정부나 공공기관이 아닌 민간업체가 조사·분석·제공하는 직업정보를 의미한다.
② 정보가 불연속적이고 단기적이다.
③ 필요한 시기에 한시적으로 신속하게 수집·가공되어 제공된다.
④ 특정한 목적에 맞게 대상 분야 및 직종을 제한적으로 선택하기 때문에 조사·수록되는 직업의 범위가 제한적이다.
⑤ 정보 생산자의 임의적 기준이나 시사적인 흥미를 유도할 수 있도록 직업을 분류한다.
⑥ 다른 정보와의 연계 및 비교 가능성이 낮다.
⑦ 통상적으로 직업정보를 유료로 제공한다.

(2) 공공직업정보
① 공공직업정보는 중앙정부, 지방정부, 정부산하단체 및 기관 등의 공공 차원에서 공익적 목적에 따라 조사·분석·제공하는 직업정보를 의미한다.
② 정보가 연속적이고 장기적이다.
③ 특정 시기에 국한하지 않고 지속적으로 조사·분석하여 제공된다.
④ 전체 산업 및 업종에 걸친 직종 등을 대상으로 한다.
⑤ 국내 또는 국제적으로 인정되는 객관적인 기준에 근거하여 직업을 분류한다.
⑥ 관련 직업정보 간의 비교·활용이 용이하다.
⑦ 무료로 제공된다.

기/출/족/보 출제지수 ■□□

22년 1회
공공직업정보의 특성을 4가지만 쓰시오.

POINT
①은 공공직업정보의 정의, ②~⑦은 공공직업정보의 특성에 해당한다. 공공직업정보의 특성은 민간직업정보의 특성과 상반된다고 이해하면 된다.

테마 2 한국직업사전

1 한국직업사전의 이해

(1) 한국직업사전의 의의
① 우리나라 전체 직업의 표준화된 직업명과 수행직무 등 기초 직업정보를 수록하고 있는 자료로서, 국내의 거의 모든 직업의 상세정보를 확인할 수 있는 자료이다.
② 청소년과 구직자, 이·전직 희망자에게는 직업선택을 위해, 직업 및 진로상담원에게는 진로선택 및 취업상담자료로, 직업훈련담당자에

게는 직업훈련과정 개발을 위해, 연구자에게는 직업분류체계 개발과 기타 직업연구를 위해, 노동정책 수립자에게는 노동정책 수립을 위해 기초자료로 사용될 수 있다.

(2) 수록 직업
① 수록된 직업들은 직무분석을 바탕으로 조사된 정보들로서 수많은 일을 조직화된 방식으로 고찰하기 위하여 유사한 직무를 기준으로 분류한 것이다.
② 수록 직업 수 현황

(단위: 개)

한국고용직업분류 대분류	본직업	관련직업	유사명칭	합계
0. 경영·사무·금융·보험직	909	931	533	2,373
1. 연구직 및 공학 기술직	1,213	1,326	673	3,212
2. 교육·법률·사회복지·경찰·소방직 및 군인	205	776	122	1,103
3. 보건·의료직	138	78	90	306
4. 예술·디자인·방송·스포츠직	378	507	299	1,184
5. 미용·여행·숙박·음식·경비·청소직	175	133	156	464
6. 영업·판매·운전·운송직	244	589	185	1,018
7. 건설·채굴직	205	288	461	954
8. 설치·정비·생산직	2,498	1,966	1,482	5,946
9. 농림어업직	110	154	67	331
총계	6,075	6,748	4,068	16,891

(3) 구성 및 내용
① 수록된 직업정보들은 직업코드, 본직업명, 직무개요, 수행직무, 부가직업정보의 5가지 항목으로 구성된다.
② 수록된 직업정보들은 본직업정보와 부가직업정보로 구분하기도 한다.
  ㉠ 본직업정보: 직업코드, 본직업명, 직무개요, 수행직무
  ㉡ 부가직업정보: 정규교육, 숙련기간, 직무기능, 작업강도, 육체활동, 작업장소, 작업환경, 유사명칭, 관련직업, 자격·면허, 한국표준산업분류 코드, 한국표준직업분류 코드, 조사연도

2 본직업정보

(1) 직업코드
특정 직업을 구분해 주는 단위로서 한국고용직업분류(KECO)의 세분류 4자리 숫자로 표기한다.

(2) 본직업명
산업현장에서 일반적으로 해당 직업으로 알려진 명칭 혹은 그 직무가 통상적으로 호칭되는 것으로 한국직업사전에 그 직무내용이 기술된 명칭이다.

(3) 직무개요
직무담당자의 활동, 활동의 대상 및 목적, 직무담당자가 사용하는 기계, 설비 및 작업보조물, 사용된 자재, 만들어진 생산품 또는 제공된 용역, 수반되는 일반적, 전문적 지식 등을 간략히 기술한 것이다.

(4) 수행직무
① 직무담당자가 직무의 목적을 완수하기 위하여 수행하는 구체적인 작업(task) 내용을 작업순서에 따라 서술한 것이다.
② 공정의 순서를 파악하기 어려운 경우에는 작업의 중요도 또는 작업빈도가 높은 순으로 기술한다.

3 부가직업정보

(1) 정규교육
① 해당 직업의 직무를 수행하는 데 필요한 일반적인 정규교육수준을 의미하는 것으로 해당 직업 종사자의 평균 학력을 나타내는 것은 아니다.
② 현행 우리나라 정규교육과정의 연한을 고려하여 그 수준을 6단계로 분류하였으며, 독학, 검정고시 등을 통해 정규교육과정을 이수하였다고 판단되는 기간도 포함된다.
③ 수준별 교육 정도
　㉠ 수준 1: 6년 이하(초졸 정도)
　㉡ 수준 2: 6년 초과~9년 이하(중졸 정도)
　㉢ 수준 3: 9년 초과~12년 이하(고졸 정도)
　㉣ 수준 4: 12년 초과~14년 이하(전문대졸 정도)
　㉤ 수준 5: 14년 초과~16년 이하(대졸 정도)
　㉥ 수준 6: 16년 초과(대학원 이상)

기/출/족/보 출제지수 ■■■

21년 1회, 18년 1회
한국직업사전에 수록된 부가직업정보 중 5가지를 쓰시오.

20년 3회
한국직업사전에 수록된 부가직업정보 중 정규교육, 숙련기간, 직무기능의 의미를 기술하시오.

POINT
정규교육, 숙련기간, 직무기능, 작업강도, 육체활동을 중심으로 그 개념을 파악해 둔다.

(2) 숙련기간

① 정규교육과정을 이수한 후 해당 직업의 직무를 평균적인 수준으로 스스로 수행하기 위하여 필요한 각종 교육, 훈련, 숙련기간을 의미한다.
② 해당 직업에 필요한 자격·면허를 취득하는 취업 전 교육 및 훈련기간뿐만 아니라 취업 후에 이루어지는 관련 자격·면허 취득 교육 및 훈련기간도 포함된다.
③ 자격·면허가 요구되는 직업은 아니지만 해당 직무를 평균적으로 수행하기 위한 각종 교육·훈련기간, 수습교육, 기타 사내교육, 현장훈련 등이 포함된다.
④ 해당 직무를 평균 수준 이상으로 수행하기 위한 향상훈련(further training)은 숙련기간에 포함되지 않는다.
⑤ 수준별 숙련기간
  ㉠ 수준 1: 약간의 시범 정도
  ㉡ 수준 2: 시범 후 30일 이하
  ㉢ 수준 3: 1개월 초과~3개월 이하
  ㉣ 수준 4: 3개월 초과~6개월 이하
  ㉤ 수준 5: 6개월 초과~1년 이하
  ㉥ 수준 6: 1년 초과~2년 이하
  ㉦ 수준 7: 2년 초과~4년 이하
  ㉧ 수준 8: 4년 초과~10년 이하
  ㉨ 수준 9: 10년 초과

(3) 직무기능

① 해당 직업 종사자가 직무를 수행하는 과정에서 '자료(data), 사람(people), 사물(thing)'과 맺는 관련된 특성을 나타낸다.
② 각각의 작업자 직무기능은 광범위한 행위를 표시하고 있으며 작업자가 자료, 사람, 사물과 어떤 관련을 가지고 있는지를 보여 준다.
③ 자료, 사람, 사물의 개념
  ㉠ 자료(data): 자료와 관련된 기능은 만질 수 없으며 숫자, 단어, 기호, 생각, 개념 그리고 구두상 표현을 포함한다.

0. 종합 (synthesizing)	사실을 발견하고 지식개념 또는 해석을 개발하기 위해 자료를 종합적으로 분석한다.
1. 조정 (coordinating)	• 데이터의 분석에 기초하여 시간, 장소, 작업순서, 활동 등을 결정한다. • 결정을 실행하거나 상황을 보고한다.
2. 분석 (analyzing)	• 조사하고 평가한다. • 평가 관련 대안적 행위의 제시가 빈번하게 포함된다.

기/출/족/보 출제지수 ■■□

23년 1회
다음은 한국직업사전의 직무기능 중 '자료'의 세부기능에 대한 설명이다. [보기]에서 각 설명에 해당하는 용어를 골라 빈칸에 기호를 쓰시오.

23년 3회
다음은 한국직업사전의 직무기능 중 '사물'의 세부기능에 대한 설명이다. [보기]에서 각 설명에 해당하는 용어를 골라 빈칸에 기호를 쓰시오.

22년 2회
한국직업사전의 부가직업정보 중 직무기능은 해당 직업 종사자가 직무를 수행하는 과정에서 '자료, 사람, 사물'과 맺는 관련된 특성을 나타낸다. 그중 '사람'과 관련된 기능의 세부항목을 5가지만 쓰시오.

3. 수집 (compiling)	• 자료, 사람, 사물에 관한 정보를 수집·대조·분류한다. • 정보 관련 규정된 활동의 수행 및 보고가 자주 포함된다.
4. 계산 (computing)	• 사칙연산을 실시하고 사칙연산과 관련하여 규정된 활동을 수행하거나 보고한다. • 수를 세는 것은 포함되지 않는다.
5. 기록 (copying)	데이터를 옮겨 적거나 입력하거나 표시한다.
6. 비교 (comparing)	자료, 사람, 사물의 쉽게 관찰되는 기능적·구조적·조합적 특성(유사성 또는 표준과의 차이)을 판단한다.

22년 3회
한국직업사전의 부가 직업정보 중 직무기능은 해당 직업 종사자가 직무를 수행하는 과정에서 '자료, 사람, 사물'과 맺는 관련된 특성을 나타낸다. 그중 '사물'과 관련된 기능의 세부항목을 5가지만 쓰시오.

21년 3회
한국직업사전의 부가직업정보 직무기능은 자료, 사람, 사물과 연관된 특성을 나타낸다. 자료의 하위 직무기능으로 다음 빈칸에 들어갈 직무기능은 무엇인지 쓰시오.

POINT
기존까지는 자료, 사람, 사물의 세부기능 명칭만 묻는 수준에서 문제가 출제됐는데, 2023년 시험에서 세부기능에 대한 설명과 이에 해당하는 용어를 연결하는 문제가 나와 수험생들의 허를 찔렀다. 따라서 각 세부기능의 설명까지 키워드 중심으로 암기해 두어야 한다.

ⓒ 사람(people): 사람과 관련된 기능은 인간과 인간처럼 취급되는 동물을 다루는 것을 포함한다.

0. 자문 (mentoring)	법률적으로나 과학적, 임상적, 종교적, 기타 전문적인 방식에 따라 사람들의 전인격적인 문제를 상담하고 조언하며 해결책을 제시한다.
1. 협의 (negotiating)	정책을 수립하거나 의사결정을 하기 위해 생각이나 정보, 의견 등을 교환한다.
2. 교육 (instructing)	• 설명이나 실습 등을 통해 어떤 주제에 대해 교육하거나 훈련(동물 포함)시킨다. • 기술적인 문제를 조언한다.
3. 감독 (supervising)	작업절차를 결정하거나 작업자들에게 개별 업무를 적절하게 부여하여 작업의 효율성을 높인다.
4. 오락제공 (diverting)	무대공연이나 영화, TV, 라디오 등을 통해 사람들을 즐겁게 한다.
5. 설득 (persuading)	상품이나 서비스 등을 구매하도록 권유하고 설득한다.
6. 말하기-신호 (speaking-signaling)	• 언어나 신호를 사용해서 정보를 전달하고 교환한다. • 보조원에게 지시를 하거나 과제를 할당하는 일을 포함한다.
7. 서비스제공 (serving)	• 사람들의 요구, 필요를 파악하여 서비스를 제공한다. • 즉각적인 반응이 수반된다.

ⓒ 사물(thing): 사물과 관련된 기능은 사람과 구분되는 무생물로서 물질, 재료, 기계, 공구, 설비, 작업도구 및 제품 등을 다루는 것을 포함한다.

0. 설치 (setting up)	기계의 성능, 재료의 특성, 작업장의 관례 등에 대한 지식을 적용하여 연속적인 기계가공작업을 수행하기 위한 기계 및 설비의 준비, 공구 및 기타 기계장비의 설치 및 조정, 가공물 또는 재료의 위치 조정, 제어장치 설정, 기계의 기능 및 완제품의 정밀성 측정 등을 수행한다.

1. 정밀작업 (precision working)	• 설정된 표준치를 달성하기 위하여 궁극적인 책임이 존재하는 상황에서 신체부위, 공구, 작업도구를 사용하여 가공물 또는 재료를 가공, 조종, 이동, 안내하거나 정위치시킨다. • 도구, 가공물 또는 원료를 선정하고 작업에 알맞게 공구를 조정한다.	
2. 제어조작 (operating-controlling)	기계 또는 설비를 시동, 정지, 제어하고 작업이 진행되고 있는 기계나 설비를 조정한다.	
3. 조작운전 (driving-operating)	다양한 목적을 수행하고자 사물 또는 사람의 움직임을 통제하는 데 있어 일정한 경로를 따라 조작되고 안내되어야 하는 기계 또는 설비를 시동, 정지하고 그 움직임을 제어한다.	
4. 수동조작 (manipulating)	• 기계, 설비 또는 재료를 가공, 조정, 이동 또는 위치할 수 있도록 신체부위, 공구 또는 특수장치를 사용한다. • 정확도 달성 및 적합한 공구, 기계, 설비 또는 원료를 산정하는 데 있어서 어느 정도의 판단력이 요구된다.	
5. 유지 (tending)	• 기계 및 장비를 시동, 정지하고 그 기능을 관찰한다. • 체인징가이드, 조정타이머, 온도게이지 등의 계기의 제어장치를 조정하거나 원료가 원활히 흐르도록 밸브를 돌려주고 빛의 반응에 따라 스위치를 돌린다. • 이러한 조정업무에 판단력은 요구되지 않는다.	
6. 투입·인출 (feeding-off bearing)	자동적으로 또는 타 작업원에 의하여 가동, 유지되는 기계나 장비 안에 자재를 삽입, 투척, 하역하거나 그 안에 있는 자재를 다른 장소로 옮긴다.	
7. 단순작업 (handling)	• 신체부위, 수공구 또는 특수장치를 사용하여 기계, 장비, 물건 또는 원료 등을 정리, 운반 처리한다. • 정확도 달성 및 적합한 공구, 장비, 원료를 선정하는 데 판단력은 요구되지 않는다.	

(4) 작업강도

① 해당 직업의 직무를 수행하는 데 필요한 육체적 힘의 강도를 나타낸 것으로 5단계로 분류된다.

② 작업강도에서 심리적·정신적 노동강도는 고려하지 않는다.

③ 작업강도 5단계

㉠ 아주 가벼운 작업: 최고 4kg의 물건을 들어 올리고, 때때로 장부, 소도구 등을 들어 올리거나 운반한다. 앉아서 하는 작업이 대부분을 차지하지만 직무수행상 서거나 걷는 것이 필요할 수도 있다.

㉡ 가벼운 작업: 최고 8kg의 물건을 들어 올리고 4kg 정도의 물건을 빈번히 들어 올리거나 운반한다. 걷거나 서서 하는 작업이 대부분일 때 또는 앉아서 하는 작업일지라도 팔과 다리로 밀고 당기는 작

업을 수반할 때에는 무게가 매우 적을지라도 이 작업에 포함된다.
ⓒ 보통 작업: 최고 20kg의 물건을 들어 올리고 10kg 정도의 물건을 빈번히 들어 올리거나 운반한다.
ⓔ 힘든 작업: 최고 40kg의 물건을 들어 올리고 20kg 정도의 물건을 빈번히 들어 올리거나 운반한다.
ⓜ 아주 힘든 작업: 40kg 이상의 물건을 들어 올리고 20kg 이상의 물건을 빈번히 들어 올리거나 운반한다.

④ 작업강도 결정 기준
ⓐ 들어 올림: 물체를 주어진 높이에서 다른 높이로 올리거나 내리는 작업
ⓑ 운반: 손에 들거나 팔에 걸거나 어깨에 메고 물체를 한 장소에서 다른 장소로 옮기는 작업
ⓒ 밂: 물체에 힘을 가하여 힘을 가한 쪽으로 움직이게 하는 작업(때리고, 치고, 발로 차고, 페달을 밟는 일도 포함)
ⓓ 당김: 물체에 힘을 가하여 힘을 가한 반대쪽으로 움직이게 하는 작업

(5) 육체활동

① 해당 직업의 직무를 수행하기 위해 필요한 신체적 능력을 나타내는 것으로 균형감각, 웅크림, 손, 언어력, 청각, 시각 등이 요구되는 직업인지를 보여 준다.
② 육체활동의 구분
ⓐ 균형감각: 손, 발, 다리 등을 사용하여 사다리, 계단, 발판, 경사로, 기둥, 밧줄 등을 올라가거나 몸 전체의 균형을 유지하고 좁거나 경사지거나 또는 움직이는 물체 위를 걷거나 뛸 때 신체의 균형을 유지하는 것이 필요한 직업이다.
예) 도장공, 용접원, 기초구조물설치원, 철골조립공 등
ⓑ 웅크림: 허리를 굽히거나 몸을 앞으로 굽히고 뒤로 젖히는 동작, 다리를 구부려 무릎을 꿇는 동작, 다리와 허리를 구부려 몸을 아래나 위로 굽히는 동작, 손과 무릎 또는 손과 발로 이동하는 동작 등이 필요한 직업이다.
예) 단조원, 연마원, 오토바이수리원, 항공기엔진정비원, 전기도금원 등
ⓒ 손사용: 일정 기간의 손사용 숙련기간을 거쳐 직무의 전체 또는 일부분에 지속적으로 손을 사용하는 직업으로 통상적인 손사용이 아닌 정밀함과 숙련을 필요로 하는 직업에 한정한다.
예) 해부학자 등 의학 관련 직업, 기악연주자, 디자이너, 미용사, 조리사, 운전 관련 직업 등
ⓓ 언어력: 말로 생각이나 의사를 교환하거나 표현하는 직업으로 개인이 다수에게 정보 및 오락제공을 목적으로 말을 하는 직업이다.

POINT
작업강도의 의미와 함께 5단계 각각의 명칭과 그 무게 기준을 확실하게 파악해 두자.

기/출/족/보 출제지수 ■□□
23년 2회, 20년 4회
한국직업사전의 부가직업정보 중 육체활동의 구분 5가지(4가지)를 쓰시오.

POINT
제시된 6가지 항목의 명칭을 정확히 파악해 두어야 한다.

　　　　　예 교육 관련 직업, 변호사, 판사, 통역가, 성우, 아나운서 등
　　ⓓ 청각: 단순히 일상적인 대화내용 청취 여부가 아니라 작동하는 기계의 소리를 듣고 이상 유무를 판단하거나 논리적인 결정을 내리는 청취활동이 필요한 직업이다.
　　　　　예 피아노조율사, 음향 관련 직업, 녹음 관련 직업, 전자오르간검사원, 자동차엔진정비원 등
　　ⓔ 시각: 일상적인 눈사용이 아닌 시각적 인식을 통해 반복적인 판단을 하거나 물체의 길이, 넓이, 두께를 알아내고 물체의 재질과 형태를 알아내기 위한 거리와 공간 관계를 판단하는 직업으로, 색의 차이를 판단할 수 있어야 한다.
　　　　　예 측량기술자, 제도사, 항공기조종사, 사진작가, 의사, 심판 등

(6) 작업장소

① 해당 직업의 직무가 주로 수행되는 장소를 나타내는 것으로 실내, 실외 종사비율에 따라 구분한다.
② 작업장소의 구분
　㉠ 실내: 눈, 비, 바람과 온도변화로부터 보호를 받으며 작업의 75% 이상이 실내에서 이루어지는 경우
　㉡ 실외: 눈, 비, 바람과 온도변화로부터 보호를 받지 못하며 작업의 75% 이상이 실외에서 이루어지는 경우
　㉢ 실내·외: 작업이 실내 및 실외에서 비슷한 비율로 이루어지는 경우

(7) 작업환경

① 해당 직업의 직무를 수행하는 작업자에게 직접적으로 물리적·신체적 영향을 미치는 작업장의 환경요인을 나타낸 것이다.
② 작업환경의 구분
　㉠ 저온: 신체적으로 불쾌감을 느낄 정도로 저온이거나 두드러지게 신체적 반응을 야기할 정도로 저온으로 급변하는 경우
　㉡ 고온: 신체적으로 불쾌감을 느낄 정도로 고온이거나 두드러지게 신체적 반응을 야기할 정도로 고온으로 급변하는 경우
　㉢ 다습: 신체의 일부분이 수분이나 액체에 직접 접촉되거나 신체에 불쾌감을 느낄 정도로 대기 중에 습기가 충만한 경우
　㉣ 소음·진동: 심신에 피로를 주는 청각장애 및 생리적 영향을 끼칠 정도의 소음, 전신을 떨게 하고 팔과 다리의 근육을 긴장시키는 연속적인 진동이 있는 경우
　㉤ 위험 내재: 신체적인 손상의 위험에 노출되어 있는 상황으로 기계적·전기적 위험, 화상, 폭발, 방사선 등의 위험이 있는 경우

ⓗ 대기환경 미흡: 직무를 수행하는 데 방해가 되거나 건강을 해칠 수 있는 냄새, 분진, 연무, 가스 등의 물질이 작업장의 대기 중에 다량 포함된 경우

테마 3 한국직업전망

1 한국직업전망의 이해

(1) 한국직업전망의 의의
① 한국직업전망은 우리나라의 대표적인 직업에 대한 직업정보(하는 일, 업무환경, 되는 길, 적성과 흥미 등)와 향후 10년간의 일자리 전망에 관한 종합적인 정보를 수록하고 있다.
② 한국직업전망은 진로와 직업을 탐색하고 결정하고자 하는 청소년 및 구직자에게 직업정보를 제공하기 위해 기획되었으며, 이 외에도 청소년의 진로와 진학을 상담하는 진로진학 상담교사, 구직자의 취업을 돕는 고용센터 직업상담원, 직업교육(훈련)교(강)사, 일자리 정책 입안자, 연구자에게도 중요한 자료로 활용될 수 있다.

(2) 수록 직업
① 한국직업전망의 수록 직업은 한국고용직업분류(KECO)의 세분류(4-digit)를 기준으로 종사자 수(3만 명 이상), 직업정보 제공가치, 직무의 배타성 등을 고려하여 선정하였다.
② 직업정보의 연결성을 높이기 위해서 워크넷 직업·진로(한국직업정보시스템)에서 제공되고 있는 직업 단위를 기본 정보단위로 사용하였다.

2 직업별 수록 내용

(1) 대표 직업명
① 직업명은 한국고용직업분류(KECO)의 세분류(4-digit)와 워크넷 직업·진로(한국직업정보시스템)의 직업명칭을 기준으로 하되, 여러 세분류 직업들이 합쳐진 경우에는 소분류 수준의 명칭을 사용한다.
② 산업 현장에서 실제 불리는 명칭이 대표 직업명과 다른 경우 대표 직업명과 함께 기재하거나 내용 중에 포함한다.

(2) 하는 일
각 직업의 주요 직무를 소개하며 업무 프로세스, 사용도구 및 장비 등을 활용한 세부 직무내용을 포함한다.

(3) 업무 환경

해당 직업의 물리적 업무 환경을 중심으로 소개하고 있으며 그 외 신체를 활용한 업무 정도 등도 소개한다.

(4) 되는 길

① 해당 직업을 수행하기 위해 필요한 교육수준 및 전공, 경력개발(일경험), 필요 훈련, 연관 자격증을 소개한다.
② 자격의 경우 국가(기술)자격을 중심으로 수록하며 그 외 해당 직업 업무수행을 위해 업계에서 통상적으로 널리 인정되거나 전문성을 보장받고 있는 일부 외국계자격, 공인민간자격 등을 포함한다.

(5) 적성 및 흥미

해당 직업 수행에 필요한 지식, 기술, 관심분야, 필요 역량 등을 소개한다.

(6) 경력 개발

해당 직업 수행과정에서의 일반적인 승진체계 및 경력개발체계를 소개하고 이·전직이 가능한 유사분야 정보도 포함한다.

(7) 일자리 전망

① 향후 10년간 해당 직업의 일자리(고용) 전망을 소개하며 증가(2% 초과), 다소 증가(1% 이상 2% 이하), 현 상태 유지(-1% 초과 1% 미만), 다소 감소(-2% 이상 -1% 이하), 감소(-2% 미만) 등 총 5영역의 전망 중 해당되는 전망을 중심으로 고용전망에 영향을 미치는 요인을 설명한다.
② 일자리 전망에 영향을 미치는 요인: 인구구조(고령화, 저출산)의 변화, 노동인구의 변화, 가치관과 라이프 스타일의 변화, 과학기술의 발전, 국내외 경기 변화, 기업의 경영전략 변화, 산업특성 및 산업구조의 변화, 환경과 에너지, 법·제도 및 정부정책, 그 외 요인

(8) 관련 정보

① 관련 직업: 워크넷 직업·진로의 한국직업정보시스템(KNOW)에서 서비스하는 직업 등을 중심으로 직무, 전공, 경력 등을 고려하여 진출 가능한 직업을 제시한다.
② 직업 코드: 한국고용직업분류(KECO)와 한국표준직업분류(KSCO)의 세분류(4-digits) 코드를 제시하고 있으며, 해당 직업이 소분류(3-digits) 수준이라면 세분류 직업들을 제시한다.
③ 관련 정보처: 해당 직업과 관련된 기관, 협회, 학회 등의 연락처, 홈페이지 등을 제공한다.

테마 4 　 직업훈련정보

1 　 직업능력개발훈련의 이해

(1) 직업능력개발훈련의 개념

직업능력개발훈련이란 모든 국민에게 평생에 걸쳐 직업에 필요한 직무수행능력(지능정보화 및 포괄적 직업·직무기초능력을 포함)을 습득·향상시키기 위하여 실시하는 훈련을 말한다.

(2) 직업능력개발훈련시설을 설치할 수 있는 공공단체

① 한국산업인력공단(한국산업인력공단이 출연하여 설립한 학교법인 포함)
② 한국장애인고용공단
③ 근로복지공단

2 　 직업능력개발훈련의 유형

(1) 훈련 목적에 따른 구분

① 양성훈련: 채용예정자, 구직자, 근로자 등을 대상으로 기초 직무수행능력을 습득시키기 위하여 실시하는 훈련이다.
② 향상훈련: 재직근로자로서 기초 직무수행능력을 가지고 있는 사람에게 더 높은 수준의 직무수행능력을 습득시키기 위하여 실시하는 훈련이다.
③ 전직훈련: 근로자 등에게 종전의 직업과 유사하거나 새로운 직업에 필요한 직무수행능력을 습득시키기 위하여 실시하는 훈련이다.

(2) 훈련 방법에 따른 구분

① 집체훈련: 훈련을 실시하기에 적합한 시설(산업체의 생산시설 및 근무장소 제외)에서 실시하는 훈련이다.
② 현장훈련: 근로자가 사업장의 근무장소(일상업무를 수행하는 장소)와 동일한 환경에서 상사 또는 선배로부터 직무와 관련되는 지식, 기술 등을 습득하는 훈련이다.
③ 인터넷(스마트)원격훈련: 정보·통신매체를 활용하여 훈련이 실시되고 훈련생 관리 등이 웹상으로 이루어지는 훈련이다.
④ 우편원격훈련: 인쇄매체로 된 훈련교재를 이용하여 훈련이 실시되고 훈련생 관리 등이 웹상으로 이루어지는 훈련이다.
⑤ 혼합훈련: 집체훈련, 현장훈련 및 원격훈련 중에서 두 종류 이상의 훈련을 병행(단, 인터넷원격훈련과 우편원격훈련 혼합 불가)하여 실시하는 훈련이다.

> **기/출/족/보** 출제지수 ■□□
>
> **14년 1회**
> 직업능력개발훈련에서 목적에 따른 훈련방법 3가지를 쓰고, 각각에 대해 설명하시오.
>
> **POINT**
> 목적에 따른 훈련 3가지, 방법에 따른 훈련 5가지의 명칭을 반드시 숙지해 두자.

대표 기출문제

제3과목 직업정보론
CHAPTER 01 직업정보의 제공

01 직업정보를 미시와 거시로 나누어 각각 2가지씩 쓰시오.

2020년 2회, 2017년 2회

득점	배점
점	4 점

※ 미시 정보 1개당 1점, 거시 정보 1개당 1점

○ 미시적 직업정보
  –
  –

○ 거시적 직업정보
  –
  –

합격답안

직업정보의 이해 ▶ 직업정보의 구분

○ 미시적 직업정보
  – 구인·구직 정보
  – 직업훈련 정보
  – 채용·승진 정보
  – 임금 정보
○ 거시적 직업정보
  – 경제활동참가율
  – 경제·산업동향
  – 고용전망
  – 실업률

답안 작성법

굳이 미시적 직업정보와 거시적 직업정보의 의미까지 작성할 필요는 없고, 문제에서 요구하는 대로 각각에 해당하는 구체적 직업정보를 열거해 주기만 해도 된다.

문장 구성 키워드

- 미시: 구인·구직, 직업훈련
- 거시: 경제활동참가율, 경제·산업동향

02 공공직업정보의 특성을 4가지만 쓰시오.

2022년 1회

득점: 점
배점: 4점
※ 특성 1가지당 1점

○

○

○

○

합격답안

직업정보의 이해 ▶ 직업정보의 종류

○ 정보가 연속적이고 장기적이다.
○ 전체 산업 및 업종에 걸친 직종 등을 대상으로 한다.
○ 국내 또는 국제적으로 인정되는 객관적인 기준에 근거하여 직업을 분류한다.
○ 무료로 제공된다.
○ 특정 시기에 국한하지 않고 지속적으로 조사·분석하여 제공된다.
○ 관련 직업정보 간의 비교·활용이 용이하다.

답안 작성법

정확한 답이 생각나지 않을 경우 '공공' 영역의 자료가 갖는 일반적인 특성 수준에서 작성해 볼 수 있다.

문장 구성 키워드

- 연속적, 장기적
- 전체 대상
- 객관적 기준
- 무료
- 지속적 조사·분석
- 비교·활용 용이

03 한국직업사전에 수록된 부가직업정보 중 정규교육, 숙련기간, 직무기능의 의미를 기술하시오.   2020년 3회

득점	배점
점	6 점

※ 정보의 의미 1가지당 2점

+ 기출 플러스

21년 1회, 18년 1회
한국직업사전에 수록된 부가직업정보 중 5가지를 쓰시오.
KEY 정규교육, 숙련기간, 직무기능, 작업강도, 육체활동 등

○ 정규교육

○ 숙련기간

○ 직무기능

답안 작성법

정규교육의 6수준, 순련기간의 9수준, 자료·사람·사물의 세부항목 등 많은 내용을 작성할 수 있겠지만, 제시된 답안과 같이 가장 기본적인 의미를 서술해 주는 것이 매우 중요하다.

문장 구성 키워드

- 정규교육: 직무 수행, 일반적 정규교육수준
- 숙련기간: 정규교육과정 이수 후, 평균적 수준 수행
- 직무기능: 자료, 사람, 사물

합격답안   한국직업사전 ▶ 부가직업정보

○ 정규교육: 해당 직업의 직무를 수행하는 데 필요한 일반적인 정규교육수준을 의미하는 것으로 해당 직업 종사자의 평균 학력을 나타내는 것은 아니다.
○ 숙련기간: 정규교육과정을 이수한 후 해당 직업의 직무를 평균적인 수준으로 스스로 수행하기 위하여 필요한 각종 교육, 훈련, 숙련기간을 의미한다.
○ 직무기능: 해당 직업 종사자가 직무를 수행하는 과정에서 '자료(data), 사람(people), 사물(thing)'과 맺는 관련된 특성을 나타낸다.

04 한국직업사전의 부가직업정보 직무기능은 자료(data), 사람(people), 사물(thing)과 연관된 특성을 나타낸다. 자료의 하위 직무기능으로 다음 빈칸에 들어갈 직무기능은 무엇인지 쓰시오.

2021년 3회

득점	배점
점	6 점

※ 순서에 맞는 직무기능 1가지당 1점

종합 – ( ) – ( ) – ( ) – ( ) – ( ) – ( )

+ 기출 플러스

22년 2회
한국직업사전의 부가직업정보 중 직무기능은 해당 직업 종사자가 직무를 수행하는 과정에서 '자료, 사람, 사물'과 맺는 관련된 특성을 나타낸다. 그중 '사람'과 관련된 기능의 세부항목을 5가지만 쓰시오.

KEY 자문, 협의, 교육, 감독, 오락 제공, 설득, 말하기–신호, 서비스 제공

답안 작성법

수준에 따라 순서에 맞게 빈칸을 채워야 하며, 마지막 수준인 '관련 없음'까지는 작성하지 않도록 한다.

문장 구성 키워드

- 자료: 종합, 조정, 분석, 수집, 계산, 기록, 비교
- 사람: 자문, 협의, 교육, 감독, 오락 제공, 설득, 말하기–신호, 서비스 제공
- 사물: 설치, 정밀작업, 제어조작, 조작운전, 수동조작, 유지, 투입–인출, 단순작업

합격답안

한국직업사전 ▶ 부가직업정보

종합 – (조정) – (분석) – (수집) – (계산) – (기록) – (비교)

05 다음 설명의 빈칸을 완성하시오.

2021년 2회

득점	배점
점	5 점

※ 빈칸 1개당 1점

○ 아주 가벼운 작업: 최고 (　　)kg의 물건을 들어 올리고, 때때로 장부, 소도구 등을 들어 올리거나 운반한다.

○ 보통 작업: 최고 (　　)kg의 물건을 들어올리고 (　　)kg 정도의 물건을 빈번히 들어 올리거나 운반한다.

○ 힘든 작업: 최고 (　　)kg의 물건을 들어올리고 (　　)kg 정도의 물건을 빈번히 들어 올리거나 운반한다.

+ 기출 플러스

20년 1회
한국직업사전의 부가직업정보 중 작업강도는 해당 직업의 직무를 수행하는 데 필요한 육체적 힘의 강도를 나타낸 것으로 5단계로 분류하였다. 이 5단계를 쓰시오.

KEY 아주 가벼운, 가벼운, 보통, 힘든, 아주 힘든

합격답안

한국직업사전 ▶ 부가직업정보

○ 아주 가벼운 작업: 최고 (4)kg의 물건을 들어 올리고, 때때로 장부, 소도구 등을 들어 올리거나 운반한다.

○ 보통 작업: 최고 (20)kg의 물건을 들어올리고 (10)kg 정도의 물건을 빈번히 들어 올리거나 운반한다.

○ 힘든 작업: 최고 (40)kg의 물건을 들어올리고 (20)kg 정도의 물건을 빈번히 들어 올리거나 운반한다.

답안 작성법

5개 단계 중 일부 단계에 대해서만 묻고 있다. 특히 '아주 힘든 작업'이 아니라 '힘든 작업'이라는 점에 주의할 필요가 있다.

문장 구성 키워드

- 아주 가벼운: 4kg
- 가벼운: 8kg, 4kg
- 보통: 20kg, 10kg
- 힘든: 40kg, 20kg
- 아주 힘든: 40kg 이상, 20kg 이상

06 직업능력개발훈련에서 목적에 따른 훈련방법 3가지를 쓰고, 각각에 대해 설명하시오. 2014년 1회

득점	배점
점	6 점

※ 훈련방법 1개당 2점
 (설명 미작성 시 1점)

○

○

○

합격답안 직업훈련정보 ▶ 직업능력개발훈련의 유형

○ **양성훈련**: 채용예정자, 구직자, 근로자 등을 대상으로 기초 직무수행능력을 습득시키기 위하여 실시하는 훈련이다.
○ **향상훈련**: 재직근로자로서 기초 직무수행능력을 가지고 있는 사람에게 더 높은 수준의 직무수행능력을 습득시키기 위하여 실시하는 훈련이다.
○ **전직훈련**: 근로자 등에게 종전의 직업과 유사하거나 새로운 직업에 필요한 직무수행능력을 습득시키기 위하여 실시하는 훈련이다.

답안 작성법
'양성, 향상, 전직'의 순서대로 작성하는 것을 추천한다.

문장 구성 키워드
• 양성: 채용예정자, 기초
• 향상: 재직자, 더 높은 수준
• 전직: 근로자, 새로운 직업

CHAPTER 02 직업분류의 활용

테마 1 한국표준직업분류(KSCO)

1 한국표준직업분류의 이해

(1) 한국표준직업분류의 의의

① 수입(경제활동)을 위해 개인이 하고 있는 일을 그 수행되는 일의 형태에 따라 체계적으로 유형화한 것이 직업분류이며, 우리나라 직업구조 및 실태에 맞도록 표준화한 것이 한국표준직업분류(KSCO: Korean Standard Classification of Occupations)이다.

② 1963년 제정된 한국표준직업분류를 개선·보완하기 위해 1966년에 개정작업을 추진하였으며, 이후 ILO의 국제표준직업분류 개정과 국내 노동시장의 직업구조와 직능수준의 변화를 반영하기 위하여 6차례 개정작업을 추진해 왔다.

(2) 제7차 한국표준직업분류(2018) 개정 내용

① 전문 기술직의 직무영역 확장 등 지식정보화 사회 변화상 반영
  ㉠ 4차 산업혁명 등 ICTs 기반의 기술 융·복합 및 신성장 직종을 분류체계에 반영하여 데이터 분석가, 모바일 애플리케이션 프로그래머, 산업 특화 소프트웨어 프로그래머 등을 신설하였다.
  ㉡ 문화·미디어 콘텐츠와 채널의 생산 및 유통구조가 다변화됨에 따라 신성장 직종인 미디어 콘텐츠 창작자, 사용자 경험 및 인터페이스 디자이너, 공연·영화 및 음반 기획자 등을 신설하거나 세분하였다.
  ㉢ 과학기술 고도화에 따라 로봇공학 기술자 및 연구원을 상향 조정하고, 대형재난 대응 및 예방의 사회적 중요성을 고려하여 방재 기술자 및 연구원을 신설하였다.

② 사회서비스 일자리 직종 세분 및 신설
  ㉠ 저출산·고령화에 따른 돌봄·복지 일자리 수요 증가를 반영하여 노인 및 장애인 돌봄 서비스 종사원, 놀이 및 행동치료사를 신설하고, 임상심리사, 상담 전문가 등 관련 직종을 상향 조정하였다.
  ㉡ 여가 및 생활 서비스 일자리 수요 증가를 반영하여 문화 관광 및 숲·자연환경 해설사, 반려동물 훈련사, 개인 생활 서비스 종사원 등을 신설하였다.

③ 고용규모 대비 분류항목이 적은 사무 및 판매·서비스직 세분
  ㉠ 이제까지 포괄적 직무로 분류되어 온 사무직의 대학 행정 조교, 증권 사무원, 기타 금융 사무원, 행정사, 중개 사무원을 신설하였다.
  ㉡ 판매·서비스직의 소규모 상점 경영 및 일선 관리 종사원, 대여 제품 방문 점검원 등의 직업을 신설 또는 세분하였다.
④ 자동화·기계화 진전에 따른 기능직 및 기계 조작직 직종 통합: 제조 관련 기능 종사원, 과실 및 채소 가공 관련 기계 조작원, 섬유 제조 기계 조작원 등은 복합·다기능 기계의 발전에 따라 세분화된 직종을 통합하였다.

2 직업의 정의

(1) 직무와 직업(국제표준직업분류, ISCO-08)
① 직무(job): 자영업을 포함하여 특정한 고용주를 위하여 개별 종사자들이 수행하거나 또는 수행해야 할 일련의 업무(tasks)와 과업(duties)을 말한다.
② 직업(occupation): 유사한 직무의 집합으로, 여기에서 '유사한 직무'란 주어진 업무와 과업이 매우 높은 유사성을 갖는 것을 말한다.

(2) 직업의 성립요건
① 계속성: 직업은 유사성을 갖는 직무를 지속적으로 수행하는 계속성을 가져야 하는데, 일의 계속성이란 일시적인 것을 제외한 다음에 해당하는 것을 말한다.
  ㉠ 매일, 매주, 매월 등 주기적으로 행하는 것
  ㉡ 계절적으로 행해지는 것
  ㉢ 명확한 주기는 없으나 계속적으로 행해지는 것
  ㉣ 현재 하고 있는 일을 계속적으로 행할 의지와 가능성이 있는 것
② 경제성
  ㉠ 직업은 경제성을 충족해야 하는데, 이는 경제적인 거래 관계가 성립하는 활동을 수행해야 함을 의미하므로, 무급 자원봉사와 같은 활동이나 전업학생의 학습행위는 경제활동 혹은 직업으로 보지 않는다.
  ㉡ 직업의 성립에는 비교적 엄격한 경제성의 기준이 적용되는데, 노력이 전제되지 않는 자연발생적인 이득의 수취나 우연하게 발생하는 경제적인 과실에 전적으로 의존하는 활동은 직업으로 보지 않는다.

기/출/족/보 출제지수 ■■□

17년 2회
한국표준직업분류에서 일의 계속성에 해당하는 경우 4가지를 쓰시오.

17년 3회, 14년 2회
한국표준직업분류에서 일반적으로 '직업'으로 규정하기 위한 4가지 요건을 쓰고 설명하시오.

POINT
각 요건의 의미를 한 문장 정도로 정리할 수 있어야 하며, 계속성의 경우에는 해당 사항 4가지를 모두 파악하고 있어야 한다.

③ 윤리성과 사회성
- ㉠ 윤리성: 비윤리적인 영리행위나 반사회적인 활동을 통한 경제적인 이윤추구는 직업 활동으로 인정되지 못한다는 것이다.
- ㉡ 사회성: 윤리성보다 적극적인 것으로, 모든 직업 활동은 사회 공동체적인 맥락에서 의미 있는 활동, 즉 사회적인 기여를 전제조건으로 하고 있다는 점을 강조한다.

④ 속박된 상태가 아닐 것: 경제성이나 계속성의 여부와 상관없이 속박된 상태에서의 제반활동은 직업으로 보지 않는다.

(3) 직업으로 보지 않는 활동

① 경제성이 없는 활동
- ㉠ 이자, 주식배당, 임대료(전세금, 월세) 등과 같은 자산 수입이 있는 경우
- ㉡ 연금법, 국민기초생활보장법, 국민연금법 및 고용보험법 등의 사회보장이나 민간보험에 의한 수입이 있는 경우
- ㉢ 경마, 경륜, 경정, 복권 등에 의한 배당금이나 주식투자에 의한 시세차익이 있는 경우
- ㉣ 예·적금 인출, 보험금 수취, 차용 또는 토지나 금융자산을 매각하여 수입이 있는 경우
- ㉤ 자기 집의 가사 활동에 전념하는 경우
- ㉥ 교육기관에 재학하며 학습에만 전념하는 경우
- ㉦ 시민봉사활동 등에 의한 무급 봉사적인 일에 종사하는 경우

② 속박된 상태의 활동
- ㉠ 사회복지시설 수용자의 시설 내 경제활동
- ㉡ 수형자의 활동과 같이 법률에 의한 강제노동을 하는 경우

③ 윤리성이 없는 활동: 도박, 강도, 절도, 사기, 매춘, 밀수와 같은 불법적인 활동

3 직업분류의 기준

(1) 직능

① 직능(skill): 주어진 직무의 업무와 과업을 수행하는 능력으로, 한국표준직업분류는 직능을 근거로 편제되며, 직능수준과 직능유형을 고려하고 있다.

② 직능수준(skill level): 직무수행능력의 높낮이를 말하는 것으로, 정규교육, 직업훈련, 직업경험 그리고 선천적 능력과 사회 문화적 환경 등에 의해 결정된다.

③ 직능유형(skill specialization): 직무수행에 요구되는 지식의 분야, 사용하는 도구 및 장비, 투입되는 원재료, 생산된 재화나 서비스의 종류와 관련된다.

(2) 직무 유사성

① 하나의 직업(occupation)은 직무상 유사성을 갖고 있는 여러 직무(job)의 묶음이다.

② 어떤 직무의 집합을 여타 직업과 구별하고 동일한 직업으로 분류하는 것은 유사성의 정도에 대한 판단을 전제로 하는데, 이는 직무상 서로 다른 것을 규정하는 직업별 직무 배타성(exclusivity)을 제시하는 것과 같다.

③ 유사하지 않은 직업은 배타성의 요건이 충족되어 상호 다른 직업이라고 할 수 있으며, 직무별로 노동시장의 형성이 다른 경우에는 가장 분명한 배타성을 갖는다고 할 수 있다.

④ 직무 유사성의 기준
  ㉠ 해당 직무를 수행하는 사람에게 필요한 지식(knowledge)
  ㉡ 경험(experience)
  ㉢ 기능(skill)
  ㉣ 직무수행자가 입직을 하기 위해서 필요한 요건(skill requirements)
  ㉤ 직업 종사자가 주로 일하는 기업의 특성, 생산 과정이나 최종 산출물 등(때때로 중요)

기/출/족/보 출제지수 ■□□
21년 2회, 15년 2회
한국표준직업분류에서 직무 유사성을 구분하는 기준 4가지를 쓰시오.

POINT
직무 유사성의 기준으로 ㉠~㉤의 5가지가 제시되었는데, 문제에서 기준 4가지를 요구할 때 ㉤은 제외하는 것이 좋다.

4 직능수준

(1) 직능수준별 특징

① 제1직능 수준
  ㉠ 직무능력: 일반적으로 단순하고 반복적이며 때로는 육체적인 힘을 요하는 과업을 수행한다. 간단한 수작업 공구나 진공청소기, 전기 장비들을 이용한다. 과일을 따거나 채소를 뽑고 단순 조립을 수행하며, 손을 이용하여 물건을 나르기도 하고 땅을 파기도 한다.
  ㉡ 직업훈련: 최소한의 문자이해와 수리적 사고능력이 요구되는 간단한 직무교육으로 누구나 수행할 수 있다.
  ㉢ 정규교육: 일부 직업에서는 초등교육이나 기초적인 교육(ISCED 수준 1)을 필요로 한다.

② 제2직능 수준
  ㉠ 직무능력: 일반적으로 완벽하게 읽고 쓸 수 있는 능력과 정확한 계산능력, 그리고 상당한 정도의 의사소통 능력을 필요로 한다. 운송

수단의 운전이나 경찰 업무를 수행하기도 한다.
ⓒ 직업훈련: 이러한 수준의 직업에 종사하는 자는 일부 전문적인 직무훈련과 실습과정이 요구되며, 훈련실습기간은 정규훈련을 보완하거나 정규훈련의 일부 또는 전부를 대체할 수 있다.
ⓒ 정규교육: 보통 중등 이상 교육과정의 정규교육 이수(ISCED 수준 2, 수준 3) 또는 이에 상응하는 직업훈련이나 직업경험을 필요로 한다. 일부의 직업은 중등학교 졸업 후 교육(ISCED 수준 4)이나 직업 교육기관에서의 추가적인 교육이나 훈련을 요구할 수도 있다.

③ 제3직능 수준
ⓘ 직무능력: 복잡한 과업과 실제적인 업무를 수행할 정도의 전문적인 지식을 보유하고 수리계산이나 의사소통 능력이 상당히 높아야 한다. 시험원과 진단과 치료를 지원하는 의료 관련 분류나 스포츠 관련 직업이 대표적이다.
ⓒ 직업훈련: 이러한 수준의 직업에 종사하는 자는 일정한 보충적 직무훈련 및 실습과정이 요구될 수 있으며, 정규훈련과정의 일부를 대체할 수도 있다. 유사한 직무를 수행함으로써 경험을 습득하여 이에 해당하는 수준에 이를 수도 있다.
ⓒ 정규교육: 일반적으로 중등교육을 마치고 1~3년 정도의 추가적인 교육과정(ISCED 수준 5) 정도의 정규교육 또는 직업훈련을 필요로 한다.

④ 제4직능 수준
ⓘ 직무능력: 매우 높은 수준의 이해력과 창의력 및 의사소통 능력이 필요하다. 분석과 문제해결, 연구와 교육 그리고 진료가 대표적인 직무 분야이다.
ⓒ 직업훈련: 이러한 수준의 직업에 종사하는 자는 일정한 보충적 직무훈련 및 실습이 요구된다. 또한 유사한 직무를 수행함으로써 경험을 습득하여 이에 해당하는 수준에 이를 수도 있다.
ⓒ 정규교육: 일반적으로 4년 또는 그 이상 계속하여 학사, 석사나 그와 동등한 학위가 수여되는 교육수준(ISCED 수준 6 혹은 그 이상)의 정규교육 또는 훈련을 필요로 한다.

기/출/족/보 출제지수 ■■□

23년 2회, 21년 1회, 14년 1회
한국표준직업분류의 대분류 중 다음에 해당하는 직능수준을 쓰시오.

(2) 표준직업분류와 직능수준과의 관계
① [1] 관리자: 제4직능 수준 혹은 제3직능 수준 필요
② [2] 전문가 및 관련 종사자: 제4직능 수준 혹은 제3직능 수준 필요
③ [3] 사무 종사자: 제2직능 수준 필요
④ [4] 서비스 종사자: 제2직능 수준 필요

⑤ [5] 판매 종사자: 제2직능 수준 필요
⑥ [6] 농림·어업 숙련 종사자: 제2직능 수준 필요
⑦ [7] 기능원 및 관련 기능 종사자: 제2직능 수준 필요
⑧ [8] 장치·기계 조작 및 조립 종사자: 제2직능 수준 필요
⑨ [9] 단순노무 종사자: 제1직능 수준 필요
⑩ [A] 군인: 제2직능 수준 이상 필요

POINT
관리자, 전문가 및 관련 종사자, 단순노무 종사자, 군인 외에는 모두 제2직능 수준이 필요하므로, 이 4가지 직업분류만 따로 파악해 두면 된다.

5 직업분류 원칙

(1) 직업분류의 일반원칙
① 포괄성의 원칙
  ㉠ 우리나라에 존재하는 모든 직무는 어떤 수준에서든지 분류에 포괄되어야 한다.
  ㉡ 특정한 직무가 누락되어 분류가 불가능할 경우에는 포괄성의 원칙을 위배한 것으로 볼 수 있다.
② 배타성의 원칙
  ㉠ 동일하거나 유사한 직무는 어느 경우에든 같은 단위직업으로 분류되어야 한다.
  ㉡ 하나의 직무가 동일한 직업단위 수준에서 2개 혹은 그 이상의 직업으로 분류될 수 있다면 배타성의 원칙을 위반한 것이라 할 수 있다.

기/출/족/보 출제지수 ■■□
23년 3회, 17년 1회, 15년 1회
한국표준직업분류에서 직업분류의 일반원칙 2가지를 설명하시오.

POINT
어떤 경우에 포괄성의 원칙과 배타성의 원칙을 위반한 것인지도 파악해 두면 좋다.

(2) 포괄적인 업무에 대한 직업분류 원칙
직업분류는 국내외적으로 가장 보편적인 업무의 결합상태에 근거하여 직업 및 직업군을 결정하기 때문에 어떤 직업의 경우에 있어서는 직무의 범위가 분류에 명시된 내용과 일치하지 않을 수도 있으므로, 이러한 경우 다음과 같은 순서에 따라 분류원칙을 적용한다.
① 주된 직무 우선 원칙: 2개 이상의 직무를 수행하는 경우는 수행되는 직무내용과 관련 분류 항목에 명시된 직무내용을 비교·평가하여 관련 직무 내용상의 상관성이 가장 많은 항목에 분류한다.
  ㉮ 교육과 진료를 겸하는 의과대학 교수는 강의, 평가, 연구 등과 진료, 처치, 환자상담 등의 직무내용을 파악하여 관련 항목이 많은 분야로 분류한다.
② 최상급 직능수준 우선 원칙: 수행된 직무가 상이한 수준의 훈련과 경험을 통해서 얻어지는 직무능력을 필요로 한다면, 가장 높은 수준의 직무능력을 필요로 하는 일에 분류하여야 한다.
  ㉮ 조리와 배달의 직무비중이 같을 경우에는, 조리의 직능수준이 높으므로 조리사로 분류한다.

기/출/족/보 출제지수 ■■■
23년 1회, 20년 2회
한국표준직업분류에서 포괄적인 업무에 대한 직업분류 원칙 각각에 대해 설명하시오.
20년 3회, 20년 4회
한국표준직업분류의 포괄적인 업무에 대한 직업분류 원칙을 적용하는 순서대로 쓰고 각각 예를 들어 설명하시오.
16년 2회
포괄적인 업무에 대한 직업분류 원칙 중 주된 직무 우선 원칙의 의미와 사례를 쓰시오.

POINT
3가지 원칙의 순서와 각각의 의미, 예시를 모두 파악해 두어야 한다.

③ 생산업무 우선 원칙: 재화의 생산과 공급이 같이 이루어지는 경우는 생산단계에 관련된 업무를 우선적으로 분류한다.
  예 한 사람이 빵을 생산하여 판매도 하는 경우에는, 판매원으로 분류하지 않고 제빵사 및 제과원으로 분류한다.

(3) 다수 직업 종사자의 분류원칙
'다수 직업 종사자'는 전혀 상관성이 없는 두 가지 이상의 직업에 종사하는 한 사람을 의미한다. 이 경우 그 직업을 결정하는 일반적 원칙은 다음과 같다.
① 취업시간 우선의 원칙: 가장 먼저 분야별로 취업시간을 고려하여 보다 긴 시간을 투자하는 직업으로 결정한다.
② 수입 우선의 원칙: 위의 경우로 분별하기 어려운 경우는 수입(소득이나 임금)이 많은 직업으로 결정한다.
③ 조사 시 최근의 직업 원칙: 위의 두 가지 경우로 판단할 수 없는 경우에는 조사시점을 기준으로 최근에 종사한 직업으로 결정한다.

(4) 순서배열 원칙
동일한 분류수준에서 직무단위의 분류는 다음의 원칙을 가능한 한 준수하여 배열한다.
① 한국표준산업분류(KSIC): 동일한 직업단위에서 산업의 여러 분야에 걸쳐 직업이 있는 경우에 한국표준산업분류의 순서대로 배열한다.
  예 대분류 7과 8의 기능원과 조작직 종사자인 경우에는 거의 모든 산업에 종사하는 직업이 중분류 수준에서 발견되고 있으므로 중분류의 순서를 한국표준산업분류에 따라 분류한다.
② 특수-일반분류: 직업의 구분이 특수 분류와 그 특수 분야를 포함하는 일반 분류가 있을 경우, 특수 분류를 먼저 배열하고 일반분류를 나중에 배열한다.
  예 생명과학 연구원을 먼저 위치시키고, 이어서 자연과학 연구원을 배열한다.
③ 고용자 수와 직능수준, 직능유형 고려: 직능수준이 비교적 높거나 고용자 수가 많은 직무를 우선하여 배치한다. 직능유형이 유사한 것끼리 묶어 분류하는데, 이는 직업분류의 용이성과 활용성을 높이기 위함이다.
  예 '대분류 1 관리자'의 중분류에서 공공 및 기업 고위직을 먼저 배열한 것은 이 분야가 직능수준이 상대적으로 높아 관리자를 관리하는 직종이기 때문이다.

기/출/족/보 출제지수 ■■■

22년 1회
한국표준직업분류에서 다수 직업 종사자의 분류원칙 3가지를 순서대로 쓰고, 각각에 대해 설명하시오.

22년 3회
한국표준직업분류에서 '포괄적인 업무에 대한 직업분류 원칙'과 '다수 직업 종사자의 분류원칙'을 각각 3가지씩 쓰시오.

21년 3회, 19년 2회
한국표준직업분류에서 다수 직업 종사자의 의미와 분류원칙을 순서대로 쓰고, 각각에 대해 설명하시오.

POINT
'다수 직업 종사자'의 의미와 분류원칙을 순서에 맞게 파악해 두어야 한다.

6 분류체계 및 분류번호

(1) 분류체계
① 직업분류는 세분류를 기준으로 상위에는 소분류 – 중분류 – 대분류로 구성되어 있으며, 하위분류는 세세분류로 구성되어 있다.
② 각 항목은 대분류 10개, 중분류 52개, 소분류 156개, 세분류 450개, 세세분류 1,231개로 구성되어 있는데 계층적 구조로 되어 있다.

(2) 분류번호
① 아라비아 숫자와 알파벳 A로 표시하며 대분류 1자리, 중분류 2자리, 소분류 3자리, 세분류 4자리, 세세분류는 5자리로 표시된다.
② 동일 분류에 포함된 끝 항목의 숫자 9는 '기타~(그 외~)'를 표시하여 위에 분류된 나머지 항목을 의미한다.
③ 끝자리 0은 해당 분류수준에서 더 이상 세분되지 않는 직업을 의미하고 있다.

(3) 분류단계별 항목 수

(단위: 개)

대분류	중분류	소분류	세분류	세세분류
1 관리자	5	16	24	82
2 전문가 및 관련 종사자	8	44	165	463
3 사무 종사자	4	9	29	63
4 서비스 종사자	4	10	36	80
5 판매 종사자	3	5	15	43
6 농림·어업 숙련 종사자	3	5	12	29
7 기능원 및 관련 기능 종사자	9	21	76	198
8 장치·기계 조작 및 조립 종사자	9	31	65	220
9 단순노무 종사자	6	12	24	49
A 군인	1	3	4	4
계	52	156	450	1,231

테마 2　한국고용직업분류(KECO)

1　한국고용직업분류의 이해

(1) 한국고용직업분류의 의의
　① 한국고용직업분류(KECO: Korean Employment Classification of Occupations)는 노동시장 상황과 수요, 현실적 직업구조 등을 반영하여 직무를 체계적으로 분류한 것이다.
　② 공공 부문의 취업알선 업무에 활용되며, 국가직무능력표준(NCS), 직업훈련, 국가기술자격, 직업정보의 제공, 진로지도 등 고용 실무 전반의 기본 분류 틀로 활용되고 있다.
　③ 국내 직업 전문가와 현장 실무자 등의 의견을 수렴하여 2002년에 중분류 중심의 직업분류체계를 개발하여 2003년부터 '한국고용직업분류'라는 명칭으로 사용 중에 있다.

(2) 한국고용직업분류(2018) 개정 내용
　① 개정 배경: 2007 개정 이후 10년이 경과하면서 사회경제적 환경의 변화와 기술 혁신으로 직업구조 전반에서 변화가 나타났다.
　② 개정 방향
　　㉠ 사용자가 직관적으로 쉽게 직업을 분류할 수 있도록 대분류 10개 항목 중심 분류체계로 간소화하였다.
　　㉡ 4차 산업혁명 등 산업환경 변화에 따른 새로운 직업수요를 반영하여 직업분류를 신설하는 등 분류체계를 정비하였다.
　　㉢ 사용자가 쉽게 이해하고 분류할 수 있도록 일반적으로 널리 사용되는 간단명료한 직업명을 부여하였다.
　　㉣ 통계의 다양한 활용성을 위해 한국표준직업분류와 세분류 단위에서 직무 포괄범위를 일치시켰다.
　③ 구성체계 변화
　　㉠ 한국고용직업분류 2018은 대분류 10개 항목, 중분류 35개 항목, 소분류 136개 항목, 세분류 450개 항목으로 구성하였다.
　　㉡ 대분류는 사용자의 직관성을 높이기 위해 기존 7개 항목에서 10개 항목으로 개편하였다.
　　㉢ 중분류 항목은 통계의 활용성을 높이기 위해 기존 24개에서 35개로 세분화하였다.
　　㉣ 세분류는 그간의 산업변화에 따른 직업변화를 반영하여 기존 429개 항목에서 21개 항목이 증가한 450개 항목으로 구성하였다.

④ 주요 개정 내용
   ㉠ 직능유형 구분기준의 변경: 직능유형의 구분기준은 기존 '직무수행의 결과물'에서 '직무활동의 내용'으로 변경하였다.
   ㉡ 대분류 항목 신설: '연구직 및 공학 기술직', '건설·채굴직' 및 '설치·정비·생산직'의 대분류 항목을 신설하였다.
   ㉢ 중분류 배치: '관리직'은 중분류 항목으로 분류하여 대분류 '경영·사회·금융·보험직' 하위에 배치하였다. '군인'은 공공서비스 영역인 경찰, 소방, 교도가 분류된 대분류 '교육·법률·사회복지·경찰·소방직 및 군인'의 하위 중분류로 배치하였다.
   ㉣ 중분류 항목 신설: 대분류 '미용·여행·숙박·음식·경비·청소직' 하위에 '돌봄 서비스직'의 중분류 항목을 신설하였다.
   ㉤ 간명성을 위한 항목명의 간략화: 사용자가 직업을 직관적으로 쉽게 찾을 수 있도록 분류 항목명을 현장에서 사용하는 용어로 간단명료하게 변경하였다.

대분류 및 중분류 단위	• 직업 묶음이라는 의미로 '~직'으로 통일하여 사용하였다. • '~종사자', '~(직무)가/자/원' 등의 표기는 사용하지 않았다.
소분류 단위	'~종사자', '~(직무)가/자/원'으로 표기하였다.
세분류 단위	'~종사원', '~(직무)가/자/원'으로 표기하였다.

2 한국고용직업분류 개요

(1) 직업의 정의
① 직업의 정의는 국제표준직업분류(ISCO-08) 및 한국표준직업분류(KSCO-2017)의 정의를 그대로 따른다.
② 직업은 '유사한 직무의 집합'으로 정의되는데, 유사한 직무란 '주어진 업무와 과업이 매우 높은 유사성을 갖는 것'을 말한다.
③ 직업으로 판단하기 위해서는 계속성, 경제성, 윤리성과 사회성을 충족해야 하며, 속박된 상태에서의 제반활동은 경제성이나 계속성의 여부와 상관없이 직업으로 보지 않는다.

(2) 한국고용직업분류의 기준
① 한국고용직업분류는 대분류와 중분류 단위에서 직능유형을 우선적으로 적용하였으며, 소분류 단위에서 직능수준을 함께 적용하였다.
② 다만, 중분류 단위에서도 해당 항목이 직능유형만으로 구분하기 어려운 여러 단위에 걸쳐 있어서 구분하기 곤란한 경우는 직능수준이 고려되었다.

③ 분류단위별 기준

대분류 단위	• 직능유형에 따라 10개 항목으로 구분하였다. • 0~9의 10가지 유형으로 구분되어 직업코드의 첫 번째 자리로 대분류를 식별할 수 있다.
중분류 단위	• 직능유형에 따라 35개 항목으로 구분하고 앞의 두 자리는 중분류 항목을 식별하는 코드이다. • 대분류 단위별로 중분류를 1개부터 9개까지 항목으로 구성하였다.
소분류 및 세분류 단위	• 상위 분류단위가 동일한 수준의 직업으로 구성된 경우에는 직능유형을 적용하였으며, 그렇지 않은 경우 직능수준이 높을수록 상위 분류에 배열되는 방식으로 적용하였다. • 소분류 코드는 대분류와 중분류 코드를 포함한 세 자리 코드로 구성된다. • 세분류 코드는 소분류 코드 뒤에 하나의 자릿수가 추가되어 네 자리 코드로 구성된다.

④ 중분류 이하의 단위부터는 통상적으로 '1'부터 순차적으로 코드를 부여하였으나, 해당 분류수준에서 더 이상 세분되지 않는 직업일 경우에는 '0'을 부여하였고, 세분류 단위에서 기타 직업 항목에 해당될 경우에는 '9'를 부여하였다.

(3) 직업분류의 원칙

① 직업분류의 원칙은 국제표준직업분류와 한국표준직업분류의 정의를 그대로 따른다.
② 직업분류의 일반원칙으로 한국표준직업분류와 동일하게 '포괄성의 원칙'과 '배타성의 원칙'을 둔다.
③ 포괄적인 업무에 대한 직업분류 원칙으로 '주된 직무 우선 원칙', '최상급 직능수준 우선 원칙', '생산업무 우선 원칙'을 순서에 따라 적용한다.
④ 다수 직업 종사자의 분류원칙으로 '취업시간 우선의 원칙', '수입 우선의 원칙', '조사 시 최근의 직업 원칙'을 적용한다.

(4) 분류단위별 항목 수

(단위: 개)

대분류	중분류	소분류	세분류
0. 경영·사무·금융·보험직	3	18	70
1. 연구직 및 공학 기술직	5	19	54
2. 교육·법률·사회복지·경찰·소방직 및 군인	5	12	41
3. 보건의료직	1	7	20

4. 예술·디자인·방송·스포츠직	2	8	34
5. 미용·여행·숙박·음식·경비·청소직	6	13	49
6. 영업·판매·운전·운송직	2	11	35
7. 건설·채굴직	1	6	24
8. 설치·정비·생산직	9	37	110
9. 농림어업직	1	5	13
계	35	136	450

대표 기출문제

제3과목 직업정보론
CHAPTER 02 직업분류의 활용

01 한국표준직업분류에서 일반적으로 '직업'으로 규정하기 위한 4가지 요건을 쓰고 설명하시오.　2017년 3회, 2014년 2회

득점	배점
점	4 점

※ 요건 1가지당 1점
 (설명 미작성 시 0.5점)

+ 기출 플러스

17년 2회
한국표준직업분류에서 일의 계속성에 해당하는 경우 4가지를 쓰시오.
KEY 주기적, 계절적, 계속적, 계속 행할 의지와 가능성

합격답안　　　　한국표준직업분류 ▶ 직업의 정의

○ **계속성**: 유사성을 갖는 직무를 지속적으로 수행하여야 한다.
○ **경제성**: 경제적인 거래 관계가 성립하는 활동을 수행하여야 한다. 따라서 노력이 전제되지 않는 자연발생적인 이득의 수취나 우연하게 발생하는 경제적인 과실에 전적으로 의존하는 활동은 직업으로 보지 않는다.
○ **윤리성과 사회성**: 비윤리적인 영리행위나 반사회적인 활동을 통한 경제적인 이윤추구가 아니어야 하며, 사회 공동체적인 맥락에서 의미 있는 활동이어야 한다.
○ **속박된 상태가 아닐 것**: 경제성이나 계속성의 여부와 상관없이 속박된 상태에서의 제반활동은 직업으로 보지 않는다.

답안 작성법

윤리성과 사회성을 개별 요건으로 취급하여 '계속성, 경제성, 윤리성, 사회성'으로 답안을 구성할 수도 있겠지만, 제시된 답안과 같이 작성하는 것을 추천한다.

문장 구성 키워드

• 계속성: 유사성, 지속적
• 경제성: 경제적 거래 관계
• 윤리성과 사회성: 사회적 의미
• 비속박성: 속박 ✕

02 한국표준직업분류(KSCO)에서 직업으로 보지 않는 활동 6가지를 쓰시오.
_{2022년 2회, 2020년 1회, 2019년 3회, 2015년 1회, 2014년 2회}

득점	배점
점	6 점

※ 활동 1가지당 1점

➕ 기출 플러스
14년 3회
한국표준직업분류에서는 속박된 상태에서의 제반활동은 경제성이나 계속성의 여부와 상관없이 직업으로 보지 않는다. 이에 해당하는 활동을 2가지만 쓰시오.

KEY 사회복지시설 수용자 활동, 법률에 의한 강제노동

합격답안   한국표준직업분류 ▶ 직업의 정의

○ 이자, 주식배당, 임대료 등과 같은 자산 수입이 있는 경우
○ 연금법, 국민기초생활보장법, 국민연금법 및 고용보험법 등의 사회보장이나 민간보험에 의한 수입이 있는 경우
○ 경마, 경륜, 경정, 복권 등에 의한 배당금이나 주식투자에 의한 시세차익이 있는 경우
○ 예·적금 인출, 보험금 수취, 차용 또는 토지나 금융자산을 매각하여 수입이 있는 경우
○ 자기 집의 가사 활동에 전념하는 경우
○ 교육기관에 재학하며 학습에만 전념하는 경우
○ 시민봉사활동 등에 의한 무급 봉사적인 일에 종사하는 경우
○ 사회복지시설 수용자의 시설 내 경제활동
○ 수형자의 활동과 같이 법률에 의한 강제노동을 하는 경우
○ 도박, 강도, 절도, 사기, 매춘, 밀수와 같은 불법적인 활동

답안 작성법
제시된 10가지 내용 중 6가지를 선택하여 작성하면 된다.

문장 구성 키워드
- 자산 수입
- 사회보장, 민간보험 수입
- 배당금, 주식투자 시세차익
- 토지나 금융자산 매각
- 가사 활동
- 학습

03 한국표준직업분류(KSCO)에서 직업분류 개념인 직능, 직능수준, 직능유형을 설명하시오.   2018년 2회

득점	배점
점	6 점

※ 개념 설명 1가지당 2점

+ 기출 플러스
21년 2회, 15년 2회
한국표준직업분류에서 직무 유사성을 구분하는 기준 4가지를 쓰시오.
KEY 지식, 경험, 기능, 입직 필요 요건

○ 직능

○ 직능수준

○ 직능유형

합격답안
한국표준직업분류 ▶ 직업분류의 기준

○ **직능(skill)**: 주어진 직무의 업무와 과업을 수행하는 능력이다.
○ **직능수준(skill level)**: 직무수행능력의 높낮이를 말하는 것으로, 정규교육, 직업훈련, 직업경험 그리고 선천적 능력과 사회 문화적 환경 등에 의해 결정된다.
○ **직능유형(skill specialization)**: 직무수행에 요구되는 지식의 분야, 사용하는 도구 및 장비, 투입되는 원재료, 생산된 재화나 서비스의 종류와 관련된다.

답안 작성법
필수적인 부분은 아니지만 'skill, skill level, skill specialization'의 영문을 병기해 주어도 좋다.

문장 구성 키워드
• 직능: 직무, 능력
• 직능수준: 직무수행능력, 높낮이
• 직능유형: 직무수행, 지식, 도구, 원재료

04 한국표준직업분류(KSCO)의 대분류 항목과 직능수준의 관계에 관한 다음 표에서 빈칸을 완성하시오. 2023년 2회, 2021년 1회, 2014년 1회

직업분류	직능수준
관리자	( )
전문가 및 관련 종사자	( )
판매 종사자	( )
단순노무 종사자	( )
군인	( )

※ 빈칸 1개당 1점

합격답안

한국표준직업분류 ▶ 직능수준

직업분류	직능수준
관리자	(제4직능 수준 혹은 제3직능 수준 필요)
전문가 및 관련 종사자	(제4직능 수준 혹은 제3직능 수준 필요)
판매 종사자	(제2직능 수준 필요)
단순노무 종사자	(제1직능 수준 필요)
군인	(제2직능 수준 이상 필요)

답안 작성법

관리자와 전문가 및 관련 종사자는 두 가지 직능수준을 모두 적어 주어야 하고, 군인의 경우 '제2직능 수준'이 아니라 '제2직능 수준 이상'이라는 점에 유의한다.

문장 구성 키워드

- 관리자: 4, 3
- 전문가 및 관련 종사자: 4, 3
- 판매 종사자: 2
- 단순노무 종사자: 1
- 군인: 2 이상

05 한국표준직업분류의 포괄적인 업무에 대한 직업분류 원칙을 적용하는 순서대로 쓰고 각각 예를 들어 설명하시오.

2020년 3회, 2020년 4회

득점 점 **배점** 9점

※ 순서에 맞는 원칙 1개당 3점 (설명 2점, 예시 1점)

+ 기출 플러스
23년 3회, 17년 1회, 15년 1회
한국표준직업분류에서 직업분류의 일반원칙 2가지를 설명하시오.
KEY 포괄성 원칙, 배타성 원칙

합격답안
한국표준직업분류 ▶ 직업분류 원칙

○ **주된 직무 우선 원칙**: 2개 이상의 직무를 수행하는 경우는 수행되는 직무내용과 관련 분류 항목에 명시된 직무내용을 비교·평가하여 관련 직무 내용상의 상관성이 가장 많은 항목에 분류한다. 예를 들어, 교육과 진료를 겸하는 의과대학 교수는 강의, 평가, 연구 등과 진료, 처치, 환자상담 등의 직무내용을 파악하여 관련 항목이 많은 분야로 분류한다.

○ **최상급 직능수준 우선 원칙**: 수행된 직무가 상이한 수준의 훈련과 경험을 통해서 얻어지는 직무능력을 필요로 한다면, 가장 높은 수준의 직무능력을 필요로 하는 일에 분류하여야 한다. 예를 들어, 조리와 배달의 직무비중이 같을 경우에는, 조리의 직능수준이 높으므로 조리사로 분류한다.

○ **생산업무 우선 원칙**: 재화의 생산과 공급이 같이 이루어지는 경우는 생산단계에 관련된 업무를 우선적으로 분류한다. 예를 들어, 한 사람이 빵을 생산하여 판매도 하는 경우에는, 판매원으로 분류하지 않고 제빵사 및 제과원으로 분류한다.

답안 작성법
반드시 제시된 답안과 같이 적용 순서대로 작성하여야 한다. 또한 예시에 초점을 맞춘 나머지 기본적인 의미를 누락하는 일이 없도록 주의한다.

문장 구성 키워드
• 주된 직무 우선: 관련 직무 내용상 상관성
• 최상급 직능수준 우선: 가장 높은 수준의 직무능력
• 생산업무 우선: 생산단계에 관련된 업무

06 한국표준직업분류에서 다수 직업 종사자의 의미와 분류원칙을 순서대로 쓰고, 각각에 대해 설명하시오. 2021년 3회, 2019년 2회

○ 다수 직업 종사자의 의미

○ 다수 직업 종사자의 분류원칙
 -
 -
 -

득점	배점
점	6 점

※ 의미 1.5점, 분류원칙 1개당 1.5점
(분류원칙 설명 미작성 시 1점)

합격답안

한국표준직업분류 ▶ 직업분류 원칙

○ 다수 직업 종사자의 의미: 전혀 상관성이 없는 두 가지 이상의 직업에 종사하는 사람을 말한다.
○ 다수 직업 종사자의 분류원칙
 - 취업시간 우선의 원칙: 가장 먼저 분야별로 취업시간을 고려하여 보다 긴 시간을 투자하는 직업으로 결정한다.
 - 수입 우선의 원칙: 위의 경우로 분별하기 어려운 경우는 수입(소득이나 임금)이 많은 직업으로 결정한다.
 - 조사 시 최근의 직업 원칙: 위의 두 가지 경우로 판단할 수 없는 경우에는 조사시점을 기준으로 최근에 종사한 직업으로 결정한다.

답안 작성법
분류원칙의 경우 반드시 순서에 맞게 작성하도록 한다.

문장 구성 키워드
• 의미: 상관성 없는 두 가지 이상 직업
• 분류원칙: 취업시간, 수입, 최근

산업분류의 활용

테마 1 한국표준산업분류(KSIC)의 이해

1 한국표준산업분류의 연혁

(1) 한국표준산업분류의 제정
① 한국표준산업분류(KSIC: Korea Standard of Industry Classification)는 산업 관련 통계자료의 정확성, 비교성을 확보하기 위하여 작성된 것이다.
② 1963년에 경제활동 부문 중에서 우선 광업과 제조업 부문에 대한 산업분류를 제정하였고, 1964년에 제조업 이외 부문에 대한 산업분류를 추가로 제정함으로써 우리나라의 표준산업분류 체계를 완성하였다.

(2) 한국표준산업분류의 개정
① 1964년에 제정된 한국표준산업분류의 미비점과 불합리한 점을 보완하고, 유엔의 국제표준산업분류 개정과 국내 산업구조 및 기술변화를 반영하기 위하여 개정작업을 수행하여 왔다.
② 새롭게 등장하고 있는 산업 영역들의 통계작성 및 정책지원에 필요한 분류체계 신설, 변경 요청 등이 급증함에 따라, 2015년 3월에 기본계획을 수립하고 약 2년간에 걸친 개정작업을 추진하여 제10차 개정 분류를 2017년 7월부터 시행하게 되었다.

2 제10차 한국표준산업분류 개정 내용

(1) 국제표준산업분류 4차 개정안(ISIC Rev.4) 추가 반영
① 부동산 이외 임대업 중분류를 부동산업 및 임대업 대분류에서 사업시설 관리 및 사업지원 서비스업 대분류 하위로 이동하였고, 수도업 중분류를 전기, 가스, 증기 및 수도업 대분류에서 수도, 하수 및 폐기물 처리, 원료재생업 대분류 하위로 이동하였다.
② 자본재 성격의 기계 및 장비 수리업 소분류는 수리 및 기타 개인 서비스업 대분류에서 제조업 대분류로 이동하고 중분류를 신설하였다.
③ 출판, 영상, 방송통신 및 정보서비스업 대분류는 정보통신업으로 명칭을 변경하였다.

(2) 국내 산업구조 변화 특성을 반영한 분류 신설 및 통합
① 국내 산업활동의 변화상과 특수성을 고려하여 미래 성장 산업, 기간산업 및 동력산업 등은 신설 또는 세분하였고, 저성장 산업 및 사양산업은 통합하는 등 전체 분류체계를 새롭게 설정하였다.
② 바이오연료, 탄소섬유, 에너지 저장장치, 디지털 적층 성형기계, 무인 항공기 제조업과 태양력 발전업, 전자상거래 소매 중개업 등을 신설하였고, 반도체, 센서류, 유기발광 다이오드 표시장치, 자동차 부품류, 인쇄회로 기판 제조업, 대형마트, 면세점, 요양병원 등은 기존 분류체계에서 세분하였으며, 일부 광업과 청주, 코르크 및 조물제품, 시계 및 관련 부품, 나전칠기, 악기 제조업 등은 통합하였다.

(3) 관련 분류 간 연계성, 통합성 및 일관성 유지
① 한국재화 및 서비스분류(KCPC), 국민계정 경제활동별분류(SNA 분류체계), 산업별 생산품목(광업 및 제조업통계조사), 한국표준무역분류(SKTC), 관세 및 통계 통합품목분류(HS), 한국상품용도분류(BEC) 등을 동시에 고려하여 분류의 포괄범위, 명칭 및 개념 등을 조정하였다.
② 통합경제분류 연계표 작성 및 활용을 위한 기본 틀을 구축하고 경제분석을 종합적으로 수행할 수 있는 기초를 마련하였다.

테마 2 한국표준산업분류 개요

1 산업과 산업분류

(1) 산업
유사한 성질을 갖는 산업활동에 주로 종사하는 생산단위의 집합이다.

(2) 산업활동
① 각 생산단위가 노동, 자본, 원료 등 자원을 투입하여, 재화 또는 서비스를 생산 또는 제공하는 일련의 활동과정이다.
② 산업활동의 범위에는 영리적, 비영리적 활동이 모두 포함되나, 가정 내의 가사 활동은 제외된다.

(3) 산업분류
① 한국표준산업분류는 생산단위(사업체단위, 기업체단위 등)가 주로 수행하는 산업활동을 그 유사성에 따라 체계적으로 유형화한 것이다.

기/출/족/보 출제지수 ■■■

22년 2회
한국표준산업분류에서 산업의 정의, 산업활동의 정의, 산업활동의 범위, 산업분류의 정의를 각각 쓰시오.

21년 1회
한국표준산업분류에서 산업, 산업활동, 산업분류의 정의를 각각 쓰시오.

20년 1회
한국표준산업분류 개요 중 산업, 산업활동의 정의를 기술하시오.

20년 2회
한국표준산업분류에서 산업분류의 정의를 쓰시오.

18년 3회
한국표준산업분류 개요 중 산업, 산업활동의 정의 및 산업활동의 범위를 기술하시오.

POINT
'산업의 정의, 산업활동의 정의, 산업활동의 범위, 산업분류의 정의' 중 3~4가지를 요구하는 문제가 꾸준히 출제되고 있다.

기/출/족/보 출제지수 ■■□
19년 1회, 17년 1회
한국표준산업분류는 생산단위가 주로 수행하고 있는 산업활동을 그 유사성에 따라 유형화한 것으로 3가지 분류 기준에 의해 분류된다. 이 3가지 분류 기준을 쓰시오.

POINT
분류 기준 중 '산출물의 특성'과 '투입물의 특성'은 그 하위 기준까지 파악해 두는 것이 좋다.

② 산업활동에 의한 통계 자료의 수집, 제표, 분석 등을 위해서 활동 분류 및 범위를 제공하기 위한 것으로 통계법에서는 산업통계 자료의 정확성, 비교성을 위하여 모든 통계작성기관이 이를 의무적으로 사용하도록 규정하고 있다.
③ 한국표준산업분류는 통계작성 목적 이외에도 일반 행정 및 산업정책 관련 법령에서 적용대상 산업영역을 한정하는 기준으로 준용되고 있다.

2 분류 범위 및 기준

(1) 분류 범위
한국표준산업분류는 산업활동의 유형에 따른 분류이므로 이 분류의 범위는 국민계정(SNA)에서 정의한 것처럼 경제활동에 종사하고 있는 단위에 대한 분류로 국한하고 있다.

(2) 분류 기준
① 산출물(생산된 재화 또는 제공된 서비스)의 특성: 산출물의 물리적 구성 및 가공 단계, 산출물의 수요처, 산출물의 기능 및 용도
② 투입물의 특성: 원재료, 생산 공정, 생산기술 및 시설 등
③ 생산활동의 일반적인 결합형태

3 통계단위

(1) 통계단위
① 생산단위의 활동(생산, 재무활동 등)에 관한 통계작성을 위하여 필요한 정보를 수집 또는 분석할 대상이 되는 관찰 또는 분석단위를 말한다.
② 관찰단위는 산업 활동과 지리적 장소의 동질성, 의사결정의 자율성, 자료수집 가능성이 있는 생산단위가 설정되어야 한다.
③ 생산 활동과 장소의 동질성의 차이에 따라 통계단위는 다음과 같이 구분된다.

구분	하나 이상 장소	단일 장소
하나 이상 산업활동	기업집단 단위	지역 단위
	기업체 단위	
단일 산업활동	활동유형 단위	사업체 단위

(2) 사업체 단위
① 공장, 광산, 상점, 사무소 등과 같이 산업활동과 지리적 장소의 양면에서 가장 동질성이 있는 통계단위이다.
② 일정한 물리적 장소에서 단일 산업활동을 독립적으로 수행하며, 영업잉여에 관한 통계를 작성할 수 있고 생산에 관한 의사결정에 있어서 자율성을 갖고 있는 단위이므로, 장소의 동질성과 산업 활동의 동질성이 요구되는 생산통계 작성에 가장 적합한 통계단위라고 할 수 있다.
③ 실제 운영 면에서 사업체 단위에 대한 정의가 엄격하게 적용될 수 있는 것은 아니며, 실제 운영상 사업체 단위는 "일정한 물리적 장소 또는 일정한 지역 내에서 하나의 단일 또는 주된 경제활동에 독립적으로 종사하는 기업체 또는 기업체를 구성하는 부분 단위"라고 정의할 수 있다.

(3) 기업체 단위
① 재화 및 서비스를 생산하는 법적 또는 제도적 단위의 최소 결합체로서 자원 배분에 관한 의사결정에서 자율성을 갖고 있다.
② 기업체는 하나 이상의 사업체로 구성될 수 있다는 점에서 사업체와 구분되며, 재무 관련 통계작성에 가장 유용한 단위이다.

4 통계단위 산업결정

(1) 생산단위 활동 형태
생산단위의 산업활동은 일반적으로 주된 산업활동, 부차적 산업활동 및 보조적 활동이 결합되어 복합적으로 이루어진다.
① 주된 산업활동: 산업활동이 복합 형태로 이루어질 경우 생산된 재화 또는 제공된 서비스 중에서 부가가치(액)가 가장 큰 활동을 말한다.
② 부차적 산업활동: 주된 산업활동 이외의 재화 생산 및 서비스 제공 활동을 말한다.
③ 보조 활동: 모 생산단위에서 사용되는 비내구재 또는 서비스를 제공하는 활동으로서, 생산활동을 지원해 주기 위하여 존재한다. 주된 활동과 부차적 활동은 보조 활동의 지원 없이는 수행될 수 없으며, 보조 활동에는 회계, 창고, 운송, 구매, 판매 촉진, 수리 서비스 등이 포함된다. 생산활동과 보조 활동이 별개의 독립된 장소에서 이루어질 경우 지역 통계작성을 위하여 보조단위에 관한 정보를 별도로 수집할 수 있다.

기/출/족/보 출제지수 ■□□

23년 2회
한국표준산업분류에서 생산단위 활동 형태 중 주된 산업활동과 보조활동을 설명하시오.

22년 3회
한국표준산업분류의 산업분류 결정방법 중 생산단위의 활동 형태는 '주된 산업활동', '부차적 산업활동', '보조 활동'으로 구분된다. 이 3가지 활동 형태를 각각 설명하시오.

21년 2회
한국표준산업분류에서 산업분류의 결정방법 중 생산단위 활동 형태 3가지를 쓰고 의미를 설명하시오.

POINT
3가지 생산단위 활동 형태를 되도록 '주된, 부차적, 보조'의 순서에 따라 파악해 두는 것이 좋다.

(2) 별개의 활동으로 간주하는 경우

다음과 같은 활동단위는 보조단위로 보아서는 안 되며 별개의 활동으로 간주하여 그 자체활동에 따라 분류하여야 한다.
① 고정자산을 구성하는 재화의 생산
② 모 생산단위에서 사용되는 재화나 서비스를 보조적으로 생산하더라도 그 생산되는 재화나 서비스의 대부분을 다른 시장(사업체 등)에 판매하는 경우
③ 모 생산단위가 생산하는 생산품의 구성 부품이 되는 재화를 생산하는 경우
④ 연구 및 개발활동(통상적인 생산과정에서 소비되는 서비스를 제공하는 것이 아니므로 그 자체의 본질적인 성질에 따라 전문, 과학 및 기술 서비스업으로 분류)

(3) 산업결정 방법

① 생산단위의 산업활동은 그 생산단위가 수행하는 주된 산업활동(판매 또는 제공하는 재화 및 서비스)의 종류에 따라 결정된다. 이러한 주된 산업 활동은 산출물(재화 또는 서비스)에 대한 부가가치(액)의 크기에 따라 결정되어야 하나, 부가가치(액) 측정이 어려운 경우에는 산출액에 의하여 결정한다.
② 상기의 원칙에 따라 결정하는 것이 적합하지 않을 경우에는 그 해당 활동의 종업원 수 및 노동시간, 임금 및 급여액 또는 설비의 정도에 의하여 결정한다.
③ 계절에 따라 정기적으로 산업을 달리하는 사업체의 경우에는 조사시점에서 경영하는 사업과는 관계없이 조사대상 기간 중 산출액이 많았던 활동에 의하여 분류한다.
④ 휴업 중 또는 자산을 청산 중인 사업체의 산업은 영업 중 또는 청산을 시작하기 이전의 산업활동에 의하여 결정하며, 설립 중인 사업체는 개시하는 산업활동에 따라 결정한다.
⑤ 단일사업체의 보조단위는 그 사업체의 일개 부서로 포함하며, 여러 사업체를 관리하는 중앙 보조단위(본부, 본사 등)는 별도의 사업체로 처리한다.

기/출/족/보 출제지수 ■■□

23년 1회, 23년 3회, 21년 3회, 20년 3회, 16년 2회

한국표준산업분류에서 통계단위의 산업을 결정하는 방법을 4가지(3가지, 2가지) 쓰시오.

POINT
가급적 제시된 5가지 내용을 모두 숙지해 두도록 하자.

5 산업분류 적용원칙

① 생산단위는 산출물뿐만 아니라 투입물과 생산공정 등을 함께 고려하여 그들의 활동을 가장 정확하게 설명된 항목에 분류해야 한다.
② 복합적인 활동단위는 우선적으로 최상급 분류단계(대분류)를 정확히 결정하고, 순차적으로 중·소·세·세세분류 단계 항목을 결정하여야 한다.
③ 산업활동이 결합되어 있는 경우에는 그 활동단위의 주된 활동에 따라서 분류하여야 한다.
④ 수수료 또는 계약에 의하여 활동을 수행하는 단위는 동일한 산업활동을 자기계정과 자기책임하에서 생산하는 단위와 같은 항목에 분류하여야 한다.
⑤ 자기가 직접 실질적인 생산활동은 하지 않고, 다른 계약업자에 의뢰하여 재화 또는 서비스를 자기계정으로 생산하게 하고, 이를 자기명의로, 자기 책임 아래 판매하는 단위는 이들 재화나 서비스 자체를 직접 생산하는 단위와 동일한 산업으로 분류하여야 한다. 다만, 제조업의 경우에는 이들 이외에 제품의 성능 및 기능, 고안 및 디자인, 원재료 구성 설계, 견본 제작 등에 중요한 역할을 하고 자기계정으로 원재료를 제공하여야 한다.
⑥ 각종 기계장비 및 용품의 개량, 개조 및 재제조 등 재생활동은 일반적으로 그 기계장비 및 용품 제조업과 동일 산업으로 분류하지만, 산업 규모 및 중요성 등을 고려하여 별도의 독립된 분류에서 구성하고 있는 경우에는 그에 따른다.
⑦ 자본재로 주로 사용되는 산업용 기계 및 장비의 전문적인 수리활동은 경상적인 유지·수리를 포함하여 '34: 산업용 기계 및 장비 수리업'으로 분류한다. 자본재와 소비재로 함께 사용되는 컴퓨터, 자동차, 가구류 등과 생활용품으로 사용되는 소비재 물품을 전문적으로 수리하는 산업활동은 '95: 개인 및 소비용품 수리업'으로 분류한다. 다만, 철도 차량 및 항공기 제조 공장, 조선소에서 수행하는 전문적인 수리활동은 해당 장비를 제조하는 산업활동과 동일하게 분류하며, 고객의 특정 사업장 내에서 건물 및 산업시설의 경상적인 유지관리를 대행하는 경우는 '741: 사업시설 유지관리 서비스업'에 분류한다.
⑧ 동일 단위에서 제조한 재화의 소매활동은 별개 활동으로 분류하지 않고 제조활동으로 분류되어야 한다. 그러나 자기가 생산한 재화와 구입한 재화를 함께 판매한다면 그 주된 활동에 따라 분류한다.
⑨ '공공행정 및 국방, 사회보장 사무' 이외의 교육, 보건, 제조, 유통 및 금융 등 다른 산업활동을 수행하는 정부기관은 그 활동의 성질에 따

기/출/족/보 출제지수 ■■□

22년 1회
한국표준산업분류의 산업분류 적용원칙을 4가지 쓰시오.

20년 4회
한국표준산업분류에서 산업결정방법과 산업분류의 적용원칙을 쓰시오.

16년 1회
다음은 한국표준산업분류의 산업분류 적용원칙 일부이다. 빈칸 안을 채우시오.

POINT
제시된 11가지 내용 중 4~5가지 정도만 파악해 두면 된다. 이때 ①의 내용은 반드시 외워 두어야 한다.

라 분류하여야 한다. 반대로, 법령 등에 근거하여 전형적인 공공행정 부문에 속하는 산업활동을 정부기관이 아닌 민간에서 수행하는 경우에는 공공행정 부문으로 포함한다.

⑩ 생산단위의 소유 형태, 법적 조직 유형 또는 운영 방식은 산업분류에 영향을 미치지 않는다. 이런 기준은 경제활동 자체의 특징과 관련이 없기 때문이다. 즉, 동일 산업활동에 종사하는 경우, 법인, 개인사업자 또는 정부기업, 외국계 기업 등인지에 관계없이 동일한 산업으로 분류한다.

⑪ 공식적 생산물과 비공식적 생산물, 합법적 생산물과 불법적인 생산물을 달리 분류하지 않는다.

6 분류구조 및 부호체계

(1) 분류구조
① 대분류(section): 알파벳 문자 사용
② 중분류(division): 2자리 숫자 사용
③ 소분류(group): 3자리 숫자 사용
④ 세분류(class): 4자리 숫자 사용
⑤ 세세분류(sub-class): 5자리 숫자 사용

(2) 부호체계
① 부호 처리를 할 경우에는 아라비아 숫자만을 사용하도록 했다.
② 권고된 국제분류(ISIC Rev.4)를 기본체계로 하였으나, 국내 실정을 고려하여 국제분류의 각 단계 항목을 분할, 통합 또는 재그룹화하여 독자적으로 분류 항목과 분류 부호를 설정하였다.
③ 분류 항목 간에 산업 내용의 이동을 가능한 한 억제하였으나 일부 이동 내용에 대한 연계분석 및 시계열 연계를 위하여 부록에 수록된 신구 연계표를 활용하도록 하였다.
④ 중분류의 번호는 01부터 99까지 부여하였으며, 대분류별 중분류 추가 여지를 남겨 놓기 위하여 대분류 사이에 번호 여백을 두었다.
⑤ 소분류 이하 모든 분류의 끝자리 숫자는 '0'에서 시작하여 '9'에서 끝나도록 하였으며, '9'는 기타 항목을 의미하며 앞에서 명확하게 분류되어 남아 있는 활동이 없는 경우에는 '9' 기타 항목이 필요 없는 경우도 있다.
⑥ 각 분류 단계에서 더 이상 하위분류가 세분되지 않을 때는 '0'을 사용한다.

(3) 분류단계별 항목 수

(단위: 개)

대분류	중분류	소분류	세분류	세세분류
A 농업, 임업 및 어업	3	8	21	34
B 광업	4	7	10	11
C 제조업	25	85	183	477
D 전기, 가스, 증기 및 공기조절 공급업	1	3	5	9
E 수도, 하수 및 폐기물 처리, 원료 재생업	4	6	14	19
F 건설업	2	8	15	45
G 도매 및 소매업	3	20	61	184
H 운수 및 창고업	4	11	19	48
I 숙박 및 음식점업	2	4	9	29
J 정보통신업	6	11	24	42
K 금융 및 보험업	3	8	15	32
L 부동산업	1	2	4	11
M 전문, 과학 및 기술서비스업	4	14	20	51
N 사업시설 관리, 사업 지원 및 임대 서비스업	3	11	22	32
O 공공행정, 국방 및 사회보장 행정	1	5	8	25
P 교육서비스	1	7	17	33
Q 보건업 및 사회복지 서비스업	2	6	9	25
R 예술, 스포츠 및 여가관련 서비스업	2	4	17	43
S 협회 및 단체, 수리 및 기타 개인 서비스업	3	8	18	41
T 가구 내 고용활동, 자가소비 생산활동	2	3	3	3
U 국제 및 외국기관	1	1	1	2
계	77	232	495	1,196

대표 기출문제

제3과목 직업정보론
CHAPTER 03 산업분류의 활용

01 한국표준산업분류(KSIC)에서 산업의 정의, 산업활동의 정의, 산업활동의 범위, 산업분류의 정의를 각각 쓰시오. 2022년 2회

득점	배점
점	8 점

※ 항목 1가지당 2점

○ 산업의 정의

○ 산업활동의 정의

○ 산업활동의 범위

○ 산업분류의 정의

+기출 플러스

18년 3회
한국표준산업분류 개요 중 산업, 산업활동의 정의 및 산업활동의 범위를 기술하시오.
KEY [합격답안] 중 1~3번째 항목

합격답안
한국표준산업분류 ▶ 산업과 산업분류

○ **산업의 정의**: 유사한 성질을 갖는 산업활동에 주로 종사하는 생산단위의 집합이다.
○ **산업활동의 정의**: 각 생산단위가 노동, 자본, 원료 등 자원을 투입하여, 재화 또는 서비스를 생산 또는 제공하는 일련의 활동과정이다.
○ **산업활동의 범위**: 영리적, 비영리적 활동이 모두 포함되나, 가정 내의 가사 활동은 제외된다.
○ **산업분류의 정의**: 생산단위가 주로 수행하는 산업활동을 그 유사성에 따라 체계적으로 유형화한 것이다.

답안 작성법
산업, 산업활동, 산업분류의 정의에 공통적으로 '생산단위'라는 용어가 들어간다. 이 키워드를 중심으로 그 개념을 설명하면 된다.

문장 구성 키워드
- 산업의 정의: 유사 산업활동, 생산단위 집합
- 산업활동의 정의: 생산단위, 자원, 재화·서비스
- 산업활동의 범위: 영리적·비영리적 ○, 가사 ✕
- 산업분류의 정의: 생산단위, 산업활동, 유형화

02 한국표준산업분류(KSIC)는 생산단위가 주로 수행하고 있는 산업활동을 그 유사성에 따라 유형화한 것으로 3가지 분류 기준에 의해 분류된다. 이 3가지 분류 기준을 쓰시오. 2019년 1회, 2017년 1회

※ 기준 1가지당 2점

합격답안

한국표준산업분류 ▶ 분류 기준

- 산출물의 특성: 산출물의 물리적 구성 및 가공 단계, 산출물의 수요처, 산출물의 기능 및 용도 등이 있다.
- 투입물의 특성: 원재료, 생산 공정, 생산기술 및 시설 등이 있다.
- 생산활동의 일반적인 결합형태

답안 작성법

문제에서 분류 기준에 대한 설명까지 요구하고 있지는 않으므로, '산출물의 특성, 투입물의 특성'의 경우 설명까지는 작성하지 않아도 무방하다.

문장 구성 키워드

- 산출
- 투입
- 결합형태

03 한국표준산업분류(KSIC)에서 통계단위의 산업을 결정하는 방법을 3가지 쓰시오.

2023년 1회, 2023년 3회, 2021년 3회, 2020년 3회, 2016년 2회

득점	배점
점	6 점

※ 방법 1가지당 2점

+ 기출 플러스

21년 2회
한국표준산업분류에서 산업분류의 결정방법 중 생산단위 활동 형태 3가지를 쓰고 의미를 설명하시오.
KEY 주된 산업활동, 부차적 산업활동, 보조 활동

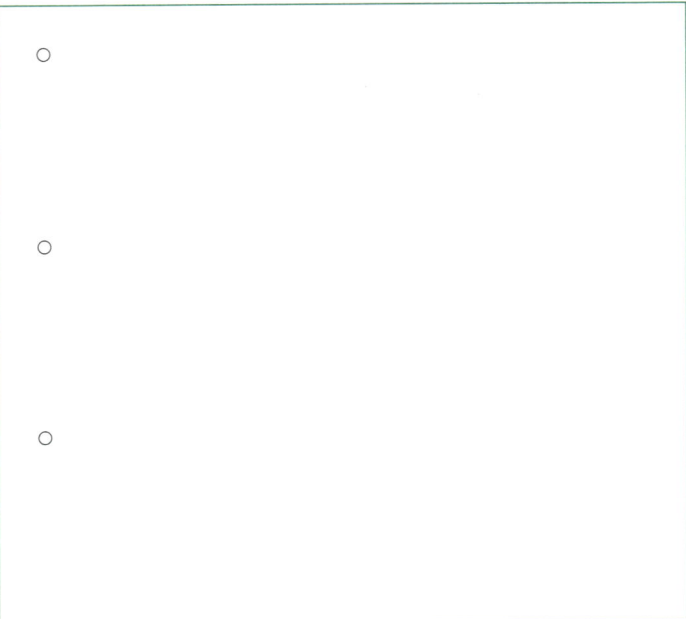

합격답안   한국표준산업분류 ▶ 통계단위 산업결정

○ 생산단위의 산업활동은 그 생산단위가 수행하는 주된 산업활동(판매 또는 제공하는 재화 및 서비스)의 종류에 따라 결정된다.
○ 상기의 원칙에 따라 결정하는 것이 적합하지 않을 경우에는 그 해당 활동의 종업원 수 및 노동시간, 임금 및 급여액 또는 설비의 정도에 의하여 결정한다.
○ 계절에 따라 정기적으로 산업을 달리하는 사업체의 경우에는 조사 시점에서 경영하는 사업과는 관계없이 조사대상 기간 중 산출액이 많았던 활동에 의하여 분류한다.
○ 휴업 중 또는 자산을 청산 중인 사업체의 산업은 영업 중 또는 청산을 시작하기 이전의 산업활동에 의하여 결정하며, 설립 중인 사업체는 개시하는 산업활동에 따라 결정한다.
○ 단일사업체의 보조단위는 그 사업체의 일개 부서로 포함하며, 여러 사업체를 관리하는 중앙 보조단위(본부, 본사 등)는 별도의 사업체로 처리한다.

답안 작성법

제시된 5가지 내용 중 3가지를 선택하여 작성하면 된다. 1번째 항목 없이 2번째 항목을 작성하는 경우에는 '상기의 원칙에 따라 ~ 않을 경우에는'을 생략하도록 한다.

문장 구성 키워드
• 주된 산업활동
• 종업원 수, 노동시간, 임금, 급여액, 설비 정도
• 조사대상 기간 중 산출액
• 영업 중, 청산 시작 전, 개시
• 단일사업체 보조단위는 포함, 여러 사업체 중앙 보조단위는 별도

04 한국표준산업분류(KSIC)의 산업분류 적용원칙을 4가지 쓰시오.

2022년 1회

득점 점 **배점** 8 점

※ 적용원칙 1가지당 2점

➕ 기출 플러스
16년 1회
생산단위는 산출물뿐만 아니라 (   )와/과 (   ) 등을 함께 고려하여 그들의 활동을 가장 정확하게 설명된 항목에 분류해야 한다.
KEY 투입물, 생산공정

합격답안

한국표준산업분류 ▶ 산업분류 적용원칙

○ 생산단위는 산출물뿐만 아니라 투입물과 생산공정 등을 함께 고려하여 그들의 활동을 가장 정확하게 설명된 항목에 분류해야 한다.
○ 복합적인 활동단위는 우선적으로 최상급 분류단계(대분류)를 정확히 결정하고, 순차적으로 중·소·세·세세분류 단계 항목을 결정하여야 한다.
○ 산업활동이 결합되어 있는 경우에는 그 활동단위의 주된 활동에 따라서 분류하여야 한다.
○ 수수료 또는 계약에 의하여 활동을 수행하는 단위는 동일한 산업활동을 자기계정과 자기책임하에서 생산하는 단위와 같은 항목에 분류하여야 한다.
○ 동일 단위에서 제조한 재화의 소매활동은 별개 활동으로 분류하지 않고 제조활동으로 분류되어야 한다. 그러나 자기가 생산한 재화와 구입한 재화를 함께 판매한다면 그 주된 활동에 따라 분류한다.
○ 공식적 생산물과 비공식적 생산물, 합법적 생산물과 불법적인 생산물을 달리 분류하지 않는다.

답안 작성법
산업분류 적용원칙은 총 11가지로 제시된 답안에는 이 중 비교적 내용이 짧은 6가지를 제시하였다. 본인이 작성하기 쉬운 내용 4가지를 선택해 답안을 구성하면 된다.

문장 구성 키워드
- 산출물, 투입물, 생산공정 함께 고려
- 대-중-소-세-세세분류 결정
- 결합 시 주된 활동에 따라 분류
- 수수료·계약 단위는 자기계정과 자기책임 단위와 같은 항목 분류

직업정보의 수집·분석

테마 1 직업정보의 처리

1 직업정보의 이해

(1) 고용정보의 개념

고용정보는 직업별 직무내용, 직업전망, 임금수준, 채용·승진 등을 비롯하여 경제·산업동향 및 구인·구직정보 등까지 포함하는 개념이다.

(2) 직업안정기관의 장이 수집·제공하여야 할 고용정보
① 경제 및 산업동향
② 노동시장, 고용·실업동향
③ 임금, 근로시간 등 근로조건
④ 직업에 관한 정보
⑤ 채용·승진 등 고용관리에 관한 정보
⑥ 직업능력개발훈련에 관한 정보
⑦ 고용 관련 각종 지원 및 보조제도
⑧ 구인·구직에 관한 정보

(3) 직업정보의 처리 과정

수집 → 분석 → 가공 → 체계화 → 제공 → 축적 → 평가

2 직업정보의 처리 시 유의 사항

(1) 직업정보 수집 시 유의 사항
① 명확한 목표를 가지고 계획적으로 수집한다.
② 직업정보를 수집할 때는 항상 최신의 자료를 수집한다.
③ 자료를 수집할 때 자료출처와 일자를 기록한다.

(2) 직업정보 분석 시 유의 사항
① 정보의 분석 목적을 명확히 하고, 변화의 동향에 유의한다.
② 직업정보원과 제공원에 대해 제시한다.
③ 분석과 해석은 원자료의 생산일, 자료표집방법, 대상, 자료의 양 등을 검토해야 한다.

④ 수집된 정보에 대하여는 목적에 맞도록 몇 번이고 분석하여 가장 최신의 객관적이며 정확한 자료를 선정한다.
⑤ 직업정보는 직업전문가에 의해 전문적인 시각에서 분석되어야 한다.
⑥ 동일한 정보라고 하더라도 다각적인 분석을 시도하여 해석을 풍부히 해야 한다.

(3) 직업정보 가공 시 유의 사항
① 정보의 가공목적을 명확히 한다.
② 가장 최신의 자료를 활용하되, 표준화된 정보를 활용하고, 객관성이 없는 정보는 활용하지 않도록 한다.
③ 정보의 생명력을 측정하여 활용방법을 선정하고, 이용자에게 동기를 부여할 수 있도록 구상한다.
④ 다른 통계와의 관련성 및 여러 측면을 고려한다.
⑤ 숫자로 표현할 수 없는 정보라도 배제하지 않는다.
⑥ 직업정보의 이용자는 일반인이므로 전문적인 지식이 없어도 이해할 수 있도록 가급적 평이한 언어로 가공해야 한다.
⑦ 효율적인 정보제공을 위해 시청각적 효과를 부가한다.
⑧ 정보를 제공하는 것은 중립적인 입장에서 출발하여야 하므로, 직업정보 가공 시에는 직업이 가지고 있는 장·단점을 편견 없이 제공해야 한다.

(4) 직업정보 제공 시 유의 사항
① 직업정보는 이용자의 구미에 맞도록 생산되어야 한다.
② 내담자가 속한 가족, 문화를 우선적으로 고려하여 내담자에게 알맞은 정보를 제공한다.
③ 직업정보는 일반인이 이용하므로 이용자의 수준에 맞는 일반적인 언어를 사용하여 제공한다.
④ 진로정보 제공은 직업상담의 후기단계에서 이루어지며, 이 경우 내담자의 피드백을 고려하여야 한다.
⑤ 직업상담사는 다양한 직업정보를 제공하기 위해 지속적으로 노력한다.

(5) 직업정보의 평가기준
① 언제 만들어진 것인가?
② 어느 곳을 대상으로 한 것인가?
③ 누가 만든 것인가?
④ 어떤 목적으로 만든 것인가?
⑤ 자료를 어떤 방식으로 수집하고 제시했는가?

테마 2 고용정보 용어

1 경제활동인구조사

(1) 15세 이상 인구(생산가능인구, 경제활동가능인구)
① 대한민국에 상주하는 만 15세(매월 15일 현재) 이상인 자를 말한다.
② 단, 군인(직업군인, 상근예비역 포함), 사회복무요원, 의무경찰, 형이 확정된 교도소 수감자 등은 제외한다.

(2) 경제활동인구
만 15세 이상 인구 중 취업자와 실업자를 말한다.
① 취업자
  ㉠ 조사대상주간 중 수입을 목적으로 1시간 이상 일한 자
  ㉡ 자기에게 직접적으로는 이득이나 수입이 오지 않더라도 자기 가구에서 경영하는 농장이나 사업체의 수입을 높이는 데 도운 가족종사자로서 주당 18시간 이상 일한 자(무급가족종사자)
  ㉢ 직장 또는 사업체를 가지고 있으나 조사대상 주간 중 일시적인 병, 일기불순, 휴가 또는 연가, 노동쟁의 등의 이유로 일하지 못한 일시휴직자
② 실업자: 조사대상주간에 수입 있는 일을 하지 않았고, 지난 4주간 일자리를 찾아 적극적으로 구직활동을 하였던 사람으로서 일자리가 주어지면 즉시 취업이 가능한 사람을 말한다.

(3) 비경제활동인구
조사대상 주간 중 취업자도 실업자도 아닌 만 15세 이상인 자를 말한다.
① 집안에서 가사와 육아를 전담하는 가정주부
② 학교에 다니는 학생
③ 일을 할 수 없는 연로자와 심신장애자
④ 자발적으로 자선사업이나 종교단체에 관여하는 자 등

(4) 종사상 지위
취업자가 실제로 일하고 있는 신분 또는 지위상태를 말한다.
① 비임금근로자
  ㉠ 자영업자: 고용원이 있는 자영업자 및 고용원이 없는 자영업자를 합친 개념이다.
  ㉡ 무급가족종사자: 동일가구 내 가족이 경영하는 사업체, 농장에서 무보수로 일하는 사람을 말한다. 조사대상주간에 18시간 이상 일한 사람은 취업자로 분류한다.

기/출/족/보 출제지수 ■■■

22년 1회
다음 자료를 보고 실업률을 구하시오.

22년 2회, 19년 2회, 17년 1회
다음 표를 보고 30~50세 고용률(%)을 계산하시오. 30~50세 고용률을 29세 이하의 고용률과 비교하여 분석하시오.

21년 2회, 17년 2회
다음 자료를 보고 경제활동참가율, 고용률, 실업률을 계산하시오.

20년 1회
가상적인 국가의 고용동향이 다음과 같다. 이 국가의 실업률, 경제활동참가율, 무급가족종사자 수, 경제활동가능인구 중 취업자 비율을 구하시오.

20년 4회
다음 자료를 보고 실업률, 임금근로자 수, 경제활동참가율을 구하시오.

19년 1회, 16년 3회
A국의 15세 이상 생산가능인구의 수가 100만 명, 경제활동참가율이 70%, 실업률이 10%라고 할 때 실업자의 수를 구하시오.

19년 3회
특정 시기의 고용동향이 다음과 같을 때 임금근로자는 몇 명인지 계산하시오.

18년 1회, 15년 1회
다음 자료를 보고 경제활동참가율을 계산하시오.

17년 3회, 15년 2회, 15년 3회, 14년 2회
특정 시기 고용동향이 다음과 같을 때 실업률과 임금근로자 수를 구하시오.

16년 1회
어떤 국가의 고용률이 50%이고, 실업률(실업자 50만 명)이 10%일 때 경제활동인구수와 비경제활동인구수를 계산하시오.

16년 2회
고용률이 50%이고 비경제활동인구가 400명인 가상경제에서 실업자 수가 50명일 때 실업률을 구하시오.

② 임금근로자
- ㉠ 상용근로자: 고용계약설정자는 고용계약기간이 1년 이상인 경우를 말한다. 고용계약미설정자는 소정의 채용절차에 의해 입사하여 인사관리 규정을 적용받는 사람을 말한다.
- ㉡ 임시근로자: 고용계약설정자는 고용계약기간이 1개월 이상 1년 미만인 경우를 말한다. 고용계약미설정자는 일정한 사업(완료 1년 미만)의 필요에 의해 고용된 경우를 말한다.
- ㉢ 일용근로자: 고용계약기간이 1개월 미만인 자 또는 매일매일 고용되어 근로의 대가로 일급 또는 일당제 급여를 받고 일하는 자 등을 말한다.

(5) 비정규직 근로자

1차적으로 고용형태에 의해 정의되는 것으로 한시적 근로자, 시간제근로자, 비전형근로자 등으로 분류된다.
① 한시적 근로자: 근로계약기간을 정한 근로자(기간제근로자) 또는 정하지 않았으나 계약의 반복 갱신으로 계속 일할 수 있는 근로자와 비자발적 사유로 계속 근무를 기대할 수 없는 근로자(비기간제근로자)를 포함한다.
② 시간제근로자: 직장(일)에서 근무하도록 정해진 소정의 근로시간이 동일 사업장에서 동일한 종류의 업무를 수행하는 근로자의 소정근로시간보다 1시간이라도 짧은 근로자로, 평소 1주에 36시간 미만 일하기로 정해져 있는 경우가 해당된다.
③ 비전형 근로자: 파견근로자, 용역근로자, 특수형태근로종사자, 가정 내(재택, 가내) 근로자, 일일(단기) 근로자를 말한다.

(6) 잠재경제활동인구

잠재취업가능자와 잠재구직자를 합한 개념이다.
① 잠재취업가능자: 비경제활동인구 중에서 지난 4주간 구직활동을 하였으나, 조사대상주간에 취업이 가능하지 않은 자를 말한다.
② 잠재구직자: 비경제활동인구 중에서 지난 4주간 구직활동을 하지 않았지만, 조사대상주간에 취업을 희망하고 취업이 가능한 자를 말한다.

(7) 경제활동참가율

만 15세 이상 인구 중 경제활동인구(취업자 + 실업자)가 차지하는 비율을 말한다.

$$경제활동참가율(\%) = \frac{경제활동인구}{15세 이상 인구} \times 100$$

POINT
경제활동참가율, 고용률, 실업률의 산식을 반드시 암기한 후 이를 응용할 수 있어야 한다.

기/출/족/보 출제지수 ■□□

23년 3회
근로자에 대한 다음 설명에 해당하는 용어를 [보기]에서 골라 빈칸에 쓰시오.

POINT
한시적 근로자는 '계약기간', 시간제 근로자는 '36시간 미만', 비전형 근로자는 '파견, 용역' 등을 키워드로 외워 두자.

(8) 고용률

만 15세 이상 인구 중 취업자가 차지하는 비율을 말한다.

$$\text{고용률}(\%) = \frac{\text{취업자 수}}{\text{15세 이상 인구}} \times 100$$

(9) 실업률

실업자가 경제활동인구(취업자＋실업자)에서 차지하는 비율을 말한다.

$$\text{실업률}(\%) = \frac{\text{실업자 수}}{\text{경제활동인구}} \times 100$$

> **기/출/족/보** 출제지수 ■□□
>
> 14년 1회
> 다음 자료에서 A기간과 B기간의 구인배율, 취업률을 구하시오.
>
> **POINT**
> 구인배율과 취업률 산식을 중점적으로 파악해 두도록 하자.

2 워크넷 구인·구직 및 취업동향

(1) 신규구인인원

해당 월에 워크넷에 등록된 구인인원을 말한다.

(2) 신규구직건수

해당 월에 워크넷에 등록된 구직건수를 말한다.

(3) 취업건수

해당 월에 워크넷에 취업 등록된 건수를 말한다.

(4) 구인배수(구인배율)

구직자 1명에 대한 구인수를 나타내는 것으로 취업의 용이성이나 구인난 등을 판단할 수 있다. 구인배율이 1이하로 떨어질수록 취업난은 가중되었다는 의미이다.

$$\text{구인배수} = \frac{\text{신규구인인원}}{\text{신규구직건수}}$$

(5) 취업률

신규구직건수에 대한 취업건수의 비율이다.

$$\text{취업률}(\%) = \frac{\text{취업건수}}{\text{신규구직건수}} \times 100$$

(6) 충족률

업체가 구하려고 했던 사람을 얼마나 충족했는지를 나타내는 비율이다. 충족률이 작다는 것은 구인업체에서 원하는 구직자를 충분히 채용하지 못했다는 것을 의미한다.

$$\text{충족률}(\%) = \frac{\text{취업건수}}{\text{신규구인인원}} \times 100$$

(7) 알선율

신규구직건수에 대한 알선건수의 비율이다. 알선율이 높으면 적중률(한 번 알선으로 취업이 되면 적중률 100%)이 낮아지며, 알선율이 낮으면 알선한 업체가 별로 없음을 나타낸다.

$$\text{알선율(\%)} = \frac{\text{알선건수}}{\text{신규구직건수}} \times 100$$

대표 기출문제

제3과목 직업정보론
CHAPTER 04 직업정보의 수집·분석

01 다음 자료를 보고 경제활동참가율을 구하시오. (단, 소수점 아래 셋째 자리에서 반올림하고, 계산 과정을 제시하시오)

2018년 1회, 2015년 1회

- 15세 이상 인구: 35,986천 명
- 비경제활동인구: 14,716천 명
- 취업자 수: 20,149천 명(자영업자: 5,646천 명, 무급가족종사자: 1,684천 명, 상용근로자: 6,113천 명, 임시근로자: 4,481천 명, 일용근로자: 2,225천 명)

득점	배점
점	4 점

※ 계산 과정 미작성 시 2점

합격답안

고용정보 용어 ▶ 경제활동인구조사

○ 경제활동인구 = 15세 이상 인구 − 비경제활동인구
= 35,986천 명 − 14,716천 명 = 21,270천 명

○ 경제활동참가율(%) = $\dfrac{\text{경제활동인구}}{\text{15세 이상 인구}} \times 100$

= $\dfrac{21,270천 명}{35,986천 명} \times 100 = 59.11\%$

답안 작성법

경제활동인구와 경제활동참가율을 구하는 과정을 각각 제시해야 하며, 결괏값은 소수점 아래 셋째 자리에서 반올림하여 소수점 아래 둘째 자리까지 나타내야 한다.

문장 구성 키워드

- 경제활동인구
 = 15세 이상 인구 − 비경제활동인구
- 경제활동참가율(%)
 = $\dfrac{\text{경제활동인구}}{\text{15세 이상 인구}} \times 100$

02 특정 시기 고용동향이 다음과 같을 때 물음에 답하시오. (단, 계산 과정을 제시하시오) 2017년 3회, 2015년 2회, 2015년 3회, 2014년 2회

득점	배점
점	6 점

※ (1), (2) 각각 3점

- 15세 이상 인구: 35,986천 명
- 비경제활동인구: 14,715천 명
- 취업자 수: 20,148천 명(자영업자: 5,645천 명, 무급가족종사자: 1,684천 명, 상용근로자: 6,113천 명, 임시근로자: 4,481천 명, 일용근로자: 2,225천 명)

(1) 실업률을 구하시오. (단, 소수점 아래 둘째 자리에서 반올림하시오)

(2) 임금근로자 수를 구하시오.

합격답안

고용정보 용어 ▶ 경제활동인구조사

(1) 실업률

○ 경제활동인구 = 15세 이상 인구 − 비경제활동인구
  = 35,986천 명 − 14,715천 명 = 21,271천 명

○ 실업자 수 = 경제활동인구 − 취업자 수
  = 21,271천 명 − 20,148천 명 = 1,123천 명

○ 실업률(%) = $\dfrac{\text{실업자 수}}{\text{경제활동인구}} \times 100 = \dfrac{1{,}123\text{천 명}}{21{,}271\text{천 명}} \times 100 = 5.3\%$

(2) 임금근로자 수

○ 임금근로자 수 = 취업자 수 − (자영업자 수 + 무급가족종사자 수)
  = 20,148천 명 − (5,645천 명 + 1,684천 명)
  = 12,819천 명

답안 작성법

임금근로자 수는 상용근로자 수, 임시근로자 수, 일용근로자 수를 더하는 방식으로 구해도 된다.

문장 구성 키워드

- 실업률(%)
  = $\dfrac{\text{실업자 수}}{\text{경제활동인구}} \times 100$
- 임금근로자 수
  = 취업자 수 − (자영업자 수 + 무급가족종사자 수)

03 다음 표를 보고 물음에 답하시오.

2022년 2회, 2019년 2회, 2017년 1회

(단위: 천 명)

구분	15~19세	20~24세	25~29세	30~50세
생산가능인구	3,285	2,651	3,846	22,983
경제활동인구	203	1,305	2,797	17,356
취업자	178	1,181	2,598	16,859
실업자	25	124	199	497
비경제활동인구	3,082	1,346	1,049	5,627

(1) 30~50세 고용률(%)을 계산하시오. (단, 소수점 아래 둘째 자리에서 반올림하고 계산 과정을 제시하시오)

(2) 30~50세 고용률을 29세 이하 고용률과 비교하여 분석하시오.

합격답안

고용정보 용어 ▶ 경제활동인구조사

(1) 30~50세 고용률(%)

○ 고용률(%) = $\dfrac{\text{취업자 수}}{\text{15세 이상 인구}} \times 100$

○ 30~50세 고용률(%) = $\dfrac{16{,}859\text{천 명}}{22{,}983\text{천 명}} \times 100 = 73.4\%$

(2) 30~50세 고용률과 29세 이하 고용률의 비교 분석

○ 29세 이하 고용률(%) = $\dfrac{178\text{천 명}+1{,}181\text{천 명}+2{,}598\text{천 명}}{3{,}285\text{천 명}+2{,}651\text{천 명}+3{,}846\text{천 명}} \times 100$

   = $\dfrac{3{,}957\text{천 명}}{9{,}782\text{천 명}} \times 100$

   = 40.5%

○ 30~50세의 고용률은 73.4%로, 29세 이하의 고용률인 40.5%보다 높게 나타나고 있다. 이것은 30~50세가 그 아래 연령대에 비하여 취업자로서 활발하게 일하고 있다는 것을 의미한다. 그 이유는 30~50세의 경우 가정의 생계를 책임져야 경우가 많은 반면, 15~29세는 학생이거나 취업준비생인 경우가 많기 때문이다.

답안 작성법

29세 이하 고용률의 경우, 제시된 답안과 같이 15~29세의 수치를 합산하여 구해도 좋지만, 15~19세, 20~24세, 25~29세의 고용률을 따로따로 계산하여 분석하여도 무방하다.

문장 구성 키워드

고용률(%)
= $\dfrac{\text{취업자 수}}{\text{15세 이상 인구}} \times 100$

04 가상적인 국가의 고용동향(2019년 7월)이 다음과 같을 때 물음에 답하시오. (단, 계산 과정을 제시하시오) 2020년 1회

경제활동인구	비경제활동인구	임금근로자	비임금근로자
350천 명	150천 명	190천 명	140천 명

(1) 이 국가의 실업률을 구하시오. (단, 소수점 아래 둘째 자리에서 반올림하시오)

(2) 이 국가의 경제활동참가율을 구하시오.

(3) 자영업자가 90천 명일 때 무급가족종사자는 최소한 얼마인지 구하시오.

(4) 경제활동가능인구 중 취업자 비율을 구하시오.

※ (1)~(4) 각각 2점

> **합격답안**

고용정보 용어 ▶ 경제활동인구조사

(1) 실업률
- 취업자 수 = 임금근로자 + 비임금근로자
  = 190천 명 + 140천 명 = 330천 명
- 실업자 수 = 경제활동인구 − 취업자 수
  = 350천 명 − 330천 명 = 20천 명
- 실업률(%) = $\dfrac{\text{실업자 수}}{\text{경제활동인구}} \times 100$
  = $\dfrac{20\text{천 명}}{350\text{천 명}} \times 100 = 5.7\%$

(2) 경제활동참가율
- 15세 이상 인구 = 경제활동인구 + 비경제활동인구
  = 350천 명 + 150천 명 = 500천 명
- 경제활동참가율(%) = $\dfrac{\text{경제활동인구}}{15\text{세 이상 인구}} \times 100$
  = $\dfrac{350\text{천 명}}{500\text{천 명}} \times 100 = 70\%$

(3) 자영업자가 90천 명일 때 최소 무급가족종사자 수
- 비임금근로자 = 자영업자 + 무급가족종사자
- 무급가족종사자 = 비임금근로자 − 자영업자
  = 140천 명 − 90천 명 = 50천 명

(4) 경제활동가능인구 중 취업자 비율
- 경제활동가능인구(15세 이상 인구) = 500천 명
- 취업자 수 = 330천 명
- 취업자 비율(고용률) = $\dfrac{\text{취업자 수}}{15\text{세 이상 인구}} \times 100$
  = $\dfrac{330\text{천 명}}{500\text{천 명}} \times 100 = 66\%$

> **답안 작성법**

경제활동인구와 임금근로자 수, 비임금근로자 수를 통해 취업자 수와 실업자 수를 도출하는 등 주어진 정보를 통해 산식을 응용하는 과정을 작성해야 한다.

> **문장 구성 키워드**

- 취업자 수
  = 임금근로자 + 비임금근로자
- 비임금근로자
  = 자영업자 + 무급가족종사자

05 A국의 15세 이상 생산가능인구의 수가 100만 명, 경제활동참가율이 70%, 실업률이 10%라고 할 때 실업자의 수를 구하시오. (단, 계산 과정을 제시하시오)

2019년 1회, 2016년 3회

득점	배점
점	5 점

※ 경제활동인구 계산 2.5점, 실업자 수 계산 2.5점

합격답안

고용정보 용어 ▶ 경제활동인구조사

○ 경제활동참가율(%) = $\dfrac{경제활동인구}{15세 이상 인구} \times 100$

  = $\dfrac{경제활동인구}{100만 명} \times 100 = 70\%$

○ 경제활동인구 = 100만 명 × 0.7 = 70만 명

○ 실업률(%) = $\dfrac{실업자 수}{경제활동인구} \times 100$

  = $\dfrac{실업자 수}{70만 명} \times 100 = 10\%$

○ 실업자 수 = 70만 명 × 0.1 = 7만 명

답안 작성법

생산가능인구(15세 이상 인구)와 경제활동참가율을 통해 경제활동인구를 도출하고, 경제활동인구와 실업률을 통해 실업자 수를 도출하는 과정을 작성하여야 한다.

문장 구성 키워드

- 경제활동참가율(%)
  = $\dfrac{경제활동인구}{15세 이상 인구} \times 100$
- 실업률(%)
  = $\dfrac{실업자 수}{경제활동인구} \times 100$

06 다음 자료에서 A기간과 B기간의 구인배율, 취업률을 구하시오.
(단, 소수점 아래 셋째 자리에서 반올림하고, 계산 과정을 제시하시오)

2014년 1회

구분	신규구인인원	신규구직인원	알선율	취업인원
A	103,062명	426,746명	513,973명	36,710명
B	299,990명	938,855명	1,148,534명	119,020명

○ A기간의 구인배율과 취업률

○ B기간의 구인배율과 취업률

※ 기간별 구인배율, 취업률 각각 1.5점

합격답안

고용정보 용어 ▶ 워크넷 구인·구직 및 취업동향

○ A기간의 구인배율과 취업률

- 구인배율 $= \dfrac{\text{신규구인인원}}{\text{신규구직건수}} = \dfrac{103,062}{426,746} = 0.24$

- 취업률(%) $= \dfrac{\text{취업건수}}{\text{신규구직건수}} \times 100 = \dfrac{36,710}{426,746} \times 100 = 8.60\%$

○ B기간의 구인배율과 취업률

- 구인배율 $= \dfrac{\text{신규구인인원}}{\text{신규구직건수}} = \dfrac{299,990}{938,855} = 0.32$

- 취업률(%) $= \dfrac{\text{취업건수}}{\text{신규구직건수}} \times 100 = \dfrac{119,020}{938,855} \times 100 = 12.68\%$

답안 작성법

기간별로 구인배율과 취업률을 계산하는 과정을 공식과 함께 각각 작성하여야 한다.

문장 구성 키워드

• 구인배율 $= \dfrac{\text{신규구인인원}}{\text{신규구직건수}}$

• 취업률(%) $= \dfrac{\text{취업건수}}{\text{신규구직건수}} \times 100$

제4과목
노동시장론

- 노동시장론은 노동의 수요와 공급, 임금, 실업, 노사관계 등을 다루기 때문에 경제학적 소양이 어느 정도 필요한 과목입니다.
- 노동시장의 이해 영역에서는 기업의 이윤극대화, 탄력성에 관한 계산 문제가 종종 출제되니, 기출문제를 중심으로 계산 연습을 철저히 하시기 바랍니다.
- 임금과 관련해서는 임금의 하방경직성, 최저임금제, 부가급여 등이 자주 출제되는 소재이며, 실업과 관련해서는 실업의 구분 및 형태를 집중적으로 학습할 필요가 있습니다.
- 노사관계이론은 출제 비중이 상대적으로 낮은 영역으로, 던롭의 시스템 이론, 노동조합의 임금효과, 숍 제도 등에서 간혹 문제가 출제되고 있습니다.

직업상담사 2급 2차 실기 통합서

CHAPTER 01
노동시장의 이해

CHAPTER 02
임금의 이해

CHAPTER 03
실업의 이해

CHAPTER 04
노사관계이론

노동시장의 이해

> 테마 1 노동의 수요

1 노동수요의 이해

(1) 노동수요의 의의
① 노동수요는 일정 기간 동안 노동수요자인 기업이 고용하고자 하는 노동의 양을 말한다.
② 노동수요는 일정 시점이 아닌 일정 기간 동안 기업이 고용하고자 하는 노동의 양이므로 유량(flow)의 개념이다.

(2) 노동수요의 결정요인
① 시장임금: 시장임금은 노동의 가격으로, 임금이 상승하면 노동수요는 감소하고, 임금이 하락하면 노동수요는 증가한다.
② 상품에 대한 소비자의 수요: 노동을 이용하여 생산되는 상품에 대한 수요가 증가하면 상품의 생산이 증가하고, 유발수요인 노동수요 역시 증가한다.
③ 다른 생산요소의 가격: 노동과 대체관계에 있는 다른 생산요소(자본 서비스 등)의 가격이 상승하면 해당 생산요소 대신 노동을 더 투입할 것이므로 노동수요는 증가한다.
④ 노동의 생산성: 생산성이 증대되면 생산물 한 단위를 만들어 내는 데 소요되는 노동량이 줄어들어 노동수요 역시 감소한다. 하지만 생산성 증대로 생산비가 하락하면 상품 가격도 하락하므로 상품수요가 증가하고, 이로 인해 생산량이 증가하면 노동수요는 증가한다.
⑤ 생산기술: 생산기술이 진보하면 생산물 한 단위를 만들어 내는 데 소요되는 노동량이 줄어들어 노동수요 역시 감소한다. 하지만 생산비가 하락하면 상품 가격도 하락하므로 장기적으로 추가적인 노동수요를 발생시킬 수 있다.

2 노동수요곡선

(1) 노동수요곡선의 도출
① 노동수요곡선은 임금과 노동수요량의 관계를 나타낸 것으로, 그래프의 세로축은 임금률(W), 가로축은 노동량(L)을 나타낸다.

② 임금이 하락하면 고용량이 증가하고 임금이 상승하면 고용량이 감소하므로, 임금과 기업의 고용량 간에는 부(−)의 관계가 성립한다.

(2) 노동수요곡선의 변화

① 노동수요량의 변화
  ㉠ 노동수요의 결정요인 중 임금이 변화하면 노동수요량이 변화하게 되는데, 이때는 노동수요곡선상에서 수요점이 이동(A → B)하게 된다.
  ㉡ 노동수요량의 변화 요인: 임금의 변화
② 노동수요의 변화
  ㉠ 임금을 제외한 다른 요인이 변화하면 노동수요가 변화하게 되는데, 이때는 노동수요곡선 자체가 이동($DD → D'D'$)하게 된다.
  ㉡ 노동수요의 변화 요인: 기술의 변화, 생산성의 변화, 생산 방법의 변화, 자본 가격의 변화, 최종생산물 가격의 변화, 최종생산물에 대한 수요의 변화 등

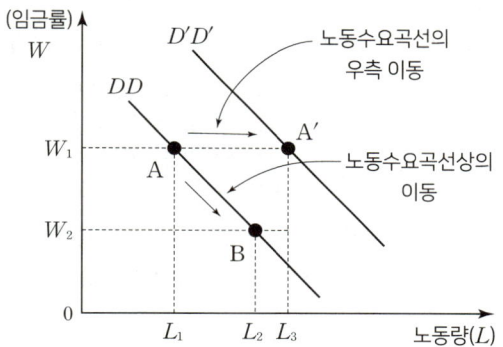

[노동수요곡선상의 이동과 노동수요곡선의 이동]

3 단기의 노동수요곡선

(1) 단기의 개념

① 기업이 생산량을 변화시키고자 할 때, 생산요소 중 투입량을 변화시킬 수 없는 것이 존재하는 기간을 단기라고 한다.
② 단기에는 자본을 고정요소로 간주하고 노동을 가변요소로 간주하여, 노동의 증감을 통해 생산량을 변화시킨다.
③ 기업이 단기노동수요를 증가시키는 요인으로는 상품 수요의 증가 등이 있다.

기/출/족/보 출제지수 ■■■

23년 3회, 20년 3회, 16년 3회
다음 자료를 보고 노동공급이 7단위일 때 한계노동비용을 구하시오. 이윤극대화가 이루어지는 노동공급과 임금을 구하시오.

22년 1회, 18년 2회, 15년 3회
완전경쟁시장에서 A제품을 생산하는 기업의 단기생산함수가 다음과 같다고 할 때 이 기업의 이윤극대화를 위한 최적고용량을 도출하고 그 근거를 설명하시오.

21년 1회, 16년 1회
다음 자료를 보고 근로자 수가 5명일 때 노동의 평균생산량을 구하시오. 이 기업이 이윤을 극대화하기 위해 고용해야 할 근로자 수와 노동의 한계생산량을 구하시오.

19년 3회, 16년 2회
다음 자료를 보고 근로자 수가 2명인 경우 노동의 한계생산을 구하시오. 근로자 수가 3명인 경우 노동의 한계수입생산을 구하시오. 근로자 한 명의 임금이 하루 8만원일 때 이윤극대화가 이루어지는 제과점의 채용 근로자 수와 케이크의 생산량을 구하시오.

POINT
'노동의 한계생산물가치=임금률'이 이윤극대화가 되는 지점이라는 것을 파악하는 것이 중요하다.

(2) 단기에서 기업의 이윤극대화

① 완전경쟁시장에서 기업은 상품 한 개를 더 생산할 때 추가로 소요되는 비용인 한계비용(MC: Marginal Cost)과 상품 한 개를 더 팔 때 추가로 얻는 수입인 한계수입(MR: Marginal Revenue)이 일치하는 지점까지 생산을 계속함으로써 이윤을 극대화하고자 한다.

② 단기에 기업이 생산을 늘릴 수 있는 방법은 노동 투입량을 증가시키는 것인데, 이렇게 하여 생산된 생산물의 총수량을 총생산량(TP: Total Product)이라고 하고, 총생산량을 노동투입량(L: Labor)으로 나눈 것을 노동의 평균생산량(AP_L: Average Product of Labor)이라고 한다.

$$\text{노동의 평균생산량}(AP_L) = \frac{\text{총생산량}(TP)}{\text{노동투입량}(L)}$$

③ 노동을 1단위 더 투입함으로써 얻을 수 있는 총생산량의 증가분을 노동의 한계생산량(MP_L: Marginal Product of Labor)이라고 하고, 노동을 1단위 더 투입함으로써 증가하는 총비용의 증가분을 노동의 한계비용(MC_L: Marginal Cost of Labor)이라고 한다.

- 노동의 한계생산량(MP_L) = $\frac{\text{총생산량의 증가분}(\Delta TP)}{\text{노동투입량의 증가분}(\Delta L)}$
- 노동의 한계비용(MC_L) = $\frac{\text{총비용 증가분}(\Delta TC)}{\text{노동투입량의 증가분}(\Delta L)}$

④ 노동을 1단위 더 투입함으로써 얻을 수 있는 총수입의 증가분은 노동의 한계생산물가치(VMP_L: Value of Maginal Product of Labor)라고 한다.

⑤ 노동의 투입량을 증가시키면 총생산량은 증가하지만, 노동투입량의 증가분 대비 총생산량의 증가분, 즉 한계생산량(MP_L)은 처음에는 체증하다가 일정 지점을 넘어가면 체감하기 시작하는데, 이러한 현상을 한계생산물 체감의 법칙이라고 한다.

⑥ 이윤극대화를 추구하는 기업은 노동을 1단위 더 투입했을 때 얻게 되는 노동의 한계생산물가치(VMP_L)와 기업이 노동자에게 지급하는 한계비용으로서의 임금률(W: Wage)이 같아질 때까지 고용량을 증가시키려고 한다.

$$\text{노동의 한계생산물가치}(VMP_L = P \times MP_L) = \text{임금률}(W) \rightarrow \text{이윤극대화}$$

(3) 단기노동수요곡선의 도출

① 상품시장이 경쟁적인 경우
  ㉠ 임금률(W)이 상승하여 $W > VMP_L$이 되면 이윤을 극대화하려는

기업은 $W=VMP_L$이 되는 지점까지 노동투입량을 줄이게 된다.
ⓛ 즉, 임금률과 노동수요량은 음(−)의 관계에 있으며, 기업의 노동수요곡선은 우하향한다.
ⓒ 기업은 임금률(W)=노동의 한계생산물가치(VMP_L)에서 고용량(노동수요량)을 정하므로, 완전경쟁기업의 단기 노동수요곡선은 노동의 한계생산물가치(VMP_L) 곡선의 일부이다.
ⓔ 완전경쟁시장에서 노동수요를 결정하는 것은 노동의 한계생산물가치이며, 완전경쟁하에서 노동의 수요곡선을 우하향하게 하는 주된 요인은 노동의 한계생산력이다.

② 상품시장이 독점인 경우
ⓛ 하나의 기업이 상품시장을 지배하는 독점 상태에 있는 경우에는 생산물의 가격이 독점기업의 생산량에 따라 달라진다.
ⓛ 독점 상품시장에는 한계수입(MR)과 가격(P)이 같지 않고, 한계수입(MR)이 가격(P)보다 낮아지게 된다($MR<P$).
ⓒ 따라서 독점기업의 노동수요곡선은 한계생산물가치곡선(VMP_L)이 아니고, 한계수입생산물곡선(MRP_L: Marginal Revenue Product of Labor)이 된다.

> 노동의 한계수입생산물(MRP_L)=노동의 한계생산량(MP_L) × 한계수입(MR)

ⓔ 독점기업의 노동수요는 기업의 노동수입에 대해 대가를 지불하려는 최대가격을 의미하게 된다.
ⓜ 독점 상품시장에서 기업의 노동수요곡선인 노동의 한계수입생산물곡선(MRP_L)은 완전경쟁 상품시장에서 기업의 노동수요곡선인 한계생산물가치곡선(VMP_L)보다 하방에 위치하며, 그 기울기는 더 가파르다.

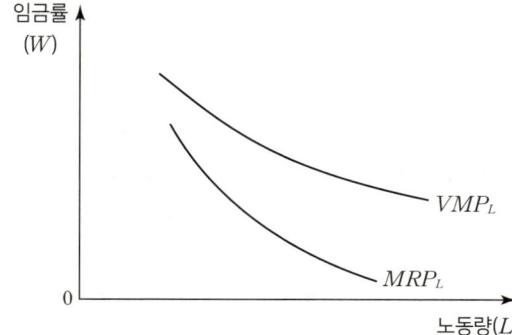

[경쟁기업의 노동수요곡선(VMP_L)과 독점기업의 노동수요곡선(MRP_L)]

③ 노동시장이 수요독점인 경우
　㉠ 노동시장이 수요독점이라는 것은 노동의 공급자는 다수인 데 비해 노동의 수요자인 기업은 하나뿐인 경우를 의미하며, 이때 수요독점기업은 임의로 시장임금을 조정할 수 있다.
　㉡ 노동시장이 수요독점인 경우 고용량은 수요곡선과 공급곡선에 의해 결정되는 것이 아니라, 노동의 한계비용인 한계요소비용(MFC: Marginal Factor Cost)과 수요독점 기업의 노동수요(D)에 해당하는 노동의 한계수입생산물(MRP_L)이 일치하는 지점(E_L)에서 결정된다.
　㉢ 이때 수요독점기업이 지불하는 임금은 결정된 고용량(E_L)에 해당하는 공급곡선(S)의 높이(W_M)이다.
　㉣ 따라서 수요독점인 경우가 완전경쟁인 경우에 비해 임금수준과 고용수준 모두 낮아지게 된다.

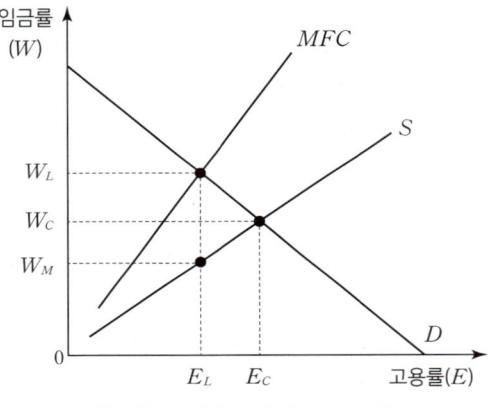

[한계요소비용곡선과 수요곡선]

4 장기의 노동수요곡선

(1) 장기의 개념
① 장기는 노동을 포함한 모든 투입요소가 가변적인 기간으로, 생산량을 늘리기 위해 자본의 양도 증가시킬 수 있다.
② 장기에 기업은 노동과 자본의 투입을 적절한 비율로 조정하여 최대 산출량을 도모할 것이다.
③ 따라서 1원당 노동의 한계생산이 1원당 자본의 한계생산보다 작은 경우라면, 기업은 이윤 극대화를 위해 장기노동수요를 감소시킬 것이다.

(2) 장기노동수요곡선의 도출

① 임금률(W)이 하락할 경우 단기에서의 기업은 노동수요곡선인 한계생산물가치곡선(VMP_L)을 따라 노동수요량을 A에서 B로 늘리는 반면, 장기에서의 기업은 노동으로 자본을 대체할 수 있기 때문에 기업의 노동수요량이 더욱 늘어나 C에 이르게 된다.

② 이때 A와 C를 이은 새로운 노동수요곡선 D_L이 기업의 장기수요곡선이다.

③ 즉, 장기에서는 단기에서보다 임금률(W) 하락에 따라 기업의 노동수요량이 더욱 감소하게 되며, 이는 기업의 장기노동수요곡선은 단기노동수요곡선보다 탄력적이라는 것을 의미한다.

④ 결국 장기에는 대체효과 외에 산출량 효과(규모효과)로 인해 추가적으로 노동수요가 증가하게 되는 것이다.
  ㉠ 대체효과: 임금률(W)의 하락으로 상대적으로 저렴해진 노동을 자본 대신 투입하여 얻는 효과를 말한다.
  ㉡ 산출량효과(규모효과): 임금률(W)의 하락으로 생산비가 낮아짐에 따라 생산량이 증가하고, 노동수요가 증가하는 효과를 말한다.

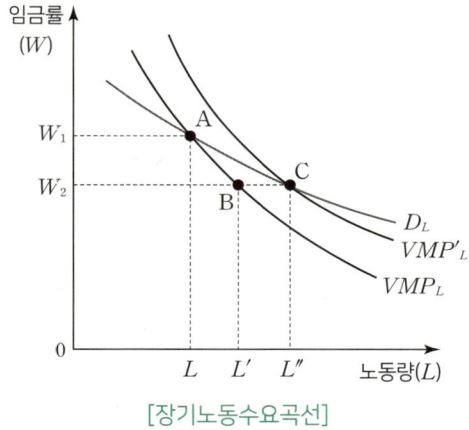

[장기노동수요곡선]

5 노동수요의 탄력성

(1) 노동수요 탄력성의 개념

① 탄력성(E: Elasticity)은 독립변수 변화율에 대한 종속변수 변화율의 정도를 말한다.
② 일반적으로 노동수요의 탄력성이라고 하면 노동수요의 임금탄력성, 즉 임금이 1% 변화할 때 노동수요량의 변화율을 말한다.

> **기/출/족/보** 출제지수 ■■■
> 22년 2회, 20년 1회, 14년 2회
> 노동수요가 $L_P = 5,000 - 2W$, 시간당 임금(W)이 2,000일 때, 노동수요의 임금탄력성의 절댓값과 근로자의 수입이 얼마인지 계산하시오.

21년 3회, 18년 3회
다음 사례를 읽고 A기업과 B기업의 노동수요의 임금탄력성을 구하시오. A기업과 B기업의 노동조합이 임금협상을 시도할 때 타결 가능성이 높은 기업은 어디인지 쓰시오. 그 이유는 무엇인지 설명하시오.

20년 2회, 17년 2회
다음 표를 보고 임금이 7,000원에서 8,000원으로 인상될 때 각 기업의 노동수요의 임금탄력성을 구하시오. A기업과 B기업의 노동조합이 임금인상 협상을 시도할 때 타결 가능성이 높은 기업은 어디인지 쓰시오. 그 이유는 무엇인지 설명하시오.

17년 1회
시간당 임금이 500원일 때 1,000명을 고용하던 기업에서 시간당 임금이 400원으로 감소하였을 때, 1,100명을 고용할 경우 이 기업의 노동수요의 탄력성을 계산하시오.

POINT
노동수요의 탄력성을 구하는 문제에서 임금의 변화율과 노동수요량의 변화율이 직접적으로 제시되는 경우는 없으므로, 각각의 변화율도 구할 수 있어야 한다.

기/출/족/보 출제지수 ■■□

23년 1회, 19년 3회
노동수요의 탄력성을 구하는 공식을 쓰고, 노동수요의 탄력성에 영향을 주는 4가지(3가지) 요인을 쓰시오.

19년 2회
노동수요의 탄력성 결정 요인 4가지를 쓰시오.

16년 2회
노동수요를 탄력적으로 만드는 조건 3가지를 쓰시오.

POINT
4가지 결정 요인 모두를 외워 두도록 하자.

③ 노동수요 탄력성 산식: 임금이 상승하면 노동수요량은 감소하고, 반대로 임금이 하락하면 노동수요량은 증가하는 것이 일반적이므로, 산식에 마이너스(−)를 붙이지 않는다면 노동수요의 임금탄력성이 음수로 표현될 수밖에 없기 때문에 산식에 마이너스(−)를 붙인다.

$$\text{노동수요 탄력성}(E) = -\frac{\text{노동수요량의 변화율(\%)}}{\text{임금의 변화율(\%)}}$$

(2) 노동수요 탄력성의 크기
① 노동수요 탄력성은 0에서부터 무한대(∞)까지의 값을 가질 수 있다.
  ㉠ $E=0$: 임금이 크게 변화해도 노동수요는 전혀 변화하지 않는 경우로, '완전비탄력적'이라고 표현하며, 노동수요곡선은 수직의 형태를 띤다.
  ㉡ $E<1$: 임금의 변화율보다 노동수요의 변화율이 작은 경우로, '비탄력적'이라고 표현한다.
  ㉢ $E=1$: 임금의 변화율과 노동수요의 변화율이 같은 경우로, '단위탄력적'이라고 표현한다.
  ㉣ $E>1$: 임금의 변화율보다 노동수요의 변화율이 큰 경우로, '탄력적'이라고 표현한다.
  ㉤ $E=\infty$: 임금이 변화하지 않아도 노동수요가 변화하는 경우로, '완전탄력적'이라고 표현하며, 노동수요곡선은 수평의 형태를 띤다.
② 노동수요의 탄력성이 작다는 것은 임금이 인상되더라도 고용량의 감소 효과가 작다는 것을 의미하므로, 노동수요의 탄력성이 작은 기업의 노동조합이 임금인상 타결에 유리하다.

(3) 노동수요 탄력성의 결정 요인: 힉스–마샬(Hicks–Marshall)의 법칙
① 생산물 수요의 탄력성: 최종생산물에 대한 수요가 탄력적일수록 노동에 대한 수요는 탄력적이 된다.
② 총생산비에서 노동비용이 차지하는 비중: 총생산비에서 노동비용이 차지하는 비중이 클수록 노동에 대한 수요는 탄력적이 된다.
③ 다른 생산요소와의 대체 가능성: 노동을 다른 생산요소와 대체할 수 있는 가능성이 높을수록 노동에 대한 수요는 탄력적이 된다.
④ 다른 생산요소의 공급탄력성: 노동 이외 생산요소의 공급탄력성이 클수록 노동수요는 탄력적이 된다.

6 여러 상황별 노동수요

(1) 부당해고 보호 정책
① 사용자의 부당해고로부터 근로자 보호를 강화하는 정책을 실시하는 경우 사용자는 일단 근로자를 채용하면 해고하기가 어렵기 때문에 결원이 생겨도 신규 채용을 기피하게 된다.
② 따라서 이러한 정책이 시행되는 경우 고용수준은 감소하고, 고용이 감소한 만큼 기존 근로자들의 근로시간은 증가한다.

(2) 단시간 근로자의 의료보험 가입
① 단시간 근로자(파트타임 근로자)에 대한 의료보험 가입을 법적으로 강제할 경우 사용자 입장에서는 굳이 단시간 근로자를 고용할 유인이 줄어들게 된다.
② 따라서 이러한 정책이 시행되는 경우 단시간 근로자의 고용은 감소하고, 그만큼 전일제 근무자의 추가근로시간은 증가한다.

(3) 고임금 경제와 노동수요
① 고임금 경제는 노동자에게 고임금을 지급하는 것이 노동의 생산성을 향상시키고, 이에 따라 생산물의 단위당 생산비(평균비용)가 하락하는 현상을 의미한다.
② 세로축은 임금률(W), 가로축은 노동량(L)인 좌표평면상에서 노동수요곡선(VMP_L)은 우하향하므로, 일반적으로 임금이 상승하면 고용량은 감소한다.
③ 하지만 고임금 경제가 존재할 경우, 고임금의 지급이 노동의 생산성(MP_L)을 향상시키므로 노동수요곡선(VMP_L) 자체가 상방으로 이동한다. 노동수요곡선의 상방 이동은 노동수요, 즉 고용의 증가를 의미한다.
④ 즉, 고임금 경제가 존재하는 경우에는 고임금 경제가 존재하지 않는 경우에 비해 고용의 감소가 적게 이루어진다.

> **기/출/족/보** 출제지수 ■□□
> **15년 2회**
> 고임금 경제가 존재할 경우와 존재하지 않을 경우에 있어서 임금 상승이 고용에 미치는 효과가 어떻게 다른지 또 그 이유는 무엇인지 설명하시오.
>
> **POINT**
> 고임금 경제가 존재하는 경우에는 노동수요곡선 자체가 상방 이동한다는 점을 알아 두어야 한다.

(4) 사직률과 노동수요
① 사용자가 사직률이 낮은 근로자를 선호하는 이유
  ㉠ 근로자가 장기근속할 경우 기업특수적 인적자본을 축적하여 생산성을 향상할 수 있다.
  ㉡ 근로자가 장기근속할 경우 신규 직원에 대한 채용비용과 훈련비용이 절감된다.
② 사직률이 낮은 근로자가 사회적으로 바람직하지 않은 이유
  ㉠ 장기고용관계가 유지되는 경우 신규 인력이 노동시장으로 진입하는 것이 전반적으로 어려워진다.

> **기/출/족/보** 출제지수 ■□□
> **18년 2회**
> 사용자가 사직률이 낮은 근로자를 선호하는 이유와 사직률이 낮은 근로자가 사회적으로 좋지 않은 영향을 주는 이유를 설명하시오.
>
> **POINT**
> 선호하는 이유와 바람직하지 않은 이유 각각을 모두 파악해 두어야 한다.

ⓒ 사회의 급격한 변화로 기술이 바뀌고 새로운 직종이 생겨나는 상황에서 장기고용관계 유지는 신속한 대처를 어렵게 한다.

테마 2 노동의 공급

1 노동공급의 이해

(1) 노동공급의 의미
① 노동공급은 노동자가 일정 기간 동안 판매하고자 하는 노동의 양을 의미한다.
② 일정 시점이 아닌 일정 기간 동안을 기준으로 하므로 노동공급도 노동수요와 마찬가지로 유량(flow)의 개념이다.

(2) 노동공급 및 경제활동참가에 영향을 주는 요인
① 임금률: 노동의 가격인 임금률이 상승하면 노동공급량은 증가한다.
② 인구: 총인구가 많을수록 노동공급은 증가하며, 노동공급을 결정하는 요인으로서 인구는 양적인 규모뿐만 아니라 연령별, 지역별, 질적 구조도 중요한 의미를 갖는다.
③ 경제활동참가율: 만 15세 이상의 생산가능인구 중에서 경제활동인구가 차지하는 비율로, 경제활동참가율이 높을수록 노동공급은 증가한다.
④ 노동시간: 기업의 노동시간이 신축적일수록 노동공급은 증가한다.
⑤ 노동력의 질: 교육수준이 높아질수록 경제활동참가는 증가한다.
⑥ 여가에 대한 상대적 가치: 여가에 대한 상대적 가치가 높을수록 경제활동참가는 감소한다.
⑦ 비근로소득의 발생: 비근로소득이 클수록 경제활동참가는 감소한다.
⑧ 단시간 노동의 기회: 단시간 노동의 기회가 많을수록 경제활동참가는 증가한다.
⑨ 사회보장급여 수준: 사회보장급여의 수준이 지나치게 높을 경우 노동공급에 대한 동기유발이 저해되어 총노동공급은 감소한다.
⑩ 이 외에 자본소득, 주소득자 외 다른 가족구성원의 소득이 증가하게 되면 노동공급시간이 감소하는 경향이 있다.

기/출/족/보 출제지수 ■□□

18년 3회
노동공급의 결정 요인 5가지를 쓰시오.

POINT
노동공급의 결정 요인과 함께 해당 요인의 증감에 따른 노동공급의 증감 방향도 알아 두는 것이 좋다.

(3) 기혼여성의 경제활동 참가에 영향을 주는 요인

① 실질임금률: 기혼여성의 실질임금률이 높을수록 기혼여성의 경제활동 참가율도 높아진다.
② 남편의 임금수준: 남편의 임금수준이 높을수록 가구소득 또한 높아지므로 기혼여성의 경제활동참가율은 낮아진다.
③ 자녀의 수와 나이: 기혼여성의 자녀 수가 적을수록, 자녀의 나이가 많을수록 기혼여성의 경제활동참가율이 높아진다.
④ 교육수준: 일반적으로 기혼여성의 교육수준의 높을수록 기혼여성의 경제활동참가율도 높아진다.
⑤ 가계생산기술의 발달: 기혼여성의 노동절약적 가계생산기술이 발달되어 있을수록 가사노동에 할애하는 시간이 줄어들므로 기혼여성의 경제활동참가율이 높아진다.
⑥ 고용시장의 발달: 시간제 근무(파트타임), 단시간 근무 등 고용시장이 유연하게 발달되어 있을수록 기혼여성의 경제활동참가율이 높아진다.
⑦ 법·제도적 요인: 기혼여성의 육아 및 가사 부담을 줄이며 경제활동을 보호하는 법과 제도가 다양하게 마련되어 있을수록 기혼여성의 경제활동참가율이 높아진다.

> **기/출/족/보** 출제지수 ■■□
>
> 23년 2회, 21년 1회, 18년 3회
> OECD 국가 중 우리나라는 기혼여성의 경제활동참가율이 낮다. 이에 영향을 미치는 요인을 6가지 쓰시오.
>
> 14년 2회
> 기혼여성의 경제활동 참가에 영향을 주는 요인 6가지를 쓰고 이를 간략히 설명하시오.
>
> **POINT**
> 각 요인뿐만 아니라 이에 해당하는 설명까지 파악해 두도록 한다.

2 노동공급곡선

(1) 노동공급곡선의 도출

① 노동공급곡선은 임금과 노동공급량(노동시간)과의 관계를 나타낸 것으로, 그래프의 세로축은 임금률(W), 가로축은 노동량(L)을 나타낸다.
② 노동공급의 결정요인 중 임금률을 제외한 나머지 요인이 일정하다면, 노동공급은 임금률의 크기에 의존한다.
③ 즉, 임금률이 상승하면 노동공급량도 증가하고, 임금률이 하락하면 노동공급량도 감소하므로, 임금률의 노동공급량 간에는 정(+)의 관계가 성립한다.

(2) 노동공급곡선의 변화

① 노동공급량의 변화: 노동공급의 결정요인 중 임금이 변화하면 노동공급량이 변하게 되는데, 이때는 노동공급곡선상에서 공급점이 이동(A → B)하게 된다.
② 노동공급의 변화: 임금률을 제외한 다른 요인이 변화하면 노동공급이 변하게 되는데, 이때는 노동공급곡선 자체가 이동(A → A′)하게 된다.

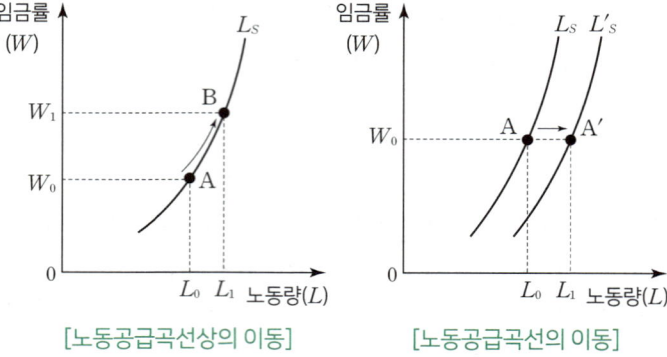

[노동공급곡선상의 이동]　　　[노동공급곡선의 이동]

기/출/족/보 출제지수 ■□□

16년 1회
정부가 출산장려를 위해 근로시간당 1,000원의 육아비용보조금을 지원하기로 하였다면 이 근로시간당 육아비용보조금이 부모의 노동공급에 미치는 효과를 설명하시오.

POINT
개인이 노동공급을 하지 않는 경우를 잘 이해해 두도록 한다.

(3) 소득-여가 모형

① 소득-여가 평면상에서 세로축은 소득(M), 가로축은 여가(A)를 나타내는데, 가로축을 기준으로 오른쪽에 가까울수록 여가시간이 많고, 왼쪽에 가까울수록 노동시간이 많은 것을 의미한다.

② $M_1 - A_1$은 노동자에게 주어진 가용시간으로 선택할 수 있는 여가-소득의 배합점들을 연결한 예산선(예산제약선)이며, 이 예산선의 기울기는 시간당 임금률에 해당한다.

③ IC_1, IC_2는 노동자에게 동일한 효용을 주는 여가와 소득의 배합점들을 연결한 것으로, 원점에서 가까운 IC_1보다 원점에서 먼 IC_2의 효용이 더 크다.

④ 무차별곡선의 기울기는 여가를 한 단위 증가시키기 위해 노동자가 기꺼이 포기하고자 하는 소득의 양을 의미한다.

⑤ 노동자의 노동시간은 무차별곡선과 예산선이 접하는 점에서 결정되며, 이것은 이 점에서 시장임금률과 노동자의 의중임금(reservation wage)이 일치함을 의미한다.

⑥ 아래 그림에서 예산선과 무차별곡선이 접하는 점은 B, C, D인데, 노동자는 더 많은 효용을 주는 무차별곡선 IC_2에 접하는 D를 선택할 것이다.

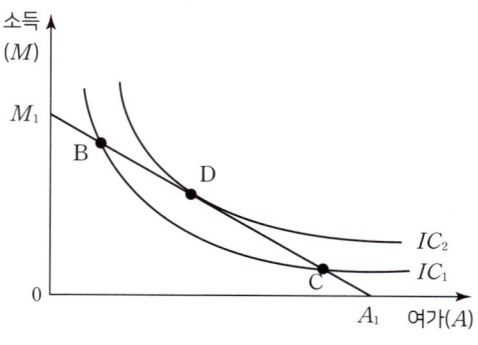

[여가-소득 간의 무차별곡선]

⑦ 개인이 노동공급을 포기하는 경우: 개인의 여가-소득 간의 무차별곡선과 예산선 간의 접점이 존재하지 않거나, X축 코너(corner)점에서만 접점이 이루어질 경우

(4) 후방굴절형 노동공급곡선

① 임금상승의 효과
  ㉠ 대체효과: 임금이 상승할 경우 여가의 기회비용이 증가하므로 여가 대신 노동공급을 늘리는 효과이다.
  ㉡ 소득효과: 임금이 상승할 경우 전보다 적은 노동을 공급해도 전과 동일한 소득을 얻으므로 노동공급을 줄이는 효과이다.
  ㉢ 총효과: 임금상승의 총효과는 대체효과와 소득효과를 더한 것으로, 대체효과가 소득효과보다 클 경우 노동시간은 증가하지만 여가시간은 감소하고, 소득효과가 대체효과보다 클 경우 여가시간은 증가하지만 노동시간은 감소한다.

② 후방굴절형 노동공급곡선의 도출
  ㉠ 임금이 인상되는 경우 노동자는 일반적으로 대체효과에 따라 노동시간을 늘림으로써 노동공급을 증가시킨다.
  ㉡ 이것은 여가의 기회비용과 관련된 것으로, 예를 들어 여가로 1시간을 소비한다는 것은 1시간의 노동을 통해 얻을 수 있는 소득을 포기하는 것이기 때문에 노동자는 노동시간을 늘려 인상된 임금을 받는 쪽을 선택하는 것이다.
  ㉢ 반대로, 임금이 일정 선 이상으로 상승하는 경우 소득효과에 따라 노동시간을 줄임으로써 노동공급을 감소시킨다.
  ㉣ 이것은 이미 많은 임금을 받고 있기 때문에 현재의 임금만으로도 충분하며, 상승된 임금률에 따라 이전보다 적은 노동시간을 투입하더라도 동일한 소득을 얻을 수 있기 때문이다.
  ㉤ 따라서 임금수준이 낮을 때는 노동공급곡선은 우상향하지만, 임금수준이 일정한 선을 넘어가면 노동공급곡선이 후방으로 구부러지는 형태가 되고, 이를 후방굴절형 노동공급곡선이라고 한다.
  ㉥ 즉, 후방굴절형 노동공급곡선에서 우상향하는 구간은 대체효과가 소득효과보다 큰 분이고, 좌상향하는 구간(후방으로 굴절하는 구간)은 소득효과가 대체효과보다 큰 부분이다.
  ㉦ 후방굴절형 노동공급곡선은 경제성장과 더불어 시간 외 근무수당이 증가함에도 불구하고 근로자들이 휴일근무나 잔업처리 등의 연장근로를 기피하는 현상 등을 설명할 수 있다.

기/출/족/보 출제지수 ■■■

20년 2회, 16년 3회
임금이 상승하면 노동공급곡선은 우상향한다. 이것이 참인지, 거짓인지, 불확실한지 판정하고 여가와 소득의 선택모형에 의거하여 그 이유를 설명하시오.

19년 1회
여가와 소득의 선호에 대해서 대체효과와 소득효과의 의미를 쓰고, 여가가 정상재일 때와 열등재일 때 소득 증가에 따른 노동공급의 변화를 설명하시오.

17년 1회
100억 원을 유산으로 받은 남자의 노동공급과 여가의 선호에 대해 소득효과와 대체효과의 의미를 쓰고, 여가가 정상재일 때와 열등재일 때 소득증대에 따른 노동공급의 변화를 설명하시오.

POINT
대체효과, 소득효과의 개념을 이해하는 것이 중요하다.

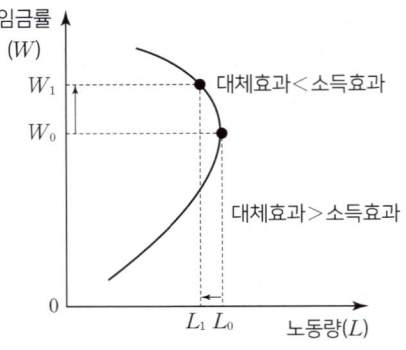

[후방굴절형 노동공급곡선]

③ 여가가 열등재인 경우
  ㉠ 정상재는 소득수준이 높아질수록 수요도 증가하는 재화이고, 열등재는 소득수준이 높아질수록 오히려 수요가 감소하는 재화이다.
  ㉡ 여가가 정상재인 경우 임금상승으로 소득수준이 높아짐에 따라 여가에 대한 수요가 증가하기 때문에 이 경우 노동공급곡선은 후방굴절형 형태를 띤다.
  ㉢ 하지만 여가가 열등재라면 임금상승으로 소득수준이 높아져도 여전히 여가에 대한 수요는 감소하기 때문에 이 경우 노동공급곡선은 임금률과 관계없이 우상향하는 형태를 띤다.

3 노동공급의 탄력성

(1) 노동공급 탄력성의 개념

① 일반적으로 노동공급의 탄력성이라고 하면 노동공급의 임금탄력성, 즉 임금이 1% 변화할 때 노동공급량의 변화율을 말한다.
② 노동공급 탄력성 산식

$$\text{노동공급 탄력성}(E) = \frac{\text{노동공급량의 변화율(\%)}}{\text{임금의 변화율(\%)}}$$

(2) 노동공급 탄력성의 크기

노동공급 탄력성은 0에서부터 무한대(∞)까지의 값을 가질 수 있다.
① $E=0$: 임금이 크게 변화해도 노동공급은 전혀 변화하지 않는 경우로, '완전비탄력적'이라고 표현하며, 노동공급곡선은 수직의 형태를 띤다.
② $E<1$: 임금의 변화율보다 노동공급의 변화율이 작은 경우로, '비탄력적'이라고 표현한다.

기/출/족/보 출제지수 ■□□
14년 1회
노동수요의 탄력성 및 노동공급의 탄력성을 산출하는 공식을 쓰시오.

POINT
노동공급의 탄력성 산식에는 노동수요의 탄력성 산식과 달리 마이너스(−) 부호가 붙지 않는다는 점에 유의하자.

③ $E=1$: 임금의 변화율과 노동공급의 변화율이 같은 경우로, '단위탄력적'이라고 표현한다.
④ $E>1$: 임금의 변화율보다 노동공급의 변화율이 큰 경우로, '탄력적'이라고 표현한다.
⑤ $E=\infty$: 임금이 변화하지 않아도 노동공급이 변화하는 경우로, '완전탄력적'이라고 표현하며, 노동공급곡선은 수평의 형태를 띤다.

(3) 노동공급 탄력성의 결정 요인
① 인구수
② 산업구조의 변화
③ 경제활동참가 결정 요인
④ 노동시간 결정 요인
⑤ 여성 취업기회의 창출가능성 여부
⑥ 노동이동의 용이성 정도
⑦ 노조의 단체교섭력

테마 3 노동시장의 균형

1 노동시장의 균형

(1) 균형의 성립
① 노동시장에서는 노동수요와 노동공급 간의 상호작용에 의해 균형임금과 균형고용량이 결정된다.
② 노동수요곡선인 DD와 노동공급곡선인 SS가 만나는 지점 균형임금과 균형고용량이 결정되므로, 균형임금은 W_e, 균형고용량은 L_e가 된다.

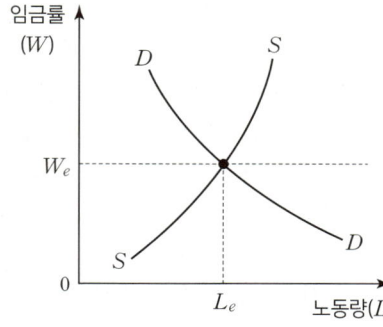

[노동시장의 균형]

(2) 균형의 변화
① 노동수요의 변화
㉠ 최종생산물의 수요 증가, 다른 생산요소의 가격 상승, 노동생산성의 상승 등은 노동수요를 증가시킨다.
㉡ 이 경우 노동수요곡선이 오른쪽으로 이동하여 임금은 상승하고 고용량은 증가한다.
② 노동공급의 변화
㉠ 여성의 경제활동참가 증가, 외국인노동자의 노동시장 진입 증가 등은 노동공급을 증가시킨다.
㉡ 이 경우 노동공급곡선이 오른쪽으로 이동하여 노동에 대한 초과공급이 발생하므로 임금은 하락하고 고용량은 증가한다.
③ 노동수요와 공급의 동시 변화
㉠ 노동수요가 증가하고 동시에 노동공급이 증가하면 고용량은 증가하지만 임금의 변화방향은 불확실하다.
㉡ 예를 들어, 완전경쟁적인 노동시장에서 노동의 한계생산을 증가시키는 기술진보와 함께 보다 많은 노동자들이 노동시장에 참여하는 변화가 발생할 때 균형노동고용량은 반드시 증가하지만 균형임금의 변화는 불명확하다.

2 노동시장 및 인적자본이론

(1) 내부노동시장 이론
① 던롭(Dunlop)의 내부노동시장 이론에서는 일반적으로 기업에 외부노동시장과 분리되는 독립적인 노동시장이 존재한다고 여긴다.
② 내부노동시장 이론은 기업 내의 규칙이나 관리가 노동시장의 기능을 대신함으로써 노동시장의 기능이 기업 내로 옮겨진 현상을 설명한다.
③ 도린저와 피오르(Doeringer & Piore)의 내부노동시장의 형성 요인
㉠ 숙련의 특수성: 기업만의 특수한 숙련은 내부노동력에 의해 시간이 흐를수록 축적되며, 문서로 전수하는 것이 어렵다. 따라서 기업은 내부노동시장 형성을 통해 기업특수적 숙련을 유지한다.
㉡ 현장훈련: 현장훈련에서는 선임자가 실제 현장의 담당자만이 아는 기술을 직접 후임자에게 전달한다. 이러한 개인 전수 형태의 훈련은 내부노동시장의 형성을 촉진한다.
㉢ 관습: 관습은 그 기업에서 오랫동안 지켜져 온 문서화되지 않은 규율로, 근로자의 선발, 보수, 배치, 승진, 퇴직 등의 사항을 규율한다. 관습은 고용의 안정성에서 형성된 것이므로, 내부노동시장을 형성하는 요인으로 작용한다.

기/출/족/보 출제지수 ■■■■

23년 2회, 18년 1회, 15년 2회
도린저와 피오르의 내부노동시장의 형성 요인 3가지를 쓰고 간단히 설명하시오.

22년 3회, 16년 2회
내부노동시장의 형성 요인과 장점을 각각 3가지씩 쓰시오.

POINT
내부노동시장의 형성 요인으로는 도린저와 피오르가 제시한 3가지 외에도 장기근속 가능성, 위계적 직무서열이 언급되기도 하지만, 제시된 3가지 위주로 암기하는 것을 추천한다.

④ 내부노동시장의 장점
　　　㉠ 기업특수적 인적자원의 육성에 유리하다.
　　　㉡ 기업 차원의 교육 및 훈련이 체계적으로 실시된다.
　　　㉢ 고용 안정성과 승진 기회 보장에 따라 기업에 대한 소속감이 향상된다.

(2) 경쟁노동시장 가설
　① 노동시장을 경쟁적인 시장으로 파악하는 신고전학파의 가설로, 노동자와 고용주는 자유로이 시장에 진입하거나 시장을 떠날 수 있다고 본다.
　② 내부노동시장은 존재하지 않는다고 주장하며, 모든 직무의 공석은 외부노동시장을 통해서 채워진다고 본다.
　③ 동질의 노동에 대한 동일한 임금을 가정하며, 모든 노동자는 동질적이라고 본다.
　④ 노동자와 고용주는 완전한 정보를 갖는다고 가정하면서, 노동자 개인이나 개별 고용주는 시장임금에 아무런 영향을 행사할 수 없다고 주장한다.

(3) 분단노동시장 가설
　① 신고전학파의 경쟁노동시장 이론을 비판한 제도학파의 이론이다.
　② 분단노동시장 가설의 출현 배경
　　㉠ 빈곤퇴치를 위한 교육개선 등의 정책적인 노력이 쉽게 성공하지 못하고 있다.
　　㉡ 내부노동시장과 외부노동시장은 현격하게 다른 특성을 갖는다.
　　㉢ 개개인의 능력분포와 소득분포가 상이하다.
　　㉣ 소수인종에 대한 현실적 차별이 존재한다.
　　㉤ 근로자는 임금을 중심으로 경쟁하는 것이 아니라 직무를 중심으로 경쟁하기도 한다.
　　㉥ 고학력 실업자는 1차 노동시장, 단순노무직은 2차 노동시장에 존재하고 두 시장은 분단되어 있기 때문에 고학력 실업자가 증가한다고 해서 단순노무직의 임금이 하락하는 것은 아니다.
　③ 이중노동시장 이론
　　㉠ 분단노동시장 가설의 이중노동시장 이론에서는 노동시장이 1차 노동시장과 2차 노동시장으로 구분된다고 본다.
　　㉡ 이 가설에서는 양 시장이 서로 독립적이고 임금 및 고용 구조에도 차이를 보인다는 점을 강조한다.

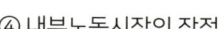 기/출/족/보 출제지수 ■□□

19년 1회
이중노동시장 이론에서 1차 노동시장의 직무 혹은 소속 근로자들이 갖는 특징 5가지를 쓰시오.

POINT
분단노동시장 가설 중 이중노동시장 이론에 초점을 맞춰 학습하도록 한다.

ⓒ 1차 노동시장과 2차 노동시장의 주요 특징

1차 노동시장	• 고용의 안정성 • 승진 기회의 평등 • 고임금 • 양호한 근로조건 • 합리적인 노무관리
2차 노동시장	• 고용의 불안정성(높은 이직률) • 승진 기회의 결여 • 저임금 • 열악한 근로조건 • 자의적인 노무관리

④ 분단노동시장 가설이 암시하는 정책적 시사점
  ㉠ 노동시장의 공급 측면에 대한 정부 개입 또는 지원을 지나치게 강조하는 것에 대해 부정적이다.
  ㉡ 공공적인 고용 기회의 확대나 임금보조, 차별대우 철폐 등을 주장한다.
  ㉢ 내부노동시장의 중요성을 강조한다.
  ㉣ 노동의 인간화를 도모하기 위한 의식적인 정책노력이 필요하다는 점을 시사한다.

(4) 인적자본이론

① 인적자본(human capital)은 1950년대 말에 미국의 노동경제학에서 등장한 개념으로, 생산성을 높이고 소득을 창출하는 데 있어 인간에게 내재되어 있는 기술, 기능, 지식 등으로, 노동의 질적 요소에 초점을 맞춘 것이다.

② 인적자본이론의 주요 입장
  ㉠ 일반적으로 능력이 높은 사람일수록 인적자본투자를 더 많이 한다.
  ㉡ 부모가 부자일수록 자녀의 인적자본투자가 많아진다.
  ㉢ 인적자본투자량은 내부수익률과 시장이자율의 비교에 의해 결정된다.

③ 인적자본의 종류
  ㉠ 일반적 인적자본(일반훈련): 현재 일하는 기업뿐만 아니라 다른 기업에서도 동일하게 이용될 수 있는 기술, 지식 및 이것을 전수하는 훈련과정을 말한다. 훈련에 소요되는 비용은 일반적으로 근로자가 부담하며, 근로자는 훈련을 수료한 후 상승된 임금을 받음으로써 훈련에 투자한 비용을 회수하게 된다.
  ㉡ 기업특수적 인적자본(기업특수적 훈련): 현재 일하는 기업에서만 이용할 수 있는 기업 고유의 기술, 지식 및 이것을 전수하는 훈련과

기/출/족/보 출제지수 ■□□

20년 2회
내부노동시장이론, 이중노동시장이론, 인적자본론에 대해 각각 설명하시오.

19년 2회
인적자본에 대한 투자의 대상을 3가지만 쓰고, 각각에 대해 설명하시오.

POINT
인적자본이론에서는 주요 입장과 투자 대상 위주로 학습하도록 한다.

정을 말한다. 훈련에 소요되는 비용은 일반적으로 기업이 부담하기 때문에 비용투입에 의한 투자회수기간이 필요하고, 이에 따라 기업은 훈련을 받은 근로자를 가급적 해고시키지 않는다.

④ 인적자본 투자 대상
  ㉠ 정규교육(formal education): 정규학교에서 이루어지는 기본적이고 체계적인 교육으로, 가장 일반적인 형태의 인적자본 투자 대상이다.
  ㉡ 현장훈련(OJT: On the Job Training): 취업 후 작업현장에서 실제 작업을 통해 획득하는 기술훈련이다.
  ㉢ 이주(migration): 일정 수준의 인적자본을 축적한 노동자가 자신의 생산능력을 최대한 발휘할 수 있는 곳으로 이동함으로써 자신의 가치를 더욱 증대시키는 과정이다.
  ㉣ 정보(information): 직업정보는 구직자에게 자신의 적성에 맞는 일자리를 찾도록 해 주며, 취업자에게는 새로운 지식과 기술을 접함으로써 하여 생산성을 높일 수 있도록 해 준다.
  ㉤ 건강(health): 노동자의 건강수준을 증진함으로써 노동공급 시간을 일정한 상태로 유지하고, 노동력의 질을 향상시키며, 산업재해의 발생률을 감소시킬 수 있다.

(5) 선별가설
① 교육·훈련이 생산성을 높이고 임금 상승을 가져온다는 인적자본이론을 비판하기 위한 이론이다.
② 선별가설의 주요 입장
  ㉠ 교육·훈련이 생산성을 직접 높이는 것은 아니고 유망한 근로자를 식별해 주는 역할을 한다.
  ㉡ 학력이 높은 사람이 소득이 높은 것은 교육 때문이 아니고 원래 능력이 우수하기 때문이다.
  ㉢ 근로자들은 자신의 능력과 재능을 보여 주기 위해서 교육에 투자한다.

(6) 신호가설
① 경제학자 스펜스(Spence)는 고학력자의 임금이 높은 것은 교육이 생산성을 높이는 역할을 하는 것이 아니라 처음부터 생산성이 높다는 것을 교육을 통해 보여 주는 것이라는 교육의 신호모형을 제시했다.
② 신호가설에 따르면, 근로자의 교육수준은 사용자에게 있어 생산성과 상관관계가 있는 지표로서 신호기능을 할 뿐이다.

3 노동의 이동

(1) 노동이동(labor mobility)
① 노동자가 다른 일자리를 찾아 지역·산업·직종·기업 간에 이동하는 것을 말한다.
② 노동이동(labor mobility)은 인적자원을 효율적으로 배분하는 결과를 가져오며, 사회 전체적으로는 노동의 생산성을 높이게 된다.
③ 도시와 농촌 간 노동이동을 설명하는 모형에서 레비스(W. A. Lewis)의 노동공급곡선은 수평이다.
④ 자발적 노동이동에 따른 순수익의 현재가치를 결정해 주는 요인
  ㉠ 새로운 직장에서의 예상 근속년수
  ㉡ 장래의 기대되는 수익과 현 직장의 수익의 차를 현재가치로 할인해 주는 할인율
  ㉢ 노동이동에 따른 심리적 비용

기/출/족/보
15년 1회, 14년 1회
A회사의 9월 말 사원 수는 1,000명이었다. 신규채용 인원수는 20명, 전입 인원수는 80명일 때 10월의 입직률과 입직의 의미를 쓰시오.

POINT
입직률을 구하는 산식을 반드시 암기해 두도록 한다.

(2) 노동이동(labor turnover)
① 노동이동(labor turnover)은 노동자의 이동(mobility)을 하나의 기업을 중심으로 파악하는 것을 말한다.
② 노동이동을 노동자가 기업으로 들어오는 입직과 기업에서 나가는 이직으로 설명한다.
③ 입직: 신규채용과 전입 등에 의해 노동자가 기업으로 들어오는 것을 이르는 말이다.

$$\text{입직률}(\%) = \frac{\text{입직자 수}}{\text{전월 말 노동자 수}} \times 100$$

④ 이직: 근로자가 자신의 의사에 따라 스스로 기업을 떠나는 사직(quits), 기업의 규칙을 위반한 근로자를 정당한 사유에 따라 면직시키는 해고(discharges), 근로자의 귀책사유 없이 기업의 가동률 저하로 인하여 근로자가 기업으로부터 떠나는 일시해고(layoffs) 등이 있다.

4 노동시장의 유연성

(1) 노동시장 유연성의 의의
① 노동시장 유연성이란 일반적으로 외부환경 변화에 인적자원이 신속하고 효율적으로 재배분되는 노동시장의 능력을 지칭한다.
② 「근로기준법」에 경영상 이유에 의한 해고, 탄력적 근로시간제 등의 조항이 등장하고, 「파견근로자 보호 등에 관한 법률」이 제정된 이유는 불확실한 시장상황에 기업이 신속하게 대응할 수 있도록 하기 위함이다.

③ 일시휴업이나 휴가 증가, 주휴 2일제 등은 노동시장 유연성의 유형 중 하나이다.

(2) 노동시장 유연성의 유형
① 외부적·수량적 유연성: 해고를 좀 더 자유롭게 하고 고용형태를 다양화하는 것으로, 명예퇴직, 희망퇴직 등을 시행하고, 파트타임, 비정규직, 계약직 등의 형태로 고용하는 것을 들 수 있다.
② 내부적·수량적 유연성: 근로자 수를 유지하되 근로시간을 조절하는 것으로, 변형시간근로제, 탄력적 근무시간제 등을 들 수 있다.
③ 작업의 외부화: 고용계약은 근로자의 권리를 우선시하는 성격을 띠고 있으므로, 쌍방의 동등한 권리를 강조하는 계약을 통해 작업이 외부에서 진행되도록 하는 것으로, 하청, 외주, 파견근로자 사용 등이 이에 해당한다.
④ 기능적 유연성: 다기능공화, 배치전환, 작업장 간 노동이동 등을 통해 생산과정 변화에 대한 근로자의 적응력을 높이는 것으로, 사내직업훈련의 강화, 위탁교육의 실시 등이 이에 해당한다.
⑤ 임금 유연성: 임금구조를 개인 혹은 팀의 능력 및 성과와 연계하여 결정하는 체계로 전환하는 것으로, 성과급제, 연봉제의 도입이 이에 해당한다.

대표 기출문제

제4과목 노동시장론
CHAPTER 01 노동시장의 이해

01 완전경쟁시장에서 A제품을 생산하는 기업의 단기생산함수가 다음과 같다고 할 때 이 기업의 이윤극대화를 위한 최적고용량을 도출하고 그 근거를 설명하시오. (단, 생산물 단가는 100원, 단위당 임금은 150원이다.)

2022년 1회, 2018년 2회, 2015년 3회

노동투입량	0단위	1단위	2단위	3단위	4단위	5단위	6단위
총생산량	0개	2개	4개	7개	8.5개	9개	9개

○ 최적고용량

○ 근거

득점	배점
점	4 점

※ 최적고용량 2점, 근거 2점

+ 기출 플러스

21년 1회, 16년 1회

다음 자료를 보고 근로자 수가 5명일 때 노동의 평균생산량을 구하시오. 이 기업이 이윤을 극대화하기 위해 고용해야 할 근로자 수와 노동의 한계생산량을 구하시오.

KEY $AP_L = \dfrac{TP}{L}, MP_L = \dfrac{\Delta TP}{\Delta L}$

합격답안

노동의 수요 ▶ 단기의 노동수요곡선

○ **최적고용량**: 노동투입량에 따른 한계생산량(MP_L)과 한계생산물가치(VMP_L)는 다음과 같다.

노동 투입량	0단위	1단위	2단위	3단위	4단위	5단위	6단위
총생산량	0개	2개	4개	7개	8.5개	9개	9개
한계 생산량	0개	2개	2개	3개	1.5개	0.5개	0개
한계 생산물 가치	0원	200원	200원	300원	150원	50원	0원

이윤극대화를 위한 최적고용량은 노동의 한계생산물가치와 임금률이 150원으로 같아지는 4단위이다.

○ **근거**: 단기에 기업은 노동을 1단위 더 투입했을 때 얻게 되는 노동의 한계생산물가치(VMP_L)와 기업이 노동자에게 지급하는 한계비용으로서의 임금률(W)이 같아질 때까지 고용량을 증가시켜야 이윤을 극대화할 수 있다.

답안 작성법

최적고용량을 도출하는 과정에서 제시된 답안과 같이 표를 그려 주는 것이 좋다.

문장 구성 키워드

$VMP_L(=P \times MP_L)=W$
→ 이윤극대화

02 다음 사례를 읽고 물음에 답하시오. 2021년 3회, 2018년 3회

A기업은 시간당 임금이 4,000원일 때 20,000시간의 노동을 사용하였는데, 시간당 임금이 5,000원으로 인상되면서 10,000시간의 노동을 사용하였다. B기업은 시간당 임금이 6,000원일 때 30,000시간의 노동을 사용하였는데, 시간당 임금이 5,000원으로 인하되면서 33,000시간의 노동을 사용하였다.

※ (1) 3점, (2) 1점, (3) 3점

(1) A기업과 B기업의 노동수요의 임금탄력성을 구하시오. (단, 계산 과정에서 소수점 발생 시 소수점 아래 둘째 자리까지 반올림하시오)

(2) A기업과 B기업의 노동조합이 임금협상을 시도할 때 타결 가능성이 높은 기업은 어디인지 쓰시오.

(3) 위 (2)의 이유는 무엇인지 설명하시오.

> **합격답안** 노동의 수요 ▶ 노동수요의 탄력성

(1) 노동수요의 임금탄력성

○ A기업: 임금의 변화율은 $\frac{5,000-4,000}{4,000}\times 100=25\%$, 노동수요량의 변화율은 $\frac{10,000-20,000}{20,000}\times 100=-50\%$이므로, 노동수요의 임금탄력성은 $-\frac{0-50}{25}=2$이다.

○ B기업: 임금의 변화율은 $\frac{5,000-6,000}{6,000}\times 100=-16.67\%$, 노동수요량의 변화율은 $\frac{33,000-30,000}{30,000}\times 100=10\%$이므로, 노동수요의 임금탄력성은 $-\frac{10}{-16.67}=0.60$이다.

(2) 임금협상 타결 가능성이 높은 기업
B기업이 A기업에 비해 임금협상 타결 가능성이 높다.

(3) 이유
B기업이 A기업에 비해 노동수요의 임금탄력성이 작기 때문에 임금이 인상되더라도 고용량의 감소 효과가 작아 임금협상 타결에 유리하다.

> **답안 작성법**

임금탄력성 계산 과정에서 각 기업의 임금 변화율과 노동수요량 변화율을 구하는 과정까지 제시하도록 한다.

> **문장 구성 키워드**

- 노동수요의 임금탄력성 $=\frac{노동수요량의\ 변화율(\%)}{임금의\ 변화율(\%)}$
- 노동수요 탄력성 작을수록 기업의 임금협상 유리

03 노동수요의 탄력성 결정 요인 4가지를 쓰시오.

2023년 1회, 2019년 2회, 2019년 3회, 2016년 2회

득점	배점
점	4 점

※ 결정 요인 1가지당 1점

○

○

○

○

합격답안   노동의 수요 ▶ 노동수요의 탄력성

○ **생산물 수요의 탄력성**: 최종생산물에 대한 수요가 탄력적일수록 노동에 대한 수요는 탄력적이 된다.
○ **총생산비에서 노동비용이 차지하는 비중**: 총생산비에서 노동비용이 차지하는 비중이 클수록 노동에 대한 수요는 탄력적이 된다.
○ **다른 생산요소와의 대체 가능성**: 노동을 다른 생산요소와 대체할 수 있는 가능성이 높을수록 노동에 대한 수요는 탄력적이 된다.
○ **다른 생산요소의 공급탄력성**: 노동 이외 생산요소의 공급탄력성이 클수록 노동수요는 탄력적이 된다.

답안 작성법
문제에서 설명까지 요구하고 있지는 않으므로, 문구 형식으로만 작성해도 무방하다.

문장 구성 키워드
• 생산물 수요탄력성
• 노동비용 비중
• 대체 가능성
• 다른 생산요소 공급탄력성

04 사용자는 다른 조건이 일정할 때 사직률이 낮은 근로자를 선호하는 경향을 보이는데, 이것은 사회적인 관점에서는 바람직하지 않은 현상이다. 사용자가 사직률이 낮은 근로자를 선호하는 이유와 사직률이 낮은 근로자가 사회적으로 좋지 않은 영향을 주는 이유를 설명하시오.

2018년 2회

득점	배점
점	6 점

※ 각 항목당 3점

○ 사용자가 사직률이 낮은 근로자를 선호하는 이유

○ 사직률이 낮은 근로자가 사회적으로 좋지 않은 이유

합격답안

노동의 수요 ▶ 사직률과 노동수요

○ 사용자가 사직률이 낮은 근로자를 선호하는 이유: 기업특수적 인적자본을 축적하여 생산성을 향상할 수 있고, 신규 직원에 대한 채용비용과 훈련비용이 절감된다.
○ 사직률이 낮은 근로자가 사회적으로 좋지 않은 이유: 신규 인력이 노동시장으로 진입하는 것이 어려워지며, 사회의 급격한 변화로 기술이 바뀌고 새로운 직종이 생겨나는 상황에서 신속한 대처를 어렵게 한다.

답안 작성법

각 항목에 대해 최소 2가지 정도의 이유는 작성해 주는 것이 좋다.

문장 구성 키워드

- 기업특수적 인적자본 축적, 채용·훈련비용 절감
- 신규 인력 진입 어려움, 변화에 대한 신속한 대처 어려움

05 기혼여성의 경제활동 참가에 영향을 주는 요인 6가지를 쓰고 이를 간략히 설명하시오. 2023년 2회, 2021년 1회, 2018년 3회, 2014년 2회

득점	배점
점	6 점

※ 요인 1가지당 1점
 (설명 미작성 시 0.5점)

+기출 플러스

18년 3회
노동공급의 결정 요인 5가지를 쓰시오.
KEY 임금률, 인구, 경제활동참가율, 노동시간, 노동력의 질

- ○
- ○
- ○
- ○
- ○
- ○

합격답안

노동의 공급 ▶ 기혼여성 경제활동 참가 요인

- **실질임금률**: 기혼여성의 실질임금률이 높을수록 기혼여성의 경제활동참가율도 높아진다.
- **남편의 임금수준**: 남편의 임금수준이 높을수록 가구소득도 높아지므로 기혼여성의 경제활동참가율은 낮아진다.
- **자녀의 수와 나이**: 기혼여성의 자녀 수가 적을수록, 자녀의 나이가 많을수록 기혼여성의 경제활동참가율이 높아진다.
- **교육수준**: 기혼여성의 교육수준의 높을수록 기혼여성의 경제활동참가율도 높아진다.
- **가계생산기술의 발달**: 기혼여성의 노동절약적 가계생산기술이 발달되어 있을수록 기혼여성의 경제활동참가율이 높아진다.
- **고용시장의 발달**: 시간제 근무(파트타임), 단시간 근무 등 고용시장이 유연하게 발달되어 있을수록 기혼여성의 경제활동참가율이 높아진다.
- **법·제도적 요인**: 기혼여성의 육아 및 가사 부담을 줄이며 경제활동을 보호하는 법과 제도가 잘 마련되어 있을수록 기혼여성의 경제활동참가율이 높아진다.

답안 작성법

각 요인이 어떠할 때 기혼여성의 경제활동참가율이 높아지는지를 설명하도록 한다.

문장 구성 키워드

- 기혼여성 실질임금률
- 남편 임금수준
- 자녀 수, 자녀 나이
- 기혼여성 교육수준
- 기혼여성 가계생산기술
- 고용시장
- 법, 제도

06 정부가 출산장려를 위해 근로시간당 1,000원의 육아비용보조금을 지원하기로 하였다면 이 근로시간당 육아비용보조금이 부모의 노동공급에 미치는 효과를 다음 두 가지로 구분하여 설명하시오.

2016년 1회

(1) 부모가 경제활동에 참가하고 있지 않았던 경우

(2) 부모가 경제활동에 참가하고 있었던 경우

> [합격답안]

노동의 공급 ▶ 소득-여가 모형

(1) 부모가 경제활동에 참가하고 있지 않았던 경우
부모가 경제활동에 참가하지 않는다는 것은 부모의 여가-소득 간 무차별곡선과 예산선 사이에 접점이 존재하지 않거나, X축 코너점에서만 접점이 이루어지고 있다는 것을 뜻한다. 이때 시간당 1,000원의 육아비용보조금은 임금 상승 효과가 있으므로 예산선의 세로축 절편이 상승하여 이전보다 가파른 기울기를 가지게 된다. 예산선의 기울기 상승으로 예산선과 무차별곡선이 내부에서 접하게 될 때는 부모가 노동공급을 증가시키겠지만, 여전히 내부 접점이 생기지 않는다면 계속해서 노동공급을 하지 않는다.

(2) 부모가 경제활동에 참가하고 있었던 경우
부모가 경제활동에 참가하고 있다는 것은 부모의 여가-소득 간 무차별곡선과 예산선이 내부에서 접하고 있다는 것을 뜻한다. 시간당 1,000원의 육아비용보조금 지급으로 예산선의 기울기가 가팔라지면 예산선과 무차별곡선의 접점이 좌상향으로 이동하게 되므로, 부모는 노동공급을 증가시킨다.

> [답안 작성법]

다양한 방법으로 풀이할 수 있는 문제인데, 여가-소득 모형으로 설명하는 것이 가장 명쾌하다.

> [문장 구성 키워드]

- 내부 접점 없음: 예산선 가팔라짐
  → 노동공급 증가 여부 알 수 없음
- 내부 접점 있음: 예산선 가팔라짐
  → 노동공급 증가

07 여가와 소득의 선호에 대해서 대체효과와 소득효과의 의미를 쓰고, 여가가 정상재일 때와 열등재일 때 소득 증가에 따른 노동공급의 변화를 설명하시오. 2019년 1회, 2017년 1회

득점	배점
점	6 점

※ 각 항목당 1.5점

○ 대체효과의 의미

○ 소득효과의 의미

○ 여가가 정상재일 때 노동공급의 변화

○ 여가가 열등재일 때 노동공급의 변화

합격답안

노동의 공급 ▶ 후방굴절형 노동공급곡선

○ **대체효과의 의미**: 임금이 상승할 경우 여가의 기회비용이 증가하므로 여가 대신 노동공급을 늘리는 효과이다.
○ **소득효과의 의미**: 임금이 상승할 경우 전보다 적은 노동을 공급해도 전과 동일한 소득을 얻으므로 노동공급을 줄이는 효과이다.
○ **여가가 정상재일 때 노동공급의 변화**: 임금이 인상되는 경우 노동자는 일반적으로 대체효과에 따라 노동공급을 늘리지만, 임금이 일정 선 이상으로 상승하는 경우 소득효과에 따라 노동공급을 감소시킨다. 따라서 노동공급곡선은 임금수준이 낮을 때는 우상향하지만, 일정한 선을 넘어가면 후방굴절하는 형태를 띤다.
○ **여가가 열등재일 때 노동공급의 변화**: 열등재는 소득수준이 높아질수록 오히려 수요가 감소하는 재화로, 여가가 열등재라면 임금상승으로 소득수준이 높아져도 여전히 여가에 대한 수요는 감소하여, 노동공급을 증가시킨다. 따라서 노동공급곡선은 임금률과 관계없이 우상향하는 형태를 띤다.

답안 작성법

여가가 정상재일 때 노동공급의 변화를 설명할 때는 '대체효과'에 따라 증가하고, '소득효과'에 따라 감소한다고 작성하도록 한다.

문장 구성 키워드

- 대체효과: 임금 상승 → 노동공급 증가
- 소득효과: 임금 상승 → 노동공급 감소
- 여가 정상재: 노동공급 증가 → 감소
- 여가 열등재: 노동공급 증가

08 도린저와 피오르(Doeringer & Piore)의 내부노동시장의 형성 요인 3가지를 쓰고 간단히 설명하시오.

2023년 2회, 2018년 1회, 2015년 2회

득점	배점
점	6 점

※ 형성 요인 1가지당 2점
 (설명 미작성 시 1점)

○

○

○

합격답안

노동시장의 균형 ▶ 노동시장 및 인적자본이론

- **숙련의 특수성**: 기업만의 특수한 숙련은 내부노동력에 의해 시간이 흐를수록 축적되며, 문서로 전수하는 것이 어렵기 때문에 내부노동시장의 형성 요인으로 작용한다.
- **현장훈련**: 현장훈련은 실제 현장 담당자만이 아는 기술을 직접 후임자에게 전달하는 것으로, 내부노동시장의 형성 요인으로 작용한다.
- **관습**: 관습은 그 기업에서 오랫동안 지켜져 온 문서화되지 않은 규율로서 고용의 안정성에서 형성된 것이므로, 내부노동시장의 형성 요인으로 작용한다.

답안 작성법

각 요인이 내부인력에 의해 전달되는 성격을 띤다는 점을 강조하여 설명을 작성하도록 한다.

문장 구성 키워드

- 숙련의 특수성: 문서 전수 ✕
- 현장훈련: 현장 기술 전달
- 관습: 고용 안정성

09 인적자본에 대한 투자의 대상을 3가지만 쓰고, 각각에 대해 설명하시오. 2019년 2회

○

○

○

※ 투자 대상 1가지당 2점 (설명 미작성 시 1점)

| 합격답안 | 노동시장의 균형 ▶ 노동시장 및 인적자본 이론 |

○ **정규교육**: 정규학교에서 이루어지는 기본적이고 체계적인 교육으로, 가장 일반적인 형태의 인적자본 투자 대상이다.
○ **현장훈련**: 취업 후 작업현장에서 실제 작업을 통해 획득하는 기술 훈련이다.
○ **이주**: 일정 수준의 인적자본을 축적한 노동자가 자신의 생산능력을 최대한 발휘할 수 있는 곳으로 이동함으로써 자신의 가치를 더욱 증대시키는 과정이다.
○ **정보**: 직업정보는 구직자에게 자신의 적성에 맞는 일자리를 찾도록 해 주며, 취업자에게는 새로운 지식과 기술을 접함으로써 하여 생산성을 높일 수 있도록 해 준다.
○ **건강**: 노동자의 건강수준을 증진함으로써 노동공급 시간을 일정한 상태로 유지하고, 노동력의 질을 향상시키며, 산업재해의 발생률을 감소시킬 수 있다.

답안 작성법
제시된 5가지 중 3가지를 골라 작성하면 된다.

문장 구성 키워드
- 정규교육: 정규학교, 기본적
- 현장훈련: 취업 후 실제 작업
- 이주: 인적자본 축적, 생산능력 발휘
- 정보: 구직자 일자리, 취업자 생산성
- 건강: 노동공급 시간 유지

10 A회사의 9월 말 사원 수는 1,000명이었다. 신규채용 인원수는 20명, 전입 인원수는 80명일 때 10월의 입직률과 입직의 의미를 쓰시오.

2015년 1회, 2014년 1회

※ 10월 입직률 2점, 입직의 의미 2점

○ 10월의 입직률

○ 입직의 의미

합격답안

노동시장의 균형 ▶ 노동의 이동

○ 10월의 입직률

$$입직률(\%) = \frac{입직자\ 수}{전월\ 말\ 노동자\ 수} \times 100$$

$$= \frac{20명 + 80명}{1{,}000명} \times 100 = 10\%$$

○ 입직의 의미: 노동이동(labor turnover)은 입직과 이직으로 구분되는데, 이 중 입직은 신규채용과 전입 등에 의해 노동자가 기업으로 들어오는 것을 말한다.

답안 작성법

입직률을 구하는 산식과 그 계산 과정을 반드시 제시하도록 한다.

문장 구성 키워드

- 입직률
 $$= \frac{입직자\ 수}{전월\ 말\ 노동자\ 수} \times 100$$
- 신규채용, 전입

임금의 이해

테마 1 임금의 의의

1 임금의 특징

(1) 임금의 의미 및 기능
① 임금(wage)은 노동서비스에 대한 보수로, 「근로기준법」에서는 임금을 '사용자가 근로의 대가로 근로자에게 임금, 봉급, 그 밖에 어떠한 명칭으로든지 지급하는 모든 금품'이라고 정의하고 있다.
② 임금은 인적자본에 대한 투자수요결정의 변수로서 중요한 역할을 한다.
③ 기업주 입장에서 본 임금과 노동자 입장에서 본 임금은 성격상 상호 배반적인 관계를 갖는다.
④ 기업주에게는 실질임금이 중요성을 가지나, 노동자에게는 명목임금이 중요하다.
⑤ 임금결정에서 기업주는 생산성이 높은 근로자에게 더 많은 임금을 주는 동일노동 차등임금을 선호하지만, 노동자는 동일노동 동일임금을 선호한다.

(2) 임금의 법적 성격
① 노동대가설: 임금을 근로자가 사용자의 지휘·명령을 받으면서 구체적으로 노동을 제공한 것에 대한 대가로 보는 견해이다.
② 노동력대가설: 임금을 근로자가 자신의 노동력을 사용자의 지휘·감독 하에 두고 있는 것에 대한 대가로 보는 견해이다.
③ 임금이분설: 임금을 생활보장적 성격을 띠는 '보장적 임금'과 노동 제공의 대가의 성격을 띠는 '교환적 임금'으로 구분하는 견해이다.

(3) 임금의 하방경직성
① 임금은 한번 결정되고 나면, 여러 경제여건이 변하더라도 쉽게 떨어지지 않는 경향이 있는데, 이것을 '임금의 하방경직성'이라고 말한다.
② 임금의 하방경직성의 원인
　㉠ 화폐환상: 노동자는 화폐의 가치가 변하지 않을 것이라고 생각하고, 실질임금의 증감은 인식하지 못한 채 명목임금의 하락에 저항하는 경향이 있다.
　㉡ 장기노동계약: 노동계약 체결 기간 동안에는 임금을 조정하기 어려우므로, 사용자와 노동자 간의 장기노동계약은 임금의 하방경직을 야기한다.

기/출/족/보 출제지수 ■■□
23년 1회, 20년 3회, 18년 2회, 17년 3회
임금의 하방경직성의 의미를 설명하고, 임금의 하방경직성의 원인을 5가지 쓰시오.

POINT
하방경직성의 원인 5가지를 그 원리와 함께 이해하도록 한다.

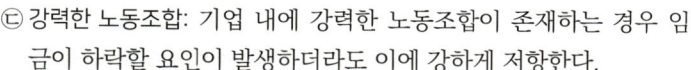

ⓒ 강력한 노동조합: 기업 내에 강력한 노동조합이 존재하는 경우 임금이 하락할 요인이 발생하더라도 이에 강하게 저항한다.
ⓓ 최저임금제: 최저임금제가 도입되면 노동수요가 감소하더라도 정부에서 정한 최저임금 아래로는 임금을 낮출 수 없게 된다.
ⓔ 연공급 임금제: 연공급은 근로자의 근속연수에 따라 임금을 결정하는 임금체계로, 이러한 체계에서는 임금이 매년 상승하게 된다.

2 임금관리

(1) 임금관리의 의의
① 임금관리는 근로자가 노동의 대가로 지급받는 임금의 수준·체계·형태 등을 분석하는 것을 말한다.
② 임금관리는 임금에 대한 기업과 노동자 간의 상반되는 이해관계를 공정하고 합리적으로 조정함으로써 노사관계의 안정, 기업의 생산성 증진, 노동자의 생활 향상 등을 도모하는 데 목적을 둔다.

(2) 임금관리의 구성요소
① 임금수준
ⓐ 근로자에게 지급되는 임금의 크기와 관련된 것이다.
ⓑ 임금수준의 관리에 있어서 중요한 가치는 적정성이다.
ⓒ 임금수준의 결정원칙: 사회적 균형의 원칙, 생계비 보장의 원칙, 기업 지불 능력의 원칙
② 임금체계
ⓐ 개별임금의 결정기준 및 구성내용에 관한 것으로, 특히 기본급이 어떠한 원리로 지급되는지에 초점을 맞춘다.
ⓑ 임금체계의 관리에 있어서 중요한 가치는 공평성(공정성)이다.
③ 임금형태
ⓐ 임금의 계산 방법 및 근로자에게 지불하는 방식에 관한 것으로, 근로자의 근로의욕 향상에 많은 영향을 미친다.
ⓑ 임금형태의 관리에 있어서 중요한 가치는 합리성이다.

3 임금의 유형

(1) 평균임금과 통상임금
① 평균임금
ⓐ 평균임금은 고용기간 중에서 근로자가 지급받고 있던 평균적인 임금수준을 말한다.
ⓑ 평균임금은 퇴직금, 휴업수당, 산재보상 등을 산출하는 기준이 된다.

② 통상임금
  ㉠ 통상임금은 근로자에게 정기적·일률적으로 소정근로 또는 총근로에 대하여 지급하기로 약정되어 있는 임금을 말한다.
  ㉡ 통상임금에 기본급, 직무 관련 직책·직급·직무수당 등은 포함되지만, 초과급여, 특별급여 등은 제외된다.
  ㉢ 통상임금은 연장근로, 야간근로, 휴일근로 등과 관련된 수당을 산출하는 기준이 된다.

(2) 명목임금과 실질임금
  ① 명목임금
    ㉠ 보통의 화폐단위로 나타낸 근로자의 임금을 말한다.
    ㉡ 명목임금에는 물가상승률이 반영되어 있지 않다.
  ② 실질임금
    ㉠ 물가수준을 반영하여 구매력으로 평가한 임금을 말한다.
    ㉡ 실질임금은 명목임금을 물가수준(소비자물가지수)으로 나눈 것이다.

$$실질임금 = \frac{명목임금}{소비자물가지수} \times 100$$

(3) 유보임금과 제시임금
  ① 유보임금(의중임금, 요구임금): 근로자가 받고자 하는 최저의 임금, 즉 근로자가 기꺼이 일하려고 하는 최저한의 주관적 요구 임금수준을 말한다.
  ② 제시임금: 기업이 근로자를 고용할 때 최대한으로 주려는 임금수준을 말한다.

테마 2 임금제도

1 효율임금정책

(1) 효율임금정책의 개념
  ① 효율임금정책은 근로자의 생산성을 높이기 위해 시장의 균형임금보다 더 높은 임금을 지불하는 것이 이윤극대화를 추구하는 기업에 더 이익이 된다는 효율임금가설에 따른 제도이다.

② 이윤극대화를 추구하는 기업이 이직률을 낮추기 위해 효율임금을 지불할 경우 구조적 실업이 발생할 수 있다.
③ 효율임금은 임금인상에 따른 한계생산이 임금의 평균생산과 일치하는 점, 생산의 임금탄력성이 1이 되는 점에서 결정된다.

(2) 효율임금정책이 높은 생산성을 가져오는 원인
① 고임금은 노동자의 사직을 감소시켜 신규노동자의 채용 및 훈련비용을 감소시킨다.
② 고임금 지불기업은 신규채용 시 지원노동자의 평균자질이 높아져 보다 양질의 노동자를 고용할 수 있다.
③ 고임금은 노동자의 기업에 대한 충성심과 귀속감을 증대시킨다.
④ 고임금은 노동자의 직장상실비용을 증대시켜서 작업 중에 태만하지 않게 한다.
⑤ 대규모 사업장에서는 통제상실을 사전에 방지하는 차원에서 고임금을 지불하여 노동자가 열심히 일하도록 유도할 수 있다.

2 생산성 임금제

(1) 생산성 임금제의 개념
① 생산성 임금제는 근로자의 근무성적이나 실적에 따라 임금을 결정하는 제도이다.
② 생산성 임금제는 임금의 상승률을 노동생산성 증가율과 연계시킨다는 특징이 있다.

(2) 생산성 임금제의 임금 결정 방식
① 임금 상승률

- 명목임금 상승률 = 물가상승률 + 노동생산성 증가율
- 실질임금 상승률 = 노동생산성 증가율

② 부가가치 노동생산성

$$부가가치\ 노동생산성 = \frac{부가가치}{노동투입량} = \frac{생산량 \times 생산물\ 단가}{근로자\ 수}$$

③ 적정임금(명목임금) 상승률

적정임금(명목임금) 상승률 = 부가가치 노동생산성 증가율

기/출/족/보 출제지수 ■■□

20년 4회, 14년 3회

어떤 기업의 2014년 근로자 수는 40명, 생산량은 100개, 생산물 단가는 10원, 자본비용은 150원이었으나 2015년에는 근로자 수는 50명, 생산량은 120개, 생산물 단가는 12원, 자본비용은 200원으로 올랐다고 가정하자. 생산성 임금제에 근거할 때 이 기업의 2015년도 적정임금 상승률을 구하시오.

POINT
제시된 산식을 외워 두고, 이를 사례에 적용할 수 있어야 한다.

기/출/족/보 출제지수 ■■■
22년 1회, 21년 2회, 18년 2회, 18년 3회, 16년 3회, 15년 2회
최저임금제의 기대효과(긍정적 효과)를 6가지(3~5가지) 쓰시오.

POINT
최저임금제의 효과를 긍정적 측면과 부정적 측면으로 구분하여 파악하도록 한다.

3 최저임금제

(1) 최저임금제의 개념
① 최저임금제는 국가가 법적 강제력으로 임금의 최저한도를 정하여, 기업주에게 그 지급을 강제하는 제도이다.
② 우리나라의 최저임금은 최저임금위원회의 심의·의결을 거쳐 고용노동부장관이 결정한다.

(2) 최저임금제의 긍정적 효과
① 생계비 보장: 저임금 근로자의 생활을 안정시키고 보호할 수 있다.
② 소득분배 개선: 산업 간·직업 간 임금격차를 축소하고, 소득분배를 개선할 수 있다.
③ 유효수요 증대: 저임금이 해소되면서 소비성향이 높아져 유효수요가 증대되고 경제가 활성화된다.
④ 산업구조 고도화: 저임금에 기초한 기업 경영이 불가능해짐에 따라 기업은 생산방법을 개선하고 경영을 합리화하며, 이때 부가가치생산성이 낮은 산업부문에서 부가가치생산성이 높은 산업부문으로 노동력이 이동함으로써 산업구조가 고도화된다.
⑤ 기업 간 공정경쟁: 저임금을 토대로 가격경쟁을 하던 관행에서 벗어나, 품질 및 생산성 향상을 통해 기업 간에 공정한 경쟁을 하게 된다.
⑥ 산업평화 유지: 임금으로 인한 노동쟁의가 줄어들면서 노사관계가 안정되고 산업평화가 유지된다.

(3) 최저임금제의 부정적 효과
① 실업 증가: 최저임금을 시장임금보다 높은 수준으로 정하면 노동수요량은 감소하고 노동공급량은 증가하여 실업이 증가하는데, 노동수요곡선과 노동공급곡선이 모두 탄력적이면 노동수요량은 더 크게 감소하고, 노동공급량은 더 크게 증가하여 실업도 더 크게 증가한다.

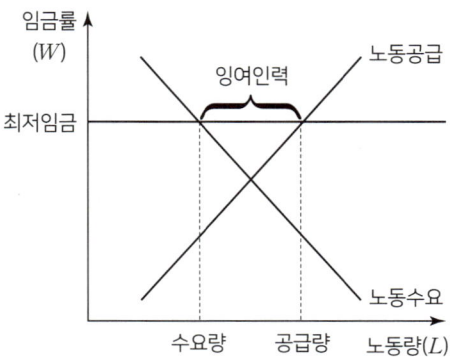

[최저임금제의 시행과 잉여인력의 발생]

② 노동시장 내 차별: 노동생산성이 낮은 비숙련 노동자, 청소년, 고령자, 장애인 등의 실업이 더욱 크게 증가한다.
③ 암시장 형성: 실업자들이 최저임금보다 낮은 임금을 받더라도 일하기 원할 경우 노동시장에 불법적인 암시장(black market)이 형성될 수 있다.
④ 경영상태 악화: 기업이 부담해야 하는 인건비가 증가하면서 기업의 경영상태가 악화될 수 있다.

4 부가급여

기/출/족/보 출제지수 ■□□
18년 1회, 15년 3회, 14년 1회
부가급여가 무엇인지 예를 들어 설명하고, 사용자와 근로자가 부가급여를 선호하는 이유를 각각 2가지씩 쓰시오.

POINT
부가급여의 종류와 선호 이유를 중심으로 학습하도록 한다.

(1) 부가급여의 개념
① 부가급여는 사용자가 근로자에게 개별적 또는 단체적으로 지급하는 화폐임금 이외의 보상을 의미한다.
② 기업 차원에서 근로자에 대한 보상은 화폐임금에 부가급여를 더한 것이다.

(2) 부가급여의 종류
① 퇴직금
② 교육훈련비
③ 사업주가 부담하는 사회보험료
④ 유급휴가, 차량 제공, 사택 제공, 학자금 보조 등

(3) 부가급여 선호 이유
① 사용자 입장
  ㉠ 화폐임금액을 부가급여로 대체하여, 화폐임금액을 기준으로 납부해야 하는 조세나 사회보험료의 부담을 줄일 수 있다.
  ㉡ 근로자가 원하는 부가급여를 제공함으로써 양질의 근로자를 채용할 수 있다.
  ㉢ 근로자의 장기근속을 유도하여, 채용 및 훈련비용을 절감하고 생산성을 향상시킬 수 있다.
  ㉣ 정부가 임금 인상을 규제하더라도, 화폐임금액을 높이는 대신 부가급여 수준을 높임으로써 실질적으로 임금 인상 효과를 볼 수 있다.
② 근로자 입장
  ㉠ 화폐임금액을 기준으로 납부해야 하는 근로소득세 부담을 줄일 수 있다.
  ㉡ 화폐임금액을 기준으로 납부해야 하는 국민연금, 건강보험, 고용보험 등의 사회보험료 부담을 줄일 수 있다.

테마 3 임금체계

1 연공급

(1) 연공급의 개념
① 근로자의 연령, 근속연수, 학력, 남녀별 요소에 따라 임금을 결정하는 임금체계이다.
② 정기승급의 축적에 따라 연령별로 필요생계비를 보장해 주는 원리에 기초하고 있다.
③ 기업풍토, 업무내용 등에서 보수성이 강한 기업에 적합하다.

(2) 연공급의 장단점

장점	• 조직의 안정화에 따른 위계질서 확립이 용이하다. • 근로자의 기업에 대한 귀속의식을 고양한다. • 정기승급에 따라 생활의 안정감과 장래에 대한 기대를 가질 수 있다. • 고용안정을 달성할 수 있다. • 근로자에 대한 교육훈련의 효과를 높일 수 있다. • 종업원 상호 간의 협조성이 높아진다. • 폐쇄적인 노동시장에서 인력관리가 용이하다. • 배치전환이 용이하다.
단점	• 근속연수에 따라 임금이 매년 상승하므로 인건비 부담이 증가한다. • 직무성과와 관련 없는 비합리적인 인건비 지출이 생긴다. • 능력·업무와의 연계성이 미약하다. • 전문기술인력의 확보가 어렵다. • 동기부여 효과가 미약하다. • 무사안일주의 및 적당주의를 초래할 수 있다.

2 직능급

(1) 직능급의 개념
① 직무수행능력을 기준으로 하여 각 근로자의 임금을 결정하는 임금체계로, 학력과 직종에 관계없이 능력에 따라 임금을 지급한다.
② 주로 근로자의 직능고과 평가결과에 따라 근로자의 능력을 파악하고 임금을 결정한다.

(2) 직능급의 장단점

장점	• 자기계발의 동기부여 효과가 강하다. • 유능한 인재를 확보할 수 있다.
단점	• 직무수행능력의 파악과 평가가 쉽지 않다. • 직무수행능력이 떨어지는 근로자는 근로의욕을 쉽게 상실할 수 있다.

3 직무급

(1) 직무급의 개념
① 직무분석과 직무평가를 기초로 하여 직무의 중요성과 난이도 등 직무의 상대적 가치에 따라 개별임금을 결정하여, 직무에 상응하는 임금을 지급하는 체계이다.
② 노동의 양뿐만 아니라 노동의 질을 동시에 평가하는 임금결정 방식이다.

(2) 직무급의 장단점

장점	• 전문기술인력의 확보가 용이하다. • 능력 위주의 인사풍토를 조성할 수 있다. • 직무가치의 객관성 확보가 가능하다. • 인건비를 효율적으로 관리할 수 있다. • 개인별 임금격차에 대한 불만을 해소할 수 있다.
단점	• 공정한 직무평가가 쉽지 않기 때문에 연공급에 비해 실시가 어렵다. • 기술의 변화에 따라 직무내용을 변경해야 한다. • 배치전환이 어렵고 인력관리의 융통성이 결여되어 있다. • 연공 중심의 기업 문화가 강한 경우에는 실시하기가 곤란하다.

테마 4 임금형태

1 시간급제

(1) 시간급제의 개념
① 근로자가 실제 노동에 종사한 시간에 따라 임금을 지급하는 제도이다.
② 직무성과의 양이나 질에 관계없이 시간을 기준으로 하므로, 고정급제에 해당한다.

(2) 시간급제의 장단점

장점	• 임금의 계산이 간편하다. • 확정적 임금이 보장된다. • 직원 간 화합이 용이하다.
단점	• 근로자 입장에서는 굳이 작업능률을 올릴 필요가 없다. • 단위시간당 임금 계산이 용이하지 않다.

2 성과급제

(1) 성과급제의 개념
① 노동능률이나 업적을 지급기준으로 하는 임금제도로, 능률급 혹은 업적급이라고도 한다.
② 성과급제에서 성과를 측정하는 도구로서는 생산량, 생산액, 이윤액, 원가절감액 등이 있다.

(2) 성과급제의 장단점

장점	• 근로의 능률을 자극할 수 있다. • 생산성 제고, 원가절감 등을 달성할 수 있다. • 작업성과와 임금이 비례하므로 근로자가 공평감을 느낄 수 있다.
단점	• 노동능률과 업적을 객관적으로 평가하기가 어렵다. • 근로자의 수입이 불안정해질 수 있다. • 생산량을 늘리고자 근로자가 무리하게 일할 수 있다.

(3) 성과급제의 채택
① 성과급제의 채택이 용이한 경우: 근로자의 노력과 생산량과의 관계가 명확한 경우, 생산물의 질(quality)이 일정한 경우, 생산량이 객관적으로 측정 가능한 경우
② 성과급제의 채택이 어려운 경우: 생산원가 중에서 노동비용에 대한 통제가 필요하지 않는 경우

3 연봉제

(1) 연봉제의 개념
① 근로자의 능력, 실적, 공헌도 등에 대한 평가를 바탕으로 1년 단위로 임금을 계약하는 제도이다.
② 미국에서 보편화되어 있는 임금형태로, 최근 우리나라 기업에서도 그 경향이 강화되고 있다.

(2) 연봉제의 장단점

장점	• 능력주의, 성과주의를 실현할 수 있다. • 과감한 인재기용에 용이하다. • 근로자에 대한 동기부여 및 전문성 촉진에 유리하다. • 개인의 능력에 기초한 생산성 향상을 이룰 수 있다. • 임금관리가 용이하다.
단점	• 평가결과에 대한 객관성에 문제가 제기될 수 있다. • 연봉액이 삭감될 경우 근로의욕 및 사기가 급격하게 저하될 수 있다. • 근로자 간에 위화감이 조성될 수 있다.

테마 5 임금격차

1 임금격차의 이해

(1) 임금격차의 개념 및 특징
① 이론적으로 경쟁적 노동시장에서는 같은 종류의 노동에 대한 동일한 임금이 지급되어야 하지만, 현실에서는 노동시장이 경쟁적 상태에 있음에도 불구하고 임금에 차이가 날 수 있다.
② 이처럼 동일한 노동에 대해 각 기업 또는 근로자 간의 임금수준에 차이가 있는 경우를 임금격차라고 한다.

(2) 임금격차의 요인
① 경쟁적 요인
  ㉠ 인적자본량 및 이로 인한 생산성 격차
  ㉡ 보상적 임금격차(임금의 보상격차)
  ㉢ 기업의 합리적 선택으로서의 효율성 임금정책
  ㉣ 시장의 단기적 불균형
② 경쟁 외적 요인
  ㉠ 차별화
  ㉡ 노동조합의 효과
  ㉢ 독점지대(독점으로 인한 추가 수입) 배당

2 임금격차의 주요 원인

(1) 보상적 임금격차(균등화 임금격차)
① 아담 스미스(A. Smith)는 노동조건의 차이, 소득안정성의 차이, 직업 훈련비용의 차이 등 각종 직업상의 불이익을 견딜 수 있기에 필요한 정도의 임금프리미엄을 보상적 임금격차(균등화 임금격차)라고 하였다.
② 즉, 근무조건이 열악한 직업, 물가가 비싼 곳에서 일해야 하는 직업, 많은 비용이 소요되는 훈련을 요구하는 직업에는 더 높은 임금이 지급된다는 것이다.
  ◉ 상대적으로 열악한 작업환경과 위험한 업무를 수행하는 광부의 임금은 일반 공장 근로자의 임금보다 높다.
③ 보상적 임금격차의 발생 원인
  ㉠ 작업환경의 쾌적성 여부(비금전적 차이)
  ㉡ 고용의 안정성 여부(금전적 차이)
  ㉢ 교육훈련 기회 및 비용의 차이

기/출/족/보 출제지수 ■□□

17년 3회
노동수요 특성별 임금격차를 발생하게 하는 경쟁적 요인 3가지를 적으시오.

POINT
임금격차의 경쟁적 요인과 경쟁 외적 요인을 구분하여 작성할 수 있어야 한다.

기/출/족/보 출제지수 ■■□

16년 1회
보상적 임금격차를 초래하는 3가지 요인에 대해 설명하시오.

14년 3회
동일한 근로시간에 대하여 탄광근로자는 월 200만 원을 받고 봉제공은 월 100만 원을 받는다고 할 때, 이 두 직종 간에 임금격차가 발생하는 원인을 설명하는 것으로 보상적 임금격차가 있다. 보상적 임금격차의 개념 및 보상적 임금격차가 발생하는 요인을 통해 위 두 근로자의 임금격차를 설명하시오.

POINT
보상적 임금격차의 발생 원인 5가지를 사례에 적용할 수 있어야 한다.

㉣ 직업에 따르는 책임의 정도
㉤ 성공 또는 실패의 가능성

(2) 노동시장에서의 차별
① 노동시장에서의 차별은 생산성에 차이가 없는 근로자가 성별, 나이, 학력, 인종 등 업무수행과 직접적으로 관련이 없는 특성 때문에 고용, 임금, 승진 등에서 다른 대우를 받는 것이다.
② 따라서 생산성의 차이에 따른 임금격차는 차별에 해당하지 않는다.
③ 통계적 차별(statistical discrimination)
  ㉠ 통계적 차별은 근로자가 속한 그룹에 대한 통계정보를 활용하여 근로자 개인의 생산성에 대한 정보를 얻고, 이를 고용, 임금, 승진 등에 활용하는 것이다.
  ㉡ 즉, 근로자의 개인차를 고려하지 않은 채 성별, 학력, 인종, 지역과 관련된 통계적 특성을 가지고 근로자를 판단하는 것으로, 고정관념에 기초한 차별이라고 볼 수 있다.

3 임금격차의 주요 유형

(1) 직종별 임금격차
① 직종별 임금격차는 생산직, 기술직, 사무직 등 직종이나 직업의 차이에 의해 발생하는 임금격차이다.
② 직종별 임금격차의 발생 원인
  ㉠ 직종 간 정보의 흐름이 원활하지 않기 때문이다.
  ㉡ 직종에 따라 근로환경의 차이가 존재하기 때문이다.
  ㉢ 직종에 따라 노동조합 조직률의 차이가 존재하기 때문이다.
  ㉣ 노동자들의 특정 직종에 대한 회피와 선호가 다르기 때문이다.
  ㉤ 그 외에 비경쟁집단, 보상적 임금격차, 과도적 임금격차가 직종별 임금격차의 원인이 된다.

(2) 산업별 임금격차
① 산업별 임금격차는 동일한 지역에서 동일한 직종의 일을 하고 있지만 산업에 따라 임금이 다른 경우이다.
② 산업별 임금격차의 발생 원인
  ㉠ 노동생산성의 차이: 노동생산성이 높은 산업이 그렇지 않은 산업에 비해 임금이 높다.
  ㉡ 노동조합의 존재 여부 및 교섭력의 크기 차이: 노동조합이 조직되어 있는 산업 또는 노동조합의 교섭력이 강한 산업이 그렇지 않은 산업에 비해 임금이 높다.

기/출/족/보 출제지수 ■■□

18년 2회
노동시장에서 존재하는 임금격차의 유형 5가지를 설명하시오.

POINT
거시적 관점에서 임금격차의 유형은 직종별, 산업별, 기업규모별, 성별, 학력별, 지역별 임금격차 등으로 구분할 수 있다.

기/출/족/보 출제지수 ■□□

22년 3회
산업별 임금격차가 발생하는 원인을 4가지 쓰시오.

19년 3회
산업별 임금격차가 발생하는 원인 3가지를 쓰고 설명하시오.

POINT
산업별 임금격차 발생 원인 4가지를 모두 외워 두도록 한다.

ⓒ 산업별 집중도의 차이: 독과점의 정도가 큰 산업이 그렇지 않은 산업에 비해 임금이 높다.
ⓓ 단기적 노동공급의 비탄력성: 어떤 산업의 노동수요가 갑자기 증가하게 될 경우 노동공급이 탄력적으로 대응하지 못하여 다른 산업에 비해 임금이 높아지게 된다.

(3) 기업규모별 임금격차
① 기업규모별 임금격차는 동일 지역 내에서 대기업과 중소기업과 같이 서로 다른 기업의 규모 간에 존재하는 임금의 격차를 말한다.
② 기업규모별 임금격차의 발생 원인
ⓐ 노동자당 부가가치 생산성의 차이
ⓑ 자본과 기술력의 차이
ⓒ 우수 노동인력 확보 가능성의 차이
ⓓ 생산물시장에서 독과점력의 차이
ⓔ 노동조합 조직률의 차이

(4) 성별 임금격차
① 성별 임금격차는 여성 근로자와 남성 근로자 간의 임금격차로, 임금차별의 차원에서 개선이 필요한 임금격차이다.
② 성별 임금격차의 발생 원인
ⓐ 여성이 저임금 직종에 몰려 있기 때문이다.
ⓑ 여성의 학력이 남성보다 낮기 때문이다.
ⓒ 여성의 직장 내 승진 기회가 남성보다 적기 때문이다.
③ 성별 임금격차와 혼잡효과
ⓐ 여성 근로자는 남성 근로자에 비해 결혼, 출산, 육아 등에 따른 결근율과 이직률이 높기 때문에 근로조건이 우수한 직종보다는 저임금 직종에 고용되는 경우가 많다.
ⓑ 이렇게 여성이 특정 직종에 집중되면서 여성 노동시장의 경쟁이 격화되고 여성의 임금수준이 저하되는데, 이러한 현상을 혼잡효과(crowding effect, 쇄도효과)라고 한다.

(5) 학력별 임금격차
① 학력별 임금격차는 고학력자와 저학력자 간에 존재하는 임금의 격차를 말한다.
② 학력별 임금격차의 발생 원인
ⓐ 노동시장에서 학력의 신호로서의 기능
ⓑ 학력에 따른 승급, 승진의 차별
ⓒ 노동시장의 학력별 분단 구조
ⓓ 학력 간 임금격차에 관한 전통적 관념

대표 기출문제

제4과목 노동시장론
CHAPTER 02 임금의 이해

01 임금의 하방경직성의 의미를 설명하고, 임금의 하방경직성의 원인을 5가지 쓰시오. 2023년 1회, 2020년 3회, 2018년 2회, 2017년 3회

○ 의미

○ 원인
  –
  –
  –
  –
  –

득점	배점
점	6 점

※ 의미 1점, 원인 1가지당 1점

합격답안   임금의 특징 ▶ 임금의 하방경직성

○ 의미: 임금의 하방경직성은 임금이 한번 결정되고 나면 여러 경제 여건이 변하더라도 쉽게 떨어지지 않는 경향을 말한다.
○ 원인
  – 화폐환상: 노동자는 실질임금의 증감은 인식하지 못한 채 명목임금의 하락에 저항하는 경향이 있다.
  – 장기노동계약: 노동계약 체결 기간 동안에는 임금을 조정하기 어렵다.
  – 강력한 노동조합: 강력한 노동조합은 임금이 하락할 요인이 발생하더라도 이에 강하게 저항한다.
  – 최저임금제: 최저임금제가 도입되면 노동수요가 감소하더라도 정부에서 정한 최저임금 아래로는 임금을 낮출 수 없다.
  – 연공급 임금제: 근로자의 근속연수에 따라 임금을 결정하는 임금체계에서는 임금이 매년 상승하게 된다.

답안 작성법
하방경직성의 원인은 문구 형식으로만 간략하게 나열해도 좋다.

문장 구성 키워드
• 의미: 쉽게 떨어지지 않음
• 원인: 화폐환상, 장기노동계약, 노동조합, 최저임금, 연공급

02 어떤 기업의 2014년 근로자 수는 40명, 생산량은 100개, 생산물 단가는 10원, 자본비용은 150원이었으나 2015년에는 근로자 수는 50명, 생산량은 120개, 생산물 단가는 12원, 자본비용은 200원으로 올랐다고 가정하자. 생산성 임금제에 근거할 때 이 기업의 2015년도 적정임금 상승률을 구하시오. (단, 소수점 아래 둘째 자리에서 반올림하여 첫째 자리까지 표기하시오)

2020년 4회, 2014년 3회

득점	배점
점	4 점

※ 계산 과정 2점, 답 2점

합격답안 임금제도 ▶ 생산성 임금제

○ 계산 과정

- 2014년 부가가치 노동생산성 $= \dfrac{\text{생산량} \times \text{생산물 단가}}{\text{근로자 수}}$

  $= \dfrac{100개 \times 10원}{40명} = 25원$

- 2015년 부가가치 노동생산성 $= \dfrac{\text{생산량} \times \text{생산물 단가}}{\text{근로자 수}}$

  $= \dfrac{120개 \times 12원}{50명} = 28.8원$

- 부가가치 노동생산성 증가율 $= \dfrac{28.8원 - 25원}{25원} \times 100 = 15.2\%$

- 2015년 적정임금 상승률 = 부가가치 노동생산성 증가율 = 15.2%

○ 답: 15.2%

답안 작성법
계산 과정에 관련 산식을 꼭 적어주도록 한다.

문장 구성 키워드
- 부가가치 노동생산성
  $= \dfrac{\text{생산량} \times \text{생산물 단가}}{\text{근로자 수}}$
- 적정임금 상승률
  = 부가가치 노동생산성 증가율

03 최저임금제의 기대효과(긍정적 효과)를 5가지 쓰시오.

2022년 1회, 2021년 2회, 2018년 2회, 2018년 3회, 2016년 3회, 2015년 2회

득점 점 | **배점** 5 점

※ 효과 1가지당 1점

○

○

○

○

○

합격답안

임금제도 ▶ 최저임금제

○ **생계비 보장**: 저임금 근로자의 생활을 안정시키고 보호할 수 있다.
○ **소득분배 개선**: 산업 간·직업 간 임금격차를 축소하고, 소득분배를 개선할 수 있다.
○ **유효수요 증대**: 저임금이 해소되면서 소비성향이 높아져 유효수요가 증대되고 경제가 활성화된다.
○ **산업구조 고도화**: 저임금에 기초한 기업 경영이 불가능해짐에 따라 기업은 생산방법을 개선함으로써 산업구조가 고도화된다.
○ **기업 간 공정경쟁**: 저임금을 토대로 가격경쟁을 하던 관행에서 벗어나, 품질 및 생산성 향상을 통해 기업 간에 공정한 경쟁을 하게 된다.
○ **산업평화 유지**: 임금으로 인한 노동쟁의가 줄어들면서 노사관계가 안정되고 산업평화가 유지된다.

답안 작성법

제시된 6가지 효과 중 5가지를 선택해 작성하도록 한다. 문구 형식, 문장 형식 모두 무방하다.

문장 구성 키워드

• 생계비 보장: 저임금 근로자 보호
• 소득분배 개선: 임금격차 축소
• 유효수요 증대: 소비성향 향상
• 산업구조 고도화: 생산방법 개선
• 공정경쟁: 가격경쟁 탈피

04 부가급여가 무엇인지 예를 들어 설명하고, 사용자와 근로자가 부가급여를 선호하는 이유를 각각 2가지씩 쓰시오.

2018년 1회, 2015년 3회, 2014년 1회

득점	배점
점	6 점

※ 의미 2점,
  사용자 선호 이유 2점,
  근로자 선호 이유 2점

○ 의미

○ 사용자 선호 이유
  –
  –

○ 근로자 선호 이유
  –
  –

합격답안

임금제도 ▶ 부가급여

○ 의미: 부가급여는 사용자가 근로자에게 개별적 또는 단체적으로 지급하는 화폐임금 이외의 보상으로, 예를 들어 퇴직금, 교육훈련비, 사업주가 부담하는 사회보험료, 유급휴가, 차량 제공, 사택 제공, 학자금 보조 등이 있다.

○ 사용자 선호 이유
  – 화폐임금액을 기준으로 납부해야 하는 조세나 사회보험료의 부담을 줄일 수 있다.
  – 근로자가 원하는 부가급여를 통해 양질의 근로자를 채용할 수 있다.

○ 근로자 선호 이유
  – 화폐임금액을 기준으로 납부해야 하는 근로소득세 부담을 줄일 수 있다.
  – 화폐임금액을 기준으로 납부해야 하는 국민연금, 건강보험, 고용보험 등의 사회보험료 부담을 줄일 수 있다.

답안 작성법

문제에서 부가급여의 예시를 요구하고 있으므로, 의미를 설명할 때 부가급여의 예시를 3~5가지 정도 열거하도록 한다.

문장 구성 키워드

• 의미: 화폐임금 이외의 보상, 퇴직금, 교육훈련비, 사회보험료, 유급휴가, 차량 제공
• 사용자: 조세·사회보험료 부담 감소, 양질 근로자 채용
• 근로자: 근로소득세 부담 감소, 사회보험료 부담 감소

05 동일한 근로시간에 대하여 탄광 근로자는 월 200만 원을 받고 봉제공은 월 100만 원을 받는다고 할 때, 이 두 직종 간에 임금격차가 발생하는 원인을 설명하는 것으로 보상적 임금격차가 있다. 보상적 임금격차의 개념 및 보상적 임금격차가 발생하는 요인을 통해 위 두 근로자의 임금격차를 설명하시오.

2014년 3회

득점	배점
점	6 점

※ 개념 2점, 발생 요인 2점, 설명 2점

+ 기출 플러스

17년 3회
노동수요 특성별 임금격차를 발생하게 하는 경쟁적 요인 3가지를 적으시오.

KEY 인적자본량, 보상적 임금격차, 효율성 임금정책

○ 보상적 임금격차의 개념

○ 보상적 임금격차 발생 요인

○ 두 근로자의 임금격차 설명

합격답안   임금격차 ▶ 보상적 임금격차

○ 보상적 임금격차의 개념: 아담 스미스(A. Smith)는 각종 직업상의 불이익을 견딜 수 있기에 필요한 정도의 임금프리미엄을 보상적 임금격차라고 하였다.
○ 보상적 임금격차 발생 요인: 작업환경의 쾌적성 여부, 고용의 안정성 여부, 교육훈련 기회 및 비용의 차이, 직업에 따르는 책임의 정도, 성공 또는 실패의 가능성 등이 있다.
○ 두 근로자의 임금격차 설명: 탄광근로자는 봉제공에 비해 쾌적하지 않고 안정성이 떨어지는 작업환경, 많은 교육훈련 비용, 작업 시 따르는 큰 책임 등 감수해야 하는 불이익이 많다. 따라서 탄광근로자에게는 임금프리미엄이 붙어, 두 근로자 간에 임금격차가 발생한다.

답안 작성법
두 근로자의 임금격차는 발생 요인에 입각하여 설명하여야 한다.

문장 구성 키워드
- 개념: 직업상 불이익, 임금프리미엄
- 요인: 쾌적성, 안정성, 교육훈련 비용, 책임, 실패 가능성

06 산업별 임금격차가 발생하는 원인 3가지를 쓰고 설명하시오.

2022년 3회, 2019년 3회

득점	배점
점	6 점

※ 원인 1가지당 2점
(설명 미작성 시 1점)

+ 기출 플러스

18년 2회
노동시장에서 존재하는 임금격차의 유형 5가지를 설명하시오.
KEY 직종별, 산업별, 기업규모별, 성별, 학력별

합격답안

임금격차 ▶ 산업별 임금격차

- **노동생산성의 차이**: 노동생산성이 높은 산업이 그렇지 않은 산업에 비해 임금이 높다.
- **노동조합의 존재 여부 및 교섭력의 크기 차이**: 노동조합이 조직되어 있는 산업 또는 노동조합의 교섭력이 강한 산업이 그렇지 않은 산업에 비해 임금이 높다.
- **산업별 집중도의 차이**: 독과점의 정도가 큰 산업이 그렇지 않은 산업에 비해 임금이 높다.
- **단기적 노동공급의 비탄력성**: 어떤 산업의 노동수요가 갑자기 증가하게 될 경우 노동공급이 탄력적으로 대응하지 못하여 다른 산업에 비해 임금이 높아지게 된다.

답안 작성법

각 원인에 대한 설명은 어떤 산업이 임금이 높은지를 중심으로 작성하도록 한다.

문장 구성 키워드

- 생산성
- 노동조합
- 독과점
- 노동공급 비탄력성

CHAPTER 03 실업의 이해

테마 1 실업의 개념 및 실업이론

1 실업의 개념

(1) 실업의 개념
① 실업은 일할 의사와 노동력이 있는 사람이 일자리를 잃거나 일할 기회를 얻지 못하는 상태를 말한다.
② 최저임금, 노동조합 또는 직업탐색 등이 실업의 원인에 포함된다.

(2) 실업자의 개념
① 실업자는 일할 의사와 일할 능력이 있음에도 불구하고 일자리가 없는 사람을 말한다.
② 경제활동인구조사에서의 실업자는 조사대상주간에 수입 있는 일을 하지 않았고, 지난 4주간 일자리를 찾아 적극적으로 구직활동을 하였던 사람으로서 일자리가 주어지면 즉시 취업이 가능한 사람을 말한다.

2 실업이론

(1) 케인즈의 실업이론
① 신고전학파의 경제학자들은 자유경쟁시장을 신뢰하였기 때문에 현실적으로 실업이 존재하더라도 이것은 모두 자발적 실업에 해당하며 시장기능에 의해 완전고용 상태로 곧 돌아가게 된다고 주장하였다.
② 그러나 1930년대 세계대공황을 겪으면서 케인즈(Keynes)는 신고전학파의 견해를 비판하며 실업 문제 해결을 위한 정부의 개입을 중시하는 거시경제정책을 주장하였다.
③ 케인즈 실업이론의 내용
  ㉠ 노동자들은 기업과 달리 실질임금이 아닌 명목임금에 관심을 가지기 때문에 노동의 공급은 명목임금의 함수이며, 노동에 대한 수요는 실질임금의 함수이다.
  ㉡ 노동자들은 화폐환상을 갖고 있어 명목임금의 하락에 저항하므로 명목임금은 하방경직성을 갖는다.
  ㉢ 유효수요(총수요)가 감소하는 경우 기업은 명목임금의 하방경직성 때문에 임금을 낮추는 대신 노동에 대한 수요를 줄이게 되고,

이로 인해 노동자들의 비자발적 실업이 발생하게 된다.
② 즉, 유효수요의 부족이 실업의 원인이 되기 때문에 실업의 해소 방안으로 재정투·융자를 확대하고, 통화량을 증대해야 한다.

(2) 필립스 곡선

① 영국의 경제학자의 필립스(Phillips)는 영국의 100여 년간의 통계자료를 분석하여 인플레이션율(물가상승률, 임금상승률)과 실업률 간에 역의 상관관계가 성립한다는 것을 발견하였는데, 이 관계를 나타내는 곡선이 필립스 곡선(Phillips curve)이다.
② 정부가 총수요를 증가시키면 경기부양을 통해 실업률을 단기적으로 줄일 수 있지만 물가상승이 수반되어 인플레이션율이 증가하게 되고, 반대로 총수요를 감소시키면 물가안정을 통해 인플레이션율을 단기적으로 줄일 수 있지만 경기침체가 수반되어 실업률은 증가하게 된다.
③ 즉, 필립스 곡선은 낮은 인플레이션율과 낮은 실업률이 동시에 달성될 수 없다는 것을 보여 준다.

> **기/출/족/보** 출제지수 ■□□
>
> **12년 3회**
> 실업률과 인플레이션 간의 상충관계를 나타내는 필립스 곡선이 오른쪽으로 이동하는 요인 3가지를 쓰시오.
>
> **POINT**
> 필립스 곡선이 원점에서 멀어지는 요인을 그 원리와 함께 학습하도록 한다.

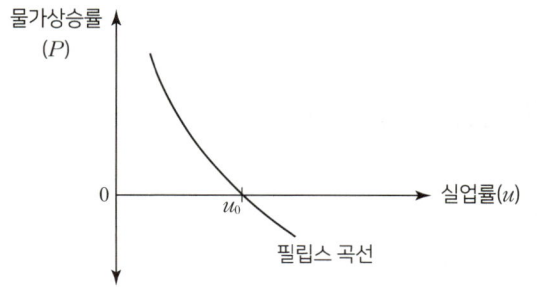

[필립스 곡선]

④ 필립스 곡선의 이동 요인
  ㉠ 기대인플레이션의 증가: 높은 인플레이션이 예상될수록 노동자들은 실질임금 유지를 위해 더 높은 명목임금 인상을 요구하고, 이로 인해 동일한 실업률에 대해 보다 높은 물가상승률이 대응되어 필립스 곡선이 원점에서 더 멀어지게 된다.
  ㉡ 노동인구의 연령 및 성별 구성의 변화: 청소년이나 여성 노동자의 구성비율이 높아지면 동일한 인플레이션에 대해 보다 높은 실업률이 대응되어 필립스 곡선이 원점에서 더 멀어지게 된다.
  ㉢ 부문별 실업률의 격차: 노동시장의 각 부문 간의 실업률 격차가 클수록 동일한 실업률에 대해 보다 높은 임금상승률이 대응되어 필립스 곡선이 원점에서 더 멀어지게 된다.

(3) 자연실업률 가설

① 프리드만과 펠프스(Friedman & Phelps)는 정부가 인플레이션율이 상승하는 것을 감안하고서라도 실업률을 낮추려 한다고 해도, 실업률은 일시적으로 낮아질 뿐 장기적으로는 원래의 수준으로 다시 돌아간다고 주장하였다.

② 이처럼 자연실업률 가설에서는 실업률이 인플레이션율과 관계없이 자연실업률 수준에서 고정되며, 이에 따라 장기 필립스 곡선은 수직의 형태가 된다고 본다.

③ 자연실업률 가설의 내용
   ㉠ 자연실업률은 노동시장이 정상적으로 작동하는 상태에서 노동수요와 노동공급이 일치하는 균형실업률을 말한다.
   ㉡ 프리드만은 현실에서 실업률이 0인 상태가 이루어지는 것은 불가능하며, 자연실업률 수준이 완전고용에 도달한 상태라고 보았다.
   ㉢ 마찰적 실업은 대부분 자연적인 실업에 해당하기 때문에 마찰적 실업만이 있는 상태를 완전고용의 상태로 볼 수도 있다.

테마 2 실업의 구분 및 형태

1 실업의 구분

(1) 자발적 실업과 비자발적 실업

① 자발적 실업
   ㉠ 자발적 실업은 여러 가지 이유로 인해 자발적으로 실업을 선택하고 있는 경우이다.
   ㉡ 일반적으로 마찰적 실업이 자발적 실업에 해당한다.

② 비자발적 실업
   ㉠ 비자발적 실업은 현재의 임금수준으로 일할 능력과 의사가 있음에도 불구하고 일자리를 얻지 못하는 경우이다.
   ㉡ 일반적으로 경기적 실업, 구조적 실업 등이 비자발적 실업에 해당한다.

(2) 수요부족 실업과 비수요부족 실업

① 수요부족 실업
   ㉠ 수요부족 실업은 총수요의 부족으로 노동에 대한 수요가 감소함에 따라 발생하는 실업이다.

> **기/출/족/보** 출제지수 ■■□
> 21년 2회, 17년 2회
> 비수요부족 실업에 해당하는 대표적인 실업 3가지를 쓰고 설명하시오.

ⓒ 경기적 실업이 수요부족 실업에 해당한다.
② 비수요부족 실업
　㉠ 비수요부족 실업은 수요부족 실업과 달리 총수요와 큰 연관 없이 노동시장의 불균형이나 마찰 등에 의해 발생하는 실업이다.
　㉡ 마찰적 실업, 구조적 실업, 계절적 실업 등이 비수요부족 실업에 해당한다.

POINT
'자발적 실업 vs 비자발적 실업'과 '수요부족 실업 vs 비수요부족 실업'을 혼동하지 않도록 유의한다.

2 실업의 형태

(1) 마찰적 실업
① 노동자가 자신에게 가장 유리한 직장을 찾기 위해서 정보수집활동에 종사하고 있을 동안의 실업상태로 정보의 불완전성에 기인한다.
② 사람들이 더 좋은 직장을 찾기 위하여 잠시 쉬고 있다거나 학교를 졸업하고 직장을 찾는 과정에서 발생하며, 사회적 비용이 상대적으로 적게 유발되는 실업이다.
③ 경제가 완전고용 상태이더라도 마찰적 실업(자발적 실업)이 있으므로 실업률은 0이 아니다.
④ 해고에 대한 사전 예고와 통보가 있다면 노동자들이 미리 직업탐색 및 정보수집을 할 수 있기 때문에 마찰적 실업이 감소할 수 있다.
⑤ 마찰적 실업을 줄이기 위한 대책
　㉠ 구인 · 구직 정보제공시스템의 효율성 제고
　㉡ 고용실태 및 전망에 관한 자료 제공
　㉢ 구인 · 구직에 대한 전국적 전산망 연결
　㉣ 직업안내와 직업상담 등 직업알선기관에 의한 효과적인 알선

(2) 경기적 실업
① 생산물시장에서의 총수요(유효수요)의 감소가 노동에 대한 수요의 감소로 이어지면서 발생하는 실업으로, 총수요의 감소가 경기적 실업의 주된 원인이라고 볼 수 있다.
② 경기적 실업의 주된 원인은 총수요의 감소이기 때문에 해고에 대한 사전 예고와 통보가 있다고 하더라도 실업을 줄이기 어렵다.
③ 경기적 실업을 줄이기 위한 대책: 다음과 같은 총수요 증대 및 경기 활성화 정책을 통해 경기적 실업을 줄일 수 있다.
　㉠ 재정지출의 확대
　㉡ 금리 인하
　㉢ 법인세 인하

기/출/족/보 출제지수 ■■□

18년 1회
실업의 유형 중 마찰적 실업, 구조적 실업의 발생 원인과 대책을 쓰시오.

17년 1회
실업자의 정의와 마찰적 실업과 구조적 실업의 공통점과 차이점을 쓰시오.

15년 2회
실업의 유형 중 마찰적 실업, 구조적 실업, 경기적 실업에 대하여 각각 설명하시오.

POINT
각 실업 형태의 원인, 대책을 중심으로 내용을 파악하도록 한다.

(3) 구조적 실업

① 산업구조 변동 시 성장산업의 기업들이 요구하는 기술과 사양산업에 종사하던 노동자들이 제공하는 기술이 서로 맞지 않아 사양산업에 종사하던 노동자들이 성장산업으로 즉시 이동할 수 없기 때문에, 즉 산업구조 변화에 노동력 공급이 적절히 대응하지 못해서 발생하는 실업이다.

> **예** 디지털 카메라의 등장으로 기존의 필름산업이 쇠퇴하여 필름산업 종사자들이 일자리를 잃을 때 발생하는 실업

② 최저임금제, 노동조합의 임금인상 압력, 효율성임금 등으로 임금이 균형임금보다 높아질 때 발생할 수 있다.

③ 해고에 대한 사전 예고와 통보가 있다면 노동자들이 미리 성장산업의 기술을 배울 수 있기 때문에 구조적 실업이 감소할 수 있다.

④ 구조적 실업을 줄이기 위한 대책
  ㉠ 노동자의 전직과 관련된 재훈련 실시, 직업훈련 기회의 제공
  ㉡ 직업전환교육
  ㉢ 이주에 대한 보조금
  ㉣ 산업구조 변화 예측에 따른 인력수급정책

(4) 계절적 실업의 의미 및 특징

① 산업 자체의 계절성으로 인해 발생하는 일시적인 실업이다.

② 농업, 건설업, 관광산업, 식음료업 등 기후나 계절의 변화에 따라 노동수요의 변화가 심한 부문에서 주로 발생한다.

③ 계절적 실업을 줄이기 위한 대책
  ㉠ 농가시설자금 지원
  ㉡ 공공근로사업 확충
  ㉢ 비수기에 일할 수 있는 대체 근무처 확보

(5) 잠재적 실업

① 노동의 한계생산물이 거의 0에 가까운 실업을 말한다.

② 표면적으로 취업상태에 있지만 실질적으로 실업상태에 있는 농촌의 과잉인구 등이 해당된다.

③ 구직의 가능성이 높았더라면 노동시장에 참가하여 적어도 구직활동을 했을 사람이 그와 같은 전망이 없거나 낮다고 판단하여 비경제활동인구화되어 있는 경우를 말한다.

테마 3 실업의 원인과 대책

1 부가노동자효과와 실망노동자효과

(1) 부가노동자효과(added worker effect)
① 경기침체로 가구주가 일자리를 잃으면 가족구성원 중 주부나 학생과 같이 비경제활동인구였던 노동력이 구직활동을 하게 되는데, 이들을 부가노동자라고 한다.
② 즉, 부가노동자란 비경제활동인구가 경제활동인구로 전환된 것이다.
③ 경기침체 시에는 취업이 쉽지 않으므로 부가노동자들도 일자리를 얻지 못하고 실업 상태로 지낼 가능성이 높다.
④ 이 경우 부가노동자들이 이제는 실업률($=\dfrac{\text{실업자 수}}{\text{경제활동 인구수}} \times 100$) 집계에 포함되면서 실업률이 상승하게 되는데, 이를 부가노동자효과라고 한다.

(2) 실망노동자효과(discouraged worker effect)
① 경기침체로 직장을 구하는 것이 더욱 어렵게 되면 실업자들은 구직활동을 아예 단념하게 되는데, 이들을 '실망노동자, 실망실업자, 실망노동력인구, 구직단념자' 등으로 부른다.
② 즉, 실망노동자란 경제활동인구였던 실업자들이 비경제활동인구가 된 것이다.
③ 실망노동자는 더 이상 실업률($=\dfrac{\text{실업자 수}}{\text{경제활동 인구수}} \times 100$) 집계에 포함되지 않으므로, 실망노동자가 많아지면 실업률은 감소하게 되는데, 이를 실망노동자효과라고 한다.

(3) 실업률과의 관계
① 부가노동자효과는 실업률을 상승(+)시키고, 실망노동자효과는 실업률을 감소(−)시킨다.
② 따라서 경기침체 시에는 부가노동자효과와 실망노동자효과의 상대적인 크기에 따라서 실업률 변화의 정도도 달라지게 된다.
③ 만약 경기침체에도 불구하고 실업률이 크게 높아지지 않았다면 실망노동자효과가 부가노동자효과보다 컸기 때문이다.
④ 지금까지의 연구에 따르면, 경기침체 시에는 대체로 실망노동자효과가 부가노동자효과보다 큰 것으로 나타나고 있다.

기/출/족/보 출제지수 ■□□

14년 3회
불경기 시 부가노동자와 실망노동자 수의 증가가 실업률에 미치는 효과를 비교하여 설명하시오.

POINT
부가노동자효과와 실망노동자효과를 실업률 산식과 연계하여 이해하도록 한다.

2 실업 대책

(1) 소득정책

① 소득정책은 1960년대 선진국에서 실업률과 물가상승률 간의 상충관계를 개선하고자 실시했던 정책이다.
② 고용을 늘리는 정책을 추구하면 물가가 상승하고, 반대로 물가를 안정시키는 정책을 추구하면 실업자가 증가하는 문제를 근본적으로 해결하기 위한 것이다.
③ 정부가 완전고용과 물가안정의 양립을 위해 인위적으로 개입하기 때문에 불평등과 비효율의 문제가 발생할 수 있다.
④ 소득정책의 효과
  ㉠ 성장산업의 위축을 초래할 수 있다.
  ㉡ 행정적 관리비용이 증가할 수 있다.
  ㉢ 임금억제에 이용될 가능성이 크다.
  ㉣ 급격한 물가상승기에 일시적으로 사용하는 경우에는 효과를 거둘 수 있다.

(2) 우리나라의 일반적인 실업대책

① 고용안정정책
  ㉠ 취업정보망 구축
  ㉡ 취업알선 등 고용서비스
  ㉢ 직업훈련의 효율성 제고
② 고용창출정책
  ㉠ 창업을 위한 인프라 구축
  ㉡ 공공부문 유연성 확립
  ㉢ 공공투자사업 확충
③ 사회안전망 형성정책
  ㉠ 실업급여
  ㉡ 실업부조금

(3) OECD의 분류에 따른 노동시장정책

① 적극적 노동시장정책(ALMP: Active Labor Market Policy)
  ㉠ 취업알선
  ㉡ 직업훈련(직업계속 및 전환교육)
  ㉢ 고용지원 및 보조
  ㉣ 청년 대책 및 고용촉진
  ㉤ 장애인 대책 및 고용촉진

② 소극적 노동시장정책(PLMP: Passive Labor Market Policy)
  ㉠ 실업보험 및 실업급여 지급
  ㉡ 실업자 대부
  ㉢ 실직자녀 학자금 지원

대표 기출문제

제4과목 노동시장론
CHAPTER 03 실업의 이해

01 실업률과 인플레이션 간의 상충관계를 나타내는 필립스 곡선이 오른쪽으로 이동하는 요인 3가지를 쓰고 설명하시오. 2012년 3회

득점	배점
점	6 점

※ 요인 1가지당 2점
(설명 미작성 시 1점)

합격답안　　　　　　　　　　실업이론 ▶ 필립스 곡선

○ 기대인플레이션 증가: 높은 인플레이션이 예상될수록 노동자들은 실질임금 유지를 위해 더 높은 명목임금 인상을 요구하고, 이로 인해 동일한 실업률에 대해 보다 높은 물가상승률이 대응되어 필립스 곡선이 오른쪽으로 이동한다.

○ 노동인구의 연령·성별 구성 변화: 청소년이나 여성 노동자의 구성비율이 높아지면 동일한 인플레이션에 대해 보다 높은 실업률이 대응되어 필립스 곡선이 오른쪽으로 이동한다.

○ 부문 간 실업률 격차: 노동시장의 각 부문 간의 실업률 격차가 클수록 동일한 실업률에 대해 보다 높은 임금상승률이 대응되어 필립스 곡선이 오른쪽으로 이동한다.

답안 작성법

각 요인에서 무엇이 증가하는지를 언급하도록 한다.

문장 구성 키워드

- 기대인플레이션 증가 → 동일 실업률, 높은 물가상승률
- 청소년·여성 노동자 비율 증가 → 동일 인플레이션, 높은 실업률
- 부문 간 실업률 격차 증가 → 동일 실업률, 높은 임금상승률

02 비수요부족 실업에 해당하는 대표적인 실업 3가지를 쓰고 설명하시오.

2021년 2회, 2017년 2회

득점	배점
점	6 점

※ 실업 1가지당 2점
 (설명 미작성 시 1점)

○

○

○

합격답안

실업의 구분 ▶ 수요부족 실업과 비수요부족 실업

○ **마찰적 실업**: 노동자가 자신에게 가장 유리한 직장을 찾기 위해서 정보수집활동에 종사하고 있을 동안의 실업을 말한다. 구인·구직 정보제공시스템의 효율성 제고, 직업알선기관에 의한 효과적인 알선 등을 통해 해결할 수 있다.
○ **구조적 실업**: 산업구조 변화에 노동력 공급이 적절히 대응하지 못해서 발생하는 실업이다. 노동자의 전직과 관련된 재훈련 실시, 직업훈련 기회의 제공 등을 통해 해결할 수 있다.
○ **계절적 실업**: 농업, 건설업, 관광산업, 식음료업 등의 부문에서 산업 자체의 계절성으로 인해 발생하는 실업이다. 농가시설자금 지원, 공공근로사업 확충 등을 통해 해결할 수 있다.

답안 작성법

비수요부족 실업에 해당하는 마찰적, 구조적, 계절적 실업을 명시하는 것이 가장 중요하고, 설명으로는 실업 원인과 대책을 작성하도록 한다.

문장 구성 키워드

• 마찰적: 정보
• 구조적: 산업구조 변화
• 계절적: 계절성

03 실업자의 정의와 마찰적 실업과 구조적 실업의 공통점과 차이점을 쓰시오.　　　　　　　　　　　　　　2017년 1회

득점	배점
점	5 점

※ 실업자의 정의 1점, 공통점 2점, 차이점 2점

○ 실업자의 정의

○ 마찰적 실업과 구조적 실업의 공통점

○ 마찰적 실업과 구조적 실업의 차이점

합격답안

실업의 형태 ▶ 마찰적 실업, 구조적 실업

○ **실업자의 정의**: 실업자는 일할 의사와 일할 능력이 있음에도 불구하고 일자리가 없는 사람을 뜻한다. 경제활동인구조사에서의 실업자는 조사대상주간에 수입 있는 일을 하지 않았고, 지난 4주간 일자리를 찾아 적극적으로 구직활동을 하였던 사람으로서 일자리가 주어지면 즉시 취업이 가능한 사람을 말한다.
○ **마찰적 실업과 구조적 실업의 공통점**: 총수요와 큰 연관 없이 노동시장의 불균형에 의해 발생하는 비수요부족 실업이다. 또한 해고에 대한 사전 예고와 통보가 있다면 감소시킬 수 있는 실업이다.
○ **마찰적 실업과 구조적 실업의 차이점**: 마찰적 실업은 노동자가 자신에게 가장 유리한 직장을 찾기 위해서 정보수집활동을 하는 동안 발생하는 자발적 실업이고, 구조적 실업은 산업구조 변화에 노동력 공급이 적절히 대응하지 못해서 발생하는 비자발적 실업이다. 또한 마찰적 실업은 효율적 정보 제공을 통해 해소할 수 있는 반면, 구조적 실업은 직업전환교육 등을 통해 해소할 수 있다.

답안 작성법

실업자는 일반적인 정의에 덧붙여 경제활동인구조사상의 공식적 정의를 작성해 주면 좋다.

문장 구성 키워드

- 실업자: 일할 의사, 일할 능력
- 공통점: 비수요부족 실업, 해고 사전 통보 시 감소 가능
- 차이점: 자발적 실업 vs 비자발적 실업, 정보 제공 vs 직업전환교육

04 불경기 시 부가노동자와 실망노동자 수의 증가가 실업률에 미치는 효과를 비교하여 설명하시오. 2014년 3회

득점	배점
점	6점

※ 부가노동자효과 설명 2점,
실망노동자효과 설명 2점,
두 효과 비교 2점

○ 부가노동자 증가가 미치는 효과

○ 실망노동자 증가가 미치는 효과

○ 두 효과의 비교

합격답안
실업의 원인 ▶ **부가노동자효과와 실망노동자효과**

○ **부가노동자 증가가 미치는 효과**: 경기침체가 계속되면 가족구성원 중 비경제활동인구였던 노동력이 구직활동을 하게 되는데, 이들을 부가노동자라고 한다. 즉, 부가노동자란 비경제활동인구가 경제활동인구로 전환된 것이다. 경기침체 시에는 부가노동자들도 실업상태로 지낼 가능성이 높은데, 이들은 실업률 집계에 포함되므로, 부가노동자가 증가하면 실업률이 상승한다.
○ **실망노동자 증가가 미치는 효과**: 경기침체가 계속되면 실업자들은 구직활동을 아예 단념하게 되는데, 이들을 실망노동자라고 한다. 즉, 실망노동자란 경제활동인구였던 실업자들이 비경제활동인구가 된 것이다. 실망노동자는 더 이상 실업률 집계에 포함되지 않으므로, 실망노동자가 증가하면 실업률은 감소한다.
○ **두 효과의 비교**: 경기침체 시에는 부가노동자효과와 실망노동자효과의 상대적인 크기에 따라서 실업률의 변화 정도도 달라진다. 지금까지의 연구에 따르면, 경기침체 시에는 대체로 실망노동자효과가 부가노동자효과보다 큰 것으로 나타나고 있다.

답안 작성법
부가노동자, 실망노동자의 정의를 통해 이들이 실업률 집계에 포함되는지 여부를 설명하도록 한다.

문장 구성 키워드
- 부가노동자: 비경제활동인구 → 경제활동인구 → 실업률 상승
- 실망노동자: 경제활동인구 → 비경제활동인구 → 실업률 감소
- 비교: 상대적 크기에 따라 달라짐, 연구는 실망노동자효과>부가노동자효과

CHAPTER 04 노사관계이론

테마 1 노사관계

1 노사관계의 이해

(1) 노사관계의 개념
  ① 노동력을 공급하고 임금을 지급받는 노동자와 노동력을 수요하고 임금을 지급하는 사용자가 형성하는 관계이다.
  ② 노사관계의 구분
    ㉠ 개별적 노사관계: 개별 노동자와 사용자가 형성하는 관계를 말한다.
    ㉡ 집단적 노사관계: 노동자 집단과 개별적 사용자 또는 노동자 집단과 사용자 집단 간의 관계를 말한다.

(2) 노사관계의 발전 과정
  ① 전제적 노사관계: 자본시장 경제의 기반이 형성되기 전인 19세기 중엽까지 두드러졌던 노사관계로, 사용자의 일방적인 의사에 따라 노동자의 임금 및 노동조건이 결정되고, 노동자의 인간적인 요소가 무시되는 독재적 성격을 띠고 있었다.
  ② 온정적 노사관계: 자본주의가 발달함에 따라 전제적 노사관계 아래에서 생산성이 저하되자, 사용자는 가부장적 온정주의에 입각하여 주택, 의료 등의 복리후생시설을 노동자에게 제공해 주었다.
  ③ 완화적 노사관계: 19세기 말부터 기업규모가 확대되고 관리의 합리화가 추진되었으며, 근대적 노동시장이 형성되고 직업별 노동조합이 출현하면서 사용자의 전제가 완화되었지만, 아직 노동조합 세력이 자본가 세력과 대등한 위치에 이르지는 못하였다.
  ④ 민주적 노사관계(뉴딜적 노사관계): 1929년 경제대공황 이후 전문경영자가 등장하여 경영자 단체의 조직화가 일반화되었고, 경제대공황을 극복하기 위해 미국 정부가 실시한 뉴딜정책은 노동자들의 실질구매력을 높이기 위해 노동자들이 노동조합에 가입하고 임금 및 근로조건을 향상시킬 수 있도록 장려하였다.

2 노사관계의 이론

(1) 노사관계 시스템이론
① 노사관계 시스템이론은 던롭(Dunlop)이 복잡한 현상으로 이루어져 있는 노사관계를 분석하여 하나의 이론으로 체계화한 것이다.
② 노사관계의 3주체
　㉠ 노동자 및 단체
　㉡ 사용자 및 단체
　㉢ 정부 및 관련 기관
③ 노사관계를 규제하는 요건
　㉠ 기술적 특성: 노동자의 질과 양, 생산과정, 생산방법 등이 노사관계에 영향을 미친다.
　㉡ 시장 또는 예산상의 제약: 생산물 시장의 형태, 기업 경영 조건으로서의 비용·이윤 등이 노사관계에 영향을 미친다.
　㉢ 각 주체의 세력관계: 노사관계뿐만 아니라 광범위한 사회 내 주체들의 권력구조가 노사관계에 영향을 미친다.

(2) 이원적 노사관계론
① 노사관계는 '개별적 관계와 집단적 관계', '협력적 관계와 대립적 관계', '경제적 관계와 사회적 관계' 등 이중성을 띠고 있는데, 이러한 노사관계에 대해 이원론적 차원에서 접근하는 것이 이원적 노사관계론이다.
② 이원적 노사관계의 구조

제1차 관계	• 경영 대 종업원 관계 • 친화, 우호, 협력을 토대로 한 관계
제2차 관계	• 경영 대 노동조합 관계 • 임금 및 근로조건에 관하여 상반된 입장을 가지고 있는 관계

> **기/출/족/보** 출제지수 ■□□
>
> **19년 1회**
> 던롭의 노사관계 시스템이론에서 노사관계의 3주체와 노사관계를 규제하는 환경적 여건 3가지를 쓰시오.
>
> **16년 3회**
> 던롭의 시스템이론에서 노사관계를 규제하는 3가지 요건을 쓰시오.
>
> **POINT**
> 3주체와 3요건을 반드시 외워 두도록 한다.

테마 2 노동조합

1 노동조합의 이해

(1) 노동조합의 의미
① 「노동조합 및 노동관계조정법」에서는 노동조합에 대해 '근로자가 주체가 되어 자주적으로 단결하여 근로조건의 유지·개선 기타 근로자

의 경제적·사회적 지위의 향상을 도모함을 목적으로 조직하는 단체 또는 그 연합단체'라고 정의하고 있다.
② 시드니와 베아트리스 웹(Sidney & Beatrice Webb)은 노동조합에 대해 '임금노동자들이 그들의 근로 조건을 유지하고 개선할 목적으로 조직한 영속적 단체'라고 정의하면서, 그와 같은 목적을 실현하기 위한 수단으로는 노동시장의 조절, 표준근로조건의 설정 및 유지와 공제제도 등이 있다고 말하였다.

(2) 노동조합의 기능
① 임금을 인상시키는 기능을 한다.
② 근로조건을 개선하는 기능을 한다.
③ 각종 공제활동 및 복지활동을 할 수 있다.
④ 특정 정당과 연계하여 정치적 영향력을 발휘할 수 있다.
⑤ 집단적 소리로서의 기능을 하여 비효율을 제거하고 생산성을 증진시킬 수 있다.

(3) 노동조합운동의 이념
① 정치적 조합주의
  ㉠ 노사관계를 이해의 조정이 불가능한 적대적 대립관계로 파악한다.
  ㉡ 노동조합의 목적은 자본주의의 척결과 사회주의 실현에 있다고 주장한다.
  ㉢ 노동조합운동이 정치에 종속된다고 본다.
② 경제적 조합주의
  ㉠ 노사관계를 기본적으로 이해대립의 관계로 보고 있으나 이해조정이 가능한 비적대적 관계로 이해한다.
  ㉡ 노동조합운동의 목적은 노동자들의 근로조건을 포함한 생활조건의 개선과 유지에 있다고 본다.
  ㉢ 노동조합운동이 정치로부터 독립되어야 한다고 주장한다.
  ㉣ 경영전권을 인정하며 경영참여를 회피해 온 노선이다.
③ 국민적 조합주의
  ㉠ 노사관계를 공동의 이해관계로 보고, 노사를 공동협력자나 사회적 동반자로 파악한다.
  ㉡ 노동조합의 목적과 기업의 목적이 동일하다고 본다.
  ㉢ 노동조합운동과 정치가 사회적 협동주의의 성격을 갖는다고 주장한다.

기/출/족/보 출제지수 ■□□

17년 2회
경제적 조합주의의 특징 3가지를 쓰시오.

POINT
각 이념별로 노사관계를 보는 시각, 노동조합의 목적, 노동조합운동과 정치의 관계를 파악하도록 한다.

2 노동조합의 경제적 효과

(1) 노동조합의 두 얼굴
① 하버드 대학의 교수인 프리만과 메도프(Freeman & Medoff)는 노동조합에 대한 연구를 통해 노동조합이 부정적 측면과 긍정적 측면을 동시에 갖는다고 주장하였는데, 이것을 '노동조합의 두 얼굴'이라고 한다.
② 프리만과 메도프가 지적한 노동조합의 두 얼굴
  ㉠ 독점: 노동력 공급을 독점하면서 조합원의 이익만을 주장함으로써 완전경쟁시장의 질서를 교란한다.
  ㉡ 집단적 목소리: 조합원을 비롯한 근로자들의 요구사항을 기업경영에 반영할 수 있게 한다.

(2) 노동조합의 임금효과
① 파급효과(spillover effect, 이전효과, 해고효과)
  ㉠ 노동조합의 노동공급 제한과 임금인상에 의하여 실업자가 된 노동자들이 노동조합 비조직부문에 취업하려고 하면서, 비조직부문의 노동공급이 증가하여 임금이 하락하는 것을 말한다.
  ㉡ 파급효과로 인해 노동조합 조직부문과 비조직부문 간의 임금격차가 확대된다.
  ㉢ 노동조합 조직부문은 노동공급곡선이 좌측으로 이동하여 임금이 상승하고, 노동조합 비조직부문은 노동공급곡선이 우측으로 이동하면서 임금이 하락하는 원리이다.
② 위협효과(threat effect)
  ㉠ 노동조합 비조직부문의 기업주들이 노동조합이 결성될 것이라는 잠재적인 위협에 의해서 이전보다 임금을 더 많이 인상시키는 것을 말한다.
  ㉡ 일반적으로 노동조합 조직부문과 비조직부문 간의 임금격차를 축소시키는 효과가 있다.
③ 대기실업효과(wait unemployment effect)
  ㉠ 노동조합 조직부문과 비조직부문 간의 임금격차가 매우 클 경우 실직자가 조직부문에 취업하기 위해 실업상태로 대기하는 것을 말한다.
  ㉡ 비조직부문의 노동공급이 감소함으로써 임금이 상승하게 되고, 이에 따라 노동조합 조직부문과 비조직부문 간의 임금격차를 축소시키는 효과가 있다.

기/출/족/보 출제지수 ■□□

18년 3회
노동조합의 임금효과가 발생하는 경로 중 이전효과와 위협효과에 대해 설명하시오.

POINT
각 효과별로 노동조합 조직부문과 비조직부문을 구분하고, 임금이 어떻게 변하는지를 파악해 두도록 한다.

3 노동조합의 형태

(1) 직업별(직종별) 노동조합(craft union)

① 동일 직업의 노동자들이 소속 기업이나 공장에 관계없이 가입한 횡적 조직이다.

② 특별한 기능이나 직업 또는 숙련도에 따라 조직된, 배타적이며 동일 직업의식이 강한 노동조합이다.

③ 산업혁명 초기 영국에서 숙련노동자가 노동시장을 독점하기 위한 조직으로 결성한 것으로, 노동조합의 역사에서 가장 오래된 조합의 형태이다.

④ 직업별 노동조합의 장단점

장점	• 동일한 직종을 가지는 노동자로 이루어져 있기 때문에 연대의식과 단결력이 강하다. • 기업 단위로 조직된 조합이 아니므로 실업자도 조합에 가입할 수 있다.
단점	• 숙련노동자만의 이익옹호단체가 될 수 있으며, 이에 따라 미숙련노동자의 반발을 불러올 수 있다. • 기업 단위를 초월하여 조직되었기 때문에 사용자와의 관계가 희박할 수 있다.

(2) 산업별 노동조합(industrial union)

① 직업이나 직종의 여하를 불문하고 동일 산업에 종사하는 노동자가 조직하는 노동조합의 형태이다.

② 오늘날 노동조합의 가장 대표적인 형태이다.

③ 산업별 노동조합의 장단점

장점	• 임시직, 일용직 근로자를 조직하기 용이하다. • 해당 산업 분야의 정보자료 수집·분석이 용이하다.
단점	• 기업별 특수성을 고려하기 어렵다. • 산업 분야별 내부에서 직종 간의 이해대립을 초래할 우려가 있고, 형식적인 단결에 그칠 수 있다.

(3) 기업별 노동조합(company union)

① 동일한 기업에 종사하는 노동자들이 직종의 구분 없이 종단적으로 조직된 노동조합의 형태이다.

② 노동자들의 횡단적 연대가 뚜렷하지 않고, 동종·동일 산업이라도 기업 간의 시설규모, 지불능력의 차이가 큰 곳에서 조직된다.

③ 우리나라 노동조합의 주된 조직 형태이다.

④ 기업별 노동조합의 장단점

장점	• 조합 구성이 용이하며, 조합원 간의 친밀감이 높다. • 단체교섭 타결이 용이하다. • 노동조합이 회사의 사정에 정통하여 무리한 요구로 인한 노사분규의 가능성이 낮다.
단점	• 노동시장 분단이 심화될 수 있다. • 사용자와의 밀접한 관계로 어용화의 가능성이 높다. • 직종 간의 요구조건을 공평하게 처리하기 곤란하여 직종 간에 반목과 대립이 발생할 수 있다.

(4) 일반 노동조합(general union)

① 원칙적으로는 모든 노동자들을 대상으로 하는 노동조합이지만, 주로 노동조합의 연대에 합류하지 못한 미숙련노동자, 잡역노동자들이 중심이 되어 만들어진 형태이다.

② 영국의 경우 일반 노동조합이 직업별 노동조합에 뒤이어 일찍부터 발달하였다.

③ 일반 노동조합의 장단점

장점	• 저임금의 미숙련노동자, 여성노동자, 연소노동자들도 가입할 수 있다. • 조합원들이 직종, 산업, 지역 등에 관계없이 분산되어 있으므로, 광범위한 노동자들의 최저생활에 필요한 조건들을 확보할 수 있다.
단점	• 내적 단결이 어렵기 때문에 중앙집권적 관료체제가 요구될 수 있어, 오히려 노사 민주주의를 저해할 수 있다. • 의견의 조정이나 통일이 어렵고 단체교섭의 상대방이 불명확하다.

4 노동조합과 숍 제도

(1) 오픈 숍(open shop)

① 기업은 조합원이 아닌 노동자를 채용할 수 있고 채용된 근로자가 노동조합 가입 여부에 상관없이 기업의 종업원으로 근무하는 데 아무 제약이 없는 숍 제도이다.

② 오픈 숍 제도하에서 노동조합은 상대적으로 노동력의 공급을 독점하기 어렵다.

③ 노동조합이 조합원의 확대와 사용자와의 교섭에서 가장 불리하다고 볼 수 있는 숍 제도이다.

> **기/출/족/보** 출제지수 ■□□
>
> 17년 3회
> 노동조합의 양적인 측면의 단결 강제는 숍 제도이다. 노동조합 숍의 종류 4가지를 쓰고 설명하시오.
>
> **POINT**
> 채용 전과 후에 노동조합 가입이 의무인지 아닌지를 따져 보면서 각 숍 제도를 이해하도록 한다.

(2) 클로즈드 숍(closed shop)
① 기업은 조합원 자격이 있는 노동자만을 채용하고, 일단 고용된 노동자라도 조합원 자격을 상실하면 종업원이 될 수 없는 숍 제도이다.
② 클로즈드 숍 제도하에서는 노동조합의 노동공급원이 독점되며, 이때 노동공급곡선은 수직의 형태이다.
③ 노동조합의 조직력을 가장 강화시킬 수 있는 숍 제도로, 관련 노동시장에 강력한 영향을 미친다.
④ 우리나라에서는 원칙적으로 클로즈드 숍을 금지하고 있지만, 현실적인 여건을 고려하여 항운노동조합에 대해서만 클로즈드 숍을 허용하고 있다.

(3) 유니언 숍(union shop)
① 기업이 노동자를 채용할 때는 노동조합에 가입하지 않은 노동자를 채용할 수 있지만, 일단 채용된 노동자는 일정 기간 내에 노동조합에 가입하여야 하며, 조합에서 탈퇴하거나 제명되는 경우 종업원 자격을 상실하는 숍 제도이다.
② 즉, 사용자의 자유로운 채용이 허락되지만, 일단 채용된 후 일정한 견습기간이 지나 정식 종업원이 되면 노동조합에 반드시 가입해야 하는 숍 제도이다.
③ 오픈 숍과 클로즈드 숍의 중간 형태로 볼 수 있다.

(4) 에이전시 숍(agency shop)
① 노동조합 가입에 대한 강제조항이 없는 경우 비조합원은 노력 없이 노조원들의 조합활동에 따른 혜택을 보게 되므로, 노동조합이 혜택에 대한 대가로 비조합원들에게서도 노동조합비에 상당하는 금액을 징수하는 제도로, '대리기관 숍'이라고도 한다.
② 즉, 노동조합의 단체교섭 결과가 비조합원에게도 혜택이 돌아가는 현실에서 노동조합의 조합원이 아닌 비조합원에게도 단체교섭의 당사자인 노동조합이 회비를 징수하는 숍 제도이다.

(5) 프리퍼런셜 숍(preferential shop)
① 조합원과 비조합원을 차등적으로 대우하는 제도로, '우선 숍'이라고도 한다.
② 채용에 있어서 조합원에게 우선순위를 부여하고, 단체교섭에 의한 결과를 조합원에게만 적용하는 제도를 들 수 있다.

(6) 메인터넌스 숍(maintenance shop)
① 일단 조합원이 되면 일정 기간 동안 조합원 자격을 유지해야 하는 제도로, '조합원 유지 숍'이라고도 한다.
② 유니언 숍과 비조합주의의 타협안으로 만들어진 제도이다.

테마 3   파업의 경제적 분석

1 파업의 경제적 비용

(1) 사적 비용(private cost)
① 파업에 따른 경제적 손실 중 파업과 직접 관계되는 노사 양 당사자의 손실을 말한다.
② 노동조합 측의 사적 비용: 생산활동의 중단에 따라 임금을 받지 못하므로 발생하는 손실이다.
③ 사용자 측의 사적 비용: 노동조합 측의 생산활동 중단에 따라 발생하는 이윤의 감소이다.

(2) 사회적 비용(social cost)
① 사회적 비용이란 경제의 한 부문에서 발생한 파업으로 인한 타 부문에서의 생산 및 소비의 감소를 의미한다.
② 파업에 따르는 사회적 비용은 제조업보다 서비스업에서 더 큰 것이 일반적이며, 서비스 산업부문은 파업에 따른 사회적 비용이 상대적으로 큰 분야이다.
③ 파업에 따르는 생산량 감소는 타 산업의 생산량 증가로 보충하기도 한다.
④ 신고전학파가 주장하는 노동조합의 사회적 비용 증가 요인
    ㉠ 비노조와의 임금격차와 고용저하에 따른 배분적 비효율
    ㉡ 경직적 인사제도에 의한 기술적 비효율
    ㉢ 파업으로 인한 생산중단에 따른 생산적 비효율

2 파업이론

(1) 힉스(Hicks)의 단체교섭이론
① 파업이 발생한 후 파업이 끝나기까지의 과정을 설명하는 이론으로, 노사 양측의 정보의 비대칭성으로 인해 파업이 발생한다고 주장한다.
② 노동조합 측의 요구임금과 사용자 측의 제의임금은 파업기간의 함수, 즉 노사 양측이 수락하는 임금수준은 그 임금수준에 도달시키기까지 필요한 파업기간의 함수라고 본다.

기/출/족/보 출제지수 ■□□

12년 1회
힉스의 단체교섭이론을 그래프로 그리고 간략히 설명하시오.

POINT
그래프의 가로축과 세로축, 노동조합의 저항곡선과 사용자의 양보곡선의 방향을 파악해 두도록 한다.

③ 그래프의 해석

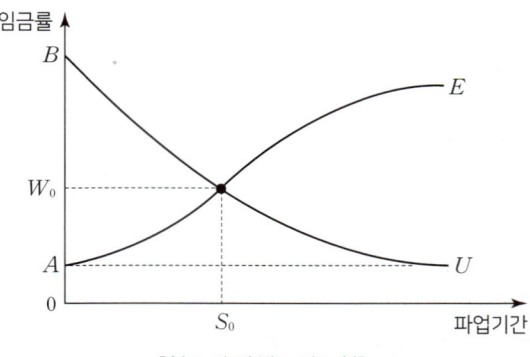

[힉스의 단체교섭모형]

㉠ BU 곡선은 노동조합의 저항곡선(resistance curve)이고, AE 곡선은 사용자의 양보곡선(concession curve)이며, A는 노동조합이 없거나 노동조합이 파업을 하기 이전 사용자들이 지불하려고 하는 임금수준이다.

㉡ 파업기간이 길어짐에 따라 노동조합은 요구임금률 수준을 낮출 수밖에 없고, 사용자는 점차 높은 임금을 지불하는 방향으로 양보할 수밖에 없으므로, 노동조합의 저항곡선은 우하향하고, 사용자의 양보곡선은 우상향한다.

㉢ 노동조합이 W_0보다 더 낮은 임금을 요구하면 사용자는 쉽게 수락하겠지만, 그때는 노동조합 내부에서 교섭대표자들과 일반조합원 간의 마찰이 불가피하다.

㉣ 노동조합이 W_0보다 더 높은 임금을 요구하면 사용자는 노동조합이 오랜 기간 파업을 지속하지 못할 것이라고 생각하여 그 요구를 거부하게 된다.

㉤ 노사가 S_0에서 파업을 중단하는 것이 이익이 된다는 것을 안다면 W_0 임금수준에서 교섭을 타결할 것이다.

㉥ 즉, 힉스의 파업이론에 의하면 노조의 저항곡선과 사용자의 양보곡선이 만나는 곳에서 파업기간이 결정된다.

(2) 매브리(Mabry)의 이론

① 노사 양측이 단체교섭에 임할 때 각자 최종적으로 수락할 용의가 있는 조건과 겉으로 제안하는 형식적 조건이 따로 있다고 보는 이론이다.

② 이 이론에서는 노조의 최종수락 조건이 사용자의 최종수락 조건보다 클 때 파업이 발생한다고 본다.

(3) 카터-챔벌린(Carter-Chamberlin)의 이론
① 단체교섭 과정에서 임금 등이 결정되는 과정을 교섭력(bargaining power)의 개념으로 설명하는 이론이다.
② 노조의 교섭력은 노조의 요구를 거부할 때 발생하는 사용자의 비용이 노조의 요구를 수락했을 때 발생하는 사용자의 비용보다 클 때 커진다고 본다.
③ 사용자의 교섭력은 사용자의 요구를 거부할 때 발생하는 노조의 비용이 사용자의 요구를 수락했을 때 발생하는 노조의 비용보다 클 때 커진다고 본다.

대표 기출문제

제4과목 노동시장론
CHAPTER 04 노사관계이론

01 던롭(Dunlop)의 노사관계 시스템이론에서 노사관계의 3주체와 노사관계를 규제하는 환경적 여건 3가지를 쓰시오.

2019년 1회, 2016년 3회

○ 노사관계의 3주체
  -
  -
  -

○ 노사관계를 규제하는 환경적 여건
  -
  -
  -

득점 [ ] 점
배점 6점
※ 주체 1가지당 1점, 여건 1가지당 1점

합격답안

노사관계 ▶ 노사관계 시스템이론

○ 노사관계의 3주체
  - 노동자 및 단체
  - 사용자 및 단체
  - 정부 및 관련 기관
○ 노사관계를 규제하는 환경적 여건
  - 기술적 특성: 노동자의 질과 양, 생산과정, 생산방법 등이 노사관계에 영향을 미친다.
  - 시장 또는 예산상의 제약: 생산물 시장의 형태, 기업 경영 조건으로서의 비용·이윤 등이 노사관계에 영향을 미친다.
  - 각 주체의 세력관계: 노사관계뿐만 아니라 광범위한 사회 내 주체들의 권력구조가 노사관계에 영향을 미친다.

답안 작성법
환경적 여건의 경우 간단한 설명을 덧붙여 주어도 좋다.

문장 구성 키워드
- 3주체: 노동자, 사용자, 정부
- 여건: 기술, 시장·예산, 세력관계

02 경제적 조합주의의 특징 3가지를 쓰시오. 2017년 2회

득점 점 / 배점 6점
※ 특징 1가지당 2점

합격답안   노동조합 ▶ 노동조합운동의 이념

○ 노사관계를 기본적으로 이해대립의 관계로 보고 있으나 이해조정이 가능한 비적대적 관계로 이해한다.
○ 노동조합운동의 목적은 노동자들의 근로조건을 포함한 생활조건의 개선과 유지에 있다고 본다.
○ 노동조합운동이 정치로부터 독립되어야 한다고 주장한다.

답안 작성법
노사관계를 보는 시각, 노동조합운동의 목적, 노동조합운동과 정치의 관계를 중심으로 답안을 구성한다.

문장 구성 키워드
• 이해대립, 비적대적
• 생활조건 개선
• 정치로부터 독립

03 노동조합의 임금효과가 발생하는 경로 중 이전효과(spillover effect)와 위협효과(threat effect)에 대해 설명하시오.

2018년 3회

득점	배점
점	4 점

※ 이전효과 2점, 위협효과 2점

○ 이전효과

○ 위협효과

합격답안

노동조합 ▶ 임금효과

○ 이전효과: 노동조합의 노동공급 제한과 임금인상에 의하여 실업자가 된 노동자들이 노동조합 비조직부문에 취업하려고 하면서, 비조직부문의 노동공급이 증가하여 임금이 하락하는 효과이다. 이전효과로 노동조합 조직부문과 비조직부문 간의 임금격차는 확대되는 경향이 있다.

○ 위협효과: 노동조합 비조직부문의 기업주들이 노동조합이 결성될 것이라는 잠재적인 위협에 따라 이전보다 임금을 더 많이 인상시키는 효과이다. 위협효과로 노동조합 조직부문과 비조직부문 간의 임금격차는 축소되는 경향이 있다.

답안 작성법

어느 부문에서 임금이 어떻게 변하는지를 설명해 주면 된다. 이에 덧붙여 조직/비조직 부문 간 임금격차의 변화를 언급해 주어도 좋다.

문장 구성 키워드

- 이전효과: 비조직부문 임금 하락
- 위협효과: 비조직부문 임금 인상

04 노동조합의 양적인 측면의 단결 강제는 숍(shop) 제도이다. 노동조합 숍의 종류 4가지를 쓰고 설명하시오. 2017년 3회

득점	배점
점	6 점

※ 종류 1가지당 1.5점
(설명 미작성 시 0.5점)

합격답안

노동조합 ▶ 숍 제도

- **오픈 숍(open shop)**: 기업은 조합원이 아닌 노동자를 채용할 수 있고, 채용된 노동자도 노동조합 가입 여부에 상관없이 종업원으로 근무하는 데 아무 제약이 없는 숍 제도이다. 노동조합이 조합원의 확대와 사용자와의 교섭에서 가장 불리한 제도이다.
- **클로즈드 숍(closed shop)**: 기업은 조합원 자격이 있는 노동자만을 채용하고, 일단 채용된 노동자라도 조합원 자격을 상실하면 종업원이 될 수 없는 숍 제도이다. 노동조합의 노동공급원이 독점되어 노동조합의 조직력을 가장 강화할 수 있는 제도이다.
- **유니언 숍(union shop)**: 기업이 노동조합에 가입하지 않은 노동자를 채용할 수 있지만, 일단 채용된 노동자는 일정 기간 내에 노동조합에 가입하여야 하며, 조합에서 탈퇴하거나 제명되는 경우 종업원 자격을 상실하는 숍 제도이다. 오픈 숍과 클로즈드 숍의 중간 형태로 볼 수 있다.
- **에이전시 숍(agency shop)**: 노동조합 가입에 대한 강제조항이 없는 경우 비조합원은 노력 없이 노조원들의 조합활동에 따른 혜택을 보게 되므로, 노동조합이 혜택에 대한 대가로 비조합원들에게서도 노동조합비에 상당하는 금액을 징수하는 제도이다.

답안 작성법

숍 제도에는 프리퍼런셜 숍, 메인터넌스 숍 등도 있지만, 가장 대표적인 숍 제도인 제시된 4가지로 답안을 구성하도록 한다.

문장 구성 키워드

- 오픈: 채용 전 가입 자유, 채용 후 가입 자유
- 클로즈드: 채용 전 가입 의무, 채용 후 가입 의무
- 유니언: 채용 전 가입 자유, 채용 후 가입 의무
- 에이전시: 비조합원 금액 징수

실력점검
기출모의고사

- 기출모의고사 각 회차별로 시험 시간은 2시간 30분, 총 배점은 100점, 문항 수는 18문항입니다.
- 계산 문제의 경우 계산 과정과 답을 모두 맞혀야 정답으로 인정됩니다.
- 답항은 문제에서 요구한 개수까지만 순서대로 채점합니다.
- 하나의 답항에 두 가지 이상의 답을 써도 하나의 답으로 보며, 하나의 답항에 정답과 오답이 모두 있는 경우에는 오답으로 처리합니다.

직업상담사 2급 2차 실기 통합서

제1회 기출모의고사
2023년 1회 실기시험

제2회 기출모의고사
2023년 2회 실기시험

제3회 기출모의고사
2023년 3회 실기시험

제1회 기출모의고사

2023년 1회 실기시험

01 노동수요의 탄력성을 구하는 공식을 쓰고, 노동수요의 탄력성에 영향을 주는 요인 3가지를 쓰시오.

배점 5점

○ 노동수요 탄력성 공식

○ 노동수요 탄력성 영향 요인
  -

  -

  -

02 직무분석 방법 중 면접법의 장점과 단점을 2가지씩 쓰시오.

배점 4점

○ 장점
  -

  -

○ 단점
  -

  -

연습란

03 검사-재검사 신뢰도에 영향을 미치는 요인 4가지를 쓰시오.

○

○

○

○

04 홀랜드(Holland) 직업흥미검사의 6가지 유형을 쓰시오.

○

○

○

○

○

○

연습란

05 행동주의 직업상담의 불안감소기법과 학습촉진기법에 해당하는 것을 2가지씩 쓰고 각각에 대해 설명하시오.

○ 불안감소기법
  -
  -

○ 학습촉진기법
  -
  -

06 다음은 한국직업사전의 직무기능 중 '자료'의 세부기능에 대한 설명이다. [보기]에서 각 설명에 해당하는 용어를 골라 빈칸에 기호를 쓰시오.

득점	배점
점	6점

[보기]
ㄱ. 조정   ㄴ. 분석   ㄷ. 수집
ㄹ. 계산   ㅁ. 기록   ㅂ. 비교

- (   ): 조사하고 평가한다. 평가와 관련된 대안적 행위의 제시가 빈번하게 포함된다.
- (   ): 사칙연산을 실시하고 사칙연산과 관련하여 규정된 활동을 수행하거나 보고한다. 수를 세는 것은 포함되지 않는다.
- (   ): 자료, 사람, 사물의 쉽게 관찰되는 기능적, 구조적, 조합적 특성(유사성 또는 표준과의 차이)을 판단한다.
- (   ): 데이터를 옮겨 적거나 입력하거나 표시한다.
- (   ): 자료, 사람, 사물에 관한 정보를 수집·대조·분류한다. 정보와 관련한 규정된 활동의 수행 및 보고가 자주 포함된다.
- (   ): 데이터의 분석에 기초하여 시간, 장소, 작업순서, 활동 등을 결정한다. 결정을 실행하거나 상황을 보고한다.

연습란

07 진로상담 과정에서 관계수립을 위한 기본 상담기술 6가지를 쓰시오.

○

○

○

○

○

○

08 직업상담을 위한 심리검사 선정 시 고려 사항 3가지를 쓰고 그 의미를 설명하시오.

○

○

○

연습란

09 집단 내 규준의 종류 3가지를 쓰고 각각에 대해 설명하시오.

○

○

○

10 집단상담의 장점 6가지를 쓰시오.

○

○

○

○

○

○

연습란

11 실존주의 상담자들이 내담자의 궁극적 관심사와 관련하여 중요하게 생각하는 주제 3가지를 쓰고 각각에 대해 설명하시오.

○

○

○

12 한국표준직업분류에서 포괄적인 업무에 대한 직업분류 원칙을 쓰고 각각에 대해 설명하시오. (단, 예는 쓰지 않아도 된다)

○

○

○

13 한국표준산업분류에서 통계단위의 산업을 결정하는 방법 2가지를 쓰시오.

○

○

14 내담자와의 상담목표 설정 시 유의 사항 5가지를 쓰시오.

○

○

○

○

○

> 연습란

15 임금의 하방경직성의 의미를 설명하고, 그 원인 5가지를 쓰시오.

○ 의미

○ 원인
　-
　-
　-
　-
　-

16 로저스(Rogers)의 인간중심 상담의 기본바탕이 되는 철학적 가정 4가지를 쓰시오.

○

○

○

○

연습란

17 예언타당도와 동시타당도에 대해 각각의 예를 포함하여 설명하시오.

○ 예언타당도

○ 동시타당도

18 신뢰도의 종류 3가지와 신뢰도에 영향을 주는 요인 3가지를 쓰시오.

○ 신뢰도의 종류

 -

 -

 -

○ 신뢰도 영향 요인

 -

 -

 -

연습란

01 내부노동시장의 형성 요인 3가지를 쓰고 각각에 대해 설명하시오.

○

○

○

02 보딘(Bordin)이 제시한 직업문제의 심리적 원인 5가지를 쓰고 각각에 대해 설명하시오.

○

○

○

○

○

03 데이비스와 롭퀴스트(Dawis & Lofquist)의 직업적응이론에서의 적응방식 3가지를 쓰고 각각에 대해 설명하시오.

○

○

○

04 틴슬레이와 브래들리(Tinsley & Bradley)가 제시한 심리검사 해석의 4단계를 쓰시오.

○

○

○

○

연습란

05 고트프레드슨(Gottfredson)의 직업포부 발달의 4단계를 쓰시오.

○

○

○

○

06 형태주의 상담의 기법 4가지를 쓰시오.

○

○

○

○

연습란

07 수퍼(Super)의 경력개발 5단계를 쓰고 각각에 대해 설명하시오.

○

○

○

○

○

연습란

08 실업과 관련된 야호다(Johoda)의 박탈이론에 따르면 일반적으로 고용상태에 있게 되면 실직상태에 있는 것보다 여러 가지 잠재적 효과가 있다고 한다. 고용으로 인한 잠재적 효과 5가지를 쓰시오.

득점 [점] 배점 [5점]

○

○

○

○

○

09 기혼여성의 경제활동 참가를 낮추는 요인 6가지를 쓰시오.

득점 [점] 배점 [6점]

○

○

○

○

○

○

연습란

10 구성타당도의 유형에 속하는 타당도 2가지를 쓰고 각각에 대해 설명하시오.

득점 점 배점 4점

○

○

11 직무평가방법 4가지를 쓰고 각각에 대해 설명하시오.

득점 점 배점 6점

○

○

○

○

연습란

12 홀랜드(Holland) 직업흥미검사의 6가지 유형을 쓰고 각각에 대해 설명하시오.

득점	배점
점	6점

○

○

○

○

○

○

연습란

13 한국직업사전의 부가직업정보 중 육체활동의 구분 5가지를 쓰시오.

○

○

○

○

○

14 한국표준직업분류의 대분류 항목과 직능수준의 관계에 관한 다음 표에서 빈칸을 완성하시오.

직업분류	직능수준
관리자	( )
전문가 및 관련 종사자	( )
판매 종사자	( )
단순노무 종사자	( )
군인	( )

연습란

15 집단 내 규준의 종류 3가지를 쓰고 각각에 대해 설명하시오.

득점	배점
점	6점

○

○

○

16 직업심리검사의 신뢰도를 추정하는 방법 3가지를 쓰고 각각에 대해 설명하시오.

득점	배점
점	6점

○

○

○

연습란

17 실존주의 상담자들이 내담자의 궁극적 관심사와 관련하여 중요하게 생각하는 주제 4가지를 쓰고, 각각에 대해 설명하시오.

○

○

○

○

---

18 한국표준산업분류에서 생산단위 활동 형태 중 주된 산업활동과 보조 활동을 설명하시오.

○ 주된 산업활동

○ 보조 활동

연습란

제3회 기출모의고사

2023년 3회 실기시험

01 다음은 한국직업사전의 직무기능 중 '사물'의 세부기능에 대한 설명이다. [보기]에서 각 설명에 해당하는 용어를 골라 빈칸에 기호를 쓰시오.

득점 / 배점 5점

[보기]
ㄱ. 설치   ㄴ. 정밀작업   ㄷ. 제어조작   ㄹ. 조작운전
ㅁ. 수동조작   ㅂ. 유지   ㅅ. 투입·인출   ㅇ. 단순작업

- ( ): 설정된 표준치를 달성하기 위하여 궁극적인 책임이 존재하는 상황하에서 신체부위, 공구, 작업도구를 사용하여 가공물 또는 재료를 가공, 조종, 이동, 안내하거나 또는 정위치시킨다.
- ( ): 다양한 목적을 수행하고자 사물 또는 사람의 움직임을 통제하는 데 있어 일정한 경로를 따라 조작되고 안내되어야 하는 기계 또는 설비를 시동, 정지하고 그 움직임을 제어한다.
- ( ): 기계, 설비 또는 재료를 가공, 조정, 이동 또는 위치할 수 있도록 신체부위, 공구 또는 특수장치를 사용한다. 정확도 달성 및 적합한 공구, 기계, 설비 또는 원료를 산정하는 데 있어서 어느 정도의 판단력이 요구된다.
- ( ): 기계 또는 설비를 시동, 정지, 제어하고 작업이 진행되고 있는 기계나 설비를 조정한다.
- ( ): 기계 및 장비를 시동, 정지하고 그 기능을 관찰한다. 체인징 가이드, 조정타이머, 온도게이지 등의 계기의 제어장치를 조정하거나 원료가 원활히 흐르도록 밸브를 돌려주고 빛의 반응에 따라 스위치를 돌린다. 이러한 조정업무에 판단력은 요구되지 않는다.

연습란

02 한국표준직업분류에서 직업분류의 일반원칙 2가지를 쓰고 각각에 대해 설명하시오.

○

○

03 현재 사용 가능한 흥미검사의 종류 5가지를 쓰시오.

○

○

○

○

○

04 한국표준산업분류에서 산업을 결정하는 방법 4가지를 설명하시오.

○

○

○

○

연습란

05 행동주의 직업상담의 불안감소기법과 학습촉진기법에 해당하는 것을 3가지씩 쓰시오.

○ 불안감소기법
 -
 -
 -

○ 학습촉진기법
 -
 -
 -

06 진로상담 과정에서 관계수립을 위한 기본 상담기술 5가지를 쓰시오.

○
○
○
○
○

07 직업심리검사는 성능검사와 성향검사로 구분된다. 성향검사에 해당하는 검사 6가지를 쓰시오.

○

○

○

○

○

○

08 로저스(Rogers)의 내담자중심 상담에서 상담자가 갖추어야 할 기본 태도 3가지를 쓰고 각각에 대해 설명하시오.

○

○

○

09 다음 표는 어느 기업의 노동공급, 임금, 한계수입생산을 나타내고 있다. 다음 물음에 답하시오.

노동공급	임금	한계수입생산
5	6	
6	8	50
7	10	38
8	12	26
9	14	14
10	16	2

(1) 노동공급이 7일 때 한계노동비용을 구하시오.
○ 계산 과정

○ 답

(2) 이윤극대화가 이루어지는 노동공급 단위와 임금을 구하시오.
○ 계산 과정

○ 답

− 노동공급:

− 임금:

10. 규준의 종류 중 백분위점수, 표준점수, 표준등급의 의미를 각각 설명하시오.

○ 백분위점수

○ 표준점수

○ 표준등급

---

11. 준거타당도에 대한 다음 물음에 답하시오.

(1) 준거타당도의 종류 2가지를 쓰고 설명하시오.
○

○

(2) 여러 가지 타당도 중에서 특히 직업상담에서 준거타당도가 중요한 이유 2가지를 설명하시오.
○

○

(3) 실증연구에서 얻은 타당도계수와 실제 연구에서의 타당도계수가 다른데, 실제 연구에서 타당도계수가 낮은 이유 2가지를 적으시오.
○

○

12 실험실 연구의 장점 3가지를 쓰시오.

○

○

○

13 질문지법의 장점과 단점을 2가지씩 쓰시오.

○ 장점
  –

  –

○ 단점
  –

  –

연습란

14 홀랜드(Holland) 직업흥미검사의 6가지 유형을 쓰시오.

○   ○

○   ○

○   ○

득점: 점 배점: 6점

15 인지적·정서적 상담의 인간에 대한 기본가정 2가지와 기본개념, 상담목표를 쓰시오.

○ 인간에 대한 기본가정

　－

　－

○ 기본개념

○ 상담목표

득점: 점 배점: 8점

연습란

16 정신역동 직업상담 모형을 구체화한 보딘(Bordin)의 3단계 직업상담 과정을 쓰고 각각에 대해 설명하시오.

○

○

○

17 근로자에 대한 다음 설명에 해당하는 용어를 [보기]에서 골라 빈칸에 쓰시오.

[보기]
비전형, 한시적, 시간제, 비정규직

- ( ) 근로자: 근로계약기간을 정한 근로자 또는 정하지 않았으나 계약의 반복 갱신으로 계속 일할 수 있는 근로자와 비자발적 사유로 계속 근무를 기대할 수 없는 근로자를 포함한다.
- ( ) 근로자: 직장(일)에서 근무하도록 정해진 소정의 근로시간이 동일 사업장에서 동일한 종류의 업무를 수행하는 근로자의 소정 근로시간보다 1시간이라도 짧은 근로자로, 평소 1주에 36시간 미만 일하기로 정해져 있는 경우가 해당된다.
- ( ) 근로자: 파견근로자, 용역근로자, 특수형태근로종사자, 가정 내(재택, 가내) 근로자, 일일(단기) 근로자를 말한다.

18 내담자와의 초기면담 수행 시 상담자가 유의해야 할 사항 4가지를 쓰시오.

○

○

○

○

연습란

MEMO

나만의 성장 엔진
www.honjob.co.kr

자격증 / 자소서 / 면접 / NCS·PSAT / 전공필기 / 금융논술 / 시사상식

취업·자격증 수험생을 위한
혼JOB 추천 도서

* 해당 도서들은 온·오프라인 서점 및 혼JOB 홈페이지를 통해 구매 가능하나,
  전자책(E-book)의 경우 책의 특성상 시중 온라인 서점을 통한 구매만 가능합니다.

* 일부 강의 교재의 경우 혼JOB 홈페이지를 통해서만 판매하고 있습니다.
  도서 구매 관련 문의는 혼JOB 홈페이지나 전화를 이용해 주시기 바랍니다.

E E-book　**H** 홈페이지 판매 도서

▌NH농협 시리즈

▌IBK기업은행 시리즈　　　　　　　　　　　　　　　　▌MG새마을금고

▌국민건강보험공단 시리즈　　　　　　　　　　　　　　▌코레일

혼공으로
빠르게 합격하는

직업상담사 2급
2차 실기
통합서

모범답안 & 암기노트

기출모의고사 채점을 위한 **모범답안**
빈출주제별 **이론** 및 **요점** 총정리

혼공으로
빠르게 합격하는

직업상담사 2급
2차 실기
통합서

모범답안 & 암기노트

기출모의고사 채점을 위한 **모범답안**
빈출주제별 **이론** 및 **요점** 총정리

기출모의고사 모범답안

- [기출모의고사 모범답안]은 모의고사를 채점하는 데 사용할 뿐만 아니라, 뒤에 이어지는 [빈출주제 암기노트]와 함께 마무리 복습 자료로도 활용하실 수 있습니다.
- 각 답안의 하단에 있는 '요점암기'는 답안을 작성하는 데 꼭 들어가야 하는 핵심 단어만을 추린 것으로, 답안을 효율적으로 암기하는 데 도움을 줍니다.
- '채점기준'은 수험생의 편의를 위하여 임의로 설정한 것으로 실제 채점기준과는 다를 수 있으니, 점수를 대략 가늠해 보는 용도로만 활용하시기 바랍니다.

직업상담사 2급 2차 실기 통합서

제1회 기출모의고사

01 노동수요의 탄력성

노동시장론 ▶ 노동시장의 이해 ▶ 노동의 수요

> 노동수요의 탄력성을 구하는 공식을 쓰고, 노동수요의 탄력성에 영향을 주는 요인 3가지를 쓰시오.
> 2023년 1회, 2019년 2회, 2019년 3회, 2016년 2회

○ 노동수요 탄력성 공식: 노동수요 탄력성$(E) = -\dfrac{노동수요량의\ 변화율(\%)}{임금의\ 변화율(\%)}$

○ 노동수요 탄력성 영향 요인
- **생산물 수요의 탄력성**: 최종생산물에 대한 수요가 탄력적일수록 노동에 대한 수요는 탄력적이 된다.
- **총생산비에서 노동비용이 차지하는 비중**: 총생산비에서 노동비용이 차지하는 비중이 클수록 노동에 대한 수요는 탄력적이 된다.
- **다른 생산요소와의 대체 가능성**: 노동을 다른 생산요소와 대체할 수 있는 가능성이 높을수록 노동에 대한 수요는 탄력적이 된다.
- **다른 생산요소의 공급탄력성**: 노동 이외 생산요소의 공급탄력성이 클수록 노동수요는 탄력적이 된다.

요점암기 공식 노동수요 탄력성 $= -\dfrac{노동수요량의\ 변화율(\%)}{임금의\ 변화율(\%)}$ / 요인 생산물 수요탄력성, 노동비용 비중, 대체 가능성, 다른 생산요소 공급탄력성

채점기준 공식 2점, 영향 요인 1가지당 1점 → 총 5점

02 면접법

직업심리학 ▶ 직무분석 ▶ 직무분석의 방법

> 직무분석 방법 중 면접법의 장점과 단점을 2가지씩 쓰시오.
> 2023년 1회

○ 장점
- 직무에 관한 정확한 지식을 얻을 수 있다.
- 다양한 직무에 광범위하게 적용할 수 있다.

○ 단점
- 자료의 수집에 많은 시간과 노력이 들어간다.
- 수량화된 정보를 얻는 데 적합하지 않다.

요점암기 장점 정확, 광범위 / 단점 시간·노력, 수량화 ✕

채점기준 장점, 단점 1가지당 각각 1점 → 총 4점

03 검사-재검사 신뢰도

직업심리학 ▶ 직업심리검사 ▶ 신뢰도

> 검사-재검사 신뢰도에 영향을 미치는 요인 4가지를 쓰시오.
> 2023년 1회, 2022년 1회, 2020년 3회, 2018년 2회, 2018년 3회, 2014년 3회

○ 성숙효과: 시간 간격이 너무 클 경우 측정 대상의 속성이나 특성이 변화할 수 있다.
○ 반응민감성 효과: 반응민감성의 영향으로 검사를 치르는 경험이 후속 반응에 영향을 줄 수 있다.
○ 이월효과(기억효과): 앞에서 답한 것을 기억해서 뒤의 응답 시 활용할 수 있다.
○ 개인적·환경적 요인 변화: 수검자의 건강, 기분 등 개인적 요인과 날씨, 소음 등 환경적 요인이 검사 수행에 영향을 줄 수 있다.

요점암기 성숙 / 반응민감성 / 기억 / 환경
채점기준 요인 1가지당 1.5점 → 총 6점

04 홀랜드 직업성격 유형

직업심리학 ▶ 직업발달이론 ▶ 홀랜드 이론

> 홀랜드(Holland) 직업흥미검사의 6가지 유형을 쓰시오.
> 2023년 1회, 2023년 2회, 2023년 3회, 2022년 1회, 2021년 1회, 2020년 1회, 2020년 3회, 2020년 4회, 2019년 2회, 2018년 2회, 2016년 1회, 2014년 3회

○ 현실형(R): 기계·도구에 관한 체계적인 조작활동과 체력을 필요로 하는 활동을 좋아하지만, 사회적 기술이 부족한 편이다. 관련 직업으로 노동자, 농부, 엔지니어, 운동선수 등이 있다.
○ 탐구형(I): 지적 호기심이 많고 과학적 탐구활동을 선호하지만, 사회적 활동에는 관심이 적고 리더십이 부족하다. 관련 직업으로 심리학자, 과학자, 의사, 약사 등이 있다.
○ 예술형(A): 창의적이고 심미적으로 자신을 표현하는 활동을 선호하지만, 틀에 박힌 일을 싫어하며 규범적 기술이 부족하다. 관련 직업으로 음악가, 작가, 배우, 디자이너 등이 있다.
○ 사회형(S): 다른 사람을 돕고 다른 사람과 함께 일하는 것을 좋아하지만, 기계적이고 과학적인 능력이 부족하다. 관련 직업으로 사회복지사, 교사, 상담사, 간호사 등이 있다.
○ 진취형(E): 지도력과 언변이 좋지만, 상징적·체계적·과학적 능력이 부족하다. 관련 직업으로 정치가, 사업가, 언론인 등이 있다.
○ 관습형(C): 체계적인 자료정리를 좋아하지만, 융통성과 상상력이 부족하다. 관련 직업으로 사서, 행정관료, 은행원 등이 있다.

요점암기 현실 / 탐구 / 예술 / 사회 / 진취 / 관습
채점기준 유형 1가지당 1점 → 총 6점

05 행동주의 상담기법

직업상담학 ▶ 직업상담 접근방법 ▶ 행동주의 직업상담

> 행동주의 직업상담의 불안감소기법과 학습촉진기법에 해당하는 것을 2가지씩 쓰고 각각에 대해 설명하시오.
> 2023년 1회, 2023년 3회, 2022년 1회, 2016년 1회, 2016년 3회, 2015년 1회, 2015년 2회

○ 불안감소기법
- **체계적 둔감법**: 불안을 유발하는 자극에 대해 위계목록을 작성한 후, 낮은 수준의 자극에서 높은 수준의 자극으로 상상을 유도하여 불안에서 벗어나게 하는 기법이다.
- **금지조건 형성(내적 금지)**: 내담자에게 불안을 일으킬 만한 단서를 추가적인 강화 없이 지속적으로 제시하여 점차적으로 불안을 느끼지 않게 하는 기법이다.
- **반조건 형성(역조건 형성)**: 불안을 일으키는 조건 자극과 불안에 반하는 새로운 자극을 함께 제시함으로써 불안을 감소시키는 기법이다.

○ 학습촉진기법
- **강화**: 내담자에게 진로선택이나 결정에 대해 강화물을 제공하여 진로결정을 촉진하는 행동수정 기법이다.
- **변별학습**: 검사도구 등을 사용하여 진로선택, 결정능력을 변별하고 비교하게 하는 기법이다.
- **대리학습(모델링)**: 다른 사람의 진로결정 행동이나 결과를 관찰하게 하여 의사결정의 학습을 촉진하는 기법이다.

요점암기 **불안감소** 체계적 둔감법, 금지조건 형성, 반조건 형성 / **학습촉진** 강화, 변별학습, 대리학습
채점기준 불안감소기법, 학습촉진기법 1가지당 각각 2점(설명 미작성 시 1점) → **총 8점**

06 한국직업사전의 직무기능

직업정보론 ▶ 직업정보의 제공 ▶ 한국직업사전

다음은 한국직업사전의 직무기능 중 '자료'의 세부기능에 대한 설명이다. [보기]에서 각 설명에 해당하는 용어를 골라 빈칸에 기호를 쓰시오.

2023년 1회

[보기]

ㄱ. 조정　　　　　ㄴ. 분석　　　　　ㄷ. 수집
ㄹ. 계산　　　　　ㅁ. 기록　　　　　ㅂ. 비교

- (ㄴ): 조사하고 평가한다. 평가와 관련된 대안적 행위의 제시가 빈번하게 포함된다.
- (ㄹ): 사칙연산을 실시하고 사칙연산과 관련하여 규정된 활동을 수행하거나 보고한다. 수를 세는 것은 포함되지 않는다.
- (ㅂ): 자료, 사람, 사물의 쉽게 관찰되는 기능적, 구조적, 조합적 특성(유사성 또는 표준과의 차이)을 판단한다.
- (ㅁ): 데이터를 옮겨 적거나 입력하거나 표시한다.
- (ㄷ): 자료, 사람, 사물에 관한 정보를 수집·대조·분류한다. 정보와 관련한 규정된 활동의 수행 및 보고가 자주 포함된다.
- (ㄱ): 데이터의 분석에 기초하여 시간, 장소, 작업순서, 활동 등을 결정한다. 결정을 실행하거나 상황을 보고한다.

요점암기 조정 결정 / 분석 조사·평가 / 수집 수집·대조·분류 / 계산 사칙연산 / 기록 입력 / 비교 특성 판단
채점기준 빈칸 1개당 1점 → 총 6점

07 기본 상담기술

직업상담학 ▶ 직업상담의 기법

> 진로상담 과정에서 관계수립을 위한 기본 상담기술 6가지를 쓰시오.   2023년 1회, 2023년 3회, 2020년 1회

○ **공감**: 내담자의 세계를 상담자 자신의 세계인 것처럼 경험하지만 객관적인 위치에서 벗어나지 않는 기법이다.
○ **경청**: 내담자가 표현하는 언어적 의미뿐만 아니라 비언어적 의미까지 이해하는 기법이다.
○ **반영**: 내담자의 생각과 말을 상담자가 다른 참신한 말로 부연하는 기법이다.
○ **직면**: 내담자가 모르고 있거나 인정하기를 거부하는 생각과 느낌에 대해 주목하게 하는 기법이다.
○ **명료화**: 내담자의 말 속에 포함되어 있는 불분명한 측면을 상담자가 분명하게 밝히는 기법이다.
○ **수용**: 상담자가 내담자의 이야기에 주의를 집중하고 있고, 내담자를 인격적으로 존중하고 있음을 보여 주는 기법이다.
○ **해석**: 내담자가 새로운 방식으로 자신의 문제들을 볼 수 있도록 사건들의 의미를 설정해 주는 기법이다.

요점암기 공감 / 경청 / 반영 / 직면 / 명료화 / 수용 / 해석
채점기준 상담기술 1가지당 1점 → 총 6점

08 심리검사 선정 시 고려 사항

직업심리학 ▶ 직업심리검사 ▶ 심리검사의 개발과 실시

> 직업상담을 위한 심리검사 선정 시 고려 사항 3가지를 쓰고 그 의미를 설명하시오.   2023년 1회, 2020년 1회, 2020년 2회

○ **신뢰도**: 측정도구가 측정하고자 하는 현상을 일관성 있게 측정하고 있는가를 의미한다.
○ **타당도**: 검사가 측정하고자 하는 개념을 정확하게 측정하고 있는가를 의미한다.
○ **객관성**: 검사자의 채점이 얼마나 신뢰할 만하고 일관성이 있는가를 의미한다.
○ **실용성**: 검사도구가 얼마나 적은 시간, 비용, 노력 등을 투입하여 얼마나 많은 목표를 달성할 수 있는 효율적인 도구인가를 의미한다.

요점암기 **신뢰도** 일관성 / **타당도** 정확 / **객관성** 채점 신뢰 / **실용성** 적은 시간·비용·노력
채점기준 고려 사항 1가지당 2점(설명 미작성 시 1점) → 총 6점

09 집단 내 규준

직업심리학 ▶ 직업심리검사 ▶ 규준과 점수해석

> 집단 내 규준의 종류 3가지를 쓰고 각각에 대해 설명하시오.
> 2023년 1회, 2023년 2회, 2023년 3회, 2021년 2회, 2020년 1회, 2019년 1회, 2018년 3회, 2017년 3회, 2015년 1회, 2014년 3회

○ 백분위점수: 개인의 원점수를 100개의 동일한 구간에 순위에 따라 분포시킨 점수로, 특정 집단의 점수분포에서 한 개인의 상대적 위치를 살펴보는 데 적합하다.
○ 표준점수: 원점수가 주어진 집단의 평균을 중심으로 분포상 어디에 위치하는가를 표준편차 단위를 사용하여 나타낸 것으로, 표준화된 심리검사에서 표준점수는 개인의 점수가 평균으로부터 떨어져 있는 거리이다.
○ 표준등급: 모든 원점수를 비율에 따라 1~9의 구간으로 구분하여 각각의 구간에 일정한 점수나 등급을 부여한 것으로, 최고점수는 9, 최저점수는 1, 백분위 50에 해당하는 점수는 5이다.

요점암기 백분위점수 100개 구간 / 표준점수 표준편차 단위 / 표준등급 9개 등급
채점기준 종류 1가지당 2점(설명 미작성 시 1점) → 총 6점

10 집단상담의 장점

직업상담학 ▶ 직업상담의 개념 ▶ 집단직업상담

> 집단상담의 장점 6가지를 쓰시오.
> 2023년 1회, 2020년 4회, 2019년 1회, 2017년 3회, 2015년 1회

○ 제한된 시간 내에 적은 비용으로 많은 내담자들에게 접근할 수 있어 경제적이다.
○ 직접적인 대인교류가 개인적 탐색을 도와 개인의 성장과 발달을 촉진할 수 있다.
○ 집단 내에서 실제 생활에 근접한 사회장면이 이루어지므로 새로운 행동에 대하여 현실검증해 볼 수 있다.
○ 다양한 지식과 성격을 가진 사람들과 소통하게 되므로 학습경험을 풍부히 할 수 있다.
○ 대인관계 기술을 학습하여 사회성을 증진시킬 수 있다.
○ 집단구성원들 간의 솔직한 대화로 소속감, 동료의식 등을 발달시킬 수 있다.

요점암기 경제적 / 개인적 탐색 / 현실검증 / 학습경험 / 사회성 / 소속감
채점기준 장점 1가지당 1점 → 총 6점

11 실존주의 상담의 궁극적 관심사

직업상담학 ▶ 직업상담의 이론 ▶ 실존주의 상담

> 실존주의 상담자들이 내담자의 궁극적 관심사와 관련하여 중요하게 생각하는 주제 3가지를 쓰고 각각에 대해 설명하시오. 2023년 1회, 2023년 2회, 2020년 2회, 2017년 2회

○ **죽음과 비존재**: 삶과 죽음은 분리될 수 없으며, 인간은 비존재에 대한 불안을 지닌다.
○ **자유와 책임**: 인간은 자기결정적인 존재로서 선택을 할 수 있고, 그에 따른 책임을 져야 한다.
○ **삶의 의미성**: 인간은 자신의 삶의 목적과 의미를 찾기 위해 노력한다.
○ **진실성**: 인간은 개인의 실존을 회복하기 위한 진실성 있는 노력을 한다.

요점암기 **죽음과 비존재** 삶과 죽음, 비존재에 대한 불안 / **자유와 책임** 선택, 그에 따른 책임 / **삶의 의미성** 목적과 의미 / **진실성** 실존 회복 위한 진실성 있는 노력

채점기준 주제 1가지당 2점(설명 미작성 시 1점) → 총 6점

---

12 포괄적인 업무의 직업분류 원칙

직업정보론 ▶ 한국표준직업분류 ▶ 직업분류 원칙

> 한국표준직업분류에서 포괄적인 업무에 대한 직업분류 원칙을 쓰고 각각에 대해 설명하시오. (단, 예는 쓰지 않아도 된다) 2023년 1회, 2020년 2회, 2020년 3회, 2020년 4회, 2016년 2회

○ **주된 직무 우선 원칙**: 2개 이상의 직무를 수행하는 경우는 수행되는 직무내용과 관련 분류 항목에 명시된 직무 내용을 비교·평가하여 관련 직무 내용상의 상관성이 가장 많은 항목에 분류한다. 예를 들어, 교육과 진료를 겸하는 의과대학 교수는 강의, 평가, 연구 등과 진료, 처치, 환자상담 등의 직무내용을 파악하여 관련 항목이 많은 분야로 분류한다.
○ **최상급 직능수준 우선 원칙**: 수행된 직무가 상이한 수준의 훈련과 경험을 통해서 얻어지는 직무능력을 필요로 한다면, 가장 높은 수준의 직무능력을 필요로 하는 일에 분류하여야 한다. 예를 들어, 조리와 배달의 직무비중이 같을 경우에는, 조리의 직능수준이 높으므로 조리사로 분류한다.
○ **생산업무 우선 원칙**: 재화의 생산과 공급이 같이 이루어지는 경우는 생산단계에 관련된 업무를 우선적으로 분류한다. 예를 들어, 한 사람이 빵을 생산하여 판매도 하는 경우에는, 판매원으로 분류하지 않고 제빵사 및 제과원으로 분류한다.

요점암기 **주된 직무** 내용상 상관성 가장 많은 항목 / **최상급 직능수준** 가장 높은 수준의 직무능력을 필요로 하는 일 / **생산업무** 생산단계 관련 업무

채점기준 원칙 1가지당 2점(설명 미작성 시 1점) → 총 6점

13 통계단위 산업결정 방법

직업정보론 ▶ 한국표준산업분류 ▶ 통계단위 산업결정

> 한국표준산업분류에서 통계단위의 산업을 결정하는 방법 2가지를 쓰시오.
> 2023년 1회, 2023년 3회, 2021년 3회, 2020년 3회, 2016년 2회

○ 생산단위의 산업활동은 그 생산단위가 수행하는 주된 산업활동(판매 또는 제공하는 재화 및 서비스)의 종류에 따라 결정된다.
○ 상기의 원칙에 따라 결정하는 것이 적합하지 않을 경우에는 그 해당 활동의 종업원 수 및 노동시간, 임금 및 급여액 또는 설비의 정도에 의하여 결정한다.
○ 계절에 따라 정기적으로 산업을 달리하는 사업체의 경우에는 조사시점에서 경영하는 사업과는 관계없이 조사대상 기간 중 산출액이 많았던 활동에 의하여 분류한다.
○ 휴업 중 또는 자산을 청산 중인 사업체의 산업은 영업 중 또는 청산을 시작하기 이전의 산업활동에 의하여 결정하며, 설립 중인 사업체는 개시하는 산업활동에 따라 결정한다.
○ 단일사업체의 보조단위는 그 사업체의 일개 부서로 포함하며, 여러 사업체를 관리하는 중앙 보조단위(본부, 본사 등)는 별도의 사업체로 처리한다.

요점암기 생산단위 수행 주된 산업활동 / 종업원 수, 노동시간, 임금, 설비 정도 / 계절, 산출액 많았던 활동 / 영업 중, 청산 시작 전, 개시 산업활동 / 단일사업체 보조단위 포함, 중앙 보조단위 별도

채점기준 결정 방법 1가지당 2점 → **총 4점**

14 상담목표 설정 시 유의 사항

직업상담학 ▶ 직업상담의 기법 ▶ 목표설정

> 내담자와의 상담목표 설정 시 유의 사항 5가지를 쓰시오.   2023년 1회, 2020년 3회, 2015년 2회

○ 상담목표는 현실적이고 실현 가능해야 한다.
○ 상담목표는 추상적이어서는 안 되고 구체적이어야 한다.
○ 상담목표는 기한이 있어야 한다.
○ 상담목표는 내담자가 원하고 바라는 긍정적인 변화여야 한다.
○ 상담목표는 상담전략 및 개입과 관련이 있으므로 상담자의 기술과 양립 가능해야만 한다.

요점암기 실현 가능 / 구체적 / 기한 / 내담자 기대 반영 / 상담자 기술과 양립 가능
채점기준 유의 사항 1가지당 1점 → 총 5점

15 임금의 하방경직성

노동시장론 ▶ 임금의 이해 ▶ 임금의 특징

> 임금의 하방경직성의 의미를 설명하고, 그 원인 5가지를 쓰시오.   2023년 1회, 2020년 3회, 2018년 2회, 2017년 3회

○ 의미: 임금의 하방경직성은 임금이 한번 결정되고 나면 여러 경제여건이 변하더라도 쉽게 떨어지지 않는 경향을 말한다.
○ 원인
  - 화폐환상: 노동자는 실질임금의 증감은 인식하지 못한 채 명목임금의 하락에 저항하는 경향이 있다.
  - 장기노동계약: 노동계약 체결 기간 동안에는 임금을 조정하기 어렵다.
  - 강력한 노동조합: 강력한 노동조합은 임금이 하락할 요인이 발생하더라도 이에 강하게 저항한다.
  - 최저임금제: 최저임금제가 도입되면 노동수요가 감소하더라도 정부에서 정한 최저임금 아래로는 임금을 낮출 수 없다.
  - 연공급 임금제: 근로자의 근속연수에 따라 임금을 결정하는 임금체계에서는 임금이 매년 상승하게 된다.

요점암기 의미 쉽게 떨어지지 않는 경향 / 원인 화폐환상, 장기노동계약, 노동조합, 최저임금, 연공급
채점기준 의미 1점, 원인 1가지당 1점 → 총 6점

16 인간중심 상담의 철학적 가정

직업상담학 ▶ 직업상담의 이론 ▶ 내담자중심 상담

> 로저스(Rogers)의 인간중심 상담의 기본바탕이 되는 철학적 가정 4가지를 쓰시오.
> 2023년 1회, 2018년 3회, 2014년 3회

○ 인간은 가치를 지닌 독특하고 유일한 존재이다.
○ 인간은 자기확충을 향한 적극적인 성장력을 지니고 있다.
○ 인간은 근본적으로 선하며, 이성적으로 믿을 수 있는 존재이다.
○ 인간을 알려면 개인의 주관적 생활에 초점을 맞춰야 한다.
○ 인간은 의사결정과 자신의 장래에 대한 선택권을 가지고 있다.
○ 인간은 계획하고, 결정하고, 훌륭한 사람이 되는 데 유용한 내적 자원을 가지고 있다.
○ 상담목표는 각 개인이 자기를 수용하고 자기통찰을 통해 전인적인 기능을 발휘하도록 하는 것에 있다.

요점암기 가치, 독특, 유일 / 자기확충, 성장력 / 선함, 믿을 수 있음 / 주관적 생활 / 선택권 / 내적 자원 / 자기수용, 자기통찰, 전인적 기능

채점기준 가정 1가지당 1점 → 총 4점

17 준거타당도의 종류

직업심리학 ▶ 직업심리검사 ▶ 타당도

> 예언타당도와 동시타당도에 대해 각각의 예를 포함하여 설명하시오.
> 2023년 1회, 2021년 1회, 2018년 2회, 2017년 2회, 2014년 1회

○ **예언타당도**: 한 검사에서의 점수와 미래에 그 사람이 실제로 직무를 수행할 때의 수행수준 간 관련성에 관한 타당도이다. 예를 들어, 토익(TOEIC)에서 높은 점수를 받은 사람들일수록 입사 후 영어 관련 업무수행이 우수한 것으로 나타났다면, 이 토익은 예언타당도가 높은 것이다.
○ **동시타당도**: 현재 타당도를 보장받고 있는 검사와의 유사성 혹은 연관성에 의해 새로 제작한 검사의 타당도를 검증하는 방법이다. 예를 들어, 어느 기업에서 재직자 대상 영어시험을 개발하였는데, 이 영어시험이 공인 영어시험인 토익(TOEIC)과 상관관계가 높다면 이 영어시험은 동시타당도가 높은 것이다.

요점암기 **예언타당도** 미래 수행수준과의 관련성 / **동시타당도** 현재 타당도를 보장받고 있는 검사와의 유사성

채점기준 각 설명당 2점(예시 미포함 시 1점) → 총 4점

18 신뢰도의 종류와 영향 요인

직업심리학 ▶ 직업심리검사 ▶ 신뢰도

> 신뢰도의 종류 3가지와 신뢰도에 영향을 주는 요인 3가지를 쓰시오.
> 2023년 1회, 2021년 1회, 2021년 2회, 2021년 3회, 2020년 2회, 2018년 1회, 2017년 1회, 2017년 3회, 2014년 3회

○ 신뢰도의 종류
- **검사-재검사 신뢰도**: 동일한 검사를 동일한 수검자 집단에 일정 시간 간격을 두고 두 번 실시하여 얻은 두 검사 점수의 상관계수에 의하여 신뢰도를 추정하는 방법이다.
- **동형검사 신뢰도**: 동일한 수검자에게 첫 번째 실시한 검사와 동일한 유형의 이미 신뢰성이 입증된 검사를 실시하여 두 검사 점수 간의 상관계수 의해 신뢰도를 추정하는 방법이다.
- **반분신뢰도**: 한 검사의 전체 문항을 반으로 나눈 다음 상관계수를 사용하여 두 부분이 모두 같은 개념을 측정하는지 비교하는 방법이다.

○ 신뢰도 영향 요인
- 개인차가 클수록 신뢰도 계수도 커지게 된다.
- 문항 수가 증가할수록 신뢰도 계수도 커지지만, 정비례하여 커지는 것은 아니다.
- 문항반응 수가 적정한 크기를 유지할 때 신뢰도가 높아지지만, 적정한 수준을 초과하는 경우에는 더 이상 신뢰도 계수가 커지지 않는다.
- 검사 유형에 따라 특정 신뢰도 추정방법이 적절하지 않을 수 있다. 예를 들어, 문항 수가 많고 시간이 제한되어 있는 속도검사의 경우 전후반분법을 이용하여 신뢰도를 추정하는 것은 바람직하지 않다.

요점암기 종류 검사-재검사, 동형검사, 반분 / **영향 요인** 개인차, 문항 수, 문항반응 수, 검사 유형

채점기준 종류 1가지당 1점, 영향 요인 1가지당 1점 → 총 6점

제2회 기출모의고사

01 내부노동시장 형성 요인

노동시장론 ▶ 노동시장의 이해 ▶ 내부노동시장

> 내부노동시장의 형성 요인 3가지를 쓰고 각각에 대해 설명하시오.
>
> 2023년 2회, 2022년 3회, 2018년 1회, 2016년 2회, 2015년 2회

- 숙련의 특수성: 기업만의 특수한 숙련은 내부노동력에 의해 시간이 흐를수록 축적되며, 문서로 전수하는 것이 어렵기 때문에 내부노동시장의 형성 요인으로 작용한다.
- 현장훈련: 현장훈련은 실제 현장 담당자만이 아는 기술을 직접 후임자에게 전달하는 것으로, 내부노동시장의 형성 요인으로 작용한다.
- 관습: 관습은 그 기업에서 오랫동안 지켜져 온 문서화되지 않은 규율로서 고용의 안정성에서 형성된 것이므로, 내부노동시장의 형성 요인으로 작용한다.

요점암기 숙련의 특수성 문서 전수 ✕ / 현장훈련 현장 기술 전달 / 관습 고용 안정성
채점기준 형성 요인 1가지당 2점(설명 미작성 시 1점) → 총 6점

02 보딘의 직업문제의 원인

직업상담학 ▶ 직업상담의 개념 ▶ 직업상담 문제유형

> 보딘(Bordin)이 제시한 직업문제의 심리적 원인 5가지를 쓰고 각각에 대해 설명하시오.
>
> 2023년 2회, 2021년 1회, 2019년 2회, 2018년 3회, 15년 3회, 2014년 1회, 2014년 3회

- 의존성: 개인의 진로문제를 스스로 책임지는 것이 어렵다고 느끼면서 타인에게 의존하는 경우이다.
- 정보의 부족: 진로·직업 결정과 관련된 정보를 충분히 얻지 못하는 경우이다.
- 진로(직업)선택의 불안: 한 개인이 어떤 일을 하고 싶은데 중요한 타인은 다른 일을 해 주기를 원하거나, 직업들과 관련된 긍정적 유인가와 부정적인 유인가 사이에서 내적 갈등을 경험하는 경우이다.
- 내적 갈등(자아 갈등): 서로 다른 자아 간의 갈등으로 인해 진로·직업을 결정하지 못하고 불안해하는 경우이다.
- 확신의 결여: 진로·직업을 결정하기는 하였으나 확신이 없어서 타인으로부터 확신을 구하려는 경우이다.

요점암기 의존성 책임 회피, 타인 의존 / 정보의 부족 정보 획득 어려움 / 진로선택의 불안 타인의 기대, 긍정·부정 유인가 / 내적 갈등 자아 간 갈등 / 확신의 결여 진로 결정, 확신 부족
채점기준 원인 1가지당 2점(설명 미작성 시 1점) → 총 10점

03 데이비스와 롭퀴스트의 적응방식

직업심리학 ▶ 직업발달이론 ▶ 데이비스와 롭퀴스트

> 데이비스와 롭퀴스트(Dawis & Lofquist)의 직업적응이론에서의 적응방식 3가지를 쓰고 각각에 대해 설명하시오.   2023년 2회, 2019년 1회

- 융통성(유연성): 수행해야 할 다양한 작업들 간의 부조화를 참아 내는 정도를 의미한다.
- 인내(끈기): 환경이 자신에게 맞지 않아도 개인이 얼마나 오랫동안 견뎌 낼 수 있는지의 정도로, 적응행동 과정에서 나타나는 적응의 시작과 종료의 지속기간을 나타낸다. 개인의 만족, 조직의 만족, 적응을 매개하는 적응유형 변인이다.
- 적극성(능동성): 개인이 작업환경을 개인적 방식과 좀 더 조화롭게 만들어 가려고 노력하는 정도를 의미한다.
- 반응성(수동성): 개인이 작업성격의 변화로 인해 작업환경에 반응하는 정도를 의미한다.

요점암기 융통성 부조화 참기 / 인내 적응 지속기간 / 적극성 작업환경과 조화 / 반응성 작업성격 변화에 반응
채점기준 적응방식 1가지당 2점(설명 미작성 시 1점) → **총 6점**

04 틴슬레이와 브래들리의 검사 해석

직업심리학 ▶ 직업심리검사 ▶ 심리검사의 실시

> 틴슬레이와 브래들리(Tinsley & Bradley)가 제시한 심리검사 해석의 4단계를 쓰시오.   2023년 2회, 2020년 4회

- [1단계] 해석 준비하기: 내담자가 검사 자체와 점수의 의미를 충분히 이해하고 있는지, 검사 결과가 교육수준, 가정환경 등의 내담자 정보와 통합되어 해석된다는 점을 알고 있는지 숙고한다.
- [2단계] 내담자 준비시키기: 내담자가 검사 결과의 해석을 받아들일 수 있도록 준비시킨다. 상담자는 검사 결과를 제시하기 전에 내담자에게 검사의 목적, 검사를 통해 느낀 점, 예상되는 결과 등을 생각해 보게 할 수 있다.
- [3단계] 결과 전달하기: 검사 결과 및 그것이 의미하는 바를 내담자가 이해하기 쉬운 언어를 통해 비평가적인 방법으로 전달한다.
- [4단계] 추후활동: 내담자가 검사 결과를 어떻게 이해했는지 확인하고, 검사를 통해 알게 된 내용들과 관련 자료들을 잘 통합할 수 있도록 돕는다.

요점암기 해석 준비 / 내담자 준비 / 결과 전달 / 추후활동
채점기준 순서에 맞는 단계 1개당 1점 → **총 4점**

05 고트프레드슨의 직업포부 발달단계

직업심리학 ▶ 직업발달이론 ▶ 고트프레드슨

> 고트프레드슨(Gottfredson)의 직업포부 발달의 4단계를 쓰시오.   2023년 2회, 2016년 3회, 2015년 3회

- **힘과 크기 지향성(3~5세)**: 사고과정이 구체화되며, 어른이 된다는 것의 의미를 알게 된다. 자신의 미래 직업에 대해 긍정적인 입장을 취한다.
- **성역할 지향성(6~8세)**: 자아개념이 성의 발달에 의해서 영향을 받는다. 동성의 사람들이 많이 수행하는 직업을 선호하게 된다.
- **사회적 가치 지향성(9~13세)**: 사회계층과 사회질서에 대한 개념이 발달하기 시작하면서, '상황 속 자아'를 인식한다. 자신이 추구하는 사회적 명성과 능력에 맞는 직업들에 관심을 보이며, 지위 하한선과 상한선을 형성한다.
- **내적, 고유한 자아 지향성(14세 이후)**: 자기인식 및 자아정체감이 발달하며, 타인의 감정, 생각, 의도를 이해한다. 자아성찰과 사회계층의 맥락에서 직업적 포부가 더욱 발달하고, 현실적 기준에 근거하여 합리적 선택을 한다.

요점암기 힘과 크기 / 성역할 / 사회적 가치 / 내적, 고유한 자아
채점기준 순서에 맞는 단계 1개당 1점 → 총 4점

06 형태주의 상담기법

직업상담학 ▶ 직업상담의 이론 ▶ 형태주의

> 형태주의 상담의 기법 4가지를 쓰시오.   2023년 2회, 2019년 3회, 2018년 2회, 2015년 3회

- **자각**: 욕구와 감정 자각, 신체 자각, 환경 자각, 언어 자각 등이 있다.
- **과장하기**: 내담자의 습관적인 행동을 반복적으로 과장하여 표현하게 함으로써 감정을 명확히 자각하도록 돕는 기법이다.
- **빈 의자 기법**: 내담자 앞에 빈 의자를 놓고 어떤 사람이 실제 앉아 있는 것처럼 상상하며 이야기하게 함으로써 감정을 자각하도록 돕는 기법이다.
- **꿈 작업**: 내담자의 꿈을 일상으로 가지고 와서 연기하게 함으로써 이를 성격으로 통합하도록 돕는 기법이다.
- **역할연기**: 내담자에게 과거 혹은 미래의 장면을 상상하여 실제 행동으로 연출하게 함으로써 미처 인식하지 못했던 감정과 행동패턴을 발견하도록 돕는 기법이다.
- **자기 부분들과의 대화(상전과 하인)**: 내담자의 인격에서 분열된 부분들 간에 대화가 이루어지도록 하는 기법이다.

요점암기 자각 / 과장 / 빈 의자 / 꿈
채점기준 기법 1가지당 1점 → 총 4점

07 수퍼의 진로발달단계

직업심리학 ▶ 직업발달이론 ▶ 수퍼

> 수퍼(Super)의 경력개발 5단계를 쓰고 각각에 대해 설명하시오.   2023년 2회, 2020년 4회, 2017년 1회

- 성장단계(출생~14세): 자기에 대한 지각이 생겨나고 직업세계에 대한 기본적 이해가 이루어지는 시기로, 초기에는 욕구와 환상이 지배적이지만, 사회참여와 현실검증력의 발달로 점차 흥미와 능력을 중요시한다.
- 탐색단계(15~24세): 적합한 직업을 탐색하고 미래에 대한 계획을 세우는 시기로, 학교생활, 여가활동, 아르바이트 등을 통해 자아를 검증하고 역할을 수행한다.
- 확립단계(25~44세): 자신에게 적합한 직업을 발견하여 그 직업에 종사하고, 생활의 터전을 다져 나가는 시기이다.
- 유지단계(45~64세): 직업세계에서 자신의 위치가 확고해지고 안정된 삶을 살아가는 시기로, 익숙했던 지식과 기술을 새로운 내용으로 갱신하거나 새로운 과업을 찾기도 한다.
- 쇠퇴단계(65세 이후): 정신적·육체적 기능이 쇠퇴함에 따라 직업세계에서 은퇴하는 시기로, 새로운 역할과 활동을 찾는다.

요점암기 성장 욕구·환상 → 흥미·능력 / 탐색 자아 검증, 역할 수행 / 확립 종사, 생활 터전 / 유지 확고, 안정 / 쇠퇴 은퇴, 새로운 역할
채점기준 순서에 맞는 단계 1개당 1점(설명 미작성 시 0.5점) → 총 5점

08 야호다의 고용의 잠재적 효과

직업심리학 ▶ 직업과 스트레스 ▶ 야호다의 박탈이론

> 실업과 관련된 야호다(Johoda)의 박탈이론에 따르면 일반적으로 고용상태에 있게 되면 실직상태에 있는 것보다 여러 가지 잠재적 효과가 있다고 한다. 고용으로 인한 잠재적 효과 5가지를 쓰시오.   2023년 2회, 2017년 2회

- 하루의 일과 시간을 구조화함으로써 시간을 계획적·조직적으로 활용할 수 있다.
- 가족 외 다른 사람들과 사회적인 접촉을 함으로써 사교적 범위를 넓힐 수 있다.
- 개인적 목표를 뛰어넘어 공유된 공동의 목표에 참여함으로써 자아실현을 할 수 있다.
- 사회적으로 인정되는 역할을 부여받고 이를 수행함으로써 사회적 정체성과 지위를 얻을 수 있다.
- 의미 있는 규칙적 활동을 수행함으로써 생활에 활력을 얻을 수 있다.

요점암기 시간의 구조화 / 사회적인 접촉 / 공동의 목표 / 사회적 정체성과 지위 / 규칙적 활동
채점기준 효과 1가지당 1점 → 총 5점

09 기혼여성의 경제활동 참가

노동시장론 ▶ 노동시장의 이해 ▶ 노동의 공급

> 기혼여성의 경제활동 참가를 낮추는 요인 6가지를 쓰시오.　　2023년 2회, 2021년 1회, 2018년 3회, 2014년 2회

- 실질임금률: 기혼여성의 실질임금률이 낮을수록 기혼여성의 경제활동참가율도 낮아진다.
- 남편의 임금수준: 남편의 임금수준이 높을수록 가구소득도 높아지므로 기혼여성의 경제활동참가율은 낮아진다.
- 자녀의 수와 나이: 기혼여성의 자녀 수가 많을수록, 자녀의 나이가 적을수록 기혼여성의 경제활동참가율이 낮아진다.
- 교육수준: 기혼여성의 교육수준이 낮을수록 기혼여성의 경제활동참가율도 낮아진다.
- 가계생산기술의 발달: 기혼여성의 노동절약적 가계생산기술이 덜 발달되어 있을수록 기혼여성의 경제활동참가율이 낮아진다.
- 고용시장의 발달: 시간제 근무(파트타임), 단시간 근무 등이 발달되어 있지 않을수록 기혼여성의 경제활동참가율이 낮아진다.
- 법·제도적 요인: 기혼여성의 경제활동을 보호하는 법과 제도가 마련되어 있지 않을수록 기혼여성의 경제활동참가율이 낮아진다.

요점암기　실질임금률 ↓ / 남편 임금수준 ↑ / 자녀 수 ↑, 자녀 나이 ↓ / 교육수준 ↓ / 가계생산기술 ↓ / 고용시장 발달 ↓ / 법·제도 ↓

채점기준　요인 1가지당 1점 → 총 6점

10 구성타당도의 유형

직업심리학 ▶ 직업심리검사 ▶ 타당도

> 구성타당도의 유형에 속하는 타당도 2가지를 쓰고 각각에 대해 설명하시오.
> 　　2023년 2회, 2020년 3회, 2020년 4회, 2019년 3회, 2016년 1회, 2015년 1회, 2015년 2회

- 수렴타당도: 어떤 검사가 이론적으로 관련이 깊은 속성의 변수들과 실제로 높은 상관관계를 보이는지에 관한 타당도로, 상관계수가 높을수록 수렴타당도가 높다.
- 변별타당도: 어떤 검사가 이론적으로 관련이 없는 속성의 변수들과 실제로 낮은 상관관계를 보이는지에 관한 타당도로, 상관계수가 낮을수록 변별타당도가 높다.
- 요인분석(요인타당도): 검사를 구성하는 문항들의 상관관계를 분석하여 상관이 높은 문항들을 묶어 주는 방법이다.

요점암기　**수렴** 이론적 관련 ○ / **변별** 이론적 관련 ✕ / **요인** 문항 간 상관관계

채점기준　타당도 1가지당 2점(설명 미작성 시 1점) → 총 4점

11 직무평가방법

직업심리학 ▶ 직무분석 ▶ 직무평가

> 직무평가방법 4가지를 쓰고 각각에 대해 설명하시오. 2023년 2회, 2021년 3회

○ **서열법**: 전체적이고 포괄적인 관점에서 각 직무를 상호 비교한 후 순위를 매기는 방법이다.
○ **분류법**: 각 직무의 수준을 판정하여 사전에 만들어 놓은 등급에 맞추어 넣는 방법이다.
○ **점수법**: 직무를 구성요소로 분해하고, 각 요소의 중요도에 따라 점수를 부여한 후 총점을 계산하는 방법이다.
○ **요소비교법**: 조직에서 핵심이 되는 몇 가지 기준직무를 선정하여, 각 직무의 평가요소를 기준직무의 평가요소와 비교하는 방법이다.

요점암기 **서열법** 순위 매김 / **분류법** 등급에 맞추어 넣음 / **점수법** 요소에 점수 부여 / **요소비교법** 기준직무와 비교
채점기준 평가방법 1가지당 1.5점(설명 미작성 시 0.5점) → **총 6점**

12 홀랜드 직업성격 유형

직업심리학 ▶ 직업발달이론 ▶ 홀랜드 이론

> 홀랜드(Holland) 직업흥미검사의 6가지 유형을 쓰고 각각에 대해 설명하시오. 2023년 1회, 2023년 2회, 2022년 1회, 2021년 1회, 2020년 1회, 2020년 3회, 2020년 4회, 2019년 2회, 2018년 2회, 2016년 1회, 2014년 3회

○ **현실형(R)**: 기계·도구에 관한 체계적인 조작활동과 체력을 필요로 하는 활동을 좋아하지만, 사회적 기술이 부족한 편이다. 관련 직업으로 노동자, 농부, 엔지니어, 운동선수 등이 있다.
○ **탐구형(I)**: 지적 호기심이 많고 과학적 탐구활동을 선호하지만, 사회적 활동에는 관심이 적고 리더십이 부족하다. 관련 직업으로 심리학자, 과학자, 의사, 약사 등이 있다.
○ **예술형(A)**: 창의적이고 심미적으로 자신을 표현하는 활동을 선호하지만, 틀에 박힌 일을 싫어하며 규범적 기술이 부족하다. 관련 직업으로 음악가, 작가, 배우, 디자이너 등이 있다.
○ **사회형(S)**: 다른 사람을 돕고 다른 사람과 함께 일하는 것을 좋아하지만, 기계적이고 과학적인 능력이 부족하다. 관련 직업으로 사회복지사, 교사, 상담사, 간호사 등이 있다.
○ **진취형(E)**: 지도력과 언변이 좋지만, 상징적·체계적·과학적 능력이 부족하다. 관련 직업으로 정치가, 사업가, 언론인 등이 있다.
○ **관습형(C)**: 체계적인 자료정리를 좋아하지만, 융통성과 상상력이 부족하다. 관련 직업으로 사서, 행정관료, 은행원 등이 있다.

요점암기 **현실형** 조작활동, 체력 / **탐구형** 과학적 탐구활동 / **예술형** 창의적·심미적 활동 / **사회형** 돕는 활동 / **진취형** 지도력 / **관습형** 자료정리
채점기준 유형 1가지당 1점(설명 미작성 시 0.5점) → **총 6점**

13 한국직업사전의 육체활동

직업정보론 ▶ 직업정보의 제공 ▶ 한국직업사전

> 한국직업사전의 부가직업정보 중 육체활동의 구분 5가지를 쓰시오.   2023년 2회, 2020년 4회

○ **균형감각**: 손, 발, 다리 등을 사용하여 사다리, 계단, 발판, 경사로, 기둥, 밧줄 등을 올라가거나 몸 전체의 균형을 유지하고 좁거나 경사지거나 또는 움직이는 물체 위를 걷거나 뛸 때 신체의 균형을 유지하는 것이 필요한 직업이다.

○ **웅크림**: 허리를 굽히거나 몸을 앞으로 굽히고 뒤로 젖히는 동작, 다리를 구부려 무릎을 꿇는 동작, 다리와 허리를 구부려 몸을 아래나 위로 굽히는 동작, 손과 무릎 또는 손과 발로 이동하는 동작 등이 필요한 직업이다.

○ **손사용**: 일정 기간의 손사용 숙련기간을 거쳐 직무의 전체 또는 일부분에 지속적으로 손을 사용하는 직업으로 통상적인 손사용이 아닌 정밀함과 숙련을 필요로 하는 직업에 한정한다.

○ **언어력**: 말로 생각이나 의사를 교환하거나 표현하는 직업으로 개인이 다수에게 정보 및 오락제공을 목적으로 말을 하는 직업이다.

○ **청각**: 단순히 일상적인 대화내용 청취 여부가 아니라 작동하는 기계의 소리를 듣고 이상 유무를 판단하거나 논리적인 결정을 내리는 청취활동이 필요한 직업이다.

○ **시각**: 일상적인 눈사용이 아닌 시각적 인식을 통해 반복적인 판단을 하거나 물체의 길이, 넓이, 두께를 알아내고 물체의 재질과 형태를 알아내기 위한 거리와 공간 관계를 판단하는 직업으로, 색의 차이를 판단할 수 있어야 한다.

요점암기 균형감각 / 웅크림 / 손사용 / 언어력 / 청각 / 시각
채점기준 활동 1가지당 1점 → 총 5점

14 한국표준직업분류 직능수준

직업정보론 ▶ 한국표준직업분류 ▶ 직능수준

한국표준직업분류의 대분류 항목과 직능수준의 관계에 관한 다음 표에서 빈칸을 완성하시오.

2023년 2회, 2021년 1회, 2014년 1회

직업분류	직능수준
관리자	(제4직능 수준 혹은 제3직능 수준 필요)
전문가 및 관련 종사자	(제4직능 수준 혹은 제3직능 수준 필요)
판매 종사자	(제2직능 수준 필요)
단순노무 종사자	(제1직능 수준 필요)
군인	(제2직능 수준 이상 필요)

요점암기 관리자 4, 3 / 전문가 및 관련 종사자 4, 3 / 판매 종사자 2 / 단순노무 종사자 1 / 군인 2 이상
채점기준 빈칸 1개당 1점 → 총 5점

15 집단 내 규준

직업심리학 ▶ 직업심리검사 ▶ 규준과 점수해석

집단 내 규준의 종류 3가지를 쓰고 각각에 대해 설명하시오.

2023년 1회, 2023년 2회, 2023년 3회, 2021년 2회, 2020년 1회, 2019년 1회, 2018년 3회, 2017년 3회, 2015년 1회, 2014년 3회

○ **백분위점수**: 개인의 원점수를 100개의 동일한 구간에 순위에 따라 분포시킨 점수로, 특정 집단의 점수분포에서 한 개인의 상대적 위치를 살펴보는 데 적합하다.
○ **표준점수**: 원점수가 주어진 집단의 평균을 중심으로 분포상 어디에 위치하는가를 표준편차 단위를 사용하여 나타낸 것으로, 표준화된 심리검사에서 표준점수는 개인의 점수가 평균으로부터 떨어져 있는 거리이다.
○ **표준등급**: 모든 원점수를 비율에 따라 1~9의 구간으로 구분하여 각각의 구간에 일정한 점수나 등급을 부여한 것으로, 최고점수는 9, 최저점수는 1, 백분위 50에 해당하는 점수는 5이다.

요점암기 백분위점수 100개 구간 / 표준점수 표준편차 단위 / 표준등급 9개 등급
채점기준 종류 1가지당 2점(설명 미작성 시 1점) → 총 6점

16 신뢰도 추정 방법

직업심리학 ▶ 직업심리검사 ▶ 신뢰도

> 직업심리검사의 신뢰도를 추정하는 방법 3가지를 쓰고 각각에 대해 설명하시오.
> 2023년 2회, 2021년 3회, 2020년 2회, 2018년 1회

- 검사-재검사 신뢰도: 동일한 검사를 동일한 수검자 집단에 일정 시간 간격을 두고 두 번 실시하여 얻은 두 검사 점수의 상관계수에 의하여 신뢰도를 추정하는 방법이다.
- 동형검사 신뢰도: 동일한 수검자에게 첫 번째 실시한 검사와 동일한 유형의 이미 신뢰성이 입증된 검사를 실시하여 두 검사 점수 간의 상관계수 의해 신뢰도를 추정하는 방법이다.
- 반분신뢰도: 한 검사의 전체 문항을 반으로 나눈 다음 상관계수를 사용하여 두 부분이 모두 같은 개념을 측정하는지 비교하는 방법이다.

요점암기 검사-재검사 동일 수검자, 동일 검사 / 동형검사 동일 수검자, 동일 유형 다른 검사 / 반분 하나의 검사 반으로 나눔
채점기준 방법 1가지당 2점(설명 미작성 시 1점) → 총 6점

17 실존주의 상담의 궁극적 관심사

직업상담학 ▶ 직업상담의 이론 ▶ 실존주의 상담

> 실존주의 상담자들이 내담자의 궁극적 관심사와 관련하여 중요하게 생각하는 주제 4가지를 쓰고 각각에 대해 설명하시오.
> 2023년 1회, 2023년 2회, 2020년 2회, 2017년 2회

- 죽음과 비존재: 삶과 죽음은 분리될 수 없으며, 인간은 비존재에 대한 불안을 지닌다.
- 자유와 책임: 인간은 자기결정적인 존재로서 선택을 할 수 있고, 그에 따른 책임을 져야 한다.
- 삶의 의미성: 인간은 자신의 삶의 목적과 의미를 찾기 위해 노력한다.
- 진실성: 인간은 개인의 실존을 회복하기 위한 진실성 있는 노력을 한다.

요점암기 죽음과 비존재 삶과 죽음, 비존재에 대한 불안 / 자유와 책임 선택, 그에 따른 책임 / 삶의 의미성 목적과 의미 / 진실성 실존 회복 위한 진실성 있는 노력
채점기준 주제 1가지당 2점(설명 미작성 시 1점) → 총 8점

18 생산단위 활동 형태

직업정보론 ▶ 한국표준산업분류 ▶ 통계단위 산업결정

> 한국표준산업분류에서 생산단위 활동 형태 중 주된 산업활동과 보조 활동을 설명하시오.
> 2023년 2회, 2022년 3회, 2021년 2회

- **주된 산업활동**: 산업활동이 복합 형태로 이루어질 경우 생산된 재화 또는 제공된 서비스 중에서 부가가치(액)가 가장 큰 활동을 말한다.
- **보조 활동**: 모 생산단위에서 사용되는 비내구재 또는 서비스를 제공하는 활동으로서, 생산활동을 지원해 주기 위하여 존재한다. 주된 활동과 부차적 활동은 보조 활동의 지원 없이는 수행될 수 없으며, 보조 활동에는 회계, 창고, 운송, 구매, 판매 촉진, 수리 서비스 등이 포함된다.

요점암기 주된 산업활동 부가가치 큰 활동 / 보조 활동 모 생산단위에 비내구재·서비스 제공
채점기준 각 활동 설명당 2점 → **총 4점**

01 한국직업사전의 직무기능

직업정보론 ▶ 직업정보의 제공 ▶ 한국직업사전

다음은 한국직업사전의 직무기능 중 '사물'의 세부기능에 대한 설명이다. [보기]에서 각 설명에 해당하는 용어를 골라 빈칸에 기호를 쓰시오.

2023년 3회

[보기]
ㄱ. 설치   ㄴ. 정밀작업   ㄷ. 제어조작   ㄹ. 조작운전
ㅁ. 수동조작   ㅂ. 유지   ㅅ. 투입·인출   ㅇ. 단순작업

- (ㄴ): 설정된 표준치를 달성하기 위하여 궁극적인 책임이 존재하는 상황하에서 신체부위, 공구, 작업도구를 사용하여 가공물 또는 재료를 가공, 조종, 이동, 안내하거나 또는 정위치시킨다.
- (ㄹ): 다양한 목적을 수행하고자 사물 또는 사람의 움직임을 통제하는 데 있어 일정한 경로를 따라 조작되고 안내되어야 하는 기계 또는 설비를 시동, 정지하고 그 움직임을 제어한다.
- (ㅁ): 기계, 설비 또는 재료를 가공, 조정, 이동 또는 위치할 수 있도록 신체부위, 공구 또는 특수장치를 사용한다. 정확도 달성 및 적합한 공구, 기계, 설비 또는 원료를 산정하는 데 있어서 어느 정도의 판단력이 요구된다.
- (ㄷ): 기계 또는 설비를 시동, 정지, 제어하고 작업이 진행되고 있는 기계나 설비를 조정한다.
- (ㅂ): 기계 및 장비를 시동, 정지하고 그 기능을 관찰한다. 체인징가이드, 조정타이머, 온도게이지 등의 계기의 제어장치를 조정하거나 원료가 원활히 흐르도록 밸브를 돌려주고 빛의 반응에 따라 스위치를 돌린다. 이러한 조정업무에 판단력은 요구되지 않는다.

요점암기 정밀작업 궁극적인 책임 / **제어조작** 시동, 정지, 제어 / **조작운전** 움직임 제어 / **수동조작** 신체부위, 공구, 특수장치 / **유지** 판단력 ✕

채점기준 빈칸 1개당 1점 → 총 5점

02 직업분류의 일반원칙

직업정보론 ▶ 한국표준직업분류 ▶ 직업분류 원칙

> 한국표준직업분류에서 직업분류의 일반원칙 2가지를 쓰고 각각에 대해 설명하시오.
> 2023년 3회, 2017년 1회, 2015년 1회

○ **포괄성의 원칙**: 우리나라에 존재하는 모든 직무는 어떤 수준에서든지 분류에 포괄되어야 한다.
○ **배타성의 원칙**: 동일하거나 유사한 직무는 어느 경우에든 같은 단위직업으로 분류되어야 한다.

요점암기 포괄성 모든 직무 포괄 / 배타성 동일·유사 직무 같은 단위
채점기준 일반원칙 1가지당 2점(설명 미작성 시 1점) → **총 4점**

03 흥미검사의 종류

직업심리학 ▶ 직업심리검사 ▶ 흥미검사

> 현재 사용 가능한 흥미검사의 종류 5가지를 쓰시오.
> 2023년 3회, 2020년 4회

○ 직업선호도검사(VPI: Vocational Preference Inventory)
○ 스트롱-캠벨 흥미검사(SCII: Strong-Campbell Interest Inventory)
○ 스트롱 흥미검사(SII: Strong Interest Inventory)
○ 쿠더 흥미검사(KOIS: Kuder Occupational Interest Survey)
○ 자기방향탐색검사(SDS: Self Directed Search)
○ 직업흥미검사(VII: Vocational Interest Inventory)

요점암기 직업선호도 / 스트롱-캠벨 / 스트롱 / 쿠더 / 자기방향탐색
채점기준 종류 1가지당 1점 → **총 5점**

04 통계단위 산업결정 방법

직업정보론 ▶ 한국표준산업분류 ▶ 통계단위 산업결정

> 한국표준산업분류에서 산업을 결정하는 방법 4가지를 설명하시오.
> 2023년 1회, 2023년 3회, 2021년 3회, 2020년 3회, 2016년 2회

○ 생산단위의 산업활동은 그 생산단위가 수행하는 주된 산업활동(판매 또는 제공하는 재화 및 서비스)의 종류에 따라 결정된다.
○ 상기의 원칙에 따라 결정하는 것이 적합하지 않을 경우에는 그 해당 활동의 종업원 수 및 노동시간, 임금 및 급여액 또는 설비의 정도에 의하여 결정한다.
○ 계절에 따라 정기적으로 산업을 달리하는 사업체의 경우에는 조사시점에서 경영하는 사업과는 관계없이 조사대상 기간 중 산출액이 많았던 활동에 의하여 분류한다.
○ 휴업 중 또는 자산을 청산 중인 사업체의 산업은 영업 중 또는 청산을 시작하기 이전의 산업활동에 의하여 결정하며, 설립 중인 사업체는 개시하는 산업활동에 따라 결정한다.
○ 단일사업체의 보조단위는 그 사업체의 일개 부서로 포함하며, 여러 사업체를 관리하는 중앙 보조단위(본부, 본사 등)는 별도의 사업체로 처리한다.

요점암기 생산단위 수행 주된 산업활동 / 종업원 수, 노동시간, 임금, 설비 정도 / 계절, 산출액 많았던 활동 / 영업 중, 청산 시작 전, 개시 산업활동 / 단일사업체 보조단위 포함, 중앙 보조단위 별도

채점기준 결정 방법 1가지당 1점 → **총 4점**

05 행동주의 상담기법

직업상담학 ▶ 직업상담 접근방법 ▶ 행동주의 직업상담

> 행동주의 직업상담의 불안감소기법과 학습촉진기법에 해당하는 것을 3가지씩 쓰시오.
> 2023년 1회, 2023년 3회, 2022년 1회, 2016년 1회, 2016년 3회, 2015년 1회, 2015년 2회

○ 불안감소기법
- 체계적 둔감법
- 반조건 형성(역조건 형성)
- 혐오치료
- 금지조건 형성(내적 금지)
- 주장훈련
- 노출법

○ 학습촉진기법
- 강화
- 대리학습(모델링)
- 토큰경제(상표제도)
- 변별학습
- 행동조성(조형)

요점암기 　**불안감소** 체계적 둔감법, 금지조건 형성, 반조건 형성 / **학습촉진** 강화, 변별학습, 대리학습
채점기준 　불안감소기법, 학습촉진기법 1가지당 각각 1점 → **총 6점**

06 기본 상담기술

직업상담학 ▶ 직업상담의 기법

> 진로상담 과정에서 관계수립을 위한 기본 상담기술 5가지를 쓰시오.　　2023년 1회, 2023년 3회, 2020년 1회

○ **공감**: 내담자의 세계를 상담자 자신의 세계인 것처럼 경험하지만 객관적인 위치에서 벗어나지 않는 기법이다.
○ **경청**: 내담자가 표현하는 언어적 의미뿐만 아니라 비언어적 의미까지 이해하는 기법이다.
○ **반영**: 내담자의 생각과 말을 상담자가 다른 참신한 말로 부연하는 기법이다.
○ **직면**: 내담자가 모르고 있거나 인정하기를 거부하는 생각과 느낌에 대해 주목하게 하는 기법이다.
○ **명료화**: 내담자의 말 속에 포함되어 있는 불분명한 측면을 상담자가 분명하게 밝히는 기법이다.
○ **수용**: 상담자가 내담자의 이야기에 주의를 집중하고 있고, 내담자를 인격적으로 존중하고 있음을 보여 주는 기법이다.
○ **해석**: 내담자가 새로운 방식으로 자신의 문제들을 볼 수 있도록 사건들의 의미를 설정해 주는 기법이다.

요점암기 　공감 / 경청 / 반영 / 직면 / 명료화 / 수용 / 해석
채점기준 　상담기술 1가지당 1점 → **총 5점**

07 성향검사

> 직업심리학 ▶ 직업심리검사 ▶ 심리검사의 분류

> 직업심리검사는 성능검사와 성향검사로 구분된다. 성향검사에 해당하는 검사 6가지를 쓰시오.
> 2023년 3회, 2020년 4회, 2018년 1회

○ 마이어스–브릭스 성격유형검사(MBTI)

○ 미네소타 다면적 인성검사(MMPI)

○ 성격 5요인(Big–5) 검사

○ 직업선호도검사(VPI)

○ 스트롱–캠벨 흥미검사(SCII)

○ 직무만족도검사(JSS)

요점암기 MBTI / MMPI / 성격 5요인 / 직업선호도 / 스트롱–캠벨 / 직무만족도
채점기준 검사 1가지당 1점 → 총 6점

08 내담자중심 상담자의 태도

> 직업상담학 ▶ 직업상담의 이론 ▶ 내담자중심 상담

> 로저스(Rogers)의 내담자중심 상담에서 상담자가 갖추어야 할 기본 태도 3가지를 쓰고 각각에 대해 설명하시오.
> 2023년 3회, 2020년 1회, 2016년 1회, 2015년 1회, 2015년 3회

○ 진실성(진솔성, 일치성): 상담자가 내담자에 대한 자신의 감정을 진실하게 표현함으로써 감정과 표현을 서로 일치시키는 것이다.

○ 공감적 이해: 상담자 자신의 입장을 유지하면서 마치 내담자인 것처럼 내담자의 입장에서 내담자의 내적 감정을 느끼고 이해하는 것이다.

○ 무조건적 수용(무조건적 긍정적 관심): 상담자가 아무런 가치조건도 부여하지 않고 내담자를 있는 그대로 존중하고 수용하는 것이다.

요점암기 **진실성** 진실한 표현, 감정과 표현의 일치 / **공감적 이해** 입장 유지, 내담자 감정 이해 / **무조건적 수용** 그대로 수용
채점기준 태도 1가지당 2점(설명 미작성 시 1점) → 총 6점

09 기업의 이윤극대화

노동시장론 ▶ 노동시장의 이해 ▶ 노동의 수요

다음 표는 어느 기업의 노동공급, 임금, 한계수입생산을 나타내고 있다. 다음 물음에 답하시오.
2023년 3회, 2022년 1회, 2021년 1회, 2020년 3회, 2019년 3회, 2018년 2회, 2016년 1회, 2016년 2회, 2016년 3회, 2015년 3회

노동공급	임금	한계수입생산
5	6	
6	8	50
7	10	38
8	12	26
9	14	14
10	16	2

(1) 노동공급이 7일 때 한계노동비용을 구하시오.

○ 계산 과정: 한계노동비용은 노동을 1단위 더 투입함으로써 증가하는 총비용의 증가분이다. 노동공급이 6일 때 총비용은 6×8=48이고, 노동공급이 7일 때 총비용은 7×10=70이다. 따라서 한계노동비용은 70-48=22이다.

○ 답: 22

(2) 이윤극대화가 이루어지는 노동공급 단위와 임금을 구하시오.

○ 계산 과정: 기업의 이윤극대화가 이루어지는 노동공급 단위는 한계노동비용과 한계수입생산이 일치하는 8이고, 이때 임금은 12이다.

노동공급	임금	총비용	한계노동비용	한계수입생산
5	6	30		
6	8	48	18	50
7	10	70	22	38
8	12	96	26	26
9	14	126	30	14
10	16	160	34	2

○ 답
- 노동공급: 8
- 임금: 12

요점암기 한계노동비용=한계수입생산 → 이윤극대화
채점기준 (1) 2점, (2) 3점 → 총 5점

10 집단 내 규준

직업심리학 ▶ 직업심리검사 ▶ 규준과 점수해석

> 규준의 종류 중 백분위점수, 표준점수, 표준등급의 의미를 각각 설명하시오.
> 2023년 1회, 2023년 2회, 2023년 3회, 2021년 2회, 2020년 1회, 2019년 1회, 2018년 3회, 2017년 3회, 2015년 1회, 2014년 3회

○ **백분위점수**: 개인의 원점수를 100개의 동일한 구간에 순위에 따라 분포시킨 점수로, 특정 집단의 점수분포에서 한 개인의 상대적 위치를 살펴보는 데 적합하다.

○ **표준점수**: 원점수가 주어진 집단의 평균을 중심으로 분포상 어디에 위치하는가를 표준편차 단위를 사용하여 나타낸 것으로, 표준화된 심리검사에서 표준점수는 개인의 점수가 평균으로부터 떨어져 있는 거리이다.

○ **표준등급**: 모든 원점수를 비율에 따라 1~9의 구간으로 구분하여 각각의 구간에 일정한 점수나 등급을 부여한 것으로, 최고점수는 9, 최저점수는 1, 백분위 50에 해당하는 점수는 5이다.

요점암기 **백분위점수** 100개 구간 / **표준점수** 표준편차 단위 / **표준등급** 9개 등급

채점기준 각 설명당 2점 → **총 6점**

11 준거타당도

직업심리학 ▶ 직업심리검사 ▶ 타당도

준거타당도에 대한 다음 물음에 답하시오. 2023년 3회, 2017년 2회

(1) 준거타당도의 종류 2가지를 쓰고 설명하시오.
○ **예언타당도**: 한 검사에서의 점수와 나중에 그 사람이 실제로 직무를 수행할 때의 수행수준 간 관련성에 관한 타당도이다.
○ **동시타당도**: 현재 타당도를 보장받고 있는 검사와의 유사성 혹은 연관성에 의해 새로 제작한 검사의 타당도를 검증하는 방법이다.

(2) 여러 가지 타당도 중에서 특히 직업상담에서 준거타당도가 중요한 이유 2가지를 설명하시오.
○ 직무수행 성과를 예측하여 이에 따라 인사관리를 할 수 있다.
○ 부적절한 의사결정에 의한 차별을 방지하고 공정성을 높일 수 있다.

(3) 실증연구에서 얻은 타당도계수와 실제 연구에서의 타당도계수가 다른데, 실제 연구에서 타당도계수가 낮은 이유 2가지를 적으시오.
○ **표집오차**: 검사 점수와 준거 점수를 얻기 위해 추출한 표본이 모집단을 잘 대표하지 못하는 경우 표집오차가 커지고 그 결과 준거타당도 계수가 낮아진다.
○ **범위제한**: 준거타당도 계산을 위해 얻은 자료들이 검사 점수와 준거 점수의 전체 범위를 포괄하지 못하고 일부 범위만을 포괄하는 경우 준거타당도 계수가 낮아진다.

요점암기 **종류** 예언, 동시 / **중요 이유** 직무수행 성과 예측, 공정성 ↑ / **실제 연구 타당도계수 낮은 이유** 표집오차, 범위제한
채점기준 (1) 4점, (2) 2점, (3) 2점 → **총 8점**

12 실험실 연구

직업심리학 ▶ 직업심리검사 ▶ 심리검사의 개발과 실시

> 실험실 연구의 장점 3가지를 쓰시오.　　　　　　　　　　　　　　　　　2023년 3회

○ 변인들에 대한 통제가 수월하다.
○ 연구대상자나 실험조건의 무선배치가 가능하다.
○ 정확한 측정이 가능하며, 내적 타당도가 높다.

요점암기　통제 / 무선배치 / 내적 타당도
채점기준　장점 1가지당 2점 → **총 6점**

13 질문지법의 장단점

직업심리학 ▶ 직무분석 ▶ 질문지법

> 질문지법의 장점과 단점을 2가지씩 쓰시오.　　　　　　　　　　　　　　2023년 3회

○ 장점
　- 적은 시간과 비용으로 다수의 응답자가 참여할 수 있어 효율적이며, 자료 수집이 용이하다.
　- 관찰법이나 면접법과는 달리 양적인 정보를 얻는 데 적합하다.
○ 단점
　- 응답자의 응답 태도가 문제가 될 수 있으며, 회수율이 낮을 수 있다.
　- 응답자가 설문지 문항에 국한된 답변을 하기 때문에 부가적인 정보를 얻기 힘들다.

요점암기　**장점** 적은 시간·비용, 양적인 정보 / **단점** 낮은 회수율, 부가적 정보 어려움
채점기준　장점, 단점 각각 1가지당 1점 → **총 4점**

14. 홀랜드 직업성격 유형

직업심리학 ▶ 직업발달이론 ▶ 홀랜드 이론

> 홀랜드(Holland) 직업흥미검사의 6가지 유형을 쓰시오. 2023년 1회, 2023년 2회, 2023년 3회, 2022년 1회, 2021년 1회, 2020년 1회, 2020년 3회, 2020년 4회, 2019년 2회, 2018년 2회, 2016년 1회, 2014년 3회

- 현실형(R)
- 탐구형(I)
- 예술형(A)
- 사회형(S)
- 진취형(E)
- 관습형(C)

요점암기 현실 / 탐구 / 예술 / 사회 / 진취 / 관습
채점기준 유형 1가지당 1점 → 총 6점

---

15. 인지·정서적 상담

직업상담학 ▶ 직업상담의 이론 ▶ 인지·정서·행동적 상담

> 인지적·정서적 상담의 인간에 대한 기본가정 2가지와 기본개념, 상담목표를 쓰시오. 2023년 3회, 2020년 4회

- **인간에 대한 기본가정**
  - 인간은 합리적인 사고를 할 수 있는 동시에 비합리적인 사고의 가능성도 가지고 있다.
  - 내담자의 모든 정서적·행동적 문제는 비합리적인 사고로 인해 발생한 것이다.
  - 내담자의 지속적인 노력을 통해 비합리적 신념은 변화될 수 있다.
- **기본개념**: ABCDEF 모형
  - A: 내담자에게 정서적 혼란을 야기하는 '선행사건'
  - B: 선행사건에 대한 내담자의 '비합리적 신념체계'
  - C: 비합리적 신념을 통해 선행사건을 해석함으로써 나타나는 정서적·행동적 '결과'
  - D: 비합리적 신념을 합리적 신념으로 바꾸기 위한 '논박'
  - E: 비합리적 신념을 논박한 결과로서의 '효과'
  - F: 합리적 신념에서 비롯된 긍정적·수용적 '느낌'
- **상담목표**: 내담자의 비합리적인 사고를 합리적 사고로 전환시켜 정서적·행동적 문제를 해결한다.

요점암기 기본가정 비합리적 사고 / 기본개념 ABCDEF 모형 / 상담목표 비합리적 → 합리적
채점기준 인간에 대한 기본가정 4점, 기본개념 2점, 상담목표 2점 → 총 8점

나만의 성장 엔진, 혼JOB | www.honjob.co.kr

16 보딘의 상담과정
직업상담학 ▶ 직업상담 접근방법 ▶ 정신역동적 직업상담

> 정신역동 직업상담 모형을 구체화한 보딘(Bordin)의 3단계 직업상담과정을 쓰고 각각에 대해 설명하시오.
> 2023년 3회, 2020년 3회, 2018년 2회, 2017년 3회, 2015년 3회

○ **탐색과 계약설정**: 내담자의 정신역동적 상태를 탐색할 수 있도록 돕고, 상담전략을 합의하는 단계이다.
○ **핵심결정**: 성격에 맞추어 직업을 변경할 것인지, 직업에 맞추어 성격을 변경할 것인지 결정하는 단계이다.
○ **변화를 위한 노력**: 내담자가 어느 정도의 인성 변화를 일으킬 것이라고 가정하고, 선택한 직업이 필요로 하는 부분에 대한 변화를 모색하는 단계이다.

요점암기 탐색과 계약설정 정신역동, 상담전략 합의 / **핵심결정** 직업 or 성격 변경 / **변화를 위한 노력** 직업에 맞춰 변화 모색
채점기준 순서에 맞는 단계 1개당 2점(설명 미작성 시 1점) → **총 6점**

17 비정규직 근로자
직업정보론 ▶ 직업정보의 수집·분석 ▶ 경제활동인구조사

> 근로자에 대한 다음 설명에 해당하는 용어를 [보기]에서 골라 빈칸에 쓰시오.
> 2023년 3회

[보기]
비전형 근로자, 한시적 근로자, 시간제 근로자, 비정규직 근로자

- (**한시적**) 근로자: 근로계약기간을 정한 근로자 또는 정하지 않았으나 계약의 반복 갱신으로 계속 일할 수 있는 근로자와 비자발적 사유로 계속 근무를 기대할 수 없는 근로자를 포함한다.
- (**시간제**) 근로자: 직장(일)에서 근무하도록 정해진 소정의 근로시간이 동일 사업장에서 동일한 종류의 업무를 수행하는 근로자의 소정 근로시간보다 1시간이라도 짧은 근로자로, 평소 1주에 36시간 미만 일하기로 정해져 있는 경우가 해당된다.
- (**비전형**) 근로자: 파견근로자, 용역근로자, 특수형태근로종사자, 가정 내(재택, 가내) 근로자, 일일(단기) 근로자를 말한다.

요점암기 한시적 계약기간 / **시간제** 36시간 미만 / **비전형** 파견, 용역
채점기준 빈칸 1개당 2점 → **총 6점**

18 초기면담 유의 사항

직업상담학 ▶ 직업상담의 기법 ▶ 초기면담

내담자와의 초기면담 수행 시 상담자가 유의해야 할 사항 4가지를 쓰시오.　　2023년 3회, 2020년 3회

○ 면담 시작 전 미리 사례자료를 검토하며 상담회기를 준비한다.
○ 내담자의 자세와 태도에 주목하고 불안이나 걱정 등 심리적 상태를 살핀다.
○ 관계 형성에 도움을 줄 수 있는 전략을 사용한다.
○ 직업상담에 대한 내담자의 기대를 확인한다.
○ 비밀유지에 관하여 설명한다.
○ 내담자의 문제를 파악하고 내담자가 초기목표를 수립하도록 돕는다.

요점암기 사례자료 / 심리적 상태 / 관계 형성 전략 / 기대 확인 / 비밀유지 / 초기목표
채점기준 유의 사항 1가지당 1점 → **총 4점**

빈출주제 암기노트

- 앞의 [기출모의고사 모범답안]에 나온 주제를 제외하고, 시험에 자주 등장하는 주제를 제1과목에서 30개, 제2과목에서 34개, 제3과목에서 12개, 제4과목에서 14개를 선별하여, 총 90개 이론으로 정리하였습니다.
- 각 주제에는 기출 발문을 함께 제시하여, 해당 주제가 실제 시험에서 어떻게 출제되는지 인지하며 이론을 암기할 수 있도록 구성하였습니다.
- 기출모의고사까지 풀어 본 후 빠른 복습이 필요할 때, 시험 전날 벼락치기를 해야 할 때, 시험 당일 시험장에 가벼운 자료만 들고 가고 싶을 때 유용하게 활용하시기 바랍니다.

직업상담사 2급 2차 실기 통합서

제1과목 직업상담학

01 직업상담사의 자질

직업상담학 ▶ 직업상담의 개념 ▶ 직업상담사

직업상담사가 갖추어야 할 자질을 5가지(3가지) 쓰시오. 2022년 2회, 2020년 4회

① 상담업무를 수행하는 데 결함이 없는 성격이어야 한다.
② 자기 자신에 대한 깊은 이해가 있어야 한다.
③ 내담자에 대해 존경심을 가져야 한다.
④ 도덕적이고 윤리적인 자세를 지녀야 한다.
⑤ 심리학적 지식을 갖추어야 한다.
⑥ 직업문제를 갖고 있는 내담자에 대한 심리치료능력을 갖추어야 한다.
⑦ 프로그램 기획·개발·운영에 관한 지식을 갖추어야 한다.
⑧ 직업상담의 연구 및 평가능력을 갖추어야 한다.
⑨ 국가정책, 인구구조 변화, 미래사회 특징에 관한 지식을 갖추어야 한다.

요점암기 결함 없는 성격 / 자기 이해 / 내담자 존경 / 도덕적 자세 / 심리학적 지식

02 직업상담 5단계

직업상담학 ▶ 직업상담의 개념 ▶ 직업상담 과정

직업상담의 과정 5단계를 쓰시오. 2020년 1회

① **관계형성**: 상담자와 내담자 간의 상호존중에 기초하여 개방적이고 신뢰 있는 관계를 형성한다.
② **진단 및 측정**: 표준화된 심리검사를 공식적 측정절차에 따라 실시하여, 내담자가 자신의 흥미, 가치, 적성, 개인적 특성, 의사결정방식 등에 대해 자각할 수 있도록 돕는다.
③ **목표설정**: 직업상담의 목적은 문제해결뿐만 아니라 자기발전 및 자기개발에 있다는 것을 내담자에게 인식시키고, 내담자의 목표가 명백해지면 잠재적 목표를 밝혀 우선순위를 정한다.
④ **개입**: 내담자가 목표를 달성하는 데 도움이 될 수 있는 중재를 제안하여 개입한다.
⑤ **평가**: 상담자와 내담자는 그동안의 중재가 얼마나 효과적으로 적용되었는지, 상담목표가 어느 정도 달성되었는지를 평가한다.

요점암기 관계형성 / 진단 및 측정 / 목표설정 / 개입 / 평가

03 부처의 집단직업상담 3단계

직업상담학 ▶ 직업상담의 개념 ▶ 집단직업상담

- 부처(Butcher)의 집단직업상담을 위한 3단계 모델을 쓰고, 각 단계에 대해 설명하시오.
  2022년 3회, 2021년 1회, 2021년 3회, 2020년 2회, 2017년 2회, 2015년 2회, 2014년 1회
- 부처(Butcher)의 3단계 중 탐색과 행동단계에서 하는 것을 3가지씩 쓰시오. 2015년 3회

① **탐색단계**: 자기개방, 흥미와 적성에 대한 측정, 측정 결과에 대한 피드백, 내담자의 자아상과 피드백 간의 불일치 해결이 이루어지는 단계이다.

② **전환단계**: 자기 지식과 직업세계의 연결, 일과 삶의 가치에 대한 조사, 자신의 가치에 대한 피드백, 가치와 피드백 간의 불일치 해결이 이루어지는 단계이다.

③ **행동단계**: 목표설정과 행동계획의 개발, 목표달성 촉진을 위한 자원의 탐색, 정보의 수집과 공유, 즉각적·장기적 의사결정을 위한 구체적 행동의 실천이 이루어지는 단계이다.

요점암기 탐색 / 전환 / 행동

04 톨버트의 집단직업상담 활동 유형

직업상담학 ▶ 직업상담의 개념 ▶ 집단직업상담

톨버트(Tolbert)가 제시한 집단상담 과정에서 나타나는 활동 유형 5가지(3가지)를 쓰시오.
2019년 1회, 2015년 2회, 2014년 3회

① **자기탐색**: 수용적인 분위기 속에서 각 집단구성원들은 자신의 감정, 태도, 가치 등을 탐색한다.

② **상호작용**: 각자 자신의 직업계획과 목표를 이야기하고 집단구성원들은 이에 대해 피드백한다.

③ **개인적 정보의 검토 및 목표와의 연결**: 자기탐색과 상호작용을 통해 얻은 개인적 정보를 검토하고 이를 직업적 목표와 연결한다.

④ **직업적·교육적 정보의 획득 및 검토**: 자신의 직업적 목표를 이루기 위한 직업정보 및 교육자료를 획득하고 이를 상세히 검토한다.

⑤ **합리적인 의사결정**: 개인적 정보와 직업적·교육적 정보를 바탕으로 자신에게 적합한 직업에 대해 합리적인 의사결정을 내린다.

요점암기 자기탐색 / 상호작용 / 개인적 정보의 검토 및 목표와의 연결 / 직업적·교육적 정보의 획득 및 검토 / 합리적인 의사결정

05 사이버 상담의 필요성

직업상담학 ▶ 직업상담의 개념 ▶ 사이버 상담

> 인터넷을 이용한 사이버 상담의 필요성을 6가지 쓰시오.　　　　2022년 3회, 2017년 2회

① 인터넷 보급의 확대로 활용이 간편하고 저렴하다.
② 익명성이 보장되어 솔직한 생각과 감정 표현이 가능하다.
③ 상담자와 직접 대면하지 않기 때문에 심리적 부담이 적다.
④ 글을 작성해 가면서 생각을 정리하고 감정을 정화할 수 있다.
⑤ 상담 도중 문제해결에 도움이 되는 자료들을 찾아볼 수 있다.
⑥ 상담 내용이 기록되기 때문에 추후에 이를 활용할 수 있다.
⑦ 청소년 내담자는 인터넷 사용에 익숙하기 때문에 사이버 상담에 특히 더 친밀감을 느낀다.
⑧ 자발적 참여로 상담이 진행되는 경우가 많으므로 내담자들의 문제해결 동기가 높다.

요점암기　간편·저렴 / 익명성 / 부담 ↓ / 감정 정화 / 자료 검색 / 기록 / 친밀감 / 문제해결 동기

06 윌리암슨의 직업상담 문제유형

직업상담학 ▶ 직업상담의 개념 ▶ 직업상담의 문제유형

> • 윌리암슨(Williamson)의 직업상담 문제유형의 4가지(3가지) 분류를 쓰고 설명하시오.
> 　　　　2022년 2회, 2018년 1회, 2016년 2회
>
> • 윌리암슨(Williamson)의 특성–요인 직업상담에서 직업의사결정에서 나타나는 여러 가지 문제들에 대한 변별 진단 결과를 분류하는 4가지(3가지) 범주를 쓰고 각각에 대해 설명하시오.
> 　　　　2021년 3회, 2020년 4회, 2015년 1회, 2014년 3회

① **직업 무선택**: 직접 직업을 결정한 경험이 없거나 선호하는 몇 가지의 직업이 있음에도 불구하고 어느 것을 선택할지 몰라 결정하지 못하는 경우이다.
② **직업선택의 확신 부족**: 직업을 선택하기는 하였으나 자신의 선택에 대해 자신감이 없거나 자신의 직업선택에 대해 타인으로부터 자기가 성공하리라는 위안을 받고자 하는 경우이다.
③ **흥미와 적성의 불일치**: 흥미를 느끼는 직업에 대해 수행능력이 부족하거나 적성에 맞는 직업에 대해 흥미를 느끼지 못하는 경우이다.
④ **현명하지 못한 직업선택**: 동기나 능력이 부족한 사람이 고도의 능력을 필요로 하는 직업을 선택하는 경우, 흥미가 없거나 자신의 성격과 맞지 않는 직업을 선택하는 경우, 자신의 능력보다 훨씬 낮은 능력이 요구되는 직업을 선택하는 경우, 지나치게 안정된 직업만을 추구하는 경우이다.

요점암기　**직업 무선택** 결정 경험 없음, 선택 어려움 / **직업선택의 확신 부족** 자신감 없음, 위안 추구 / **흥미와 적성의 불일치** 흥미 있고 적성 없음, 적성 있고 흥미 없음 / **현명하지 못한 직업선택** 고도 능력 필요 직업, 흥미 없는 직업, 낮은 능력 요구 직업, 지나치게 안정된 직업

07 크릿츠의 직업상담 문제유형

직업상담학 ▶ 직업상담의 개념 ▶ 직업상담의 문제유형

크릿츠(Crites)는 직업상담의 문제유형 분류에서 흥미와 적성을 3가지 변인들과 관련지어 분류했다. 3가지 변인을 쓰고 설명하시오.   2016년 3회

① 적응성(적응 문제)
　㉠ 적응형: 흥미와 적성이 일치하는 분야를 찾은 유형이다.
　㉡ 부적응형: 흥미와 적성이 일치하는 분야를 찾지 못한 유형이다.
② 결정성(우유부단 문제)
　㉠ 다재다능형: 가능성(재능)이 많아서 흥미를 느끼는 분야와 적성에 맞는 분야 사이에서 결정을 내리지 못하는 유형이다.
　㉡ 우유부단형: 흥미나 적성과 상관없이 어떤 분야를 선택할지 결정하지 못하는 유형이다.
③ 현실성(비현실성 문제)
　㉠ 비현실형: 흥미를 느끼는 분야는 있지만 그 분야에 필요한 적성을 가지고 있지 못하는 유형이다.
　㉡ 불충족형: 흥미를 느끼는 분야는 있지만 자신의 적성수준보다 낮은 적성을 요구하는 직업을 선택하는 유형이다.
　㉢ 강압형: 적성에 따라 직업을 선택했지만 그 직업에 흥미를 느끼지 못하는 유형이다.

요점암기　**적응성** 적응형, 부적응형 / **결정성** 다재다능형, 우유부단형 / **현실성** 비현실형, 불충족형, 강압형

08 정신분석의 불안

직업상담학 ▶ 직업상담의 이론 ▶ 정신분석적 상담

정신분석상담에서 필수적 개념인 불안의 3가지 유형을 쓰고, 각각에 대해 설명하시오.　2021년 2회, 2017년 1회

① 현실적 불안: 자아(ego)가 현실적 근거가 있는 외부 위협을 지각함으로써 야기되는 불안으로, 실제적인 위협으로부터 개인을 보호하는 데 기여한다.
② 신경증적 불안: 자아(ego)가 원초아(id)를 통제하지 못할 경우 나타나는 불안으로, 특히 성적 충동이나 공격적 충동을 자아가 적절하게 조절할 수 없어서 벌을 받지 않을까 하는 불안을 말한다.
③ 도덕적 불안: 원초아(id)와 초자아(superego) 간의 갈등에 따른 불안으로, 초자아가 강한 사람이 도덕률에 위배되는 행동이나 생각만으로도 수치심이나 죄의식을 느끼는 양심에 대한 두려움을 말한다.

요점암기　**현실적** 자아, 외부 위협 / **신경증적** 자아, 원초아 / **도덕적** 원초아, 초자아

09 방어기제

직업상담학 ▶ 직업상담의 이론 ▶ 정신분석적 상담

- 내담자는 직접적인 방법으로 불안을 통제할 수 없을 때 무의식적으로 방어기제를 사용하는데, 내담자가 사용하는 방어기제의 종류를 3가지 쓰고, 각각 설명하시오. 2022년 1회, 2017년 1회
- 정신분석적 상담은 이성적이고 직접적인 방법으로 불안을 통제할 수 없을 때 무의식적으로 방어기제를 사용한다. 방어기제의 종류 5가지를 쓰시오. 2021년 3회, 2019년 2회

① 부정: 감당하기 힘든 어려운 고통이나 욕구를 무의식적으로 인정하지 않는 것이다.
② 투사: 스스로 받아들일 수 없는 충동이나 태도 등을 무의식적으로 타인이나 환경의 탓으로 돌리는 것이다.
③ 동일시: 자기가 이상화하는 대상의 태도, 속성, 행동 등을 따라 함으로써 그 대상과 자기 자신을 동일하다고 인식하는 것이다.
④ 합리화: 자기 보호와 체면 유지를 위해 자신의 행위나 자신이 놓여 있는 상황을 정당화하는 이유를 붙이는 것이다.
⑤ 억압: 사회적·윤리적으로 용납될 수 없다고 생각되는 욕구, 충동, 사고 등을 자신의 무의식 속으로 숨겨 버리는 것이다.
⑥ 퇴행: 좌절을 경험하게 되면 보다 만족스러웠던 발달 초기 시절의 행동 양식을 나타내는 것이다.
⑦ 승화: 억압된 충동이나 욕구를 사회적으로 인정받는 가치 있는 형태로 실현하는 것이다.

요점암기 부정 / 투사 / 동일시 / 합리화 / 억압 / 퇴행 / 승화

10 아들러 개인주의 상담의 목표

직업상담학 ▶ 직업상담의 이론 ▶ 개인주의 상담

아들러(Adler)의 개인주의 상담과정의 목표를 5가지(4가지, 3가지) 쓰시오. 2022년 3회, 2020년 1회, 2018년 2회, 2016년 1회

① 패배감을 극복하고 열등감을 감소시킬 수 있도록 돕는다.
② 생활양식을 확인하고 바람직한 방향으로 생활양식을 바꾸도록 한다.
③ 사회적 관심을 갖도록 돕는다.
④ 잘못된 가치와 목표를 수정하도록 돕는다.
⑤ 잘못된 동기를 수정하도록 돕는다.
⑥ 사회의 구성원으로서 사회에 기여하도록 돕는다.

요점암기 열등감 감소 / 생활양식 바꿈 / 사회적 관심 / 가치와 목표 수정 / 동기 수정 / 사회 기여

11 형태주의 상담의 목표

직업상담학 ▶ 직업상담의 이론 ▶ 형태주의 상담

- 형태주의 상담의 목표를 6가지 쓰시오. 2022년 2회
- 형태주의 상담의 목표를 3가지 쓰고 설명하시오. 2017년 2회

① 체험 확장: 내담자가 자신의 욕구나 감정을 억압하던 것을 해소하고 체험 영역을 확장할 수 있도록 돕는다.
② 인격 통합: 내담자의 분할되고 소외된 인격의 부분을 다시 접촉하고 체험하게 함으로써 인격을 통합할 수 있도록 돕는다.
③ 독립·자립: 내담자 스스로 자신의 내적 힘을 동원하여 독립·자립할 수 있도록 돕는다.
④ 책임감: 내담자가 자신을 행동을 자유롭게 선택하고 행동결과에 책임질 수 있도록 돕는다.
⑤ 변화와 성장: 내담자가 스스로 이상적인 상태로 변화하고 성장해 나갈 수 있도록 돕는다.
⑥ 실존적 삶: 내담자가 실존인 삶을 살아가도록 돕는다.

요점암기 체험 확장 / 인격 통합 / 독립·자립 / 책임감 / 변화와 성장 / 실존적 삶

12 교류분석 상담의 제한점

직업상담학 ▶ 직업상담의 이론 ▶ 교류분석적 상담

의사교류분석 상담의 제한점 3가지를 쓰시오. 2022년 1회, 2018년 1회, 2014년 1회

① 이론을 구성하는 주요 개념들이 인지적이기 때문에 지적 능력이 낮은 내담자에게는 부적절할 수 있다.
② 의사교류분석에서 사용하는 용어들은 그 양이 많고, 의미가 추상적이기 때문에 실제로 적용하는 데 어려움이 많다.
③ 이론을 구성하는 개념들에 대한 과학적인 증거가 부족하기 때문에 사용하는 데 주의가 요구된다.

요점암기 인지적 → 지적 능력 낮은 경우 부적절 / 추상적 → 실제 적용 곤란 / 과학적 증거 부족

13 교류분석의 역동적 자아상태

직업상담학 ▶ 직업상담의 이론 ▶ 교류분석적 상담

의사교류분석 상담기법에서 주장하는 역동적 자아상태 3가지를 쓰시오. 2020년 2회, 2016년 2회

① **어버이자아**: 부모의 말이나 행동을 무비판적으로 받아들여 내면화한 자아상태이다. 비판적 어버이자아와 양육적 어버이자아로 구분된다.
② **어른자아**: 개인이 현실세계와 관련해서 기능하는 부분으로 성격의 합리적이고 객관적인 측면이다. 어버이자아와 어린이자아의 갈등을 완화하는 역할을 한다.
③ **어린이자아**: 생득적으로 일어나는 충동이나 어린 시절 경험한 감정을 표현하는 자아상태이다. 자유로운 어린이자아와 순응적 어린이자아로 구분할 수 있으며, 여기에 어린이교수자아를 더해 삼분하기도 한다.

요점암기 어버이 부모의 말과 행동 / 어른 합리적, 객관적 / 어린이 어린 시절의 감정

14 체계적 둔감법

직업상담학 ▶ 직업상담의 이론 ▶ 행동주의 상담

- 다음에 제시한 글을 읽고 면접에 대한 불안을 갖는 최 씨에게 체계적 둔감화를 사용하여 상담하는 절차를 설명하시오. 2021년 1회, 2016년 2회
- 체계적 둔감화의 의미와 단계를 쓰고 설명하시오. 2017년 3회
- 체계적 둔감법의 3단계를 쓰시오. 2015년 1회

1. 체계적 둔감법의 의미
체계적 둔감법은 불안이나 혐오를 유발하는 자극에 대해 위계목록을 작성한 후, 낮은 수준의 자극에서 높은 수준의 자극으로 단계를 높여 가며 불안과 혐오를 경감 또는 제거하는 기법이다.

2. 체계적 둔감법의 단계
① **근육이완훈련**: 근육을 이완시켜 몸이 긴장 상태에서 벗어날 수 있도록 훈련한다.
② **불안위계목록 작성**: 불안 정도가 낮은 수준의 자극부터 높은 수준의 자극까지 불안위계목록을 작성한다.
③ **불안위계목록에 따른 둔감화**: 불안 유발 상황을 단계적으로 상상하도록 유도하여 불안 반응을 점진적으로 경감 또는 제거한다.

요점암기 의미 혐오자극, 위계목록, 단계적 / 단계 근육이완훈련, 불안위계목록, 둔감화

15 비합리적 신념의 당위성
직업상담학 ▶ 직업상담의 이론 ▶ 인지·정서·행동적 상담

- 인지-정서적 상담이론에서 비합리적 신념의 뿌리를 이루고 있는 것으로 가정한 3가지 당위성을 쓰고, 각각 예를 들어 설명하시오. 2019년 3회
- 다음 사례를 읽고 합리적 정서치료 관점에서 볼 때, 내담자가 혼란을 겪고 전직을 고려하게 된 이유를 쓰시오. 2018년 3회

① **자신에 대한 당위성**: 자신이 반드시 어떠한 사람이어야 한다는 비합리적인 신념으로, 예를 들어 "나는 반드시 훌륭하게 일을 수행해야 한다."가 있다.
② **타인에 대한 당위성**: 타인이 반드시 어떠한 사람이어야 한다는 비합리적인 신념으로, 예를 들어 "타인은 반드시 나를 공정해야 대우해야 한다."가 있다.
③ **세상에 대한 당위성**: 세상의 상황과 조건들이 반드시 어떻게 움직여야 한다는 비합리적인 신념으로, 예를 들어 "세상은 반드시 내가 원하는 방향으로 돌아가야 한다."가 있다.

요점암기 **자신** 나는 반드시 ~해야 한다 / **타인** 타인은 반드시 ~해야 한다 / **세상** 세상은 반드시 ~해야 한다

16 벡의 인지적 오류
직업상담학 ▶ 직업상담의 이론 ▶ 인지치료

- 벡(Beck)의 인지치료에서 인지적 오류의 유형을 4가지 쓰시오. 2022년 2회
- 벡(Beck)의 인지적 상담에서 인지적 오류 3가지를 제시하고 각각에 대해 설명하시오. 2020년 1회, 2018년 3회, 2014년 2회

① **임의적 추론**: 충분한 근거가 없는데도 최종적인 결론을 성급하게 내려 버리는 오류이다.
② **선택적 추상화**: 극단적으로 부정적인 세부 사항으로 전체를 보는 오류이다.
③ **흑백논리**: 사건의 의미를 이분법적인 범주의 둘 중 하나로 해석하는 오류이다.
④ **과잉일반화**: 한두 번의 사건을 무관한 상황에까지 적용하여 일반화하는 오류이다.
⑤ **개인화**: 자신과 관련 없는 외부 사건을 자신과 관련시키는 오류이다.
⑥ **과대(과소)평가**: 어떤 사건이나 사람이 가진 한 특성의 중요성이나 의미를 지나치게 과장(축소)하는 오류이다.

요점암기 **임의적 추론** 근거 없음 / **선택적 추상화** 부정적 세부 사항 / **흑백논리** 둘 중 하나 / **과잉일반화** 무관한 상황 / **개인화** 자신과 관련 없음 / **과대(과소)평가** 지나친 과장(축소)

17 특성-요인 직업상담의 기본원리

> 직업상담학 ▶ 직업상담 접근방법 ▶ 특성-요인 직업상담

- 이성적·지시적 상담인 특성-요인 직업상담의 3가지 기본원리를 설명하시오. 2018년 1회
- 윌리암슨(Williamson)의 이성적·지시적(특성-요인) 이론 중 인간본성에 대한 기본가정을 3가지만 쓰시오. 2017년 2회

1. 파슨스(Parsons)의 직업지도모델 3요소
① **개인에 대한 이해**: 면담, 심리검사 등을 통해 내담자의 특성을 객관적으로 분석한다.
② **직업에 대한 이해**: 직업세계에 대해 체계적으로 분석한다.
③ **개인과 직업의 합리적 연결**: 과학적 조언을 통해 내담자와 직업을 매칭한다.

2. 윌리암슨(Williamson)의 인간본성에 대한 기본가정
① 인간은 선과 악의 잠재력을 모두 지니고 있는 존재이다.
② 인간은 선을 실현하는 과정에서 타인의 도움을 필요로 하는 존재이다.
③ 인간의 선한 생활을 결정하는 것은 자기 자신이다.
④ 선의 본질은 자아의 완전한 실현이다.
⑤ 우주와 인간의 관계, 즉 세계관은 개인적인 것으로, 인간은 누구나 그 자신만의 독특한 세계관을 가진다.

요점암기 파슨스 개인, 직업, 개인과 직업의 연결 / 윌리암슨 선과 악의 잠재력, 타인의 도움, 자신이 결정, 자아의 완전한 실현, 자신만의 독특한 세계관

18 특성-요인 직업상담 과정

> 직업상담학 ▶ 직업상담 접근방법 ▶ 특성-요인 직업상담

> 특성-요인 직업상담의 과정을 순서대로 쓰고, 각각 설명하시오. 2019년 2회

① **분석**: 내담자에 대한 자료를 수집하고 분석하는 단계로, 심리검사가 주로 사용된다.
② **종합**: 내담자의 성격, 장·단점, 욕구, 태도 등에 대한 이해를 얻기 위해 자료를 요약하고 종합하는 단계이다.
③ **진단**: 문제의 원인들을 탐색하고, 변별진단을 통해 내담자의 문제를 해결할 수 있는 다양한 방법들을 검토하는 단계이다.
④ **예측**: 진로문제를 해결할 수 있는 대안과 가능성을 탐구하는 단계로, 처치와 처방적 시도가 이루어진다.
⑤ **상담**: 직업문제의 해결 및 바람직한 적응을 위해 무엇을 해야 하는지에 대해 내담자와 협동적·능동적으로 상의하고 조언하는 단계이다.
⑥ **추수지도**: 내담자가 상담에서 학습했던 것들을 일상생활에 적용할 수 있도록 지속적으로 도우며, 상담의 효율성을 평가하고 점검하는 단계이다.

요점암기 분석 자료 수집·분석 / 종합 자료 요약·종합 / 진단 원인 탐색, 변별진단, 방법 검토 / 예측 대안, 가능성 / 상담 조언 / 추수지도 적용, 평가, 점검

19 윌리암슨의 검사 해석단계 기법

직업상담학 ▶ 직업상담 접근방법 ▶ 특성-요인 직업상담

> 윌리암슨(Williamson)의 심리검사 해석 시 사용하는 상담기법 3가지를 쓰고 설명하시오. 2017년 1회, 2015년 3회

① 직접 충고: 검사 결과를 토대로 상담자가 자신의 견해를 내담자에게 직접적으로 솔직하게 전달하는 것이다.
② 설득: 상담자가 내담자에게 합리적이고 논리적인 방법으로 검사자료를 제시하여, 내담자가 자신의 문제를 해결할 수 있도록 설득하는 것이다.
③ 설명: 상담자가 검사자료 및 정보들을 설명하며 선택 가능한 대안들과 예상되는 결과들을 이해시키고, 내담자의 진로선택을 돕는 것이다.

요점암기 **직접 충고** 견해 전달, 솔직 / **설득** 합리적 제시, 문제해결 / **설명** 이해시킴, 진로선택

20 브레이필드의 직업정보의 기능

직업상담학 ▶ 직업상담 접근방법 ▶ 특성-요인 직업상담

> 브레이필드(Brayfield)가 제시한 직업정보의 기능 3가지를 쓰고 각각에 대해 설명하시오.
> 2022년 1회, 2019년 2회, 2017년 3회, 2015년 1회

① 정보적 기능: 정보 제공을 통해 내담자의 모호한 의사결정을 돕고 직업선택에 관한 지식을 증가시킨다.
② 재조정 기능: 내담자가 비현실적이고 부적당한 직업선택을 한 것은 아닌지 점검해 보는 기초를 마련해 준다.
③ 동기화 기능: 내담자가 진로의사결정 과정에 책임감을 가지고 적극적으로 참여할 수 있도록 동기화한다.

요점암기 **정보적** 지식 증가 / **재조정** 직업선택 점검 / **동기화** 적극적 참여 동기화

21 수퍼의 직업상담 평가 유형

직업상담학 ▶ 직업상담 접근방법 ▶ 발달적 직업상담

> 발달적 직업상담에서 수퍼(Super)는 '진단'이라는 용어 대신에 '평가'라는 말을 사용했다. 수퍼의 평가 3가지를 설명하시오. 2021년 3회, 2020년 4회

① 문제평가: 내담자가 겪고 있는 어려움이나 직업상담에 대한 내담자의 기대를 평가한다.
② 개인평가: 심리검사, 사례연구 등을 통해 심리적·사회적·신체적 차원에서 내담자의 개인적 상태에 대해 평가한다.
③ 예언평가: 내담자에 대한 직업적·개인적 평가를 바탕으로 내담자가 성공하고 만족할 수 있는 것에 대해 예측한다.

요점암기 **문제** 어려움, 기대 / **개인** 개인적 상태 / **예언** 성공과 만족

22 크릿츠의 포괄적 직업상담 과정

직업상담학 ▶ 직업상담 접근방법 ▶ 포괄적 직업상담

크릿츠(Crites)의 포괄적 직업상담의 상담과정 3단계를 쓰고, 각 단계에 대해 설명하시오.
2022년 3회, 2019년 1회, 2014년 2회

① **진단**: 내담자의 진로문제를 진단하기 위해 내담자에 대한 폭넓은 검사자료와 상담을 통한 자료가 수집되는 단계이다.
② **명료화(해석)**: 상담자와 내담자가 협력해서 의사결정 과정을 방해하는 태도와 행동을 확인하며 대안을 탐색하는 단계이다.
③ **문제해결**: 내담자가 자신의 문제를 확인하고 적극적으로 참여하여 문제해결을 위해 어떤 행동을 취해야 하는지를 결정하는 단계이다.

요점암기 진단 자료 수집 / 명료화 대안 탐색 / 문제해결 행동 결정

23 대화를 가로막는 상담자의 반응

직업상담학 ▶ 직업상담의 기법

상담에서 상담자와 내담자의 대화를 가로막을 수 있는 상담자의 반응을 3가지만 쓰고 설명하시오.
2018년 3회, 2014년 3회

① **너무 이른 조언**: 내담자의 특성이나 문제의 배경에 대해 충분히 파악하지 못한 상담 초기에 조언을 할 경우, 조언 내용이 내담자에게 부적합할 수 있다.
② **가르치기**: 가르치기를 시작하는 순간 내담자는 방어적인 자세로 자신의 이야기를 더 이상 하지 않거나 상담자에게 지나치게 의존할 수 있다.
③ **지나친 질문**: 과도한 질문을 할 경우 내담자는 상담자가 자신에 대해 공감한다고 느끼기 어려우며, 수동적인 태도를 보일 수 있다.
④ **상담자 경험의 진술**: 상담자가 자신에 대한 이야기를 할 경우 내담자는 상담자의 이야기를 듣는 청중으로 위치할 수 있다.

요점암기 너무 이른 조언 특성 파악 X / 가르치기 방어적, 지나친 의존 / 지나친 질문 수동적 태도 / 상담자 경험의 진술 청중 전락

24 생애진로사정(LCA)

직업상담학 ▶ 직업상담의 기법 ▶ 구조화된 면담법

- 생애진로사정을 통해 얻을 수 있는 정보를 3가지 쓰시오.   2020년 2회, 2018년 1회, 2016년 2회, 2014년 1회
- 생애진로사정의 구조 중 진로사정의 4가지(3가지) 부분을 쓰고 각각에 대해 설명하시오.
  2021년 3회, 2020년 1회, 2019년 2회, 2019년 3회, 2017년 3회

1. 생애진로사정을 통해 얻을 수 있는 정보
① 내담자의 직업경험과 교육수준을 나타내는 객관적 사실
② 내담자의 기술과 능력에 대한 자기평가와 상담자의 평가
③ 내담자의 자기인식과 가치
④ 내담자의 활동으로부터 얻은 생애진로주제

2. 생애진로사정의 구조
① **진로사정**: 내담자의 직업경험, 교육 및 훈련과정에서 가장 좋았던 것과 싫었던 것에 대해 질문하며, 여가활동 등을 탐색한다.
② **전형적인 하루**: 내담자가 생활을 어떻게 조직하는지 발견하는 것으로, 의존적인지 독립적인지, 자발적인지 체계적인지 성격차원을 파악하도록 돕는다.
③ **강점과 장애**: 내담자 스스로 생각하는 주요 강점 및 장애에 대해 질문함으로써, 직면하고 있는 문제와 이를 극복하기 위해 가지고 있는 대처자원을 탐색한다.
④ **요약**: 내담자 스스로 자신에 대해 알게 된 내용을 요약해 보게 하면서 자기인식을 증진시킨다.

요점암기   **정보** 객관적 사실, 평가, 자기인식, 생애진로주제 / **구조** 진로사정, 전형적인 하루, 강점과 장애, 요약

25 자기보고식 가치사정법

직업상담학 ▶ 직업상담의 기법 ▶ 내담자 사정

자기보고식 가치 사정하기에서 가치사정법 6가지를 쓰시오. 2019년 3회, 2016년 3회

① **체크목록 가치에 순위 매기기**: 중요하다고 생각되는 가치와 그렇지 않다고 생각되는 가치에 각각 ＋, － 표시를 한 뒤 순위를 매기게 한다.
② **과거의 선택 회상하기**: 직업 선택, 여가 선택 등 과거 선택 경험을 파악하며, 그것을 선택한 기준에 대해 조사한다.
③ **존경하는 사람 기술하기**: 존경하는 인물들을 기술하도록 한 후, 존경하는 이유에 대해 응답하게 한다.
④ **백일몽 말하기**: 자신이 가지고 있는 개인적인 환상으로서의 백일몽을 이야기하게 한다.
⑤ **절정경험 조사하기**: 자신이 체험한 최고의 경험을 회상이나 상상하게 한 후 그 과정에 대해 설명하게 한다.
⑥ **자유시간과 금전사용계획 조사하기**: 자신에게 자유시간이나 예상하지 못한 돈이 주어질 경우 이를 어떻게 사용할 것인지 상상하게 한다.

요점암기 체크목록 / 과거의 선택 / 존경하는 사람 / 백일몽 / 절정경험 / 자유시간과 금전사용계획

26 흥미사정

직업상담학 ▶ 직업상담의 기법 ▶ 내담자 사정

• 내담자의 흥미를 사정하는 목적 5가지를 쓰시오. 2021년 2회, 2018년 2회, 2015년 2회
• 내담자의 흥미를 사정하려고 할 때 사용되는 흥미사정기법을 3가지 쓰고 설명하시오.
  2021년 2회, 2020년 3회, 2016년 2회, 2014년 1회

1. 흥미사정의 목적
① 여가선호와 직업선호를 구별한다.
② 직업탐색을 조장한다.
③ 직업·교육상 불만족의 원인을 규명한다.
④ 자기인식을 발전시킨다.
⑤ 직업대안을 규명한다.

2. 흥미사정의 기법
① **직업선호도검사**: 홀랜드(Holland)의 흥미유형 6가지에 대입하여 내담자의 직업선호도를 사정하는 기법이다.
② **직업카드분류법**: 홀랜드의 6각형 이론과 관련된 일련의 직업카드를 주고 직업을 '좋아함, 싫어함, 미결정 중성 군'으로 분류하도록 하는 방법이다.
③ **흥미평가기법**: 내담자에게 종이에 알파벳을 쓴 뒤 그 알파벳에 맞추어 흥밋거리를 기입하게 하는 기법이다.

요점암기 **목적** 선호 구별, 직업탐색, 불만족 원인, 자기인식, 직업대안 / **기법** 직업선호도검사, 직업카드분류법, 흥미평가기법

27 코틀의 원형검사

직업상담학 ▶ 직업상담의 기법 ▶ 진로시간전망

- 코틀(Cottle)의 원형검사에서 원의 의미, 원의 크기, 원의 배치의 의미를 설명하시오. 　2015년 3회
- 진로시간전망 검사 중 코틀(Cottle)의 원형검사에서 시간전망 개입의 3가지 차원을 쓰고 각각에 대해 설명하시오. 　2021년 3회, 2017년 2회, 2014년 1회

1. 원의 의미, 크기, 배치
① 원의 의미: 과거, 현재, 미래의 시간차원을 뜻한다.
② 원의 크기: 시간차원에 대한 상대적 친밀감을 뜻한다.
③ 원의 배치: 시간차원이 어떻게 연관되어 있는지를 뜻한다.

2. 시간전망 개입의 3가지 차원
① 방향성: 미래지향성을 증진하기 위해 미래에 대한 낙관적인 입장을 구성하는 것에 목표를 둔다.
② 변별성: 미래를 현실처럼 느끼게 하고 미래 계획에 대한 긍정적 태도를 강화시키며 목표설정을 신속하게 하는 것에 목표를 둔다.
③ 통합성: 현재 행동과 미래의 결과를 연결시키며 계획한 기법의 실습을 통해 진로인식을 증진하는 것에 목표를 둔다.

요점암기 원의 의미 시간차원 / 원의 크기 친밀감 / 원의 배치 연관 / 시간전망 개입 차원 방향성, 변별성, 통합성

28 인지적 명확성이 부족한 내담자

직업상담학 ▶ 직업상담의 기법 ▶ 인지적 명확성 사정

인지적 명확성의 부족을 나타내는 내담자 유형을 6가지(5가지) 쓰시오. 　2021년 1회, 2016년 1회

① 단순 오정보: 정확한 정보 제공의 방법을 통해 개입한다.
② 복잡한 오정보: 논리적 분석의 방법을 통해 개입한다.
③ 강박적 사고: REBT 기법의 합리적 논박을 통해 개입한다.
④ 양면적 사고: 역설적 사고(증상의 기술)의 방법을 통해 개입한다.
⑤ 무력감: 지시적 상상의 방법을 통해 개입한다.
⑥ 고정성: 정보 제공하기, 가정에 도전하기의 방법을 통해 개입한다.
⑦ 구체성의 결여: 구체화시키기의 방법을 통해 개입한다.
⑧ 가정된 불가피성·불가능: 논리적 분석, 격려의 방법을 통해 개입한다.
⑨ 원인과 결과에 대한 착오: 논리적 분석의 방법을 통해 개입한다.
⑩ 파행적 의사소통: 저항에 다시 초점 맞추기의 방법을 통해 개입한다.

요점암기 단순 오정보 / 복잡한 오정보 / 강박적 사고 / 양면적 사고 / 무력감 / 고정성

29 내담자 정보 및 행동 이해 기법

직업상담학 ▶ 직업상담의 기법 ▶ 내담자 정보 및 행동 이해

- 내담자와 관련된 정보를 수집하고 내담자의 행동을 이해하고 해석하는 데 기본이 되는 상담기법을 6가지만 쓰시오.   2021년 2회, 2016년 1회
- 내담자의 정보 및 행동 이해기법 중 직업상담 과정의 전이된 오류 유형 3가지를 쓰고 설명하시오.   2014년 2회

① 가정 사용하기: 어떠한 행동이나 상황이 이미 존재했다고 가정하고 질문하는 기법이다.
② 의미 있는 질문 및 지시 사용하기: 직접적인 대답을 요구하는 질문이 아닌 공손한 명령의 형태를 띤 질문과 지시를 사용하는 기법이다.
③ 전이된 오류 정정하기: 전이된 오류를 바로잡아 주면서 문제를 명확히 하는 기법이다.
  ㉠ 정보의 오류: 내담자가 직업세계에 대해 충분한 정보를 알고 있다고 잘못 생각하거나 실제 경험과 행동을 대강대강 이야기하는 경우이다.
  ㉡ 한계의 오류: 제한된 기회 및 선택에 대한 견해를 갖고 있는 내담자들이 자신의 견해를 제한하는 경우이다.
  ㉢ 논리적 오류: 내담자가 논리적으로 맞지 않는 진술을 함으로써 의사소통을 방해하고 상담과정을 왜곡하는 경우이다.
④ 분류 및 재구성하기: 내담자의 표현을 분류하고 재구성함으로써 자신의 세계를 다른 각도에서 볼 수 있는 기회를 제공하는 기법이다.
⑤ 저항감 재인식하기: 상담에 대해 동기화되지 않거나 저항감을 나타내는 경우 저항의 목적이 무엇인지 재인식시켜 줌으로써 자기인식을 돕는 기법이다.
⑥ 근거 없는 믿음 확인하기: 어떤 일에 대해 확신은 있지만 그 근거는 제시할 수 없는 경우에 사용하는 기법이다.

요점암기 가정 / 의미 있는 질문 / 전이된 오류 정정 / 분류 및 재구성 / 저항감 재인식 / 근거 없는 믿음 확인

30 겔라트의 진로의사결정 상담과정

직업상담학 ▶ 직업상담의 기법 ▶ 대안개발과 의사결정

겔라트가 제시한 진로의사결정에 대한 상담과정에서 빈칸에 들어갈 내용을 순서대로 쓰시오.   2022년 2회, 2019년 1회, 2019년 3회

① 목표의식(목적의식)　　　② 정보 수집
③ 가능한 대안 열거　　　　④ 대안의 결과 예측
⑤ 대안의 실현 가능성 예측　⑥ 가치 평가
⑦ 의사결정　　　　　　　　⑧ 의사결정의 평가 및 재투입

요점암기 목표의식 / 정보 / 열거 / 결과 예측 / 가능성 예측 / 평가 / 결정 / 평가, 재투입

제2과목 직업심리학

01 홀랜드 육각형 모델의 해석
직업심리학 ▶ 직업발달이론 ▶ 홀랜드의 직업선택이론

- 홀랜드(Holland)의 육각형 모델과 관련된 해석 차원 중에서 일관성, 변별성, 정체성에 대해 설명하시오.
  2021년 3회, 2016년 2회
- 홀랜드(Holland) 이론에서 개인과 개인 간의 관계, 환경과 환경 간의 관계, 개인과 환경 간의 관계를 설명하는 개념 3가지를 쓰고 설명하시오.
  2016년 3회

① **일관성**: 육각형 모형에서 서로 거리가 가까우면 상대적으로 유사한 특성을 가지고 있는 것을 말한다. 즉, 어떤 쌍들은 다른 유형의 쌍들보다 공통점을 더 많이 가지고 있다.
② **변별성**: 특정 유형의 점수가 다른 유형의 점수보다 높은 것을 말한다. 반대로 모든 유형의 점수가 유사한 경우 특징이 없다고 볼 수 있다.
③ **정체성**: 개인적 측면에서의 정체성은 개인의 목표, 흥미, 재능에 대한 명확하고 견고한 청사진을 말하고, 환경적 측면에서의 정체성은 조직의 투명성, 안정성, 목표·일·보상의 통합을 말한다.

요점암기 일치성 거리가 가까우면 유사 / 변별성 높은 점수 / 정체성 목표·흥미·재능, 투명성·안정성·통합

02 직업적응이론의 직업적응 유형
직업심리학 ▶ 직업발달이론 ▶ 직업적응이론

- 직업적응이론에서 개인이 환경과 상호작용하는 특성을 나타내는 성격양식 차원의 4가지 성격유형 요소들을 쓰고, 각각에 대해 설명하시오.
  2022년 3회, 2020년 2회, 2016년 2회, 2015년 2회
- 데이비스와 롭퀴스트(Dawis & Lofquist)의 직업적응이론에서의 적응방식 3가지를 쓰고 각각에 대해 설명하시오.
  2023년 2회, 2019년 1회

① 성격양식 차원
  ㉠ **민첩성**: 과제를 얼마나 빨리 완성하느냐에 대한 개념으로, 정확성보다는 속도를 중시한다.
  ㉡ **역량**: 에너지 소비량과 관련된 개념으로, 근로자들의 평균 활동수준을 의미한다.
  ㉢ **리듬**: 활동에 대한 다양성을 의미한다.
  ㉣ **지구력**: 환경과의 상호작용 시간과 관련된 개념으로, 다양한 활동수준의 기간을 의미한다.
② 적응방식 차원
  ㉠ **융통성**: 수행해야 할 다양한 작업들 간의 부조화를 참아 내는 정도를 의미한다.
  ㉡ **인내**: 환경이 자신에게 맞지 않아도 개인이 얼마나 오랫동안 견뎌 낼 수 있는지의 정도이다.
  ㉢ **적극성**: 작업환경을 개인적 방식과 조화롭게 만들어 가려고 노력하는 정도를 의미한다.
  ㉣ **반응성**: 작업성격의 변화로 인해 작업환경에 반응하는 정도를 의미한다.

요점암기 성격양식 민첩성, 역량, 리듬, 지구력 / 적응방식 융통성, 인내, 적극성, 반응성

03 직업적응이론 검사도구

직업심리학 ▶ 직업발달이론 ▶ 직업적응이론

- 롭퀴스트와 데이비스(Lofquist & Dawis)의 직업적응이론에 기초하여 개발된 직업적응과 관련된 검사도구 3가지를 쓰시오.   2019년 2회, 2016년 1회
- 직업적응이론(TWA)에서 중요하게 다루는 직업가치를 5가지 쓰시오.   2022년 3회

① **미네소타 중요성 질문지(MIQ)**: 개인이 일의 환경에 대해 지니는 20개의 욕구와 6개의 직업가치를 측정한다. 직업가치는 다음과 같다.
    ㉠ 성취(achievement)
    ㉡ 이타심(altruism)
    ㉢ 자율성(autonomy)
    ㉣ 안락함(comfort)
    ㉤ 안정성(safety)
    ㉥ 지위(status)

② **미네소타 직무기술 질문지(MJDQ)**: 일의 환경이 MIQ에서 정의한 20개의 욕구를 만족시켜 주는 정도를 측정한다.

③ **미네소타 만족 질문지(MSQ)**: 직무만족의 원인이 되는 일의 강화요인을 측정한다. 능력의 사용, 성취, 승진, 활동, 다양성, 작업조건, 회사의 명성, 인간자원의 관리체계 등의 척도로 구성되어 있다.

요점암기 중요성 질문지 / 직무기술 질문지 / 만족 질문지

04 긴그버그의 현실기 하위 단계

직업심리학 ▶ 직업발달이론 ▶ 발달적 이론

긴즈버그(Ginzberg)에 따르면 직업선택은 환상기, 잠정기 및 현실기의 3단계로 이루어진다. 현실기의 3가지 하위 단계를 쓰고 설명하시오.   2018년 2회, 2014년 1회

① **탐색단계**: 직업선택의 다양한 가능성을 탐색하는 단계로, 직업선택에 필요한 교육과 경험을 쌓는다.

② **구체화단계**: 직업목표가 구체화되는 단계로, 직업결정과 관련된 내적·외적 요인을 모두 고려하여 특정 직업분야에 몰두한다.

③ **정교화단계(특수화단계)**: 직업결정이 정교화되는 단계로, 직업결정에 대한 세밀한 계획을 세워 세분화·전문화된 의사결정이 이루어진다.

요점암기 **탐색** 가능성 탐색, 교육·경험 / **구체화** 목표 구체화, 내·외 요인 모두 고려 / **정교화** 세분화·전문화된 의사결정

05 로의 6가지 직업수준

직업심리학 ▶ 직업발달이론 ▶ 로의 욕구이론

- 로(Roe)의 수직차원의 6단계를 분류하시오. 2019년 1회
- 흥미사정에 관한 로(Roe)의 2차원 분류체계에서 6가지 수직차원을 쓰시오. 2014년 3회

① 고급 전문관리: 중요한 정책에 독립적인 책임을 진다.
② 중급 전문관리: 정책을 집행하거나 해석하며, 타인에 대한 중간 정도의 책임을 진다.
③ 준전문관리: 정책을 적용하거나 오직 자신만을 위한 의사결정을 하며, 타인에 대한 낮은 수준의 책임을 진다.
④ 숙련직: 견습이나 다른 특수한 훈련과 경험이 요구된다.
⑤ 반숙련직: 약간의 훈련과 경험이 요구되지만 숙련직보다는 낮은 수준이다.
⑥ 비숙련직: 특수한 훈련이나 교육을 필요로 하지 않으며, 단순한 반복활동을 한다.

요점암기 고급 전문 / 중급 전문 / 준전문 / 숙련 / 반숙련 / 비숙련

06 크럼볼츠의 개인의 진로결정 영향 요인

직업심리학 ▶ 직업발달이론 ▶ 사회학습이론

크럼볼츠(Krumboltz)의 사회학습이론에서 개인의 진로선택에 영향을 미치는 것으로 가정한 요인 4가지(3가지)를 쓰시오. 2022년 3회, 2018년 2회, 2014년 1회

① 유전적 요인과 특별한 능력: 개인의 진로기회를 제한하는 생득적인 특질로, 인종, 성별, 신체적 특징, 지능, 예술적 재능 등이 해당된다.
② 환경조건과 사건: 개인의 통제를 넘어서 진로결정에 영향을 미치는 것으로, 취업 가능 직종의 내용, 교육훈련 가능 분야, 정책, 법, 기술의 발달 정도 등이 해당된다.
③ 학습경험: 과거에 학습한 경험은 현재 또는 미래의 교육적·직업적 의사결정에 영향을 미치는데, 크게 도구적 학습경험과 연상적 학습경험으로 분류할 수 있다.
④ 과제접근기술: 개인이 어떤 과제를 성취하기 위해 동원하는 기술로, 목표 설정, 가치 명료화, 대안 형성, 직업적 정보 획득 등을 포함한다.

요점암기 유전적 요인과 특별한 능력 / 환경조건과 사건 / 학습경험 / 과제접근기술

07 심리검사의 목적

직업심리학 ▶ 직업심리검사 ▶ 심리검사의 이해

> 심리검사의 사용 목적 3가지를 쓰고 설명하시오.　　2022년 2회, 2020년 1회

① **진단 및 분류**: 개인의 행동상 문제에 대한 원인적 요인을 진단하고, 문제를 분류할 수 있다.
② **예측**: 심리검사 결과의 개인 간 비교를 통해 개인의 수행을 예측할 수 있기 때문에 회사에서는 인사선발 및 배치와 관련해서 심리검사를 실시한다.
③ **자기이해 증진**: 개인에게 자신의 강점과 단점을 파악하게 하고 진로적성 및 학업성취도를 제시함으로써 개인의 발전을 도모하도록 돕는다.
④ **조사 및 연구**: 개인과 집단의 일반적인 행동경향을 조사하고, 연구를 통해 집단의 특징 및 인과관계를 규명할 수 있다.

> **요점암기** **진단 및 분류** 문제 원인 진단, 문제 분류 / **예측** 개인 수행 예측 / **자기이해 증진** 장·단점 파악 / **조사 및 연구** 집단 특징·인과관계 규명

08 규준참조검사와 준거참조검사

직업심리학 ▶ 직업심리검사 ▶ 심리검사의 분류

> • 검사는 사용목적에 따라 규준참조검사와 준거참조검사로 분류될 수 있다. 규준참조검사와 준거참조검사의 의미를 각각 예를 들어 설명하시오.　　2021년 1회, 2021년 3회, 2019년 2회, 2018년 3회, 2016년 3회
> • 규준참조검사와 준거참조검사의 차이점에 대해 설명하시오.　　2016년 1회

① **규준참조검사**: 개인의 검사 점수를 다른 사람의 점수와 비교해서 상대적으로 어떤 수준인지를 알아보는 검사이다. 규준참조검사의 예로 성격검사, 적성검사 등의 심리검사가 있다.
② **준거참조검사**: 개인의 검사 점수를 다른 사람의 점수와 비교하는 것이 아니라, 어떤 기준 점수와 비교하는 검사이다. 준거참조검사의 예로 직업상담사 자격시험 등의 국가자격시험이 있다.

> **요점암기** **규준참조검사** 다른 사람 점수와 비교, 심리검사 / **준거참조검사** 기준 점수와 비교, 국가자격시험

09 성능검사와 성향검사

직업심리학 ▶ 직업심리검사 ▶ 심리검사의 분류

- 직업심리검사의 분류에서 극대수행검사와 습관적 수행검사를 설명하고 각각의 대표적인 유형 2가지를 쓰시오.   2020년 4회
- 성능검사와 성향검사에 해당하는 검사를 각각 3가지씩 쓰시오.   2020년 4회, 2018년 1회

① 성능검사(극대수행검사, 인지적 검사)
  ㉠ 일정한 시간 내에 수검자가 최대한의 능력을 발휘하게 하여 인지능력을 평가하는 검사로, 보통 문항에 정답이 있으며, 응답시간에 제한이 있다.
  ㉡ 유형별 대표 검사: 지능검사(스탠포드-비네 지능검사, K-WAIS, K-WISC 등), 적성검사(일반적성검사, 차이적성검사 등), 성취도검사(학업성취도검사, TOEIC 등)

② 성향검사(습관적 수행검사, 정서적 검사)
  ㉠ 일상생활에서의 습관적인 행동을 검토하는 검사로, 문항에 정답이 없고, 응답시간에 제한이 없으며, 응답자의 정직한 응답을 요구한다.
  ㉡ 유형별 대표 검사: 성격검사(MBTI, MMPI, 성격 5요인 검사 등), 흥미검사(직업선호도검사, 스트롱-캠벨 흥미검사 등), 태도검사(직무만족도검사, 구직욕구검사 등)

요점암기 　**성능검사** 인지능력, 정답 ○, 시간 제한 ○, 지능·적성·성취도검사 / **성향검사** 습관적 행동, 정답 ✕, 시간 제한 ✕, 성격·흥미·태도검사

10 실시방식에 따른 심리검사의 분류

직업심리학 ▶ 직업심리검사 ▶ 심리검사의 분류

- 심리검사 실시방식에 따른 분류 3가지를 쓰시오. 2017년 1회
- 역량검사(power test)와 속도검사(speed test)에 대해서 설명하시오. 2020년 1회, 2015년 1회

① 검사 시간에 따른 분류
 ㉠ **속도검사**: 숙련도를 측정하는 검사로, 시간 제한이 있고, 쉬운 문제들로 구성한다.
 ㉡ **역량검사**: 문제해결력을 측정하는 검사로, 시간 제한이 없고, 어려운 문제들로 구성한다.
② 수검자 수에 따른 분류
 ㉠ **개인검사**: 한 명의 수검자와 한 명의 검사자가 일대일 방식으로 치르는 검사로, 수검자에 대해 심층적으로 분석하는 데 유리하다.
 ㉡ **집단검사**: 한 번에 여러 명의 수검자를 대상으로 실시하는 검사로, 시간과 비용 면에서 효율적이다.
③ 검사 도구에 따른 분류
 ㉠ **지필검사**: 종이에 인쇄된 문항에 연필로 응답하는 방식의 검사로, 고도의 물리적인 조작이나 신체행동이 필요하지 않기 때문에 손쉽게 실시할 수 있다.
 ㉡ **수행검사**: 대상이나 도구를 직접 다루어야 하는 검사로, 일상생활을 모사한 상황에서 직접 행동을 하는 방식도 있다.

요점암기 검사 시간 속도, 역량 / 수검자 수 개인, 집단 / 검사 도구 지필, 수행

11 준거장면에 따른 심리검사의 분류

직업심리학 ▶ 직업심리검사 ▶ 심리검사의 분류

심리검사에서 준거장면에 따른 분류 3가지를 쓰고 설명하시오. 2021년 3회, 2019년 1회

① **실제장면 검사**: 수검자의 실제 생활 상황 또는 작업 장면에서의 수행 또는 결과를 관찰하고 측정하는 검사이다.
② **모의장면 검사**: 실제 상황과 유사한 장면을 인위적으로 만들어 놓고, 그 장면에서 수검자의 수행 또는 성과를 관찰하고 평가하는 검사이다.
③ **축소상황 검사**: 실제 장면과 같지만 구체적인 과제나 직무를 축소시켜 제시하고 그 수행 또는 결과를 관찰하고 평가하는 검사이다.
④ **경쟁장면 검사**: 작업 장면과 같은 상황에서 실제 문제나 작업을 제시하고, 경쟁적으로 문제해결을 수행하도록 하는 검사이다.

요점암기 실제장면 / 모의장면 / 축소상황 / 경쟁장면

12 객관적 검사와 투사적 검사

직업심리학 ▶ 직업심리검사 ▶ 심리검사의 분류

- 심리검사에는 선다형이나 '예, 아니요' 등 객관적 자기보고형 검사(설문지 형태의 검사)가 가장 많이 사용된다. 이러한 형태의 검사가 가지는 장점을 5가지 쓰시오. 2022년 3회, 2019년 2회, 2014년 3회
- 투사적 검사의 장점과 단점을 각 3가지씩 쓰시오. 2020년 3회, 2018년 1회, 2014년 2회

① 객관적 검사

장점	단점
• 검사의 실시, 채점, 해석이 간편하다. • 시간과 노력이 절약되어 경제적이다. • 신뢰도와 타당도가 높다. • 검사자나 상황변인의 영향을 덜 받기 때문에 객관성이 증대된다. • 무응답이나 부적합한 응답을 줄일 수 있다.	• 수검자가 사회적으로 바람직한 방향으로 반응하면서 검사문항에 대해 방어할 수 있다. • 수검자가 '예' 또는 '아니요' 중 어느 한쪽에 집중적으로 반응할 수 있다. • 수검자의 심리 내적인 요인을 밝히기 어렵다.

② 투사적 검사

장점	단점
• 수검자의 풍부한 반응을 이끌어 낼 수 있다. • 수검자가 검사에 대해 방어하기가 어려우므로 수검자의 솔직한 반응을 유도할 수 있다. • 수검자 자신이 평소에 의식하지 못했던 무의식적 내용을 반영할 수 있다.	• 신뢰도와 타당도의 검증이 어렵다. • 검사의 실시 및 해석에 있어 높은 전문성이 요구된다. • 검사자나 상황변인의 영향을 많이 받기 때문에 객관성이 떨어진다.

요점암기 객관적 검사 장점 간편, 경제적, 신뢰도·타당도, 객관성, 무응답 ↓ / **투사적 검사 장점** 풍부한 반응, 솔직한 반응, 무의식 반영

13 질적 측정도구

직업심리학 ▶ 직업심리검사 ▶ 심리검사의 분류

직업상담 시 내담자 이해를 위한 질적 측정도구 3가지를 쓰고, 각각에 대해 설명하시오. 2022년 2회, 2017년 3회

① **자기효능감 척도**: 내담자에게 과제를 제시한 후, 그 과제의 난이도와 그 과제를 잘 수행할 수 있는지의 확신도를 말하게 하여, 과제 수행능력을 어느 수준으로 갖추었다고 스스로 판단하는지를 측정한다.
② **직업가계도**: 경력상담 시 먼저 내담자의 가족이나 선조들의 직업 특징에 대한 시각적 표상을 얻기 위해 도표를 만드는 것이다.
③ **직업카드분류**: 다수의 직업을 표시한 직업카드를 사용하여 직업을 '좋아함, 싫어함, 미결정' 등으로 분류하여, 개인의 직업선택의 동기와 흥미 및 가치관을 탐색한다.
④ **역할놀이**: 내담자의 수행 행동을 나타낼 수 있는 업무상황을 제시하여, 가상의 상황에서 내담자의 역할활동에 대한 관찰을 통해 내담자의 직업 관련 사회적 기술들을 파악한다.

요점암기 자기효능감 척도 과제 수행 확신도 / 직업가계도 가족 직업 특징 도표 / 직업카드분류 흥미 탐색 / 역할놀이 가상 상황

14 Z점수와 T점수

직업심리학 ▶ 직업심리검사 ▶ 규준과 점수해석

- 다음 표는 어떤 심리검사의 결과를 나타낸 것이다. 주어진 결과를 토대로 C의 표준점수(Z점수)를 구하시오. 2020년 2회
- 직업상담사가 구직자 A와 B에게 동형검사인 직무능력검사 I형과 직무능력검사 E형을 실시한 결과, A는 115점, B는 124점을 얻었으나 검사유형이 다르기 때문에 두 사람의 점수를 직접 비교할 수 없다. A와 B 중 누가 더 높은 직무능력을 갖추었는지 각각 표준점수인 Z점수를 산출하고 이를 비교하시오. 2014년 3회

① **Z점수**: 원점수를 변환해서 평균이 0, 표준편차가 1인 분포로 만든 것으로, 음수 값이나 소수점으로 제시되기도 한다.

$$Z점수 = \frac{원점수 - 평균}{표준편차}$$

② **T점수**: 원점수를 변환해서 평균이 50이고, 표준편차가 10인 분포로 만든 것으로, 음수 값이나 소수점을 갖는 Z점수의 단점을 보완하기 위한 것이다.

$$T점수 = 10 \times Z점수 + 50$$

요점암기 Z점수 $\frac{원점수 - 평균}{표준편차}$ / T점수 $10 \times Z점수 + 50$

15 확률표집방법

직업심리학 ▶ 직업심리검사 ▶ 규준과 점수해석

- 규준 제작 시 사용되는 확률표집방법의 종류 3가지를 쓰고 설명하시오.
  2022년 3회, 2020년 2회, 2018년 3회, 2016년 3회, 2015년 2회

- 층화표집과 체계적 표집을 예를 들어 설명하시오.
  2015년 3회

① **단순무선표집**: 모집단의 구성원들이 표본에 속할 확률이 동일하도록 무작위로 표집하는 방식이다.
   예 제비뽑기, 컴퓨터를 통해 난수 추출하기

② **층화표집**: 모집단이 서로 이질적인 하위집단들로 구성되어 있는 경우, 각 집단에서 필요한 만큼 단순무선표집을 사용해 표본을 추출하는 방식이다.
   예 서로 다른 학년 집단(1학년, 2학년, 3학년…)에서 표본 추출하기

③ **집락표집**: 모집단을 서로 동질적인 하위집단으로 구분하여, 집단 자체를 표집하는 방식이다.
   예 중학교 1학년을 모집단으로 하는 검사에서 A중학교 1학년 B반 자체를 표집하기

④ **체계적 표집**: 모집단 구성원들에게 번호를 주고, 그 번호를 규칙적으로 선정하는 방식이다.
   예 모집단 구성원에게 무작위로 번호를 주고, 1번, 11번, 21번, 31번…을 표본으로 추출하기

요점암기 **단순무선** 확률 동일, 무작위 / **층화** 이질적 하위집단 / **집락** 집단 표집 / **체계적** 규칙적 번호

16 표집절차 오류의 해결 방법

직업심리학 ▶ 직업심리검사 ▶ 규준과 점수해석

표준화를 위해 수집한 자료가 정규분포에서 벗어나는 것은 검사도구의 문제라기보다 표집절차의 오류에 원인이 있다. 이를 해결하기 위한 방법을 3가지 쓰고, 각각에 대해 설명하시오.
2022년 2회, 2019년 3회, 2016년 2회

① **완곡화**: 정규분포의 모양을 갖추도록 점수를 더해 주거나 빼 주는 방법으로, 검사 점수가 정규분포와 비교적 유사한 경우 사용한다.

② **절미법**: 어느 한쪽으로 치우친 분포에서 길게 늘어진 꼬리를 편포라고 하는데, 검사 점수가 편포를 이루는 경우, 이 편포를 잘라 내는 방법이다.

③ **면적환산법**: 각 검사 점수들의 백분위를 찾아 그 백분위에 해당하는 Z점수를 찾는 방법이다.

요점암기 **완곡화** 점수 가감하기 / **절미법** 편포 자르기 / **면적환산법** Z점수 찾기

17 척도

직업심리학 ▶ 직업심리검사 ▶ 규준과 점수해석

> 직업심리검사에서 측정의 기본 단위인 척도의 4가지 유형을 쓰고, 각각에 대해 설명하시오.
> 2020년 2회, 2016년 1회, 2016년 2회

① **명명척도(명목척도)**: 측정 대상 간의 속성 차이만 구분하기 위하여 숫자나 기호를 할당한 척도로, 양적인 분석이나 대소 비교는 불가능하다.

② **서열척도**: 숫자의 차이가 측정한 속성의 차이에 관한 정보뿐만 아니라 그 서열관계에 대한 정보도 포함하는 척도이다.

③ **등간척도**: 명목척도와 서열척도의 특징을 모두 가지고 있으면서, 수치상의 차이가 실제 측정한 속성 간의 차이와 동일하다는 등간 정보를 포함하는 척도이다.

④ **비율척도**: 차이정보, 서열정보, 등간정보 외에 수의 비율에 관한 정보까지 담고 있는 척도로, 절대 0점을 가짐으로써 비율을 성격을 갖고 있는 척도이다.

[요점암기] **명명척도** 속성 차이 / **서열척도** 서열관계 정보 / **등간척도** 등간 정보 / **비율척도** 비율정보, 절대 0점

18 측정오차를 줄이는 방법

직업심리학 ▶ 직업심리검사 ▶ 규준과 점수해석

> 측정의 신뢰도를 높이기 위해서는 측정오차를 줄어야 한다. 측정오차를 줄이기 위한 방법을 6가지(3가지) 쓰시오.
> 2022년 3회, 2019년 2회

① 이미 신뢰성이 있다고 인정된 표준화된 측정도구를 사용한다.
② 측정도구의 문항을 분명하게 작성하여 모호성을 제거한다.
③ 동일한 속성을 측정하는 문항의 수를 늘린다.
④ 잘 통제된 유사한 조건에서 검사를 실시한다.
⑤ 검사자의 검사 방식과 태도를 일관되게 유지한다.
⑥ 수검자에게 충분한 검사 시간을 제공한다.

[요점암기] 표준화된 측정도구 / 분명한 문항 / 동일 속성 문항 늘림 / 통제 조건 / 일관성 / 충분한 시간

19 반분신뢰도 추정방법

직업심리학 ▶ 직업심리검사 ▶ 신뢰도

반분신뢰도를 추정하기 위해 사용하는 방법 3가지를 쓰고 설명하시오.   2019년 3회, 2017년 1회

① **전후절반법**: 배열된 순서에 따라 문항을 전반부와 후반부로 양분하는 방법이다. 속도검사에는 시간제한이 있어 수검자들이 후반부 문항에 소홀하게 응답할 수 있으므로, 전후절반법을 속도검사에 사용하는 것은 적절하지 않다.

② **기우절반법**: 문항번호가 홀수인지 짝수인지에 따라 문항을 양분하는 방법이다. 속도검사에서 기우절반법을 사용할 경우 신뢰도 계수가 과대 추정되는 경향이 있다.

③ **짝진 임의배치법**: 문항의 난이도와 문항과 총점 간 상관계수를 토대로 비교적 가까이에 있는 두 문항끼리 짝을 지은 뒤 그중 한 문항을 선택하여 양분하는 방법이다.

> **요점암기** 전후절반 순서 / 기우절반 홀수·짝수 / 짝진 임의배치 문항 난이도, 문항–총점 상관계수, 짝

20 채점자 오류

직업심리학 ▶ 직업심리검사 ▶ 신뢰도

지필검사에서 평정이 요구되는 관찰 혹은 면접을 할 때 채점자나 평정자로 인해 발생하는 오차(오류)의 유형 3가지를 쓰시고, 각각에 대해 설명하시오.   2020년 3회, 2014년 1회

① **후광효과로 인한 오류**: 채점자가 느끼는 수검자의 인상이 채점에 영향을 미치는 것을 말한다.
② **관용의 오류**: 채점자가 일반적으로 후한 점수를 주는 것을 말한다.
③ **중앙집중경향의 오류**: 아주 높거나 아주 낮은 점수를 피하고 중간 정도의 점수를 주는 경향을 말한다.
④ **논리적 오류**: 특정 행동특성의 점수를 알고 있는 경우 이것이 다른 특성의 평정에 영향을 미치는 것을 말한다.

> **요점암기** 후광효과 오류 수검자 인상 / 관용 오류 후한 점수 / 중앙집중경향 오류 중간 점수 / 논리적 오류 점수 알고 있는 경우

21 예비문항 제작 시 고려 사항

직업심리학 ▶ 직업심리검사 ▶ 심리검사의 개발과 실시

- 심리검사 제작을 위한 예비문항 작성 시 고려해야 할 5가지를 쓰시오. 2021년 2회
- 심리검사 제작을 위한 예비문항 제작 시 고려해야 할 사항인 문항의 난이도, 문항의 변별도, 오답의 능률도의 의미를 설명하시오. 2014년 2회

① **문항의 난이도**: 문항의 쉽고 어려운 정도를 나타내는 것으로, 전체 수검자 중 답을 맞힌 수검자의 비율이다.
② **문항의 변별도**: 문항이 그 검사에서 득점이 낮은 수검자와 높은 수검자를 식별 또는 구별할 수 있는 변별력을 말한다.
③ **오답의 능률도**: 선다형 문항에서 오답지가 정답지처럼 보여 수검자가 오답지를 정답지로 선택할 수 있는 가능성을 말한다.
④ **문항의 참신성**: 문항은 기존의 검사 문항과 비교해 볼 때 내용 및 형식에 있어서 참신하여야 한다.
⑤ **문항의 구조화**: 문항은 구조화되고 체계적이며, 구체적이고 명확하여야 한다.

요점암기　문항의 난이도 / 문항의 변별도 / 오답의 능률도 / 문항의 참신성 / 구조화

22 심리검사 사용의 윤리적 문제

직업심리학 ▶ 직업심리검사 ▶ 심리검사의 개발과 실시

심리검사 사용의 윤리적 문제와 관련하여 주의하여야 할 사항을 6가지 쓰시오.
2022년 2회, 2019년 3회, 2016년 3회

① 검사의 목적과 절차를 수검자가 이해하기 쉬운 언어로 충분히 설명해 준다.
② 타당도와 신뢰도가 높은 표준화된 검사를 사용한다.
③ 심리전문가라고 하더라도 각 검사에 대한 훈련을 마친 후에 그 검사를 사용해야 한다.
④ 검사가 개발된 지 오래되어 평가 결과가 시대에 뒤떨어질 수 있음을 인정한다.
⑤ 검사의 사용 여부, 비밀보장 등 수검자의 권리를 존중한다.
⑥ 검사 결과는 검사 목적에 맞게 제한적으로 사용되어야 한다.

요점암기　쉬운 언어 / 표준화된 검사 / 검사자 훈련 / 시대 뒤떨어짐 인정 / 수검자 권리 / 결과의 제한적 사용

23 부정적 검사 결과 통보 방법

직업심리학 ▶ 직업심리검사 ▶ 심리검사의 개발과 실시

부정적인 심리검사 결과가 나온 내담자에게 검사 결과를 통보하는 방법을 5가지(4가지) 쓰시오.

2022년 2회, 2020년 1회, 2017년 2회

① 내담자에게 검사 결과를 기계적으로 전달하기보다는 적절한 해석과 함께 전달한다.
② 내담자의 교육수준, 지식수준, 결과 통보에 따른 정서적 반응 등을 염두에 두고 결과를 통보한다.
③ 내담자가 너무 충격을 받지 않도록 주의한다.
④ 내담자가 검사 결과에 대해 확대 해석하지 않도록 주의를 기울인다.
⑤ 검사 결과를 내담자가 제기한 특정 문제에 대한 설명이나 해결책으로 활용한다.
⑥ 내담자의 부정적인 검사 결과가 타인에게 노출되지 않도록 비밀보장에 유의한다.

요점암기 적절한 해석 / 정서적 반응 고려 / 충격 주의 / 확대 해석 주의 / 내담자 문제 해결책으로 사용 / 비밀보장

24 스피어만의 지능 2요인설

직업심리학 ▶ 직업심리검사 ▶ 지능검사

스피어만(Spearman)의 지능에 관한 2요인설(2요인 이론)에서 2가지 요인을 쓰고, 각각에 대해 설명하시오.

2022년 1회, 2016년 3회

① 일반요인(G요인): 모든 개인이 공통적으로 가지고 있는 능력으로, 여러 가지 지적 활동에 관여하는 일반적인 요인이다. 예를 들어, 일반적인 정신작용, 추론능력, 기억력 등이 있다.
② 특수요인(S요인): 특정 분야에 대한 능력으로, 특정한 과제를 수행하고 해결하는 데 활용되는 구체적인 요인이다. 예를 들어, 언어능력, 수리능력, 공간능력 등이 있다.

요점암기 일반요인 공통 능력 / 특수요인 특정 분야 능력

25 일반적성검사(GATB) 적성 항목

직업심리학 ▶ 직업심리검사 ▶ 적성검사

일반적성검사(GATB)에서 사용하는 적성 항목을 3가지만 쓰고, 각각에 대해 간략히 설명하시오.

2022년 1회, 2015년 1회

① **지능(G)**: 일반적인 학습능력, 원리이해 능력, 추리·판단능력 등을 말한다.
② **언어능력(V)**: 언어의 뜻과 함께 그와 관련된 개념을 이해하고 사용하는 능력 등을 말한다.
③ **수리능력(N)**: 신속하고 정확하게 계산하는 능력 등을 말한다.
④ **사무지각(Q)**: 문자나 인쇄물, 전표 등의 세부를 식별하는 능력 등을 말한다.
⑤ **공간적성(S)**: 공간상의 형태를 이해하고 평면과 물체의 관계를 이해하는 능력 등을 말한다.
⑥ **형태지각(P)**: 실물이나 도해 또는 표에 나타나는 것을 세부까지 바르게 지각하는 능력 등을 말한다.
⑦ **운동반응(K)**: 눈과 손 또는 눈과 손가락을 함께 사용하여 빠르고 정확하게 운동할 수 있는 능력 등을 말한다.
⑧ **손 재치(M)**: 손을 마음대로 정교하게 조절하는 능력 등을 말한다.
⑨ **손가락 재치(F)**: 손가락을 정교하고 신속하게 움직이는 능력 등을 말한다.

요점암기 **지능** 학습, 원리이해 / **언어능력** 뜻과 개념 이해·사용 / **수리능력** 계산 / **사무지각** 문자·인쇄물 세부 식별

26 성격 5요인(Big-5)

직업심리학 ▶ 직업심리검사 ▶ 성격검사

고용노동부 성격검사는 성격의 5요인 모델(Big five)에 근거하고 있다. 5요인을 쓰고 각각에 대해 설명하시오.

2021년 2회, 2019년 1회

① **외향성**: 타인과의 상호작용을 원하고 타인의 관심을 끌고자 하는 정도를 측정한다.
② **호감성**: 타인과 편안하고 조화로운 관계를 유지하는 정도를 측정한다.
③ **성실성**: 사회적 규칙, 규범, 원칙들을 기꺼이 지키려는 경향의 정도를 측정한다.
④ **정서적 불안정성**: 정서적으로 불안정하고, 자신이 세상을 통제할 수 없다고 생각하거나 세상을 위협적인 것으로 간주하는 정도를 측정한다.
⑤ **경험에 대한 개방성**: 세계에 대한 관심, 호기심, 다양한 경험에 대한 추구 및 포용력의 정도를 측정한다.

요점암기 **외향성** 타인 상호작용 / **호감성** 조화로운 관계 / **성실성** 사회적 규칙 준수 / **정서적 불안정성** 세상을 위협적으로 간주 / **경험 개방성** 호기심, 경험 추구

27 스트롱 직업흥미검사의 척도

직업심리학 ▶ 직업심리검사 ▶ 흥미검사

스트롱(Strong) 직업흥미검사의 척도 3가지를 쓰고 설명하시오.   2021년 1회, 2020년 3회, 2018년 2회, 2014년 2회

① 일반직업분류(GOT): 홀랜드(Holland)의 직업선택이론에 따른 6가지 유형으로 구성되어 있으며, 흥미영역에 대한 포괄적인 전망과 보편적 패턴을 측정한다.
② 기본흥미척도(BIS): 일반직업분류(GOT)의 하위척도로서 25개의 척도로 구성되어 있으며, 특정 활동이나 주제에 대한 흥미도를 측정한다.
③ 개인특성척도(PSS): 업무, 학습, 리더십, 모험심의 4개 척도로 구성되어 있으며, 일상생활과 일의 세계와 관련된 특성에 대해 개인이 선호하고 편안하게 느끼는 것을 측정한다.

요점암기   **일반직업분류** 홀랜드, 포괄적 전망 / **기본흥미척도** 25개 척도, 특정 활동 흥미 / **개인특성척도** 4개 척도, 개인 선호

28 진로성숙도검사의 척도

직업심리학 ▶ 직업심리검사 ▶ 진로성숙검사

- 진로성숙도검사(CMI)는 태도척도와 능력척도로 구분된다. 태도척도와 능력척도의 측정내용을 각각 3가지씩 쓰시오.   2022년 3회, 2017년 3회
- CMI 검사에서 능력척도 중 3가지를 쓰고 설명하시오.   2020년 3회, 2015년 2회
- 진로성숙도검사 중 태도척도 5가지를 쓰고 설명하시오.   2015년 3회

① 태도척도
   ㉠ 결정성: 선호하는 진로의 방향에 대한 확신의 정도
   ㉡ 참여도: 진로선택 과정에 능동적으로 참여하는 정도
   ㉢ 독립성: 진로선택을 독립적으로 할 수 있는 정도
   ㉣ 성향: 진로결정에 필요한 사전이해와 준비의 정도
   ㉤ 타협성: 진로선택 시에 욕구와 현실에 타협하는 정도

② 능력척도
   ㉠ 자기평가: 자신의 성격, 흥미, 태도를 명확히 지각하고 이해하는 능력
   ㉡ 직업정보: 직업세계에 대한 지식, 고용에 관한 정보 등을 획득·평가하는 능력
   ㉢ 목표선정: 자아와 직업세계에 대한 지식을 토대로 합리적인 직업선택을 하는 능력
   ㉣ 계획: 직업목표 선정 후 이를 달성하기 위한 계획을 수립하는 능력
   ㉤ 문제해결: 진로선택이나 의사결정 과정에서 경험하는 다양한 문제들을 해결하는 능력

요점암기   **태도척도** 결정성, 참여도, 독립성, 성향, 타협성 / **능력척도** 자기평가, 직업정보, 목표선정, 계획, 문제해결

29 직무분석 자료의 용도

직업심리학 ▶ 직무분석 ▶ 직무분석의 용도

직무분석 자료 활용의 용도 4가지(3가지)를 쓰시오.　　2020년 3회, 2018년 1회, 2014년 3회

① 모집공고 및 인사선발에 활용된다.
② 선발된 종업원의 배치에 활용된다.
③ 종업원의 교육 및 훈련에 활용된다.
④ 경력개발 및 진로상담에 활용된다.
⑤ 직무평가 및 직무수행평가(인사고과)에 활용된다.
⑥ 인력수급계획 수립에 활용된다.
⑦ 직무의 재설계 및 작업환경 개선에 활용된다.

요점암기 선발 / 배치 / 교육 / 경력개발 / 평가 / 인력수급계획 / 작업환경 개선

30 최초분석법

직업심리학 ▶ 직무분석 ▶ 직무분석의 방법

직무분석 방법 중 최초분석법에 해당하는 방법을 5가지(4가지, 3가지) 쓰고, 각각에 대해 설명하시오.
2022년 3회, 2021년 1회, 2020년 4회, 2019년 1회, 2017년 3회, 2016년 3회

① **면접법**: 특정 직무에 대해 전문지식 및 숙련된 기술을 보유하고 있고 이를 정확하게 표현할 수 있는 작업자와의 면담을 통해 해당 직무를 분석하는 방법이다.
② **설문지법(질문지법)**: 현장의 작업자 또는 감독자에게 설문지를 배부하여 직무내용을 기술하게 하는 방법이다.
③ **관찰법**: 분석자가 작업장을 방문하여 직무활동을 관찰하고 그 결과를 기술하는 방법이다.
④ **결정적 사건법(중요사건법)**: 직무 수행자의 직무행동 중 성공한 경우와 실패한 경우를 구분하여 그 사례를 수집하고, 이로부터 직무성과에 효과적인 지식, 기술, 능력 등을 추출하는 방법이다.
⑤ **체험법**: 분석자 자신이 직무활동에 직접 참여하여 생생한 작업분석 자료를 얻는 방법이다.
⑥ **녹화법**: 비디오테이프로 녹화된 작업 장면을 보면서 직무내용을 분석하는 방법이다.
⑦ **작업일지법**: 작업자가 일정한 양식에 따라 매일 작성하는 작업일지를 통해 해당 직무에 대한 정보를 수집하는 방법이다.

요점암기 **면접법** 작업자와의 면담 / **설문지법** 설문지 배부, 직무내용 기술 / **관찰법** 작업장 방문, 관찰 / **결정적 사건법** 성공·실패, 지식·기술·능력 추출 / **체험법** 분석자 직접 참여 / **녹화법** 비디오테이프, 녹화 장면 분석 / **작업일지법** 매일 작성한 작업일지

31 결정적 사건법의 장단점

직업심리학 ▶ 직무분석 ▶ 직무분석의 방법

직무분석 방법 중 결정적 사건법의 단점을 4가지(3가지) 쓰시오. 2022년 2회, 2019년 3회, 2015년 1회

① 장점: 직무를 성공적으로 수행하는 데 중요한 역할을 하는 행동들을 밝힐 수 있다.
② 단점
  ㉠ 응답자들이 과거의 결정적 사건들에 대해 왜곡하여 기술할 가능성이 있다.
  ㉡ 일상적인 수행에 관한 정보가 배제될 수 있으므로, 해당 직무에 대한 포괄적인 정보를 얻기는 힘들다.
  ㉢ 정확한 조사를 위해서는 특별히 훈련받은 사람이 필요하다.
  ㉣ 자료를 수집하고 수집된 자료를 분류하는 데 많은 시간과 노력이 들어간다.

요점암기 장점 성공 수행 역할 밝힘 / 단점 왜곡 가능성, 일상 수행 배제, 훈련받은 사람 필요, 많은 시간과 노력 필요

32 홀의 경력개발 4단계

직업심리학 ▶ 경력개발 ▶ 경력개발의 과정

홀(Hall)이 제시한 경력개발 4단계를 설명하시오. 2013년 1회

① 탐색기: 자아개념을 정립하고, 경력지향을 결정하여, 직업을 선택하는 단계로, 선택한 직업에 진입하는 데 필요한 교육을 받고, 입사하고자 하는 조직을 찾아서 취업한다.
② 확립기: 탐색기에 선택한 직업에 정착하기 위해 노력하는 단계로, 조직에 적응하고 새로운 기술을 습득하기 시작한다.
③ 유지기: 직업생활에서 생산적인 시기로, 자신의 전문성과 업무상 확고한 지위를 유지하려고 하는 단계이다.
④ 쇠퇴기: 자신의 조직생활을 통합하려고 노력하는 단계로, 직업세계에서 은퇴 준비에 돌입하게 된다.

요점암기 탐색기 자아개념, 경력지향 / 확립기 정착 노력, 기술 습득 / 유지기 생산적, 전문성, 지위 / 쇠퇴기 통합, 은퇴 준비

33 직무 스트레스 조절변인

직업심리학 ▶ 직업과 스트레스 ▶ 직업 관련 스트레스

- 직무 스트레스의 조절변인 3가지(2가지)를 쓰고 설명하시오. 2018년 2회
- 동일한 스트레스일지라도 개인이 받는 스트레스는 각각 다를 수 있다. 스트레스의 조절변인 2가지를 쓰고 설명하시오. 2017년 3회

① **A/B 성격유형**: 평소 활동이 공격적·적대적·경쟁적인 A유형은 성취욕구와 포부수준이 상대적으로 낮은 B유형에 비해 스트레스에 취약하다.

② **통제 소재**: 타인이나 외부 환경에 의해 상황이 통제된다고 생각하는 외적 통제자는 자신이 상황을 통제할 수 있다고 생각하는 내적 통제자에 비해 스트레스에 취약하다.

③ **사회적 지원**: 직장 상사, 동료, 부하, 가족 등으로부터 사회적 지원이 제공되면 우울이나 불안 같은 직무 스트레스 반응이 감소한다.

요점암기 A/B 성격유형 A유형, B유형 / 통제 소재 외적 통제자, 내적 통제자 / 사회적 지원 동료, 가족

34 직무 스트레스의 결과

직업심리학 ▶ 직업과 스트레스 ▶ 직업 관련 스트레스

직무 스트레스로 인해 나타나는 직장 내 행동결과를 5가지 쓰시오. 2021년 1회, 2016년 3회

① 일정 수준 이상으로 스트레스가 증가하면 직무수행이 감소한다.
② 자신의 직무에 대한 불만족이 형성된다.
③ 지각 및 결근이 잦아지고 이직이 발생한다.
④ 업무상 실수나 사고가 일어난다.
⑤ 조직 내에서 대인관계의 문제가 발생한다.
⑥ 집중력과 인내심이 감소하고, 공격적 행동이 증가한다.

요점암기 직무수행 감소 / 불만족 / 지각, 결근, 이직 / 실수, 사고 / 대인관계 문제 / 공격적 행동

제3과목 직업정보론

01 미시적/거시적 직업정보

직업정보론 ▶ 직업정보의 제공 ▶ 직업정보의 구분

직업(고용)정보를 미시와 거시로 나누어 각각 2가지씩 쓰시오.   2020년 2회, 2017년 2회

① 미시적 직업정보
  ㉠ 구인·구직 정보
  ㉡ 직업훈련 정보
  ㉢ 채용·승진 정보
  ㉣ 임금 정보

② 거시적 직업정보
  ㉠ 경제활동참가율
  ㉡ 경제·산업동향
  ㉢ 고용전망
  ㉣ 실업률

요점암기 **미시** 구인·구직, 직업훈련 / **거시** 경제활동참가율, 경제·산업동향

02 공공직업정보

직업정보론 ▶ 직업정보의 제공 ▶ 직업정보의 종류

공공직업정보의 특성을 4가지만 쓰시오.   2022년 1회

① 정보가 연속적이고 장기적이다.
② 특정 시기에 국한하지 않고 지속적으로 조사·분석하여 제공된다.
③ 전체 산업 및 업종에 걸친 직종 등을 대상으로 한다.
④ 국내 또는 국제적으로 인정되는 객관적인 기준에 근거하여 직업을 분류한다.
⑤ 관련 직업정보 간의 비교·활용이 용이하다.
⑥ 무료로 제공된다.

요점암기 연속적·장기적 / 지속적 조사·분석 / 전체 대상 / 객관적 기준 / 비교·활용 용이 / 무료

03 부가직업정보

직업정보론 ▶ 직업정보의 제공 ▶ 한국직업사전

- 한국직업사전에 수록된 부가직업정보 중 5가지를 쓰시오.　　　2021년 1회, 2018년 1회
- 한국직업사전에 수록된 부가직업정보 중 정규교육, 숙련기간, 직무기능의 의미를 기술하시오.　　2020년 3회

① **정규교육**: 해당 직업의 직무를 수행하는 데 필요한 일반적인 정규교육수준을 의미하는 것으로 해당 직업 종사자의 평균 학력을 나타내는 것은 아니다.
② **숙련기간**: 정규교육과정을 이수한 후 해당 직업의 직무를 평균적인 수준으로 스스로 수행하기 위하여 필요한 각종 교육, 훈련, 숙련기간을 의미한다.
③ **직무기능**: 해당 직업 종사자가 직무를 수행하는 과정에서 '자료(data), 사람(people), 사물(thing)'과 맺는 것과 관련된 특성을 나타낸다.
④ **작업강도**: 해당 직업의 직무를 수행하는 데 필요한 육체적 힘의 강도를 나타낸 것으로 5단계로 분류되며, 심리적·정신적 노동강도는 고려하지 않는다.
⑤ **육체활동**: 해당 직업의 직무를 수행하기 위해 필요한 신체적 능력을 나타내는 것으로 균형감각, 웅크림, 손, 언어력, 청각, 시각 등이 요구되는 직업인지를 보여 준다.

요점암기　**정규교육** 일반적 정규교육수준 / **숙련기간** 정규교육과정 이수 후, 평균적 수준 수행 / **직무기능** 자료, 사람, 사물 / **작업강도** 육체적 힘의 강도 / **육체활동** 신체적 능력

04 작업강도

직업정보론 ▶ 직업정보의 제공 ▶ 한국직업사전

- 한국직업사전의 부가직업정보 중 작업강도는 해당 직업의 직무를 수행하는 데 필요한 육체적 힘의 강도를 나타낸 것으로 5단계로 분류하였다. 이 5단계를 쓰시오.　　2020년 1회
- 다음 설명의 빈칸을 완성하시오.　　2021년 2회

① **아주 가벼운 작업**: 최고 4kg의 물건을 들어 올리고, 때때로 장부, 소도구 등을 들어 올리거나 운반한다.
② **가벼운 작업**: 최고 8kg의 물건을 들어 올리고 4kg 정도의 물건을 빈번히 들어 올리거나 운반한다. 걷거나 서서 하는 작업이 대부분일 때 또는 앉아서 하는 작업일지라도 팔과 다리로 밀고 당기는 작업을 수반할 때에는 무게가 매우 적을지라도 이 작업에 포함된다.
③ **보통 작업**: 최고 20kg의 물건을 들어 올리고 10kg 정도의 물건을 빈번히 들어 올리거나 운반한다.
④ **힘든 작업**: 최고 40kg의 물건을 들어 올리고 20kg 정도의 물건을 빈번히 들어 올리거나 운반한다.
⑤ **아주 힘든 작업**: 40kg 이상의 물건을 들어 올리고 20kg 이상의 물건을 빈번히 들어 올리거나 운반한다.

요점암기　**아주 가벼운** 최고 4kg / **가벼운** 최고 8kg, 빈번히 4kg / **보통** 최고 20kg, 빈번히 10kg / **힘든** 최고 40kg, 빈번히 20kg / **아주 힘든** 40kg 이상, 빈번히 20kg 이상

05 직업의 성립요건

직업정보론 ▶ 한국표준직업분류 ▶ 직업의 정의

> • 한국표준직업분류에서 일반적으로 '직업'으로 규정하기 위한 4가지 요건을 쓰고 설명하시오.
>   2017년 3회, 2014년 2회
> • 한국표준직업분류에서 일의 계속성에 해당하는 경우 4가지를 쓰시오.
>   2017년 2회

① **계속성**: 유사성을 갖는 직무를 지속적으로 수행하여야 한다.
　㉠ 매일, 매주, 매월 등 주기적으로 행하는 것
　㉡ 계절적으로 행해지는 것
　㉢ 명확한 주기는 없으나 계속적으로 행해지는 것
　㉣ 현재 하고 있는 일을 계속적으로 행할 의지와 가능성이 있는 것
② **경제성**: 경제적인 거래 관계가 성립하는 활동을 수행하여야 한다. 따라서 노력이 전제되지 않는 자연발생적인 이득의 수취나 우연하게 발생하는 경제적인 과실에 전적으로 의존하는 활동은 직업으로 보지 않는다.
③ **윤리성과 사회성**: 비윤리적인 영리행위나 반사회적인 활동을 통한 경제적인 이윤추구가 아니어야 하며, 사회 공동체적인 맥락에서 의미 있는 활동이어야 한다.
④ **속박된 상태가 아닐 것**: 경제성이나 계속성의 여부와 상관없이 속박된 상태에서의 제반활동은 직업으로 보지 않는다.

요점암기 계속성 / 경제성 / 윤리성과 사회성 / 속박된 상태가 아닐 것

06 직업으로 보지 않는 활동

직업정보론 ▶ 한국표준직업분류 ▶ 직업의 정의

한국표준직업분류에서 직업으로 보지 않는 활동 6가지(5가지, 4가지)를 쓰시오.

2022년 2회, 2020년 1회, 2019년 3회, 2015년 1회, 2014년 2회

① 경제성이 없는 활동
  ㉠ 이자, 주식배당, 임대료(전세금, 월세) 등과 같은 자산 수입이 있는 경우
  ㉡ 사회보장이나 민간보험에 의한 수입이 있는 경우
  ㉢ 경마, 경륜, 경정, 복권 등에 의한 배당금이나 주식투자에 의한 시세차익이 있는 경우
  ㉣ 예·적금 인출, 보험금 수취, 차용 또는 토지나 금융자산을 매각하여 수입이 있는 경우
  ㉤ 자기 집의 가사 활동에 전념하는 경우
  ㉥ 교육기관에 재학하며 학습에만 전념하는 경우
  ㉦ 시민봉사활동 등에 의한 무급 봉사적인 일에 종사하는 경우
② 속박된 상태의 활동: 사회복지시설 수용자의 시설 내 경제활동, 수형자의 활동과 같이 법률에 의한 강제노동을 하는 경우
③ 윤리성이 없는 활동: 도박, 강도, 절도, 사기, 매춘, 밀수와 같은 불법적인 활동

요점암기 자산 수입 / 사회보장·민간보험 수입 / 배당금, 주식투자 시세차익 / 금융자산 매각 / 가사 활동 / 학습 전념 / 무급 봉사

07 직무 유사성

직업정보론 ▶ 한국표준직업분류 ▶ 직업분류의 기준

한국표준직업분류에서 직무 유사성을 구분하는 기준 4가지를 쓰시오. 2021년 2회, 2015년 2회

① 해당 직무를 수행하는 사람에게 필요한 지식(knowledge)
② 경험(experience)
③ 기능(skill)
④ 직무수행자가 입직을 하기 위해서 필요한 요건(skill requirements)
⑤ 직업 종사자가 주로 일하는 기업의 특성, 생산 과정이나 최종 산출물 등(때때로 중요)

요점암기 지식 / 경험 / 기능 / 입직 필요 요건

08 다수 직업 종사자

직업정보론 ▶ 한국표준직업분류 ▶ 직업분류 원칙

- 한국표준직업분류에서 다수 직업 종사자의 분류원칙 3가지를 순서대로 쓰고, 각각에 대해 설명하시오.
  2022년 1회
- 한국표준직업분류에서 다수 직업 종사자의 의미와 분류원칙을 순서대로 쓰고, 각각에 대해 설명하시오.
  2021년 3회, 2019년 2회

1. 다수 직업 종사자의 의미
전혀 상관성이 없는 두 가지 이상의 직업에 종사하는 사람을 말한다.

2. 다수 직업 종사자의 분류원칙
① 취업시간 우선의 원칙: 가장 먼저 분야별로 취업시간을 고려하여 보다 긴 시간을 투자하는 직업으로 결정한다.
② 수입 우선의 원칙: 위의 경우로 분별하기 어려운 경우는 수입(소득이나 임금)이 많은 직업으로 결정한다.
③ 조사 시 최근의 직업 원칙: 위의 두 가지 경우로 판단할 수 없는 경우에는 조사시점을 기준으로 최근에 종사한 직업으로 결정한다.

요점암기 **의미** 상관성 없는 두 가지 이상 직업 / **분류원칙** 취업시간 → 수입 → 조사 시 최근 직업

09 산업, 산업활동, 산업분류

직업정보론 ▶ 한국표준산업분류 ▶ 산업과 산업분류

한국표준산업분류에서 산업의 정의, 산업활동의 정의, 산업활동의 범위, 산업분류의 정의를 각각 쓰시오.
2022년 2회, 2021년 1회, 2020년 1회, 2020년 2회, 2018년 3회

① 산업: 유사한 성질을 갖는 산업활동에 주로 종사하는 생산단위의 집합이다.
② 산업활동
  ㉠ 각 생산단위가 노동, 자본, 원료 등 자원을 투입하여, 재화 또는 서비스를 생산 또는 제공하는 일련의 활동과정이다.
  ㉡ 영리적, 비영리적 활동이 모두 포함되나, 가정 내의 가사 활동은 제외된다.
③ 산업분류
  ㉠ 생산단위가 주로 수행하는 산업활동을 그 유사성에 따라 체계적으로 유형화한 것이다.
  ㉡ 산업활동에 의한 통계 자료의 수집, 제표, 분석 등을 위해서 활동 분류 및 범위를 제공하기 위한 것으로 통계법에서는 산업통계 자료의 정확성, 비교성을 위하여 모든 통계작성기관이 이를 의무적으로 사용하도록 규정하고 있다.

> **요점암기** 　**산업** 유사 산업활동, 생산단위 집합 / **산업활동** 투입 · 생산 · 제공의 활동과정, 영리적 · 비영리적 포함, 가사 활동 제외 / **산업분류** 생산단위 수행 산업활동 유형화

10 한국표준산업분류 분류 기준

직업정보론 ▶ 한국표준산업분류 ▶ 분류 기준

한국표준산업분류는 생산단위가 주로 수행하고 있는 산업활동을 그 유사성에 따라 유형화한 것으로 3가지 분류 기준에 의해 분류된다. 이 3가지 분류 기준을 쓰시오.
2019년 1회, 2017년 1회

① **산출물의 특성**: 산출물의 물리적 구성 및 가공 단계, 산출물의 수요처, 산출물의 기능 및 용도 등이 있다.
② **투입물의 특성**: 원재료, 생산 공정, 생산기술 및 시설 등이 있다.
③ **생산활동의 일반적인 결합형태**

> **요점암기** 　산출 / 투입 / 결합형태

11 한국표준산업분류 적용원칙

직업정보론 ▶ 한국표준산업분류 ▶ 산업분류 적용원칙

- 한국표준산업분류의 산업분류 적용원칙을 4가지 쓰시오.   2022년 1회
- 다음은 한국표준산업분류의 산업분류 적용원칙 일부이다. 빈칸 안을 채우시오.   2016년 1회

① 생산단위는 산출물뿐만 아니라 투입물과 생산공정 등을 함께 고려하여 그들의 활동을 가장 정확하게 설명된 항목에 분류해야 한다.
② 복합적인 활동단위는 우선적으로 최상급 분류단계(대분류)를 정확히 결정하고, 순차적으로 중·소·세·세세분류 단계 항목을 결정하여야 한다.
③ 산업활동이 결합되어 있는 경우에는 그 활동단위의 주된 활동에 따라서 분류하여야 한다.
④ 수수료 또는 계약에 의하여 활동을 수행하는 단위는 동일한 산업활동을 자기계정과 자기책임하에서 생산하는 단위와 같은 항목에 분류하여야 한다.

요점암기   산출물·투입물·생산공정 함께 고려 / 대-중-소-세세분류 결정 / 결합 시 주된 활동 분류 / 수수료·계약 단위는 자기계정과 자기책임 단위와 같은 항목 분류

12 경제활동인구조사

직업정보론 ▶ 직업정보의 수집·분석 ▶ 고용정보 용어

- 다음 표를 보고 30~50세 고용률(%)을 계산하시오. 2022년 2회, 2019년 2회, 2017년 1회
- 다음 자료를 보고 경제활동참가율, 고용률, 실업률을 계산하시오. 2021년 2회, 2017년 2회
- 특정시기 고용동향이 다음과 같을 때 실업률과 임금근로자 수를 구하시오.
  2017년 3회, 2015년 2회, 2015년 3회, 2014년 2회

① **경제활동참가율**: 만 15세 이상 인구 중 경제활동인구(취업자+실업자)가 차지하는 비율을 말한다.

$$경제활동참가율(\%) = \frac{경제활동인구}{15세\ 이상\ 인구} \times 100$$

② **고용률**: 만 15세 이상 인구 중 취업자가 차지하는 비율을 말한다.

$$고용률(\%) = \frac{취업자\ 수}{15세\ 이상\ 인구} \times 100$$

③ **실업률**: 실업자가 경제활동인구(취업자+실업자)에서 차지하는 비율을 말한다.

$$실업률(\%) = \frac{실업자\ 수}{경제활동인구} \times 100$$

요점암기 **경제활동참가율** $\frac{경제활동인구}{15세\ 이상\ 인구} \times 100$ / **고용률** $\frac{취업자\ 수}{15세\ 이상\ 인구} \times 100$ / **실업률** $\frac{실업자\ 수}{경제활동인구} \times 100$

제4과목 노동시장론

01 기업의 이윤극대화

노동시장론 ▶ 노동시장의 이해 ▶ 노동의 수요

- 완전경쟁시장에서 A제품을 생산하는 기업의 단기생산함수가 다음과 같다고 할 때 이 기업의 이윤극대화를 위한 최적고용량을 도출하고 그 근거를 설명하시오.   2022년 1회, 2018년 2회, 2015년 3회
- 다음 자료를 보고 근로자 수가 5명일 때 노동의 평균생산량을 구하시오. 이 기업이 이윤을 극대화하기 위해 고용해야 할 근로자 수와 노동의 한계생산량을 구하시오.   2021년 1회, 2016년 1회

① 노동을 1단위 더 투입함으로써 얻을 수 있는 총생산량의 증가분을 노동의 한계생산량(MP_L: Marginal Product of Labor)이라고 한다.
② 노동을 1단위 더 투입함으로써 얻을 수 있는 총수입의 증가분은 노동의 한계생산물가치(VMP_L: Value of Maginal Product of Labor)라고 한다.
③ 이윤극대화를 추구하는 기업은 노동을 1단위 더 투입했을 때 얻게 되는 노동의 한계생산물가치(VMP_L)와 기업이 노동자에게 지급하는 한계비용으로서의 임금률(W: Wage)이 같아질 때까지 고용량을 증가시키려고 한다.

요점암기 이윤극대화 지점 노동의 한계생산물가치($VMP_L = P \times MP_L$) = 임금률(W)

02 여가와 소득 모형

노동시장론 ▶ 노동시장의 이해 ▶ 노동의 공급

- 임금이 상승하면 노동공급곡선은 우상향한다. 이것이 참인지, 거짓인지, 불확실한지 판정하고 여가와 소득의 선택모형에 의거하여 그 이유를 설명하시오.   2020년 2회, 2016년 3회
- 여가와 소득의 선호에 대해서 대체효과와 소득효과의 의미를 쓰고, 여가가 정상재일 때와 열등재일 때 소득 증가에 따른 노동공급의 변화를 설명하시오.   2019년 1회

① **대체효과**: 임금 상승 시 여가의 기회비용이 증가하므로 여가 대신 노동공급을 늘리는 효과이다.
② **소득효과**: 임금 상승 시 전보다 적은 노동을 공급해도 전과 동일한 소득을 얻으므로 노동공급을 줄이는 효과이다.
③ **여가가 정상재일 때**: 임금 상승 시 노동자는 대체효과에 따라 노동공급을 늘리지만, 임금이 일정 선 이상으로 상승하는 경우 소득효과에 따라 노동공급을 감소시킨다. 따라서 노동공급곡선은 임금수준이 낮을 때는 우상향하지만, 일정한 선을 넘어가면 후방굴절하는 형태를 띤다.
④ **여가가 열등재일 때**: 열등재는 소득수준이 높아질수록 오히려 수요가 감소하는 재화로, 여가가 열등재라면 임금 상승으로 소득수준이 높아져도 여전히 여가에 대한 수요는 감소하여, 노동공급을 증가시킨다. 따라서 노동공급곡선은 임금률과 관계없이 우상향하는 형태를 띤다.

요점암기 **대체효과** 임금 상승 → 노동공급 증가 / **소득효과** 임금 상승 → 노동공급 감소 / **여가 정상재** 노동공급 증가 → 감소 / **여가 열등재** 노동공급 계속 증가

직업상담사 2급 2차 실기 통합서

03 노동수요와 노동공급의 탄력성
노동시장론 ▶ 노동시장의 이해 ▶ 노동의 수요/공급

- 노동수요의 탄력성 및 노동공급의 탄력성을 산출하는 공식을 쓰시오.   2014년 1회
- 다음 사례를 읽고 A기업과 B기업의 노동수요의 임금탄력성을 구하시오.   2021년 3회, 2018년 3회

① **노동수요의 탄력성**: 임금이 1% 변화할 때 노동수요량의 변화율을 말한다.

$$노동수요\ 탄력성(E) = -\frac{노동수요량의\ 변화율(\%)}{임금의\ 변화율(\%)}$$

② **노동공급의 탄력성**: 임금이 1% 변화할 때 노동공급량의 변화율을 말한다.

$$노동공급\ 탄력성(E) = \frac{노동공급량의\ 변화율(\%)}{임금의\ 변화율(\%)}$$

요점암기   노동수요 탄력성 $-\dfrac{노동수요량의\ 변화율(\%)}{임금의\ 변화율(\%)}$ / **노동공급 탄력성** $\dfrac{노동공급량의\ 변화율(\%)}{임금의\ 변화율(\%)}$

04 노동시장 및 인적자본이론
노동시장론 ▶ 노동시장의 이해 ▶ 노동시장의 균형

- 내부노동시장의 형성 요인과 장점을 각각 3가지씩 쓰시오.   2022년 3회, 2016년 2회
- 이중노동시장 이론에서 1차 노동시장의 직무 혹은 소속 근로자들이 갖는 특징 5가지를 쓰시오.   2019년 1회
- 인적자본에 대한 투자의 대상을 3가지만 쓰고, 각각에 대해 설명하시오.   2019년 2회

① **내부노동시장이론**
  ㉠ 기업에 외부노동시장과 분리되는 독립적인 노동시장이 존재한다고 본다.
  ㉡ **내부노동시장의 장점**: 기업특수적 인적자원의 육성 유리, 기업 차원 교육 및 훈련의 체계적 실시, 고용 안정성과 승진 기회 보장에 따른 기업에 대한 소속감 향상

② **이중노동시장이론**
  ㉠ 노동시장은 1차 노동시장과 2차 노동시장으로 구분되며, 양 시장이 서로 독립적이라고 본다.
  ㉡ **1차 노동시장의 특징**: 고용 안정성, 승진 기회 평등, 고임금, 양호한 근로조건, 합리적 노무관리

③ **인적자본론**
  ㉠ 능력이 높은 사람일수록 인적자본투자를 더 많이 하며, 인적자본투자량은 내부수익률과 시장이자율의 비교에 의해 결정된다고 본다.
  ㉡ **인적자본 투자 대상**: 정규교육, 현장훈련, 이주, 정보, 건강

요점암기   **내부노동시장** 기업특수적 인적자원, 기업 차원 교육·훈련, 고용 안정성 / **1차 노동시장** 고용 안정성, 승진 기회 평등, 고임금 / **인적자본 투자 대상** 정규교육, 현장훈련, 이주

05 입직과 입직률

노동시장론 ▶ 노동시장의 이해 ▶ 노동시장의 균형

A회사의 9월 말 사원 수는 1,000명이었다. 신규채용 인원수는 20명, 전입 인원수는 80명일 때 10월의 입직률과 입직의 의미를 쓰시오.　　　　2015년 1회, 2014년 1회

① 입직: 노동이동(labor turnover)은 입직과 이직으로 구분되는데, 이 중 입직은 신규채용과 전입 등에 의해 노동자가 기업으로 들어오는 것을 말한다.

② 입직률: 전월 말 노동자 수 대비 입직자 수의 비율이다.

$$입직률(\%) = \frac{입직자\ 수}{전월\ 말\ 노동자\ 수} \times 100$$

요점암기 입직률 $\frac{입직자\ 수}{전월\ 말\ 노동자\ 수} \times 100$

06 생산성 임금제의 임금 결정

노동시장론 ▶ 임금의 이해 ▶ 임금제도

어떤 기업의 2014년 근로자 수는 40명, 생산량은 100개, 생산물 단가는 10원, 자본비용은 150원이었으나 2015년에는 근로자 수는 50명, 생산량은 120개, 생산물 단가는 12원, 자본비용은 200원으로 올랐다고 가정하자. 생산성 임금제에 근거할 때 이 기업의 2015년도 적정임금 상승률을 구하시오.　　　　2020년 4회, 2014년 3회

① 임금 상승률
- 명목임금 상승률 = 물가상승률 + 노동생산성 증가율
- 실질임금 상승률 = 노동생산성 증가율

② 부가가치 노동생산성

$$부가가치\ 노동생산성 = \frac{부가가치}{노동투입량} = \frac{생산량 \times 생산물\ 단가}{근로자\ 수}$$

③ 적정임금(명목임금) 상승률

$$적정임금(명목임금)\ 상승률 = 부가가치\ 노동생산성\ 증가율$$

요점암기 부가가치 노동생산성 $\frac{생산량 \times 생산물\ 단가}{근로자\ 수}$ / 적정임금 상승률 부가가치 노동생산성 증가율

07 최저임금제의 기대효과

노동시장론 ▶ 임금의 이해 ▶ 임금제도

> 최저임금제의 기대효과(긍정적 효과)를 6가지(3~5가지) 쓰시오.
> 2022년 1회, 2021년 2회, 2018년 2회, 2018년 3회, 2016년 3회, 2015년 2회

① 저임금 근로자의 생활을 안정시키고 생계비를 보장할 수 있다.
② 산업 간·직업 간 임금격차를 축소하고, 소득분배를 개선할 수 있다.
③ 저임금이 해소되면서 소비성향이 높아져 유효수요가 증대되고 경제가 활성화된다.
④ 저임금에 기초한 기업 경영이 불가능해짐에 따라 기업은 생산방법을 개선함으로써 산업구조가 고도화된다.
⑤ 저임금을 토대로 가격경쟁을 하던 기존 관행에서 벗어나, 품질 및 생산성 향상을 통해 기업 간에 공정한 경쟁을 하게 된다.
⑥ 임금으로 인한 노동쟁의가 줄어들면서 노사관계가 안정되고 산업평화가 유지된다.

요점암기 생계비 보장 / 소득분배 개선 / 유효수요 증대 / 산업구조 고도화 / 기업 간 공정경쟁 / 산업평화 유지

08 부가급여

노동시장론 ▶ 임금의 이해 ▶ 임금제도

> 부가급여가 무엇인지 예를 들어 설명하고, 사용자와 근로자가 부가급여를 선호하는 이유를 각각 2가지씩 쓰시오.
> 2018년 1회, 2015년 3회, 2014년 1회

1. 부가급여의 의미
부가급여는 사용자가 근로자에게 개별적 또는 단체적으로 지급하는 화폐임금 이외의 보상으로, 퇴직금, 교육훈련비, 사업주가 부담하는 사회보험료, 유급휴가, 차량 제공, 사택 제공, 학자금 보조 등을 들 수 있다.

2. 부가급여 선호 이유
① 사용자 선호 이유
  ㉠ 화폐임금액을 기준으로 부담해야 하는 조세나 사회보험료의 부담을 줄일 수 있다.
  ㉡ 근로자의 장기근속을 유도하여, 채용 및 훈련비용을 절감하고 생산성을 향상시킬 수 있다.
  ㉢ 정부의 임금 인상 규제 시, 화폐임금액 대신 부가급여 수준을 높임으로써 실질적으로 임금 인상 효과를 볼 수 있다.
② 근로자 선호 이유
  ㉠ 화폐임금액을 기준으로 납부해야 하는 근로소득세 부담을 줄일 수 있다.
  ㉡ 화폐임금액을 기준으로 납부해야 하는 사회보험료 부담을 줄일 수 있다.

요점암기 의미 화폐임금 외 보상 / **사용자 선호 이유** 조세·사회보험료 부담 절감, 채용·훈련비 절감, 임금 인상 효과 / **근로자 선호 이유** 근로소득세 부담 절감, 사회보험료 부담 절감

09 보상적 임금격차

노동시장론 ▶ 임금의 이해 ▶ 임금격차

> 보상적 임금격차를 초래하는 3가지 요인에 대해 설명하시오.　　　　2016년 1회, 2014년 3회

1. 보상적 임금격차의 의미
아담 스미스(A. Smith)는 각종 직업상의 불이익을 견딜 수 있기에 필요한 정도의 임금프리미엄을 보상적 임금격차라고 하였다.

2. 보상적 임금격차 발생 요인
① 작업환경의 쾌적성 여부(비금전적 차이)
② 고용의 안정성 여부(금전적 차이)
③ 교육훈련 기회 및 비용의 차이
④ 직업에 따르는 책임의 정도
⑤ 성공 또는 실패의 가능성

요점암기 **의미** 직업상 불이익, 임금프리미엄 / **요인** 쾌적성 여부, 안정성 여부, 교육·훈련비, 책임 정도, 실패 가능성

10 산업별 임금격차

노동시장론 ▶ 임금의 이해 ▶ 임금격차

> 산업별 임금격차가 발생하는 원인을 4가지(3가지) 쓰시오.　　　　2022년 3회, 2019년 3회

① **노동생산성의 차이**: 노동생산성이 높은 산업이 그렇지 않은 산업에 비해 임금이 높다.
② **노동조합의 존재 여부 및 교섭력의 크기 차이**: 노동조합이 조직되어 있는 산업 또는 노동조합의 교섭력이 강한 산업이 그렇지 않은 산업에 비해 임금이 높다.
③ **산업별 집중도의 차이**: 독과점의 정도가 큰 산업이 그렇지 않은 산업에 비해 임금이 높다.
④ **단기적 노동공급의 비탄력성**: 어떤 산업의 노동수요가 갑자기 증가하게 될 경우 노동공급이 탄력적으로 대응하지 못하여 다른 산업에 비해 임금이 높아지게 된다.

요점암기 생산성 / 노동조합 / 독과점 / 노동공급 비탄력성

11 수요부족과 비수요부족 실업

노동시장론 ▶ 실업의 이해 ▶ 실업의 구분

비수요부족 실업에 해당하는 대표적인 실업 3가지를 쓰고 설명하시오. 2021년 2회, 2017년 2회

① 수요부족 실업
  ㉠ 수요부족 실업은 총수요의 부족으로 노동에 대한 수요가 감소함에 따라 발생하는 실업이다.
  ㉡ 경기적 실업이 수요부족 실업에 해당한다.
② 비수요부족 실업
  ㉠ 비수요부족 실업은 수요부족 실업과 달리 총수요와 큰 연관 없이 노동시장의 불균형이나 마찰 등에 의해 발생하는 실업이다.
  ㉡ 마찰적 실업, 구조적 실업, 계절적 실업 등이 비수요부족 실업에 해당한다.

요점암기 **수요부족** 경기적 실업 / **비수요부족** 마찰적 실업; 구조적 실업, 계절적 실업

12 실업 형태별 원인과 대책

노동시장론 ▶ 실업의 이해 ▶ 실업의 형태

- 실업의 유형 중 마찰적 실업, 구조적 실업의 발생 원인과 대책을 쓰시오. 2018년 1회
- 실업의 유형 중 마찰적 실업, 구조적 실업, 경기적 실업에 대하여 각각 설명하시오. 2015년 2회

① 마찰적 실업
  ㉠ 원인: 노동자가 자신에게 가장 유리한 직장을 찾기 위해서 정보수집활동에 종사하고 있을 동안의 실업을 말한다.
  ㉡ 대책: 구인·구직 정보제공시스템의 효율성 제고, 직업알선기관에 의한 효과적인 알선 등을 통해 해결할 수 있다.
② 구조적 실업
  ㉠ 원인: 산업구조 변화에 노동력 공급이 적절히 대응하지 못해서 발생하는 실업이다.
  ㉡ 대책: 노동자의 전직과 관련된 재훈련 실시, 직업훈련 기회의 제공 등을 통해 해결할 수 있다.
③ 계절적 실업
  ㉠ 원인: 농업, 건설업, 관광산업, 식음료업 등 산업 자체의 계절성으로 인해 발생하는 실업이다.
  ㉡ 대책: 농가시설자금 지원, 공공근로사업 확충 등을 통해 해결할 수 있다.

요점암기 **마찰적 실업** 정보수집 / **구조적 실업** 산업구조 변화 / **계절적 실업** 계절성

13 던롭의 3주체 3요건

노동시장론 ▶ 노사관계이론 ▶ 노사관계 시스템이론

> 던롭의 노사관계 시스템이론에서 노사관계의 3주체와 노사관계를 규제하는 환경적 여건 3가지를 쓰시오.
>
> 2019년 1회, 2016년 3회

① 노사관계의 3주체
  ㉠ 노동자 및 단체
  ㉡ 사용자 및 단체
  ㉢ 정부 및 관련 기관

② 노사관계를 규제하는 3요건
  ㉠ 기술적 특성: 노동자의 질과 양, 생산과정, 생산방법 등이 노사관계에 영향을 미친다.
  ㉡ 시장 또는 예산상의 제약: 생산물 시장의 형태, 기업 경영 조건으로서의 비용·이윤 등이 노사관계에 영향을 미친다.
  ㉢ 각 주체의 세력관계: 노사관계뿐만 아니라 광범위한 사회 내 주체들의 권력구조가 노사관계에 영향을 미친다.

요점암기 **3주체** 노동자, 사용자, 정부 / **3요건** 기술, 예산, 세력관계

14 숍 제도

노동시장론 ▶ 노사관계이론 ▶ 노동조합

> 노동조합의 양적인 측면의 단결 강제는 숍(shop) 제도이다. 노동조합 숍의 종류 4가지를 쓰고 설명하시오.
>
> 2017년 3회

① 오픈 숍(open shop): 기업은 조합원이 아닌 노동자를 채용할 수 있고, 채용된 노동자도 노동조합 가입 여부에 상관없이 종업원으로 근무하는 데 아무 제약이 없는 숍 제도이다. 노동조합이 조합원의 확대와 사용자와의 교섭에서 가장 불리한 제도이다.

② 클로즈드 숍(closed shop): 기업은 조합원 자격이 있는 노동자만을 채용하고, 일단 채용된 노동자라도 조합원 자격을 상실하면 종업원이 될 수 없는 숍 제도이다. 노동조합의 노동공급원이 독점되어 노동조합의 조직력을 가장 강화할 수 있는 제도이다.

③ 유니언 숍(union shop): 기업이 노동조합에 가입하지 않은 노동자를 채용할 수 있지만, 일단 채용된 노동자는 일정 기간 내에 노동조합에 가입하여야 하며, 조합에서 탈퇴하거나 제명되는 경우 종업원 자격을 상실하는 숍 제도이다. 오픈 숍과 클로즈드 숍의 중간 형태로 볼 수 있다.

④ 에이전시 숍(agency shop): 노동조합 가입에 대한 강제조항이 없는 경우 비조합원은 노력 없이 노조원들의 조합활동에 따른 혜택을 보게 되므로, 노동조합이 혜택에 대한 대가로 비조합원들에게서도 노동조합비에 상당하는 금액을 징수하는 제도이다.

요점암기 **오픈** 채용 전 가입 자유, 채용 후 가입 자유 / **클로즈드** 채용 전 가입 의무, 채용 후 가입 의무 / **유니언** 채용 전 가입 자유, 채용 후 가입 의무 / **에이전시** 비조합원 금액 징수

나만의 성장 엔진
www.honjob.co.kr

자격증 / 자소서 / 면접 / NCS·PSAT / 전공필기 / 금융논술 / 시사상식

▎기업·기관별 취업 대비

▎금융권 취업 일반

▎금융권 NCS

▎금융권 논술
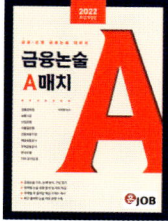

▎금융권·공기업 전공

▎NCS를 위한 PSAT 시리즈

▎직업상담사 2급 시리즈

나 만 의 성 장 엔 진

취업·자격증 교육 전문 브랜드 혼JOB은
오늘도 수험생들의 **합격**을 위해 치밀하게 연구합니다

🍀 **출판**
전문 개발진의 기획·집필·편집을 바탕으로 효율적 학습을 돕는 금융권/공기업 취업 수험서, 자격증 수험서 등을 출간하고 있습니다.

🍀 **취업 교육**
취업준비생을 위한 NCS·전공·논술 강의, 취업특강, 취업캠프, 자소서 클리닉, 모의면접 등을 온라인과 오프라인으로 진행하고 있습니다.

🍀 **자격증 교육**
은행FP, 증권투자권유대행인, 펀드투자권유대행인 등의 금융자격증과 직업상담사 등의 국가자격증을 시작으로 사업 영역을 확대해 나가고 있습니다.

🍀 **온라인 채널**
네이버 카페 '혼JOB'(cafe.naver.com/honjob), 유튜브 채널 '혼JOB'(youtube.com/honjob)을 통해 수험생에게 필요한 정보를 제공하고 있습니다.

도서 및 프로그램 문의
다양한 도서와 교육 프로그램이 마련되어 있으니 언제든 편하게 문의 주시기 바랍니다.
혼JOB 홈페이지(honjob.co.kr) 1:1 문의하기 게시판
02-3210-0651(평일 오전 9시~오후 6시) / 010-3833-4439(근무시간 외)